日本語の品詞体系とその周辺

ひつじ研究叢書〈言語編〉

第 78 巻　日本語連体修飾節構造の研究　　　　　　　　　　　　　大島資生 著
第 79 巻　メンタルスペース理論による日仏英時制研究　　　　　　井元秀剛 著
第 80 巻　結果構文のタイポロジー　　　　　　　　　　　　　　　小野尚之 編
第 81 巻　疑問文と「ダ」　　　　　　　　　　　　　　　　　　　森川正博 著
第 82 巻　意志表現を中心とした日本語モダリティの通時的研究　　土岐留美江 著
第 83 巻　英語研究の次世代に向けて　　　吉波弘・中澤和夫・武内信一・外池滋生
　　　　　　　　　　　　　　　　　　　　川端朋広・野村忠央・山本史歩子 編
第 84 巻　接尾辞「げ」と助動詞「そうだ」の通時的研究　　　　　漆谷広樹 著
第 85 巻　複合辞からみた日本語文法の研究　　　　　　　　　　　田中寛 著
第 86 巻　現代日本語における外来語の量的推移に関する研究　　　橋本和佳 著
第 87 巻　中古語過去・完了表現の研究　　　　　　　　　　　　　井島正博 著
第 88 巻　法コンテキストの言語理論　　　　　　　　　　　　　　堀田秀吾 著
第 89 巻　日本語形態の諸問題　　　　　　　　　　須田淳一・新居田純野 編
第 90 巻　語形成から見た日本語文法史　　　　　　　　　　　　　青木博史 著
第 91 巻　コーパス分析に基づく認知言語学的構文研究　　　　　　李在鎬 著
第 92 巻　バントゥ諸語分岐史の研究　　　　　　　　　　　　　　湯川恭敏 著
第 93 巻　現代日本語における進行中の変化の研究　　　　　　　　新野直哉 著
第 95 巻　形態論と統語論の相互作用　　　　　　　　　　　　　　塚本秀樹 著
第 97 巻　日本語音韻史の研究　　　　　　　　　　　　　　　　　高山倫明 著
第 98 巻　文化の観点から見た文法の日英対照　　　　　　　　　　宗宮喜代子 著
第 99 巻　日本語と韓国語の「ほめ」に関する対照研究　　　　　　金庚芬 著
第 100 巻　日本語の「主題」　　　　　　　　　　　　　　　　　堀川智也 著
第 101 巻　日本語の品詞体系とその周辺　　　　　　　　　　　　村木新次郎 著

ひつじ研究叢書
〈言語編〉
第101巻

日本語の品詞体系と
その周辺

村木新次郎 著

ひつじ書房

まえがき

　前著『日本語動詞の諸相』をだしてから21年が経過した。この『日本語の品詞体系とその周辺』の刊行にいたるまで、おもえば長い道のりだった。30代に関心をもっていた動詞を中心とする問題からはなれ、形容詞や従属接続詞へと興味の対象がうつっていった。2001年8月から数ヶ月、中国に滞在した。北京での生活は、マンネリ化した生活からはなれ、充電のための貴重な日々だった。その後の10年間は、毎年、複数の論文を発表してきた。その中には、中国での刊行物がいくつかふくまれている。日本では目にふれにくい文献もある。一冊の本にまとめるよう友人からの要請もあり、自分でも、そうしたいと思うようになった。それらの中から文法に関わるもの25編をおさめたのが、この本である。

　この本は、書名にあるように、日本語の品詞体系に関わるものがほとんどである。品詞を論ずる前提には、単語を論ずる必要がある。わたしの単語と品詞に対する理解には、鈴木重幸『日本語文法・形態論』が基礎になっている。鈴木重幸氏に影響をあたえた奥田靖雄氏からも多くを学んできた。わたしの主張は、形容詞を従来のものより広くとらえること、後置詞とあわせて、従属接続詞を日本語の品詞体系の中に位置づけることである。

　わたしの唱える品詞体系は、今日、国語教育やアジアの一部で支配的である、いわゆる学校文法と大きくことなるし、また、今日、標準化しつつある日本語教育文法とも、いくつかの点でことなっている。品詞の問題をあつかうにあたって、出発点となる単語の認定に、学校文法も日本語教育文法も誤りがあるとするからである。学校文法にも日本語教育文法にも、後置詞や従属接続詞といった品詞は存在しない。それらがないのは、両文法が単語の認定にあたって、語彙的なもの(内容)と文法的なもの(形式)を切り離して、そ

のどちらも単語としてあつかうからである。これは、日本語の伝統文法がもつ負の側面とわたしはみている。単語は、基本的に、語彙的な側面と文法的な側面があり、その統一体として存在するという見方をわたしは支持する。

　この本は、上述したように、わたしがすでに発表した論文を集めたものである。そのために、あちこちに内容上の重複があること、論文によって用語の不整合がみられるなど、一冊の本として刊行するには、不適切な部分がある。これらの調整をはかることも考えたが、それには、相当の時間を要するので、調整は最小限にとどめ、できるだけ、もとの姿をとどめるようにした。調整がいたらなかったことを読者にお詫びしなければならない。発表の機会をあたえてくれたひとと機関に、そして、発表のおり、貴重な意見やコメントをくれたひとにお礼をもうしあげる。

　わたしは、この春、勤務先である同志社女子大学の定年をむかえた。さいわい、別の資格でいましばらく同じ大学で務めをつづける。本書の刊行は、みずからの退職を記念する意味もあるが、それはわたしの研究のゴールではなく、これを機に、あらたなスタートをきりたいという気持ちの表明でもある。

2012 年 3 月
村木　新次郎

目 次

まえがき　　　　　　　　　　　　　　　　　　　　　　　　　v

第1部　日本語の品詞体系をめぐる諸問題

第1章　日本語文法研究の主流と傍流
　　　　　―単語と品詞の問題を中心に―　　　　　　　　　3

第2章　日本語の品詞体系のみなおし
　　　　　―形式重視の文法から意味・機能重視の文法へ―　31
　　要旨　　　　　　　　　　　　　　　　　　　　　　　31
　　1.　学校文法の問題点　　　　　　　　　　　　　　　31
　　2.　学校文法の克服　　　　　　　　　　　　　　　　34
　　3.　日本語の品詞体系　　　　　　　　　　　　　　　35
　　4.　形容詞の範囲の拡大　　　　　　　　　　　　　　36
　　　　4.1　規定用法のみをもつ形容詞　　　　　　　　38
　　　　4.2　述語用法のみをもつ形容詞　　　　　　　　38
　　5.　後置詞　　　　　　　　　　　　　　　　　　　　39
　　　　5.1　連体格支配の後置詞　「Nの　〜」　　　　40
　　　　5.2　連用格支配の後置詞　「Nを　〜」「Nと　〜」　41
　　6.　従属接続詞　　　　　　　　　　　　　　　　　　43
　　まとめ　　　　　　　　　　　　　　　　　　　　　　46

第3章　文の部分と品詞　　　　　　　　　　　　　　　49
　　1.　文の部分と品詞　　　　　　　　　　　　　　　　49
　　　　1.1　文の部分とはなにか　　　　　　　　　　　50

1.2　品詞とはなにか　　　　　　　　　　　　　　　51
　2.　文の部分（述語文の場合）　　　　　　　　　　　53
　　2.1　述語　　　　　　　　　　　　　　　　　　　53
　　2.2　主語・補語　　　　　　　　　　　　　　　　54
　　2.3　修飾成分　　　　　　　　　　　　　　　　　54
　　2.4　規定成分　　　　　　　　　　　　　　　　　55
　　2.5　状況成分　　　　　　　　　　　　　　　　　56
　　2.6　陳述成分　　　　　　　　　　　　　　　　　56
　　2.7　接続成分　　　　　　　　　　　　　　　　　57
　3.　品詞　　　　　　　　　　　　　　　　　　　　57
　　3.1　主要な品詞　　　　　　　　　　　　　　　　57
　　3.2　周辺的な品詞　　　　　　　　　　　　　　　59
　4.　まとめ　　　　　　　　　　　　　　　　　　　60

第4章　意味と品詞分類　　　　　　　　　　　　　　63
　1.　単語とはなにか　　　　　　　　　　　　　　　63
　2.　品詞の概念　　　　　　　　　　　　　　　　　64
　3.　意味と品詞との関係　　　　　　　　　　　　　68

第5章　漢語の品詞性を問う　　　　　　　　　　　　75
　要旨　　　　　　　　　　　　　　　　　　　　　　75

第6章　四字熟語の品詞性を問う　　　　　　　　　　111
　1.　四字熟語の品詞性　　　　　　　　　　　　　　111
　2.　四字熟語は単語か、句か　　　　　　　　　　　112
　3.　四字熟語の品詞分類　　　　　　　　　　　　　115
　4.　形容詞の範囲　　　　　　　　　　　　　　　　121

第7章　日本語の名詞のみなおし
　　　　　―名詞のようで名詞でないもの―　　　　　123
　要旨　　　　　　　　　　　　　　　　　　　　　　123

1.	問題の所在	123
2.	名詞とは何か	124
3.	名詞らしからぬ単語	126
	3.1　形式名詞	126
	3.2　動詞とみなさなければならないもの	127
	3.3　形容詞とみなさなければならないもの	128
	3.4　副詞とみなさなければならないもの	131
	3.5　後置詞とみなさなければならないもの	132
	3.6　従属接続詞とみなさなければならないもの	135
	3.7　助動詞とみなさなければならないもの	137
	3.8　感動詞とみなさなければならないもの	138
4.	まとめ	138

第2部　形容詞をめぐる諸問題

第1章　日本語の形容詞―その機能と範囲―　　143

1.	形容詞とはなにか	143
2.	形容詞の機能	145
3.	形容詞の形式	148
	3.1　第一形容詞と第二形容詞、第三形容詞	148
	3.2　第四形容詞の可能性	152
	3.3　合成形容詞の存在	153
4.	形容詞の意味	155
	4.1　形容詞の状態性	155
	4.2　形容詞の程度性	156
	4.3　形容詞の評価性	157
5.	まとめ	157

第2章　名詞と形容詞の境界　　161

1.	品詞の概念	161
2.	機能からみた名詞と形容詞	162

3. 第三形容詞　　　　　　　　　　　　　　　　　　165
　　4. 意味からみた名詞と形容詞　　　　　　　　　　　　166

第3章　「がらあき-」「ひとかど-」は、名詞か、形容詞か　　169
　　要旨　　　　　　　　　　　　　　　　　　　　　　　169

第4章　第三形容詞とその語構成　　　　　　　　　　　183
　　0. はじめに　　　　　　　　　　　　　　　　　　　183
　　1. 品詞分類の基準　　　　　　　　　　　　　　　　183
　　2. 品詞間の連続性　　　　　　　　　　　　　　　　184
　　3. 日本語の形容詞は少ないか　　　　　　　　　　　186
　　4. 単語認定の問題　　　　　　　　　　　　　　　　188
　　5. 第三形容詞の位置　　　　　　　　　　　　　　　190
　　6. 第三形容詞の語構成　　　　　　　　　　　　　　192
　　　　6.1　動詞性語基・接辞　　　　　　　　　　　　192
　　　　6.2　形容詞語基・接辞　　　　　　　　　　　　197
　　　　6.3　名詞性語基・接辞　　　　　　　　　　　　201
　　　　6.4　副詞性語基・接辞　　　　　　　　　　　　203
　　7. 第三形容詞をめぐる諸問題　　　　　　　　　　　206
　　8. 四字熟語と第三形容詞　　　　　　　　　　　　　208
　　9. むすび　　　　　　　　　　　　　　　　　　　　209

第5章　第三形容詞とその意味分類　　　　　　　　　211
　　1. 第三形容詞とはなにか　　　　　　　　　　　　　211
　　2. 第三形容詞の用法　　　　　　　　　　　　　　　212
　　3. 意味と品詞の関係　　　　　　　　　　　　　　　216
　　4. 辞書やシソーラスでのあつかい　　　　　　　　　218
　　5. 第三形容詞の意味論上の分類　　　　　　　　　　220

第6章　形容詞における単語内部の並列構造と属性化　　237

   0.　はじめに　　237
   1.　実体から属性へ―名詞から形容詞へ―　　237
   2.　運動から属性へ―動詞から形容詞へ―　　240
   3.　まとめ―重複と列挙による派生形容詞―　　241

第7章　「神戸な人」という言い方とその周辺　　243

   1.　「神戸な人」という言い方　　243
   2.　「味な企画」という言い方　　244
   3.　「大人なイメージ」という言い方　　246
   4.　「現実な対応」という言い方　　248
   5.　「メルヘンな雰囲気」という言い方　　249
   6.　「普通な　感じ／気分」という言い方　　250
   7.　「花の都」という言い方　　251
   8.　「がけっぷちの経済」という言い方　　252
   9.　「底抜けな／底抜けの　明るさ」という言い方　　253

第3部　従属接続詞をめぐる諸問題

第1章　日本語の節の類型　　257

   1.　従属節の位置づけ　　257
   2.　従属節のタイプに関する先行研究　　257
     2.1　三上章　　257
     2.2　南不二男　　259
     2.3　仁田義雄　　260
     2.4　益岡隆志　　261
     2.5　野田尚史　　261
     2.6　高橋太郎ほか　　262
   3.　従属節の分類の提案　　262
   4.　連体節の下位分類　　266

5. まとめ 273

第2章 「矢先」と「手前」
―「もの・空間」から「つなぎ」へ― 275

要旨 275
1. 文法的な品詞―後置詞と従属接続詞― 275
2. 「矢先」について 277
3. 「手前」について 280

第3章 擬似連体節をうける従属接続詞
―「かたわら」と「一方(で)」の用法を中心に― 285

要旨 285
1. はじめに 285
2. 従属節へのアプローチ 286
3. 節の諸タイプ 287
4. 擬似連体節 288
5. 従属接続詞としての「かたわら」と「一方(で)」 291
　5.1 「かたわら」の用法 292
　5.2 「一方」の用法 295
　5.3 従属接続詞としての「かたわら」と「一方(で)」の相違 297
　5.4 従属節としての「かたわら」と「一方(で)」の異同 303

第4章 〈とき〉をあらわす従属接続詞
―「途端(に)」「拍子に」「やさき(に)」などを例として― 307

1. 問題の所在 307
2. 諸形式の文法的機能―品詞性― 309
　2.1 「たび(に)」 310
　2.2 「ついで(に)」 311
　2.3 「途端(に)」 311
　2.4 「拍子」 312
　2.5 「はずみ」 313

2.6	「やさき」	314
2.7	「最中」	314
2.8	「さなか」	315
2.9	「おり」	316
2.10	「際(に)」	317

3. 諸形式の従属接続詞としての用法　　319
  3.1　「たび(に)」　　319
  3.2　「ついでに」　　322
  3.3　「途端(に)」　　322
  3.4　「拍子に」　　324
  3.5　「はずみに／で」　　325
  3.6　「やさき(に)」　　326
  3.7　「最中(に)」　　328
  3.8　「さなか(に)」　　330
  3.9　「おり(に)」　　332
  3.10　「際(に)」　　333
4. まとめ　　337

第4部　感動詞の問題

第1章　意味・機能にもとづく日本語の感動詞の分類　　343
  0. はじめに　　343
  1. 感動詞の位置　　344
    1.1　感動詞の統語論的な特徴　　346
    1.2　感動詞の形態論的な特徴　　349
    1.3　感動詞の音声的な特徴　　350
  2. 感動詞の意味的な分類　　352
    2.1　山田孝雄(1908)の分類　　352
    2.2　橋本進吉(1959)の分類　　352
    2.3　高橋太郎ほか(2005)の分類　　352
    2.4　本章の分類　　353
  3. 意味・機能にもとづく感動詞の分類　　355

Ⅰ　聞き手の存在を前提としていない感動詞　　　　　　　355
　　　1　（話し手の事態に対する）感動　　　　　　　　　　355
　　　　1.1　感覚的な感動　　　　　　　　　　　　　　　356
　　　　1.2　感情的な感動　　　　　　　　　　　　　　　358
　　　2　（みずからの動作の勢いをつけるための）かけごえ　361
　　Ⅱ　聞き手の存在を前提とする感動詞　　　　　　　　　　361
　　　1　話し手から聞き手への対応　　　　　　　　　　　　361
　　　　1.1　（聞き手に対する話し手の）きもちのあらわし　362
　　　　1.2　（聞き手に対する話し手からの）よびかけ　　　363
　　　　1.3　（聞き手に対する話し手からの）はたらきかけ　364
　　　　1.4　（聞き手に対する話し手からの）あいさつ　　　365
　　　2　聞き手からの発話に対する話し手の対応―うけこたえ―　369
　　　　2.1　よびかけに対するうけこたえ　　　　　　　　370
　　　　2.2　はたらきかけに対するうけこたえ　　　　　　370
　　　　2.3　といかけに対するうけこたえ　　　　　　　　371
　　　　2.4　のべたてに対するうけこたえ　　　　　　　　372
　　　　2.5　あいさつに対するうけこたえ　　　　　　　　374
　　　3　いいよどみ（間投詞）　　　　　　　　　　　　　　375

第5部　単語とコロケーションをめぐる諸問題

第1章　日独両言語の単語をめぐって　　　　　　　　　　379
　1.　単語とはなにか　　　　　　　　　　　　　　　　　　379
　2.　単語の本質的な特徴　　　　　　　　　　　　　　　　379
　　2.1　単語の所与性　　　　　　　　　　　　　　　　　381
　　2.2　語彙的な単位　　　　　　　　　　　　　　　　　383
　　2.3　文法的な単位　　　　　　　　　　　　　　　　　384
　3.　単語の多様性　　　　　　　　　　　　　　　　　　　388

第2章　中国語の形容詞が日本語の動詞と対応する中日同形語について　　391
　1.　問題の所在　　　　　　　　　　　　　　　　　　　　391

 2. 両言語における形容詞と動詞の位置   392
 3. 日本語における漢語の文法性   393
 4. 先行研究   396
 5. 調査とその結果   397

第3章　現代日本語の中の四字熟語   409
 要旨   409
 0. はじめに   409
 1. 四字熟語の範囲   410
 2. 四字熟語の使用   411
 3. 四字熟語の品詞性   414
 4. 四字熟語と文体   417
 5. その他の特徴   417

第4章　コロケーションとは何か   419
 1. コロケーションとは何か   419
 2. コロケーションの再定義   422
 3. コロケーションの範囲   425
 4. コロケーションの諸タイプ   429
 5. 辞書におけるコロケーションの記述   431

第6部　日本語文法の展望

第1章　三上章と奥田靖雄
   ―それぞれの軌跡―   437
 1. ふたりの生きざま―アカデミズムとの関係―   437
 2. 文法をどうとらえるか   441
 3. むすび   447

第2章　日本語文法研究の展望　　449

1. はじめに　　449
2. 記述文法の萌芽　　449
3. 日本近代文法学小史―個人による総合文法―　　450
4. 伝統文法の克服　　451
5. 実用文法の必要性　　453
6. 記述文法の成熟　　454
7. 孤高の路線　　456
8. 教科文法と日本語教育文法　　456
9. 現代―多様化の時代―　　456
10. 日本語文法学会　　457

参考文献　　459
あとがき　　469
事項索引　　473
人名索引　　477

第1部　日本語の品詞体系をめぐる諸問題

第 1 章　日本語文法研究の主流と傍流
　　　　―単語と品詞の問題を中心に―

　本章は、2009 年 10 月 31 日に島根県民会館で開催された「日本語学会 2009 年度秋季大会」の公開講演のひとつとして発表したものである。予稿集に載せた原稿を太字で提示し、当日の講演内容を文章化した。文章化にあたって、予稿集と講演の原稿を部分的に加筆修正したものの、内容上の変更は最小限にとどめた。

1.　文法的形態素の発見とそれの単語への位置づけ
1.1　テニヲハ（漢文訓読に由来）
1.2　「助詞・助動詞」の功罪

　(1) かつて、日本語の話し手は、おそらく中国語すなわち当時の漢文との関わりの中で、日本語を自覚したのではないかと思われます。語形交替・語形変化を発達させていない、言語類型学における孤立語としての傾向がつよい中国語と比べると、日本語は、「テニヲハ」と呼ばれる主として膠着的な付属形式を豊かにもっている点に特徴があります。そのため、日本語の文法的な特徴として、それら「テニヲハ」に注目したのは、ごく自然の成り行きであったと言うべきでしょう。わたしは、この「テニヲハ」の気づきに対して、功罪、すなわちプラスの側面とマイナスの側面があると考えます。プラスの面は、日本語の中に文法的な形式(形態素)を見いだしたことであり、マイナスの面は、その形式に単語(自立語に対する付属語)の資格を与えたことです。実質的な意味をもった胴体にあたる部分と、文法的な意味をになっているしっぽの部分とを、それぞれ単語として切り離してしまったわけです。その結果、単語において、内容をになう語彙的な部分と、文の中での形式と

機能とをになう文法的な部分とを、両者の統一体としてではなく、別々にあつかうという習慣ができてしまいました。すなわち、単語の語幹部分は、語彙的要素として、語尾や接辞の部分は、文法的要素として、両者を分断したかたちであつかわれるわけです。

日本語の文法について語られるとき、論点は、「助詞」と「助動詞」とに集中します。それは、日本語を正当に把握するにあたって、半分は正しいといえるかもしれませんが、あとの半分として、重要な問題点をも残してしまったとわたしは考えます。

---

2. 主流と傍流（本流はどこに？）

2.1 主流（官許国文法）

　　大槻文彦……橋本進吉　→　国語教育文法
　　　　　　　　　　……（時枝誠記）

2.2 傍流

2.2.1 傍流1（官学＝帝国大学に対する俗語私学の在野性　日本語文法）

　　山田孝雄(1908)『日本文法論』
　　松下大三郎(1901)『日本俗語文典』(口語文法)

2.2.2 傍流2（国語学の枠の外で）　傍流から(半)主流へ

　　佐久間鼎(心理学者)……三上章(数学教育者)……寺村秀夫
　　　→　日本語教育文法……三尾砂(心理学者)　　（実用文法）

2.2.3 傍流3（アカデミズムをこえて）

　　田丸卓郎(物理学者)……宮田幸一(英語学者)……奥田靖雄・
　　鈴木重幸・宮島達夫・高橋太郎　→　教科研文法

---

　(2) ここで、明治以降の日本語文法研究をごくごく荒く、主流といくつかの傍流という形でわたし流に整理させていただきたく思います。

　まず、官許の国文法として、大槻文彦の『広日本文典』『同別記』は、教科文法の役割をはたしました。のちの橋本進吉による橋本文法も、国家に認められたもので、国語教育文法として君臨し、主流の座をしめています。この橋本文法、言いかえれば、学校文法は、今日も日本の国語教育だけでなく、中国をはじめとする漢字文化圏における諸外国の日本語教育にも大きな

支配力をもっています。

　この主流に対して、大きく3つの傍流があるとわたしは考えます。

　1つ目の傍流は、大槻文彦の文法を是としなかった人たちです。そのような文法家を代表するのは、山田孝雄と松下大三郎です。この二人は、官学に対する私学という意味での在野性という点で共通点をもちます。山田孝雄は、文法研究において、数々の貢献をしましたが、きょうのわたしの発表と関わるところで申しますと、助動詞を用言の副語尾として、用言に助動詞のついたものを一語と認めたことです。松下大三郎は、当時、多くの研究者が古典から出発したのに対して、若くして、松下自身の遠州方言をあつかった「日本俗語文典」（口語文法）をあらわしたという点に特徴があります。

　2つ目の傍流として、佐久間鼎、三上章、寺村秀夫といった研究者の流れをあげたいと思います。心理学者であった佐久間鼎、東京大学の工学部を卒業し、長く高等学校の数学の教師をつとめた三上章、英語から日本語へ転身した寺村秀夫らは、伝統的な国文法に満足できず、国語学の枠の外で、日本語の文法を構築していった人たちと位置づけられるでしょう。心理学をおさめた三尾砂もこの系列にはいるでしょう。寺村秀夫の門下生たちは、今日の、日本語を母語としない人たちへの、いわゆる日本語教育の世界で大きな貢献をはたしています。その成果は、日本語教育文法として、日本語教育の世界に浸透しています。この文法は、解釈をするための文法というより、表現をするための文法であるという点に特徴があります。そして、実用性をそなえているので、日本語の実用文法と特徴づけることができるでしょう。

　さて、3つ目の傍流としてあげたいものは、田丸卓郎、宮田幸一、奥田靖雄、鈴木重幸といった人たちが提唱した日本語文法です。田丸卓郎は物理学者であり、宮田幸一は英語学者であって、国語学の世界と接点をもたず、国語学の世界からは、ほとんど無視されてきた人たちです。田丸卓郎と宮田幸一には、ローマ字で日本語を記すという姿勢をとった点と、西洋の言語に通じていたという共通点があります。ふたりは、たとえば、動詞「みる」について言いますと、「みた」「みよう」「みたろう」「みない」などは、これ全体が動詞の活用形であるとして、「みた」を「み」と「た」の2つの単語からなるものという見方はとっていません。彼らの活用のあつかい方については、あとでもう一度ふれます。わたしには、田丸や宮田は、日本語の単語を

正当にとりだした先駆者であると思われます。

　奥田靖雄、鈴木重幸らは、田丸や宮田の姿勢を継承するもので、もっぱら言語学研究会というサークルの中で活動した人たちです。わたしが傍流の 3 とした人たちの特徴は、アカデミズムをこえて、という点にあるかと思います。言語学研究会というサークルでリーダーシップをとった奥田靖雄は、どの学会にも所属しませんでしたし、学会誌に論文を発表することもありませんでした。彼の研究は、むぎ書房から出た、雑誌『教育国語』や論文集などで知ることができます。

3.　単語の認定をめぐって

3.1　「助詞」・「助動詞」を単語とみる立場
　　大槻文彦、橋本進吉、時枝誠記　（付属語、辞）

3.2　「助詞」を単語とし、「助動詞」の多くを、語尾・接辞とみる立場
　　山田孝雄、渡辺実
　　三上章、寺村秀夫、砂川有里子、益岡隆志、野田尚史、……
　　B. ブロック

3.3　「助詞」も「助動詞」の多くも単語の部分であるとみる立場
　　松下大三郎
　　E. D. ポリヴァーノフ
　　奥田靖雄、鈴木重幸、宮島達夫、高橋太郎、仁田義雄、……

---

　(3) さて、ここで視点を変えて、単語の認定をめぐり、これまでにどのような立場があったかを簡単に整理してみます。

　第一番目に、助詞・助動詞を単語と認める立場があります。官許の学を築いた大槻文彦、橋本進吉がそれであり、時枝誠記も同じ立場と言えるでしょう。形式を重視し、実証に徹した橋本と、意味を重視し、思弁を旨とした時枝とは、異質な面をたくさんもちますが、橋本の自立語と付属語の区別は、時枝の詞と辞の区別とほぼ並行する関係でしょう。ですから、単語の認定をめぐって、多少の出入りはありますが、ここでは、橋本と時枝は、同じグループに入ります。

　第二番目に、「助詞」を単語とみなし、「助動詞」の多くを語尾や接辞と見

る立場があります。古くは山田孝雄であり、最近では渡辺実もほぼ同じ立場とみなしていいでしょう。また、国語学の枠をこえて、三上章が提起した文法も、単語の認定に関して、ここに入り、さらに三上の後継者として、寺村秀夫ほかをあげることができるかと思います。また、寺村にも影響を与えた、アメリカの構造主義言語学者 B. ブロックもここに入るでしょう。

　第三番目に、「助詞」や「助動詞」の多くを、単語の部分とみなして、単語とは認めないとする立場があります。古くは松下大三郎であり、最近では、奥田を代表とする言語学研究会の立場です。ちなみに、ロシア人言語学者のポリヴァーノフもこの立場であると言えます。ポリヴァーノフは多くの言語に通じていた言語学者で、日本語の方言についての研究も発表しています。彼は、古代日本語の (pa) を主格接尾辞ととらえ、「川」、river を意味する kaφa から kawa のように、φa、そして wa へとなったのに対して、入れ物を意味する pati は、φati、hati、haci へとなったとし、音韻変化において、語頭子音と語中子音の区別があったことを説き、接尾辞頭音が語頭音（アンラウト）でなく、語中音（インラウト）にあてはまる音にしたがって発達したことを指摘しています。「川は　流る／流れる」の「川は」の最後の音節は、今日「は」ではなく、「わ」です。「川は」の最後の音節が単語だとするなら、「わ」ではなく、「は」でなければなりません。同様に、「上へ　のぼる」の「上へ」の最後の音節は、それが単語だとすると、「え」ではなく、「へ」でなければならないという道理です。1928 年に発表された「接尾辞と自立語との区別について」という論文です。

　松下大三郎は、さきほども申しましたように、若くして俗語文典をあらわし、「ツキャー（月は）」「ツキン（月の）」「ツキイ（月へ）」「ツキョー（月を）」などの形式を名詞の語尾変化とみなしています。「ツキャー」「ツキン」などを詞とし、詞は原辞から構成されるという文法観を提起しました。詞を単語、原辞を形態素と置き換えれば、わかりやすいかと思います。松下の文法は、つとに形態論をもっていました。さらに詞を核とした、格論と相論とを明確にとらえていたという点でも、先駆的で、時代を先取りしていたと考えられます。格論とは、継起的 (syntagmatic) な側面であり、相論とは、共起的 (paradigmatic) な側面であるとみることができます。松下は、日本語の名詞に、ドイツ語やロシア語に見られるような曲用をみていたと言ってよいで

しょう。

　さて、奥田靖雄を代表とする言語学研究会に所属する人たちは、田丸卓郎や宮田幸一らによる単語認定と、単語のパラダイムを重視する立場とを受け継いでいます。その結果、伝統的な国文法や同時代の他の研究者とは異質な面を多くもっています。彼らは、単語という単位にこだわり、日本語の形態論を構築しようとしました。この研究会を代表する鈴木重幸の著書は『日本語文法・形態論』『形態論・序説』であり、この書名がそのことを雄弁に物語っています。彼らは、西洋の伝統的な言語研究を日本語の事実にてらして根づかせたと、わたしは思います。単語の認定に関して、いわゆる助詞や助動詞の多くを単語の部分として位置づけるとしたのです。それは、日本の伝統文法に対するアンチテーゼであり、アカデミズムへの果敢なる挑戦でした。

　奥田のいう単語は、橋本進吉のいう文節にほぼ相当します。橋本の唱えた文節は、議論の余地はあるにしても、日本語の文の基本的な単位とみることができます。奥田のいう単語と橋本のいう文節は外延において、ほぼ同じと言えます。橋本のいう文節は、形式上の単位であり、1つの自立語から、あるいは、1つの自立語と1つ以上の付属語から構成されます。奥田と橋本の単語の内包は大きく異なります。すなわち、奥田のいう単語は、文を構成する基本的な単位であるのに対して、橋本のいう単語は、文を構成する基本的な単位である文節を構成する単位であるという点です。

4. 日本語の形態素
4.1 自立性のたかい語基
4.2 自立性を欠いた付属辞・補助的な単語
　　（ⅰ）　語尾　　　食べ　ru／ta／ro／yoo／te／tari／…
　　（ⅱ）　接尾辞　食べ　mas／rare／sase／na／ta／…
　　（ⅲ）　助辞　　食べる／食べた　らしい／みたい／です／ね
　　　　　　　　　　山　　が／を／に／から／…
　　（ⅳ）　補助的な単語　食べて　いる／ある／みる／おく／…
　独立性のつよさと単語らしさ
　　　語尾　＜　接辞　＜　助辞　＜　非自立的な単語　＜（自立的な単語）
　（　語の部分　　　　中間体　　　　　　　　単語　　　　　　　　　　）

```
    膠着 → 屈折(融合)　「読みたり」→「読んだ」
                        「それは」→「そりゃー」
    分析的な形 → 総合的な形　「読んで　いる」→「読んでる」
                              「なんと　いう」→「なんちゅう」
```
村木新次郎(1991)

　(4) 日本語の形態素には、自立性の高いものとそれが低いものとがあります。ここでは、形態素とは、意味をになった最小の言語形式であるという規定に従っておきます。自立性を欠いた付属辞には、語幹と組み合わさって、活用する語尾、派生語をつくる狭義の接尾辞、語幹と語尾の組み合わさったものにつく、相対的に独立性の強い助辞に分けることができます。予稿集の **4.** に、具体例が示されています。

　「食べる」の「る」、「食べた」の「た」、「食べろ」の「ろ」などが語尾の例です。「食べます」は、「ます」という接尾辞がついて、丁寧の意味をもつ派生動詞を、「食べられる」は「られ」という接尾辞がついて、受け身などの意味をもつ派生動詞をつくります。

　「らしい」「みたい」「です」「でしょう」「ね」などは、さまざまな形式に後置して、複合述語をつくる要素です。これらは、ある条件のもとで、独立して用いられることもあります。「今夜あたり、台風が来るそうだよ。」「らしいね。」といった例です。このように、「ある発話をうけて」、という条件のもとで、「様態・伝聞・断定・推量・確認」などを表す独立用法がみられるものがある一方、いわゆる格助詞の「が」や「を」、終助詞の「わ」「よ」などのように、そのような独立用法をもたないものがあり、「助辞」とグルーピングしたものの文法的な特徴は、一様ではありません。ここでは、助辞を、単語と接辞の中間体として位置づけたのですが、さらなる吟味が必要でしょう。たとえば、名詞につく格助詞と節につく接続助詞とでは、接続助詞の方が、独立度が高く、相対的に単語性があると言えるでしょう。接続助詞「のに」「けれども」は、独立した接続詞としての用法とも連続しています。

　ついでに申しますと、1つの単語か複数の単語かは、いつもはっきりと区別できるものではありません。かつては、膠着的な接辞づけであった「読みたり」は、「読んだ」に融合して、膠着的というより屈折的です。「それは」

が「そりゃー」へ移行すれば、その形も融合もしくは屈折です。さきほど、松下大三郎の俗語文典でもふれましたように、方言には、そのような語形が多々みられるかと思います。

また、「読んで　いる」から「読んでる」、「なんと　いう」から「なんちゅう」というような形式への移行の中には、分析的な形式から総合的な形式への変化が読み取れます。わたしの立場からですと、これらは、2単語から1単語化したと見ます。

5. 形態素を基本とする文法と単語を基本とする文法
5.1 （文法的な）形態素を基本とする文法
　（ⅰ）　内容と関係の切り離し　語彙的なもの（意味）と文法的なもの（形式）との分離
　（ⅱ）　有標形式のみに注目、および、無標形式の無視
　（ⅲ）　形式重視
　（ⅳ）　syntagmatic な見方
　　　　　食べ‐させ‐られ‐まし‐た‐ね
　　　　　　（使役）（受動）（丁寧）（過去）（確認）

5.2 単語を基本とする文法
　（ⅰ）　単語＝語彙的な意味と文法的な形式との統一体
　（ⅱ）　無標形式の文法的意味への注目
　　　　「花　（咲いた。）」「花が　咲く。」
　（ⅲ）　意味・機能重視
　（ⅳ）　paradigmatic な見方

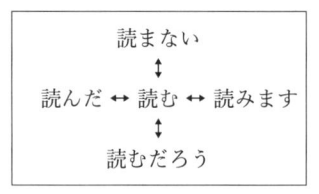

```
            読まない
              ↕
       読んだ ↔ 読む ↔ 読みます
              ↕
            読むだろう
```

　　　読む　—　読まない　〈肯定　—　否定〉　《みとめ方》
　　　読む　—　読んだ　　〈非過去　—　過去〉　《テンス》
　　　読む　—　読むだろう　〈断定　—　推量〉　《(対事)ムード》
　　　読む　—　読みます　〈普通　—　丁寧〉　《丁寧さ》

(5) さて、ここで、文法的な形態素を中心とする文法と、単語を中心とする文法とを対比的に整理して、その異同を明らかにしたいと思います。

予稿集の、**5.1** と **5.2** を左右にして、縦に並べた方が見やすかったのですが、わたしにはパソコンの技術が不足しているために、いまから説明することがらを、syntagmatic に並べることしかできませんでした。わたしの発表の意図としては、言語における paradigmatic な側面を強調しようとしているのですけれども。syntagmatic（継起的）というのは、時間軸に沿って言語形式が続いていく側面をさし、paradigmatic（共起的）というのは、同じ時間軸に並ぶ言語形式の側面をさします。料理にたとえますと、syntagmatic な側面というのは、懐石料理のコースのように、一品出てきて、それを食べ終われば、次の料理が出てくるというような、時間の軸に沿って続く状況です。また、paradigmatic な側面というのは、松花堂弁当のように、さまざまな料理、たとえば、刺身のような生もの・焼き物・煮物・ご飯・漬け物などさまざまなものが一緒に並んでいる状況です。天気予報や選挙の開票速報などは、ラジオによる音声だけの情報では、時間の軸にしたがって、syntagmatic に伝えるしかありません。でも、テレビでは、天気予報でも、選挙の開票速報でも、同時的に、すなわち、paradigmatic に一挙に情報が提供できます。

さて、本題に戻ります。形態素を基本とする立場では、「花が　咲いた」は、「花」「が」「咲い」「た」の4つの単語から、もしくは「花」「が」「咲いた」の3語からなると考えます。そこでは、「花」や「咲く」は、語彙的なものとして理解され、「が」や「た」は文法的なものとしてあつかわれます。語彙内容と文法形式が切り離されているわけです。胴体である語彙的部分と、しっぽである文法的部分とを切り離して、そのどちらも単語とみなしています。それに対して、「花が」も「咲いた」も単語であり、どちらにも語彙的なものと文法的なものが存在していると考えるのが、単語を基本とする立場です。単語は、意味内容をになう語彙的な側面と、文の中での存在形式をになう文法的な側面との統一体であるととらえるわけです。ここには、基本的に、語彙的な内容と文法的な形式を切り離さないという重要な特徴があります。胴体としっぽの全体が、1つの単語として統一されています。

次に、形態素を基本単位とする文法では、文法的な形態素にもっぱら注目し、文法的な形態素が存在しない形式をとりあげない傾向があります。「花

が」「花を」は、「が」や「を」の存在によって名詞「花」の格について言及されますが、「助詞」もしくは「助辞」のない「花」は不問にされるか、軽視されるということです。有標形式には注意が向けられるけれども、無標形式には必ずしもそうではないということです。「花　咲いた。」における「花」や「花が　咲く。」における「咲く」の文法性が充分に問われないといったことが指摘できます。このことは、名詞よりも、動詞の場合により顕著と言えるでしょう。単語中心の文法では、あとで見るように、名詞や動詞の語形交替の1つとして、あるいは語形交替の中心において、「花」や「咲く」といった無標の形式を積極的にとりあげます。無標の形式は、さまざまな有標の形式と対立しながら、文法的な意味をになっているのであり、この形式を無視することはできません。「花」や「咲く」といった形式は、文法的な意味をもっていないのではなく、さまざまな文法的な意味をそなえた形式とみます。

　形式重視と意味・機能重視の関係については、ここではスキップして、あとでふれます。

　形態素を基本とする文法では、「たべ させ られ まし た ね」といった語形から「させ」が「使役」、「られ」が「受動」、「まし」が「丁寧」、「た」が「過去」、「ね」が「確認」といった文法的な意味が取り出され、その順序、伝統的な用語を使いますと、助動詞・助詞の相互承接ということになりますが、その相互承接に注目されます。それ自体は重要なことではありますが、文法的な意味をになう諸形式間の対立関係が問題にされていません。「られ」の存在によって、「受動」の意味は取り上げられますが、「受動」と対立する「能動」は不問のままです。「能動」をあらわす助動詞、あるいは形態素が、述語の中に存在しないからです。

　それに対して、単語中心の文法では、同一の単語の複数の語形間に認められる対立（opposition）の中に、文法的意味を読み取り、そこから形態論的なカテゴリーを取り出します。

　たとえば、「読まない」は「読む」との間に〈否定〉と〈肯定〉という対立をもち、《肯定否定》もしくは、《みとめ方》というカテゴリーをもちます。同様に、「読んだ」は「読む」との間に〈過去〉と〈非過去〉という対立をもち、《テンス》というカテゴリーを、「読むだろう」は「読む」と〈推量〉

と〈断定〉という対立をもち、《対事的なムード》というカテゴリーを、「読みます」は「読む」との間に〈丁寧〉と〈非丁寧〉という対立をもち、《丁寧さ》のカテゴリーを認めることができます。無標の「読む」は、文法的な意味をもたないのではなく、さまざまな文法的意味を重義的にもっていることが明らかになります。「読む」という無標の形、あるいは基本形と言ってもいいでしょうが、この基本形は、さまざまな有標の形式の対立項として、ちょうど扇の要のような役割をはたしています。動詞の活用とは、こうしたさまざまな文法的なカテゴリーをまとめたものとしてとらえる必要があるでしょう。ここで問題にしたカテゴリーとは、文法的な意味や機能の点で対立する系列を抱え込んで、そうした対立を通して取り出されたものです。対立するということは、互いになんらかの共通部分をもちながら、一方で、異なる側面をもつということです。

　単語を基本とする文法は、パラダイムを重視した文法であると言えるでしょう。ある文法的な意味、たとえば、〈過去〉〈推量〉〈丁寧〉などをになっている語形が、それを意味しない、なんらかの語形と対立しているとみて、そこに、どのようなカテゴリーが存在しているのかを問うことが、単語中心の文法における課題です。たとえば、〈過去〉を意味する「した」の存在に対して、〈非過去（＝現在未来）〉を意味する「する」が存在することを、また、〈過去の推量〉を意味する「しただろう」の存在に対して〈過去の断定〉を意味する「した」が存在することを確認することです。すなわち、パラダイムの中に、文法的な意味や機能のカテゴリーを見いだすことです。カテゴリーとは、そもそも、共通する特徴と異なる特徴とを統合するものであるはずです。語形変化する単語の、複数の語形間に成立する文法的意味や文法的機能の対立を見いだすこと、そしてそこにどのようなカテゴリーが存在するのかを確認することは、日本語の文法現象をみていくうえで、不可欠のことと考えます。伝統的な国文法の世界では、こうしたカテゴリーが欠落しています。

6. 動詞の活用
6.1 田丸卓郎（1920）

切れる形
- 1. 現在　miru, - minai, (min, minu)
- 2. 過去　mita, - minakatta, (minanda)
- 3. 推量の現在　miyô, - mimai, (minakarô)
- 4. 推量の過去　mitarô, - minakattarô, (minandarô)
- 5. 命令　mii! miro! (miyo!) - miruna!

続く形
- 6. 接続　mite, - minaide, (minakute, minde), mizuni
- 7. 中止　mi, - mizu
- 8. 列挙　mitari, - minakattari, (minandari)

条件の形
- 9. 不定条件の現在　miruto, - minaito, (minto)
- 10. 不定条件の過去　mitara, mitaraba, - minakattara, (minakattaraba, minandara)
- 11. 定条件の現在　mireba, - minakereba, (mineba)
- 12. 定条件の過去　mitareba, - minakattareba, (minandareba)

6.2. 宮田幸一（1948）

本詞
- 叙実本詞
  - 現在形　aruku
  - 過去形　aruita
- 叙想本詞
  - 現在叙想形　arukô
  - 過去叙想形　aruitarô

（終止的にも連体的にも用いられる）

　………… 命令形　aruke …………　終止形に用いられるだけ

分詞
- 状態分詞
  - シテ分詞　aruite
  - シナガラ分詞　aruki-nagara
  - シツツ分詞　aruki-tutu
- 条件分詞
  - スレバ分詞　arukeba
  - シタラ分詞　aruitara

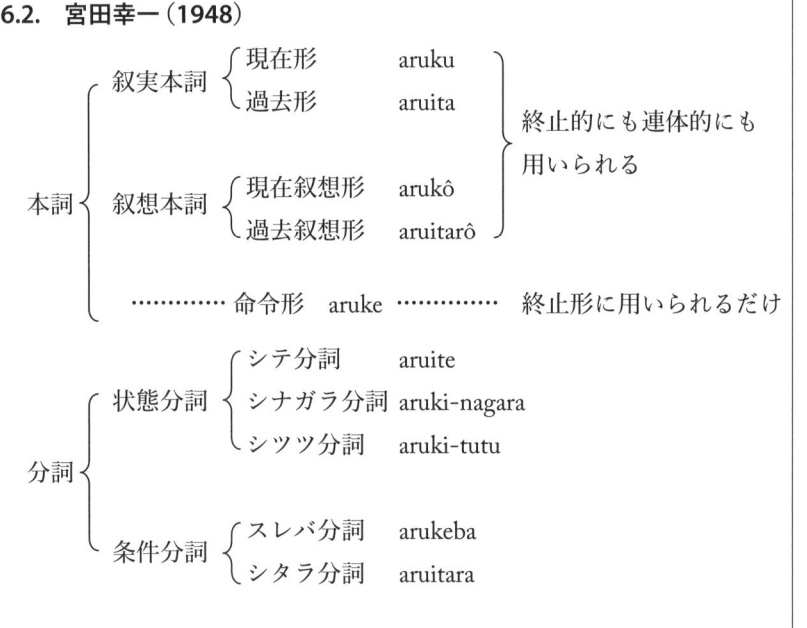

6.3 鈴木重幸(2008)

ムード テンス アスペクト

ムード		テンス	アスペクト	
			完成相	継続相
直説法	断定 (いいきり)	非過去	よむ yom-u	よんで いる yon-de i-ru
		過去	よんだ yon-da	よんで いた yon-de i-ta
	推量 (おしはかり)	非過去	よむ＝だろう yom-u=darô	よんで いる＝だろう yon-de i-ru=darô
		過去	よんだ＝だろう yon-da=darô	よんで いた＝だろう yon-de i-ta=darô
命令法	命令		よめ yom-e	よんで いろ yon-de i-ro
	さそいかけ		よもう yom-ô	よんで いよう yon-de i-yô

※ "-" のあとの要素は語尾、"=" のあとの要素はくっつき(助辞)、空白は単語のきれ目。

6.4 村木新次郎 (2006a)

断続	人称		ムード	テンス	語形
終止	無制限		断定	非過去	(本を)読む。
				過去	(本を)読んだ。
			推量	非過去	(本を)読むだろう。
				過去	(本を)読んだだろう。
	1人称	1人称	意志		(一人で本を)読もう。
		1+2/3 人称	勧誘		(君と／みんなと　一緒に本を)読もう。
	非1人称	2人称	命令		(本を)読め。
		3人称	希望		(雨よ)降れ。
接続	連体			非過去	(若者が)読む(本)
				過去	(若いころ)読んだ(本)
	連用		中止		(本を)読み／読んで
				例示	(本を)読んだり
			条件		(本を)読めば／読んだら
				譲歩	(本を)読んでも／読んだって

(6) 日本語動詞の活用について、正当な単語の認識をもって、paradigmatic にとらえようとしたのは、田丸卓郎や宮田幸一であったと思われます。いくつかの日本語動詞の活用表をみてみます。

　まず、田丸卓郎の動詞の活用です。予稿集の **6.1** をご覧ください。動詞は、大きく、「切れる形」「続く形」「条件の形」に 3 分され、「切れる形」は、1.「現在　みる-みない」、2.「過去　みた-みなかった」、3.「推量の現在　みよう-みまい」、4.「推量の過去　みたろう-みなかったろう」、5.「命令　みい・みろ-みるな」のように整理されています。以上は、《テンス》と《ムード》と《肯定否定》によって、体系化されたものと見られます。

　「続く形」は、「条件を除く、広義の連用用法」を「接続」「中止」「列挙」という 3 形式に整理したものであり、「条件の形」は「見ると」「見たら(ば)」「見れば」「見たれば」の 4 つの形式に、それぞれ名前をつけて、整理しています。「続く形」も「条件の形」も肯定形と否定形を挙げています。ここには、動詞の活用パラダイムのシステムができあがっています。

　次に、宮田幸一の活用表をみてみます。予稿集の、**6.2** です。宮田は、まず、動詞を、本詞と分詞に大きく 2 分します。本詞は、終止的にも連体的にも用いられる語形をさします。ただし、命令形は終止の用法しかもたないと断っています。一方、分詞は、広義の連用用法をさし、条件の意味をもたない「状態分詞」と、条件を意味する「条件分詞」とに分かれます。宮田がしめした活用体系は、まず、「本詞」と「分詞」を分けた点で特徴があります。「本詞」を「終止的にも連体的にももちいられる」として一括した点は、わたしは賛成しかねます。「終止用法」だけを「本詞」とし、「連体用法」は、「分詞」のひとつとすべきではなかったかというのがわたしの考えです。

　続いて、鈴木重幸が 2008 年に提示した動詞の活用体系を取り上げます。予稿集の **6.3** です。この表では、動詞の活用のうち、終止形、肯定、普通体に限定されています。鈴木の活用では、まず、《ムード》によって、「直説法」と「命令法」に分かれます。直説法は、さらに「断定(いいきり)」と「推量(おしはかり)」に分かれ、それぞれ、《テンス》によって、〈非過去〉と〈過去〉に分かれるという活用のシステムをしめしています。命令法は、〈命令〉と〈さそいかけ〉に分かれ、《テンス》のカテゴリーがない模様です。それぞれ、さらに《アスペクト》によって、総合的な形式による〈完成相〉と分

析的な形式による〈継続相〉として区別され、その表にあるような語形が取り出されています。ここでは、日本語の動詞が、ムード・テンス・アスペクトによって分類されていて、それぞれの語形と文法的意味との関係が体系的にしめされています。

　わたしは、さきごろ、「学燈社から出ていた」と過去形で言わなければならないのはまことに残念なのですが、『国文学―解釈と教材の研究』で、編集部から「活用は何のためにあるのか」という課題をいただきました。その問いに対する回答として、わたしは、「活用は、述語となる単語の文法的な意味・機能をはたすためにある。日本語の活用は、断続（きれつづき）といくつかの形態論的なカテゴリーに関与している。」という趣旨を述べました。その際、わたし自身の考える、狭い意味での活用のシアンを提起しました。シアンとは、試みの案という意味と、わたしの個人的な案という双方の意味で用いています。また、狭い意味での活用と申しあげたのは、動詞の全活用のうち、肯定・非丁寧・単純相の場合に限定しているという意味です。

　さて、わたしの提示する活用は、まず、《断続》によって、すなわち、切れるか続くかによって、2分されます。どの語形も、切れるか続くかのいずれかが選択されます。切れる形には、《人称》の制限があるか否かによって、《ムード》に関わる、いくつかの語形があります。《人称》に関与しないものは、《対事的ムード》によって、〈断定〉と〈推量（＝断定びかえ）〉に分かれます。これらは、さらに、《テンス》によって、〈非過去〉と〈過去〉に分かれます。次に、《人称》に関わるもののうち、〈一人称〉に関わるものと、〈一人称〉に関わらないものとに分かれます。〈一人称〉に関わるものは、他の人称を排除するものと他の人称を取り込むものとに分かれます。〈一人称〉に限定されるものは〈意志〉という文法的意味をもち、〈一人称〉のほかに〈二人称あるいは三人称〉をもとりこむものは〈勧誘〉という文法的意味をもちます。

　ここで、〈意志〉と〈勧誘〉という文法的意味は、同一の語形をとり、同音形式（ホモニム）ですが、《対人的ムード》という点で、《人称》に関わって対立しています。さらに、〈一人称〉に関わらないものは、〈二人称〉に関わる〈命令〉と〈三人称〉に関わる〈希望〉に分かたれます。〈命令〉と〈希望〉は、ともに発話者の「当該の事態の成立を願う」という点で共通し、〈命令〉

が二人称、すなわち、意志ある聞き手に対して、「その事態が成立することを希望・要求する」ことであり、〈希望〉は、「単に、発話者の願いを述べるものである」という点で異なります。なお、〈意志〉〈勧誘〉〈命令〉〈希望〉に属するものには《テンス》のカテゴリーが存在しません。これらは、事態がいまだ実現していないものに対してしか成立しないからです。

　このように、切れる形、終止用法では、人称・ムード・テンスのカテゴリーによって、さまざまな語形をとります。しかし、続く形では、これらのカテゴリーのうち、一部が部分的に関与するだけです。動詞がさまざまな文法的カテゴリーを発揮するのは、文の述語となって使われるときであるのは、当然のことでしょう。

　さて、続く形式は、体言につながる〈連体〉と、用言につながる、広い意味での〈連用〉に分かれます。

　〈連体〉には、実は、体言らしい体言につながる〈真性の連体〉と、体言らしくないもの、見かけ上の体言につながる〈擬似連体〉とがあるのですが、〈擬似連体〉については、あとで問題にします。ここでは、〈真性連体〉の場合だけを考えます。〈連体〉は、《人称》のカテゴリーも《ムード》のカテゴリーももたず、「若者が読む本」「若い頃読んだ本」のように、〈非過去〉と〈過去〉の対立があるだけです。ただし、この対立は、本来の意味での《テンス》による対立ではありません。《テンス》は、発話時に関わるもので、述語の終止用法のときに発揮されるものです。表の中で、若干、位置が右にずれているのは、本来の意味での《テンス》によるものではないことをしめしています。ここでは、連体の2つの語形は《相対的なテンス》をしめすということで、すませておきます。

　次に、〈連用〉を取り上げます。〈連用〉は、《人称》と《テンス》に関与しません。しかし、〈連用〉には、《対事的ムード》に関わる〈条件〉に関わるものと、〈条件〉に関わらないものとがあり、まず、そのことで、二分されます。有標形式の〈条件〉には、狭義の〈条件〉と、逆条件といってもよい〈譲歩〉の形式とがあります。〈条件〉には、例示した「読めば」「読んだら」のほかにも、「読むなら」「読んだなら」「読むと」といった形式もありますが、予稿集では、それらの一部のみ示しています。

　〈連用〉の無標の形式は、表では、広義の〈中止〉としてあります。〈例示〉

7. 品詞体系

	品詞分類
富士谷成章(1778)	名・装・挿頭・脚結
大槻　文彦(1897)	名詞・動詞・形容詞・助動詞・副詞・接続詞・弖爾乎波・感動詞
山田　孝雄(1908)	体・用言・副詞(副詞・接続詞・感動詞)・助詞
田丸　卓郎(1920)	名詞・代名詞・関係詞・動詞・形容詞・副詞・広さ詞・数詞・接続詞・呼びかけ詞
松下大三郎(1928)	名詞・動詞・副体詞・副詞・感動詞
橋本　進吉(1934)	用言(動詞・形容詞)・体言(名詞・代名詞・数詞)・副用言(副詞・副体詞・接続詞・感動詞)・助詞・助動詞
鈴木　重幸(1972)	名詞・動詞・形容詞(連体詞を含む)・副詞・接続詞・陳述副詞・後置詞・むすび・感動詞
仁田　義雄(2000)	動詞・イ形容詞・ナ形容詞・名詞・連体詞・副詞・接続詞・感動詞
村木新次郎(2008)	名詞・動詞・形容詞・副詞・陳述詞・接続詞・感動詞・後置詞・従属接続詞・助動詞[1]

(Ⅰ) 主要な品詞

　動詞・名詞・形容詞
① 基本的には、語彙的意味と文法的な機能との統一体として、文の中に存在する。
② 統語論的にも形態論的にもかたちづけられている。
③ 多くのメンバーから構成される。

　副詞
① 基本的には、語彙的意味と文法的な機能との統一体として、文の中に存在する。
② 統語論的にかたちづけられている(形態論的にはかたちづけられていない)。
③ 多くのメンバーから構成される。

(Ⅱ) 周辺的な品詞
　　自立できる品詞
　　　接続詞・陳述詞・感動詞
　　非自立的な(補助的な)品詞
　　　後置詞・従属接続詞・助動詞

① 語彙的意味が欠けているか、もしくはそれが稀薄である。
② 統語論的にかたちづけられている（形態論的にはかたちづけられていない）。
③ 少数のメンバーから構成される。

7.1 形容詞の範囲の拡大（田丸卓郎（1920）、三尾砂（1958）、村木新次郎（2000）（2008））

① 「抜群―」「互角―」「深紅―」の品詞性
   格の範疇をもたず、連体修飾をうけることもない。→ 名詞ではない。
   「抜群の」「互角の」は、連体格の名詞ではなく、形容詞の連体形である。
   「～の」は、名詞の連体格（格語尾）ではなく、形容詞の活用語尾である。
   (1) のこされたサムソンとヘルクレスはほぼ 互角の 力で争った。　　　　　　　　　　　　　　　　　　　　　　　　（パニック）
② 「一介の」「在来の」「既成の」「達意の」「おかかえの」「渾身の」の品詞性
   名詞ではなく、規定用法専用の形容詞（あるいは、連体詞）である。
③ 「伝統ある」「魅力ある」の品詞性（彭広陸（2002））
   動詞ではなく、規定用法専用の形容詞（あるいは、連体詞）である。
   (2) 京都への観光客の誘致にさらに力を入れるとともに、京都の 伝統ある 景観を維持するため対策を強化する。
   　　　　　　　　　　　　　　　　　　　　　　　（毎日 09.08.25）
④ 「やまやま―」「初耳―」の品詞性
   名詞ではなく、述語用法専用の形容詞である。
   (3) 行ってお吉に会いたいのは やまやまだが 、行く勇気がない。　　　　　　　　　　　　　　　　　　　　　　　　（おどんな）

7.2 後置詞（松下大三郎（1901）、鈴木重幸（1972）、村木新次郎（1983a）（1983b））

後置詞：「単独では文の部分とならず、名詞の格の形（およびその他の単語の名詞相当の形式）とくみあわさって、その名詞の他の単語に対する関係をあらわすために発達した補助的な単語」(鈴木重幸(1972: 499))
① 「彼とともに」のあつかい
「彼」(名詞)と「とともに」(複合格助詞)のむすびつきではなく、「彼と」(共格の名詞)と「ともに」(後置詞)のむすびつきである。音声上の切れ目は、「彼　とともに」ではなく、「彼と　ともに」である。
② 「日本に対して」のあつかい
「日本」(名詞)と「に対して」(複合辞)のむすびつきではなく、「日本に」(与格の名詞)と「対して」(後置詞)とのむすびつきである。音声上の切れ目は、「日本　に対して」ではなく、「日本に　対して」である。
③ 「彼のために」のあつかい
「彼の」(連体格の名詞)と「ために」(後置詞)からなる名詞句である。
④ 「大衆を前に」のあつかい
「大衆を」(対格の名詞)と「前に」(後置詞)からなる名詞句である。
　(4)　A氏は支持者を 前に 「責任の重さをずっしり感じている」
　　　と述べ、……　　　　　　　　　　　(毎日 09.08.31)

7.3　従属接続詞(高橋太郎ほか(2005)、村木新次郎(2007a))

従属接続詞：「節や句をまとめる述語(動詞・形容詞と名詞＋コピュラ)とくみあわさって、その節や句の後続の主節に対する関係をあらわすために発達した補助的な単語」(高橋太郎ほか(2005)の文言を若干修正)
・佐久間鼎(1940)(1955)
「吸着語」：先行する句または文を一つにまとめて、それに関係文のような地位を与え、いわば主文に接続させる、……特定の先行語をもたない一種の関係語。
・三上章(1953)(2002)
「準詞」：それ自身としては独立して使わない小形の語詞で、先行の語句をただちに受けて、その全体をあたかも一つの品詞のよう

にするもの。
・奥津敬一郎ほか(1986)
「形式副詞」：副詞ではあるが非自立的で、補足成分をとって副詞句をなすもの。

　　　たびに　ごとに　つど　ため　せいで　うえ　あげく　かたわら
　　　ものの　くせに　と　ば　たら　なら　のに　けれど　が

・永野賢(1953)、松木正恵(1990)、砂川有里子(1987)など
「複合辞」：ひとまとりで、辞的な機能をはたすもの。

7.3.1 擬似連体節をうける従属接続詞

(5) 作業場にたてこもって、注文の鳥籠や茶器をつくる かたわら 、手ヒマをかけてつくったこの竹人形は、見事な出来栄えといえた。　　　　　　　　　　　　　　　　　　　　　　（雁の寺）
(6) 青雲堂主人が力をこめて朗々とよみあげる たびに 、壇の後方の椅子に腰かけさせられている欧洲の妻千代子は、羞恥に堪えかねる思いがした。　　　　　　　　　　　　　　　　（楡家の人）
(7) 僕は筆記する手を休めて庭を見たが、赤いカボチャが目に映った 途端に 涙が湧いて来た。　　　　　　　　　　（黒い雨）
(8) 結願の当日岩殿の前に、二人が法施を手向けていると、山風が木々を煽った 拍子に 、椿の葉が二枚こぼれて来た。　（羅生門）
(9) 夫婦があきらめかけた 矢先 、不妊治療が成功して、ジヌォンが妊娠する。　　　　　　　　　　　　　　　　（毎日 02.06.07）
(10) 石見銀山遺跡が世界遺産に登録された あかつきには 、噴水ジュースで祝杯だ。　　　　　　　　　　　　　（毎日 07.06.20）

7.3.2 擬似連用節をうける従属接続詞

・砂川有里子(1987)　　「にしたがって」「につれて」→ 複合接続助詞
(11) 向う岸もまた黒いいろの崖が川の岸を下流に下るに したがって だんだん高くなって行くのでした。　　　　　　　（銀河鉄道）
(12) 星の群が目へ近づいて来るに つれて 、空はいよいよ遠く夜の色を深めた。　　　　　　　　　　　　　　　　　　　　（雪国）

が、どのような文法的意味なのかは、いまのところよくわかりません。

(7)次に、「品詞体系」に話をうつします。富士谷成章ほかの品詞分類を、予稿集の **7.** として表にしてみました。

それぞれについてふれている時間がありませんので、わたしが考える品詞体系について、お話しさせていただきます。これは、おおむね、鈴木重幸(1972)の『日本語文法・形態論』に従っております。

品詞とはなにかをめぐって、さまざまな見解があります。わたしは、品詞を、文の材料としての単語の、語彙＝文法的な特徴にもとづく分類であると考えます。単語の語彙的意味は、品詞性を支えるものです。「昨夜から腰に痛みがある。」「昨夜から腰が痛む／痛い。」は、同じような意味ではあるが、「痛みが」が名詞、「痛む」が動詞、「痛い」が形容詞であるのは、文中での機能と語形の違いにもとづくからです。単語の文法的な特徴には、統語論的な特徴と形態論的な特徴とがあり、単語にとっては統語論的な特徴は義務的であるのに対して、形態論的な特徴は任意的であるということが指摘できます。単語の中には、語形交替のシステムをもっているものと、もっていないものがあります。語形交替のシステムをもっていない単語のグループ、たとえば、副詞や接続詞などの不変化詞については、単語が形態論的にかたちづけられていません。それに対して、統語論的な特徴は、すべての単語に存在するものです。そのことから、単語の文法的な特徴においては、統語論的な特徴が形態論的な特徴より優位にあることが認められます。あるべき品詞体系は、単語の統語論的な特徴を問うことであると思います。単語の統語論的な特徴とは、単語の文中ではたす機能のことです。主語になること、述語になること、規定成分になること、などです。さらに、当該の単語の、他の単語との位置関係(いわゆる語順)や依存関係も、統語論的な特徴にふくまれます。

品詞は、主要な品詞と周辺的な品詞に分けることができます。主要な品詞とは、原則として、語彙的な意味と文法的な機能との統一体として、文の中に存在するという特徴があります。主要な品詞に属するのは、名詞・動詞・形容詞・副詞で、これらは、多くのメンバーからなる品詞です。これらのうち、名詞・動詞・形容詞は、文の中で、主機能と副機能をあわせもちます。そのことと連動して、語形交替のシステムをもっています。わたしは、名詞

の格変化を、曲用として、語形交替とみます。これに対して、副詞は、もっぱら述語にかかるという修飾成分専用の役割をになう単機能の品詞であって、形態論的には形づけられていません。「ゆっくり　歩く」と「ゆっくりと　歩く」は、単なる語形の揺れにすぎず、文法的意味や機能のうえで対立するものではありません。副詞には、例外が多く、ひとしなみに単純化できないものであることは承知しています。

　以上の中心的な品詞に対して、それ以外の周辺的な品詞に所属する単語は、語彙的な意味をもたないか、それが稀薄で、もっぱら文法的にふるまう単語です。周辺的な品詞は、限られた少ないメンバーからなります。

　こうした周辺的な品詞には、単独で文の成分になれるものと、そうでないものとがあります。

　感動詞、陳述詞（いわゆる陳述副詞のことです）、接続詞は、それ自体で独立成分になれるもので、もっぱら陳述的な意味をあらわします。

　それに対して、単独では文の成分となれず、主要な単語や単語のむすびつきとくみあわさってはじめて文の成分になれる補助的な品詞があります。後置詞、従属接続詞、助動詞です。

　以下では、日本語の品詞をめぐって、3つの点にしぼってお話しさせていただきます。

　1つ目は、形容詞を、従来のものより拡大して考えたいということです。「優秀な」や「真っ赤な」のような単語については、形容動詞とする立場、名詞の中にとりこむ立場、形容詞の一部と考える立場、というふうに3つの立場があります。これらの単語は、「すばらしい」や「赤い」のような狭義の形容詞と語形の違いは見られるものの、意味論的にも統語論的にも両者は共通しています。両者の違いは、動詞における、5段動詞と1段動詞の違いに相当するものです。わたしは、「優秀な」も「真っ赤な」も形容詞であると見ることに賛成します。今日、日本語教育の世界では、このようにとらえる人が優勢です。わたしは、さらに、「抜群の」「真紅の」のような単語も形容詞に所属させなければならないと考えています。7.1 ①で挙げた単語は、名詞を特徴づける格（case）のカテゴリーをもちませんし、連体修飾をうけることもないため、名詞ではありません。「抜群」や「真紅」は、文の中で、規定成分・述語成分・修飾成分として機能する形容詞とみなければなりませ

ん。「抜群の　成績」は、「すばらしい　成績」「優秀な　成績」と並ぶもので、形容詞の連体形としなければならないものです。従来、これらが名詞と考えられたのは、「〜の」という形式から見て、そして、「の」は名詞の連体格であるという暗黙の了解とでもいうべきものがあってのことでしょう。「彼の　成績」や「数学の　成績」といった用法では、「誰の」「何の」のような疑問詞と対応し、規定の仕方としては、名詞の連体修飾に特徴的である、関係的な規定であるのですが、「抜群の　成績」では、「どんな」「どのような」という疑問詞と対応する形容詞の連体修飾に特徴的である、属性的な規定であるという違いが認められます。どちらも「成績」を規定しているという点では共通しますが、「彼の　成績」「数学の　成績」と「すばらしい／優秀な／抜群の　成績」とでは規定の質が異なります。わたしが、「抜群の　成績」が、名詞による関係規定ではなくて、形容詞による属性規定であるとするゆえんです。「なになにの」という形式を絶対視したために、「の」の前にくる形式は名詞であるという思い込みにおちいったのではないでしょうか。この形式の機能を問うていれば、これが形容詞であると認識できたのではないかと思うのです。先ほどスキップした、形態素を基本とする文法が形式重視であり、単語を基本とする文法が意味・機能重視であるとしたことの１つの例として、この問題をみてみますと、「すばらしい／優秀な／抜群の　成績」の規定成分「すばらしい」「優秀な」「抜群の」は、形式上の違いはありますが、意味は、いずれも「特性」あるいは「性質」をあらわし、機能は、属性規定であるという点で共通しています。また、「彼の　成績」「数学の　成績」と「抜群の　成績」の規定成分は、形式は共通していますが、機能の点では、２つに分かれます。形式が本質でしょうか、それとも意味・機能が本質でしょうか。わたしは「すばらしい」「赤い」の第一形容詞、「優秀な」「真っ赤な」の第二形容詞に並ぶものとして、「抜群の」「真紅の」を第三形容詞と呼んでいます。この第三形容詞と呼ぶべき単語は、決して少数ではありません。とりわけ、合成語や漢語に多くみられます。なお、ここで第三形容詞としたものについては、田丸卓郎や三尾砂の文献の中にもわずかですが、ふれられています。

　次に、**7.1** ②の「一介の」や「在来の」といった形式をとりあげます。これらは、「一介の研究者」「在来の習慣」「既成の事実」「達意の文章」といっ

た規定用法でのみ用いられる単語です。「一介」「在来」は名詞ではありません。名詞の特徴である格範疇をもちませんし、連体修飾を受けることもありません。これらは、連体専用の単語ですから連体詞、あるいは、規定用法専用の不完全形容詞としなければなりません。「この」「たいした」と同じタイプです。連体詞に所属する単語は少数だとみなされていますが、そうではありません。けっこうたくさんあります。

　7.1 ③の「伝統ある」「魅力ある」という形式は、1単語か2単語かという点で議論の余地はあるでしょうが、1つの単語だと考えたほうが実用的で、「伝統ある　大学」は「伝統的な　大学」と重なる、あるいは隣接していて、これも規定用法専用の形容詞と見てよい可能性があります。

　さらに、**7.1** ④の例、「やまやまだ」、「会いたいのはやまやまだが、行く勇気がない」といった例における「やまやまだ」、さらに、「初耳だ」「もってこいだ」「御の字だ」といった単語は、実際の使用では、述語として用いられていて、述語専用の形容詞であると、わたしはみます。

　日本語は形容詞が少ないと言われています。しかし、本当は形容詞であるのに、他の品詞(たとえば、名詞)とされてきた単語が多数存在するので、日本語形容詞少数説は、見直す必要があるのではないかとわたしは思っています。

　話は「形容詞」から「後置詞」にうつります。英語や中国語には、前置詞という品詞があることは常識です。日本語には、英語の前置詞に相当する「後置詞」が存在するとわたしは考えますが、このことは、一部の研究者をのぞいて、認められていません。いわゆる助詞を、後置詞にあたるとする立場がありますが、わたしが「後置詞」と呼ぶものは、それではありません。鈴木重幸の『日本語文法・形態論』によれば、「後置詞」とは、「単独では文の部分とならず、名詞の格の形(およびその他の単語の名詞相当の形式)とくみあわさって、その名詞の他の単語に対する関係をあらわすために発達した補助的な単語」と定義されます。松下大三郎は、つとに、日本語の後置詞を取り出しています。たとえば、「彼と　ともに」の「ともに」が後置詞で、これは英語の "with him" に対応しますが、「と」は him に属すると説いています。今日、現代語の研究で広く用いられているように「彼　とともに」と分割をし、「とともに」が複合辞(あるいは、複合格助詞)であるとするといっ

たとらえ方ではなく、「彼と」が共格の名詞、「ともに」が後置詞、とみるわけです。この句の間にポーズをおくなら、「彼　とともに」は不自然で、「彼と　ともに」のほうがずっと自然でしょう。ポーズの存在が単語の切れ目をあらわしているとするなら、これは、「彼と」「ともに」の２単語からなる名詞句と理解するのが自然で、常識的です。松下のあつかいは、一般言語学からみて、正当であったと思います。名詞に格範疇をもつドイツ語やロシア語における、前置詞にみられる名詞の格支配の現象を考え合わせると、このことはいっそうわかりやすいと言えます。

　同様に、「日本に対して」という名詞句も、「日本　に対して」ではなく、「日本に　対して」と分節するのが適切で、「与格の名詞（日本に）」と「後置詞（対して）」とのむすびつきと考えるべきでしょう。音声上の切れ目も、「日本に　対して」のほうが「日本　に対して」より自然でしょう。こうして、「彼のために」の「ために」や「大衆を前に、演説をぶった。」の「前に」も後置詞ととらえられます。ほとんどの後置詞は、名詞や動詞に由来するもので、それらが文法化によって、文法的な単語となったものです。この文法化には、それがより進んだものもあれば、もとの単語の特徴を残しつつ、文法化の過程にあるものもあり、さまざまです。「大衆を前に」の「前に」は、確かに名詞の特徴をとどめていますが、「前に」という語形に固定され、連体修飾をうけないという非名詞的な特徴を指摘できることから、後置詞的な用法とわたしは考えます。

　次に従属接続詞に話をうつします。「従属接続詞」とは、「節や句をまとめる述語（動詞・形容詞と名詞＋コピュラ）とくみあわさって、その節や句の後続の主節に対する関係をあらわすために発達した補助的な単語」と定義されるものです。「後置詞」が、名詞に対して補助的に働くのに対して、「従属接続詞」は節に対して補助的に働くものです。従属接続詞に属するものには、２つのタイプがあります。**7.3.1** の擬似連体節をうけるものと、**7.3.2** の擬似連用節をうけるものとです。

　まず、擬似連体節をうける従属接続詞についての用例をとりあげます。例文の(5)です。

　このタイプの従属接続詞は、擬似連体節を受けるということからもわかるように、名詞を起源にもち、その名詞の文法化によってできたものです。「か

たわら」は、近くの空間を意味する名詞から、例文(5)のように、時間を意味し、先行する節を後続の節に結びつけるという接続の機能をはたしています。「かたわら」という語形に固定され、名詞のもつ格範疇をうしなっています。また、例文(8)の「拍子に」は「リズム」の意味ではなく、「あることが成立する直後に、それがきっかけとなって、別のことがおこる」といった時間的かつ文脈的な意味をになっています。例文(10)の「あかつきには」は、時間の意味から条件的な意味への移行を読み取ることができます。

　ちなみに、これらの形式をめぐって、これまでにさまざまな言及がありました。佐久間鼎は、「吸着語」という用語で、「先行する句または文を一つにまとめて、それに関係文のような地位を与え、いわば主文に接続させる、……特定の先行語をもたない一種の関係語」と位置づけました。三上章は「準詞」という用語で、「それ自身としては独立して使わない小形の語詞で、先行の語句をただちに受けて、その全体をあたかも一つの品詞のようにするもの」としました。奥津敬一郎は、「形式副詞」という用語で、「副詞ではあるが非自立的で、補足成分をとって副詞句をなすもの」と位置づけました。「形式名詞」ととらえる研究者は大勢いるでしょう。

　ここでとりあげた単語は、次のような性質をもっています。連体修飾をうけるという点では名詞性をもっています。しかし、格範疇をもたないという点で、名詞の性質を欠いています。また、この連体修飾は意味的な限定を下していないので、みせかけの連体修飾です。擬似連体節と位置づけたゆえんです。また、後続の形式に、連用的にかかるという点で副詞性をもっています。しかし、連体修飾をうけるという点で副詞の性質を欠いています。

　このように、これらの形式は、名詞や副詞の性質を部分的にもってはいますが、統語的な特徴は、「先行する節を後続の節につなげる」ことです。この「先行の節を後続の節につなぐ」という統語的な機能が文法上、もっとも重要であるととらえて、わたしはこれらを「従属接続詞」として位置づけます。ここには、〈時間〉を意味する「かたわら」「拍子に」「途端(に)」のようなもの、〈条件〉をあらわす「場合」「あかつきには」のようなもの、〈原因・理由〉をあらわす「ために」「結果」「くせに」「手前」のようなもの、〈目的〉をあらわす「ため(に)」があります。

7.3.2 にあげました例文(11)の「したがって」のような形式は、動詞の文

法化によってできた従属接続詞です。これらは、動詞の1語形（中止形）と共通していますが、動詞のもつ文法範疇をうしない、そのかわりに、波線部の連用節をうけ、後続の主節につなぐという機能を発揮しています。

　こうした形式について、今日の現代語研究では、「複合辞」という用語がもっともよく使われているようです。砂川有里子(1987)では、「につれて」「にあたって」などを「複合接続詞」とみなしています。これに賛同される方は、この会場にも大勢おられるでしょう。「後置詞」でみたように、音声上の切れ目は、「下流に下る　にしたがって」は不自然で、「下流に下るに　したがって」が自然です。

　わたしが考える「助動詞」とは、複合述語をつくるための補助的な単語のことです。名詞に由来する「わけだ」「ものだ」「はずだ」「ところだ」の「わけ」「もの」「はず」「ところ」のような形式です。さらに、動詞に由来する「来るに　ちがいない」の「ちがいない」「行くかも　しれない」の「しれない」、「行くに　きまっている」の「きまっている」、「1年間、勉強したに　すぎない」の「すぎない」、「見るに　しのびない」の「しのびない」などの単語です。これらは、述語のムードやアスペクトなどに関わる、述語の本体を補助する単語と言えるでしょう。これについては、詳しくふれる余裕がありません。

　「後置詞」は、実質的な意味をもつ名詞に後置する補助的な単語で、その名詞と後続の動詞などの実質的な単語とを関係づける役割をはたす機能語です。また、従属接続詞は節（文相当）に後置する補助的な単語で、その節と後続の節とを関係づける役割をはたす機能語です。さらに、具体的な話はしておりませんが、「助動詞」は、動詞をはじめとする述語の本体に後置する補助的な単語で、述語の文法的意味を付加する役割をはたす機能語であると言えます。

　(8) きょうのわたしの話をまとめますと、次のようになります。

　日本語の文法をあつかうとき、いわゆる助詞・助動詞を中心に考える傾向がありましたが、それは問題ではなかったかということです。伝統的な文法では、文法的な要素を語彙的な要素から切り離し、もっぱら「助詞・助動詞」だけに文法性をみます。単語の実体である語彙的意味を離れたところで、関係、すなわち文法を取り出すのは、そもそも無理なことではないでしょ

か。一方で、単語は、基本的には、語彙的なものと文法的なものとの統一体であると見る立場があり、その立場が正当ではないかとわたしは考えます。そのうえで、日本語の品詞をめぐって、形容詞を従来の範囲より広げてとらえる必要があるのではないか、また、さらに、日本語の品詞として、後置詞、従属接続詞、従来のものとは異なる助動詞を認めたらよいのではないかという提案でした。

　ご清聴、ありがとうございました。

注
1　大槻文彦・橋本進吉のいう「助動詞」とは異なる。

第2章　日本語の品詞体系のみなおし
　　　―形式重視の文法から意味・機能重視の文法へ―

要旨

　日本語の学校文法は、単語の認定に問題があり、教育上、多くのマイナス面をもっている。本章は、伝統文法が継起的(syntagmatic)な側面に傾斜していたことを指摘し、共起的(paradigmatic)な側面をとりこむことを提案するものである。日本語の品詞体系の中に、後置詞や従属接続詞の存在を認める必要性、さらに、従来は名詞とみなされていた単語に、形容詞とみなければならない単語があることを指摘した。

　　キーワード：品詞体系、単語の認定、第三形容詞、後置詞、従属接続詞

　日本語の品詞体系は、確立しているとはいいがたい。現行の学校文法は多くの問題をかかえている(彭広陸(2003)(2006))。とくに、単語の認定に問題があり、そのことが日本語教育にわざわいしている。品詞は、単語の文法的な特徴(とりわけ統語論的な特徴)にもとづく分類であり、それを徹底させた分類がなされるべきである。既存の文法書や辞書類は、単語の文法性を正当に記述しているとはいえない(村木新次郎(2002d))。

1.　学校文法の問題点

　日本の国語教育や中国の日本語教育でひろくもちいられている学校文法には、いくつかの点で問題がある。以下にその主な問題点をあげる。
　(1)　形式主義である。学校文法のもとになっているのは、橋本進吉のと

なえた文法である。この文法の特徴は、言語の形式面を徹底させようとしたところにある。形式面を強調することは、すなわち、意味や機能の側面を軽視もしくは無視することであろう。言語はもとより、形式と意味・機能との統一体である。形式は意味をそなえたものとして、また意味は形式にささえられたものとして、不可分のものとしてとらえる必要がある。

　(2)　文の構成要素としての単語と、単語の構成要素としての形態素の区別があいまいで、形態素をしばしば単語あつかいしている。その形態素が「かな」によってとりだされていることもあって、たとえば動詞の活用についていうなら、語幹は変化しない部分、語尾は変化する部分であるという根本のところが正当にあつかわれていない。学校文法では、「食べる」は1語、「食べた」は2語であるとする。正しくは、「tabe-ru」「tabe-ta」というふうに、どちらも語幹「tabe-」と語尾「-ru/ta」とからなる1語ととらえなければならない。

　(3)　単語の共起的な関係（paradigmatic relation）が考慮されていない。たとえば、動詞の「食べる」と「食べた」の関係（テンス）、「食べる」と「食べない」の関係（肯定否定＝認め方）、「食べる」と「食べます」の関係（丁寧さ＝スタイル）、「食べる」と「食べられる」の関係（能動受動＝ヴォイス）など、さまざまな文法上の対立が無視されている。日本語の、とりわけ動詞の語形変化には、「食べる」という基本の形が無標形として、「食べた」「食べない」「食べます」「食べられる」などの有標形と対立するというシステムが存在する。無標の形は、さまざまな有標の形と対立する一方の項としてふるまい、ちょうど扇のかなめのように、文法的に重要な位置をしめているのである。

　(4)　学校文法では、もっぱら「助詞」「助動詞」だけに文法的な側面をみるために、文法的な（形態論的な）カテゴリーが無視されている。たとえば、「さっきパンを食べた。」「あとでパンを食べる。」の2つの文で、前者は、「た」（という助動詞（?）、正しくは語尾）の存在によって叙述法過去をあらわすとするが、後者は助動詞が存在しないので（正しくは、「る」という語尾が存在する）、文法的な意味が読みとれない。

　さらに、学校文法では、1つの形態素に1つの文法的意味をみようとする傾向が強い。しかし、広義の接辞には、単義的な「膠着」タイプのものもあ

れば、重義的な「融合」タイプのものもある。たとえば、「ます(-mas-)」は膠着的で「丁寧さ」を特徴づけるが、「た(-ta／-da)」は、少なくともムードにおける「叙述法」とテンスにおける「過去」を意味し、重義的である。また、日本語は膠着的な言語であるという妄信に支配されている。たしかに、日本語には膠着的な特徴が多くみられるが、少なくとも日本語の動詞の語幹に近い部分は融合的・屈折的であるとしなければならない（たとえば、五段動詞「飲む」における「飲んだ(non-da)」は、「飲みたり(nomi-tari)」の融合の結果、生じたものである）。

　文法現象を形態素中心にみようとする立場は、学校文法を克服し、新しい日本語研究をめざそうとする世界にも少なくない。たとえば、言語情報処理の分野では「形態素解析」といった用語が飛び交い、日本語の単語の認定に対して、さらに単語という単位に対しても無関心であるようにみえる。そこでは、単語ではなく、もっぱら形態素に関心が向けられている。その結果、形態素論はあっても、単語の内部構造を問う形態論が存在しないのである。

　(5)　文法的な要素を語彙的な要素から切り離してあつかっている。いわば、しっぽだけに注目し、そのしっぽをそなえた本体に目をむけることを怠ってきた。単語にあっては、語幹や語基が核であり、語尾や接辞は補助的従属的なものである。語幹や語基をみずに、語尾・接辞を中心にとらえるのは、まさに本末転倒というべきである。単語の実体(＝語彙的な意味)を離れたところで、(文法的な)関係だけをとりだすのは問題である。そこでは、文法的なものが語彙的なものと相関してふるまうということが無視されてしまう。

　このように学校文法は決定的な負の側面をもちながらも、教育界では伝統として重んじられ、それが長く維持されてきた。日本の国語教育や漢字文化圏での日本語教育ではそれが活きつづけ、いまも優勢である。文法研究の世界、とりわけ現代語の領域では、学校文法はほとんど無視されている状況なのに、教育界では旧態依然のままある。研究者から見放されているものが教育の現場ではしつこく守られているという事態は、不幸なことといわなければならない。今日、研究の場で学校文法を擁護するには、よほどの勇気を要するであろう。

2. 学校文法の克服

　20世紀後半に、学校文法とアカデミズムへの不信から、学界の外にあって、日本語文法の構築をこころみたのは、三上章と奥田靖雄であった。いずれも伝統的な国文法を是とせず、果敢にみずからの学説を展開した。三上は批判の中にも、伝統との融和ないし接点を意識し、漸進主義の姿勢をとった。奥田の場合は、ヨーロッパの伝統的な言語学を、日本語の事実にてらして根づかせた。単語という単位に注目すると、三上は、「助詞」は単語、「助動詞」の多くは単語の部分とみなした。この点において、チェンバレン、山田孝雄、ブロック、宮田幸一、佐久間鼎、三尾砂、金田一春彦、渡辺実らとおおむね共通する。この立場は、寺村秀夫、砂川有里子、益岡隆志、野田尚史らに受け継がれている。一方、奥田は、「助詞」も「助動詞」の多くも単語の部分とみなし、その立場は松下大三郎、ポリバーノフらとおおむね共通する。奥田は、共起的(paradigmatic)な側面を色濃くもつロシア語に通じていて、鈴木重幸、高橋太郎らとともに言語学研究会という集団の中で日本語文法論を展開した。奥田、鈴木、高橋らは、単語という単位にこだわった。単語は、語彙的な特徴と文法的な特徴をあわせもつ言語の中心となる単位であるとする。単語の語彙的な特徴とは単語の内容であり、単語の文法的な特徴とは単語の形式である。彼らは単語に、内容と形式の統一を見る。そこには、他の日本語文法には存在しない形態論があり、単語の形態論的なカテゴリーにもとづくパラダイムが重視される。この立場を支持する研究者に仁田義雄がいる。わたしもこうした先人の驥尾に付すものである。

　「助詞」を単語と認める立場と、それを「助辞」(「くっつき」とも)として単語の部分と認める立場との違いは、文法用語の違いとして顕在化する。前者が「格助詞の用法」「複合助詞」とするものを、後者は「名詞と動詞の連語」「(名詞の格を支配する)後置詞」とするといったふうに。今日、「複合辞」の名称のもとで、多くの貴重な研究成果が出されているが、そこには、橋本進吉にもとづく「付属語」や時枝誠記にもとづく「辞」など、伝統的な国文法との接点が多く認められる。日本語文法の世界では、「助詞」の存在が暗黙のうちに了解されているからであろうか、「助詞」を中心にした文法が支配しているようである。「複合辞」というのは、「助詞・助動詞」あるいは「辞」

に相当するものと読み取れる。

　日本語の伝統的な文法でいう「助詞・助動詞」は、孤立語としての傾向が強い漢文（中国語の古典）との比較対照からうまれたものであろう。中国語に見られない文法的な部分を、「助詞」や「助動詞」としたものと思われる。日本語の中から「助詞」「助動詞」をとりだしたことには功罪が認められる。プラスの側面は、文法的な形態素をとりだしたことである。マイナスの側面は、その文法的な形態素を単語（付属語）と位置づけたことである。すなわち、単語の胴体である語彙的な部分と単語のしっぽである文法的な部分を、それぞれ単語としてきりはなしたのである。その結果、単語の共起的な側面を見えにくくしてしまった。もし、日本語が古くに、継起的な特徴をそなえた中国語とではなく、共起的な特徴をもつロシア語と接していたとしたら、パラダイムを中心にする日本語文法が一般的なものとしてできあがっていた可能性がある。奥田靖雄をはじめとする言語学研究会の提唱する文法論は、日本語の文法現象に共起的な側面から接近しようとする立場であるとわたしは理解する。言語はもとより、継起的な側面と共起的な側面とをあわせもつものである。しかし、言語によって、いずれかが他より優勢であるということはありうる。語形変化をあまりもたない中国語（とりわけ古代の中国語）は継起的な側面が優勢である。一方、名詞の曲用と動詞の活用のいずれの語形変化をも豊かに発達させているロシア語は、共起的な側面が優勢である。前者では形態論の対象が少なく、統語論中心の文法になる傾向があり、後者では語形変化をあつかう形態論が欠かせない。日本語は両者の中間に位置するのであろうが、動詞と形容詞は活用の、名詞は曲用の、それぞれの語形変化のシステムを発達させていることはまちがいない。従来は継起的な面が強調され（あるいは、もっぱらこの側面だけに注目され）、共起的な面が等閑に付されていたことは事実である。日本語文法にとって、共起的な見方をとりこむ必要性を、わたしは感じるのである。

3.　日本語の品詞体系

　品詞とは、単語の文法的な特徴にもとづく単語の分類である（村木新次郎(1996)）。単語の文法的な特徴は統語論的な特徴と形態論的な特徴からなる

が、単語にとって前者は義務的であるのに対して、後者は任意的である。単語には語形変化の体系をもつものもあれば、それをもたない不変化詞もある。

　主要な品詞である名詞・動詞・形容詞・副詞に属する単語は、語彙的な意味と文法的な形式の統一体として文の中に存在している。日本語の動詞と形容詞は、接続・テンス・ムードなどのカテゴリーによって活用のシステムをそなえている。また、名詞は格を中心とした曲用のシステムをそなえている。名詞・動詞・形容詞は多機能であり、相対的に他と区別される。副詞は、動詞・形容詞を修飾限定する単機能の品詞であるが、例外が多い。

　これらの主要な品詞に対して、それ以外の周辺的な品詞に属するものは、語彙的意味をもたないか、それが稀薄で、もっぱら文法的にふるまう単語である。この中には、もっぱら文の陳述的な意味をになう接続詞と陳述詞（いわゆる陳述副詞）、単独では文の成分となれず、主要な単語や単語のむすびつきとくみあわさってはじめて文の成分になれる補助的な品詞である後置詞、従属接続詞、コピュラ、文と単語が未分化な感動詞とである。このような品詞体系については、基本的には鈴木重幸(1972)にしたがうものである。

　以下では、いわゆる「助詞」（「助詞」にもいろいろな性質のものがあるが、いわゆる「格助詞」を中心に考えている）と関わりをもつ「形容詞」「後置詞」「従属接続詞」に言及する。**4.** では、「抜群の」「筋金入りの」が（名詞＋助詞）ではなく、（形容詞）に所属することを、**5.** では、「（彼に）対して」「（彼の）ために」が後置詞であることを、**6.** では、「（…下流に下るに）したがって」「（…茶器をつくる）かたわら」が従属接続詞であることを主張する。

4.　形容詞の範囲の拡大

　「優秀-な」「真っ赤-な」のような単語は、学校文法では「形容動詞」として独立の品詞あつかいをしてきたが、今日、これらは「形容詞」の一部（ナ形容詞や第二形容詞）とみなされる傾向が強くなっている。「すばらし-い」「赤-い」などの狭義形容詞とこれらの違いは語形だけであり、統語論的にも意味論的にも両者は共通している。両者の違いは、動詞における五段動詞と一段動詞の違いに相当するものである。「優秀-な」も「すばらし-い」も形

容詞とみるのが正当である。さらに、日本語の形容詞には、「抜群-の」「真紅-の」といった「ノ形容詞」あるいは「第三形容詞」と呼んでよいタイプがたくさん存在することがわかってきた（村木新次郎（2000）（2002d））。「抜群」「真紅」などは、従来は、名詞とされていた。これらの単語は、①主語・補語にならない、②連体修飾を受けない、③後続の名詞を属性規定する、④述語として用いられる、⑤後続の動詞（ときに形容詞）を修飾する修飾成分として用いられる、といった特徴をもつ。①と②は、これらが名詞でないことを意味する。③④⑤は形容詞の特徴である（ただし、形容詞に属するすべての単語が、3つの特徴をそなえているわけではない）。ゆえに、「抜群」「真紅」は形容詞としなければならない。

(1) 内藤の足はさほど速くはなかったが、吉村のスピードを殺す 抜群の 技術を持っていた。　　　　　　　　　　（砂の上の植物群）

(2) 小さな店だが、フランス料理の味は 抜群だった 。（女社長に乾杯）

(3) 真央ちゃんは軸の取り方が 抜群に うまい。　（『アエラ』05.12.19）

このタイプの形容詞は少数ではない。「一般-」「一流-」「永遠-」「永久-」「互角-」「極上-」「屈指-」「恒久-」などのように漢語に多い。また「すし詰め-」「丸腰-」「底なし-」「汗まみれ-」「血みどろ-」「家族ぐるみ-」「筋金入り-」「ひとりよがり-」「見ず知らず-」などのように合成語に多い。これらが名詞とされてきたのは、「-の」を介して後続の名詞につながるという形式に依拠しての結果であろう。形式を見て、その機能に注目しなかったわけである。「彼の／パソコン操作の　技術」という関係規定と「抜群の　技術」という属性規定というふうに、機能の上では異なるのである。疑問詞「だれの／何の／…」に対応する関係規定は主として名詞によるものであり、疑問詞「どんな」に対応する属性規定は形容詞によるものである。単語の品詞性を問うとき、その単語の文中でのはたらきを問うことが重要である。「彼の」と「パソコン操作の」の「-の」が名詞の格語尾（曲用語尾）であり、「抜群の」の「-の」は形容詞の活用語尾で、両者の性質はことなるのである。「すばらし-い」「優秀-な」「抜群-の」は、どれも形容詞に属し、同様の統語的機能をはたしているのである（それぞれの単語のハイフンは、形容詞における語幹と語尾の切れ目をしめしている）。「XのN（名詞）」のXは名詞であると決めつけてはいけないのである。このようなタイプの形容詞をとりだせ

なかったのは、「Xの」という形式を絶対視して、その機能を問わなかったからである。

　第三形容詞には、第二形容詞と兼務する単語がある。規定用法で、「〜な」と「〜の」の語形をもつもので、たとえば、「哀切-」「悪質-」「悪趣味-」「悪性-」「安逸-」「案外-」などである。

4.1　規定用法のみをもつ形容詞

　規定用法のみをもつ不完全形容詞も多い。いわゆる連体詞である。「暗黙の」「一縷の」「画一の」「在来の」「ひとかどの」「極寒の」「渾身の」などである。「暗黙」や「一縷」は格範疇をもたないので、名詞ではない。「この」や「どの」と同じように、「暗黙の」「一縷の」全体で1語であり、名詞の連体格ではない。わたしは、不完全形容詞と位置づける。一般に連体詞は少ないとされているが、実はそうではない。規定用法のみをもつ不完全形容詞に所属する単語はけっこう多いのである（村木新次郎（2002d））。

4.2　述語用法のみをもつ形容詞

　数はそれほど多くはないが、「やまやま-」「初耳-」「遺憾千万-」「感慨無量-」のように、もっぱら述語用法として使われる形容詞が存在する。これらは述語専用の形容詞と位置づけられよう。

（4）　行ってお吉に会いたいのは やまやまだが 、行く勇気がない。

（おどんな）

（5）　「その父が徴兵をきらったということは 初耳で ある。」（二十四の）

（6）　外出禁止令を破って不法な行為を働くのは誠に 遺憾千万だ 。

（朝日 08.03.03）

（7）　「出水市が島津の歴史を大事にしている姿勢を知り、 感慨無量だ 」。

（朝日 08.03.01）

日本語の形容詞は少ないという定説があるが、本当かどうかみなおす必要がある。

5. 後置詞

　後置詞とは「単独では文の部分とならず、名詞の格の形(およびその他の単語の名詞相当の形式)とくみあわさって、その名詞の他の単語に対する関係をあらわすために発達した補助的な単語」(鈴木重幸(1972))である。後置詞は、それが支配する名詞とともに後置詞句を作り、全体で文の部分として機能する。英語や中国語に前置詞があるように、日本語には後置詞がある。述語が目的語に先行する英語や中国語には名詞に前置する機能語が、述語が目的語よりあとにくる日本語では名詞に後置する機能語が存在し、その性質は基本的に同じである。

　ところが、伝統的な日本語文法では、名詞に格の存在しない中国語との関係で、格助辞が、名詞から切り離され、「助詞」という単語と認識されてきた。つまり、日本語の名詞が中国語の名詞と同じように無格ととらえられているのである。「を」や「に」は格の接辞で、「彼を」や「彼に」が名詞の語幹と格語尾からなるというふうにはみとめられなかった。それの延長として、「(彼)とともに」「(東京)において」といった形式が「複合格助詞」と位置づけられる。今日にいたっても、日本にとっての第一の他言語は英語であり、この英語(現代英語)は中国語と同様に名詞の格をもたない言語である。そのことが「(彼)とともに」「(東京)において」といったとらえ方を助長しているように思われる。日本語の名詞は中国語や現代英語と違って、無格ではなく、格のカテゴリーをもっているのである。

　つとに、松下大三郎は、「を」「に」などは客語を統率するものではなく、それ自身が客語の一部であると説いている。「彼と　ともに」は英語のwith him に対応し、「と」は him に属すると見た。つまり、今日広く見られるような「彼　とともに」(名詞+複合辞)のようなとらえ方ではなく、「彼と　ともに」(「と格」の名詞+後置詞)ととらえたのである。英語において with が前置詞で、him が客語であるように、日本語においては「彼と」が客語で、「ともに」は後置詞(帰着副詞とも)であると考えた(松下大三郎(1901)(1928))。ちなみに、音声上の切れ目についても、「彼　とともに」は不自然であり、この句のあいだにポーズをおくなら、「彼と　ともに」とならなければならない。これらの句の間のスペースが単語の切れ目だとすると、「彼

と」と「ともに」の2単語からなる名詞句であると理解するのが自然で、常識的である。松下のあつかいは、一般言語学からみて、正当であった。名詞に格範疇をもつロシア語やドイツ語の、前置詞にみられる名詞の格支配の現象を考えあわせるなら、このことはいっそうわかりやすい。「と」や「に」は、語彙的意味をもたず、自立できる形式でもないので、単語性は稀薄で、広義の接辞とみたほうがよい。ちなみに、中国語における"対他"の日本語との対応関係は「彼　に対して」ではなくて、「彼に　対して」なのであり、"対"に相当するのは「対して」であり、"他"は「彼に」という形式に相当する。"対"も「対して」も隣接する名詞の文法的な存在形式にくわわる側置詞（adposition）であり、「-に」は名詞「彼-」に帰属し、名詞の一部ととらえなければならないのである。

　後置詞の多くは、名詞や動詞を起源にもち、文法化の結果、「名詞の格の形とくみあわさって、その名詞の他の単語との関係をあらわすために発達した補助的な単語」である。文法化とは、もとの語彙的意味が稀薄化・形骸化し、統語的な機能に変化が生じ、語形が固定化していく現象を意味する。そこには、文法化がより進んで、後置詞になりきった典型的な単語もあれば、文法化が進みつつある（あるいは、進みだした）後置詞候補の単語もある。

　典型的な後置詞としては、動詞から派生した「対して」「よって」「とって」「ついて／つき」などがある。これらは、語彙的意味を失い、統語的な特性としての格支配の特徴を一部とどめてはいるけれども、その語形は「～て」に固定し、動詞がもつ肯定否定・アスペクト・テンス・ムードなどの形態範疇を欠いている。このような動詞派生の後置詞については、鈴木重幸（1972）、村木新次郎（1983a）、花井珠代（2005）に詳しい。

　一方、名詞を起源にもつ後置詞には、構造からみて、大きく2つのタイプがある。1つは「Nの {ため(に)／おかげで／せいで}」のような形式をもつものであり、他の1つは「Nを {前に／頼りに／承知で／先途と}」のような形式をもつものである。前者は名詞の連体格をうける後置詞であり、後者は名詞の連用格をうける後置詞である。

5.1　連体格支配の後置詞　「Nの　～」

　このタイプの後置詞については、花井珠代（2005）がもっともくわしい。

鈴木重幸(1972)、村木新次郎(1983a)、花井珠代(2005)で指摘されているものの他にも、例文(8)の「手前」、(9)の「たび(に)」、(10)の「矢先に」もこのタイプの後置詞的な用法といえるであろう。

(8) そうして私は彼女の 手前 、それ等のものを今でも愛しているように見せかけるのに一種の努力をさえしなければならなかった。

(風立ちぬ)

(9) その場所では、また地震が起きやすく、地震の たびに 何回も岩盤がずれます。　　　　　　　　　　　　　　　（毎日 95.01.21）

(10) パウエル長官の調停活動の 矢先に 米大統領報道官がイスラエル軍の作戦を容認する発言を行った。　　　　　　（毎日 02.04.14）

これらの用法の当該の単語には、①語彙的意味が文法的な意味に近づいているものもあれば、語彙的意味がとどまっているものもある、②格の体系をもたず、語形が固定している、③規定成分を義務的にうける、④時間・空間・原因・理由・目的などの状況成分として用いられるものが多い、といった特徴がある。②の特徴は、名詞の特徴をうしなっていることを意味する。③は、先行する名詞の文中での存在形式をつくるための補助的な単語であることを意味する。これらは、後置詞の特徴である。

5.2　連用格支配の後置詞　「Ｎを　〜」「Ｎと　〜」

このタイプの後置詞については、村木新次郎(1983b)にくわしい。こうした後置詞句は、時間・空間・原因・理由などをあらわす状況成分をつくることが多いが、補語成分をつくることもある。村木新次郎(1983b)にとりあげられていないものに、例文(11)(12)(13)の「かたわらに」「はずみに／で」「拍子に」などがある。

(11) 衰えを 傍らに 、一歩一歩大地を踏みしめながら進みはじめた時こそが、真の人生の収穫期となる。　　　　　　（朝日 07.02.23）

(12) そもそも昨年の出生数が少なすぎたため、少しばかり持ち直しただけと指摘する専門家は多い。ぬか喜びせず、この明るい兆しを はずみに 更なる少子化対策に力をそそぎたいものだ。　　（毎日 06.08.23）

(13) ときおり打ち鳴らされる真鍮の銅鑼を 拍子に 、音楽のテンポは速まっていき、…　　　　　　　　　　　　　（毎日 96.03.11）

このタイプに所属するものは、その形式から以下のように区分できる。

5.2.1.1 「N を ～に」

「これを契機に」「地中海を舞台に」「聴衆を前に」「何を基準に」「イメージをもとに」などである（具体例は、村木新次郎（1983b）を参照）。このタイプの後置詞には名詞の語彙的意味をとどめているものが比較的多い。形式動詞「する」の中止形「して」が脱落して成立したものである。

5.2.1.2 「N を ～で」

「損を覚悟（のうえ）で」「無理を承知（のうえ）で」などである（具体例は、村木新次郎（1983b）を参照）。このタイプの例は少ない。モーダルな意味に関与しているのが特徴である。

5.2.1.3 「N を ～と」

「ここを先途と」「今を盛りと」などである（具体例は、村木新次郎（1983b）を参照）。このタイプの例は少ない。いずれも時間にかかわる状況成分をつくる。

5.2.2 「N と ～に」

「掛け声とともに」「彼と一緒に」、「日本と（は）反対に」「ことばと（は）うらはらに」などである。まえの2例は〈共同（とりこみ）〉を、あとの2例は〈対立（ひきはなし）〉をあらわす。

これらの単語には、①語彙的意味が文法的意味に近づいているものがあり、また、語彙的意味をとどめているものとそれをうしなったものとが混在している、②格の体系をもたず、語形が固定している、③規定成分をうけることがない、④名詞とくみあわさって状況成分をつくることが多く、単独では文の成分になれない、といった特徴がある。②と③の特徴は名詞でないことをしめしている。これらの単語は、先行する名詞の文中での存在形式をつくるための補助的な単語であることから、後置詞と位置づけるのがよいと考えられる。「N を ～に」「N を ～で」「N を ～と」の3つのタイプの

ものは、語彙的意味をもっていることと、先行する名詞に対して述語の役割をになっているという特徴を特記しておかなければならない。さらに、このタイプの後置詞は、名詞と兼務するものがほとんどであることも重要な特徴である。つまり、さまざまな特徴をあわせもつ単語群というべきなのであろう。名詞の特殊な用法なのか、その用法が後置詞の性質をもつというべきか、さらなる検討を要する。

6. 従属接続詞

　従属接続詞とは「節や句をまとめる述語(動詞・形容詞・名詞＋コピュラ)とくみあわさって、その節や句の後続の主節に対する関係をあらわすために発達した補助的な単語」と定義できる(高橋太郎ほか(2005)の文言を若干修正した)。従属接続詞についても、後置詞と同様、動詞や名詞を起源にもち、それが文法化した結果、節や句をまとめる述語とくみあわさって、先行する節や句を後続の節につなぐものとして発達したものであるといえる。

　動詞起源の従属接続詞としては、「したがって」「つれて」「あたって」「ともなって」、「したがい」「つれ」「あたり」「ともない」などがある。これらが、従属接続詞として用いられるとき、もとの語彙的意味をうしない、また統語的な特性としての格支配の特徴を一部とどめているけれども、その語形は「〜て」に固定し、さらに動詞がもつ肯定否定・アスペクト・テンス・ムードなどの形態範疇を欠いている。

　以下の例文(14)の「したがって」、例文(15)の「つれて」がそうである。これらの「したがって」や「つれて」はいずれも動詞を起源とし、動詞の1語形(中止形)と共通するが、動詞のもつ文法範疇をうしなうかわりに、下線部の連用節(正しくは擬似連用節か？)をうけ、後続の主節に接続するという機能を獲得している。

(14) 向う岸もまた黒いいろの崖が川の岸を下流に下るに したがって だんだん高くなって行くのでした。　　　　　　　　　　(銀河鉄道)

(15) 星の群が目へ近づいて来るに つれて 、空はいよいよ遠く夜の色を深めた。　　　　　　　　　　　　　　　　　　　　(雪国)

　これらの形式を「複合辞」とみなす研究者は多い。たとえば、砂川有里子

は、「複合助詞」の中に、「につれて」「にあたって」などのタイプを「複合接続助詞」と位置づけている(砂川有里子(1987))。ちなみに音声上の切れ目については、「下る　にしたがって」は不自然で、途中でポーズをおくなら、「下るに　したがって」である。この組み合わせも、前置詞と同様、スペースが単語の切れ目だとすると「下るに」と「したがって」の2単語からなる動詞句あるいは動詞節であると理解するのが自然であろう。

　また、連体節(正しくは擬似連体節)をうけ、接続詞に相当する機能をはたしている単語が少なからず存在する。たとえば、以下の例文(16)「かたわら」や例文(17)の「拍子に」がそれである。

(16) 作業場にたてこもって、注文の鳥籠や茶器をつくる かたわら 、手ヒマをかけてつくったこの竹人形は、見事な出来栄えといえた。
(雁の寺)

(17) 結願の当日岩殿の前に、二人が法施を手向けていると、山風が木々を煽った 拍子に 、椿の葉が二枚こぼれて来た。　　(羅生門)

例文(16)における「かたわら」は、〈そば／わき〉という空間をさししめす意味ではなく、〈あることをしながら、(さらに他のことをする)〉といった時間的かつ文脈的な意味をになっている。また、例文(17)における「拍子に」は〈リズム〉ではなく、〈あることが成立する直後に、(それがきっかけとなって別のことがおこる)〉といった時間的かつ文脈的な意味をになっている。さらに、例文(16)の「かたわら」は、「かたわら＋ϕ」という形式、すなわち格語尾をとらないという形態上の特徴がみとめられる。例文(17)の「拍子に」も、「拍子に」という語形の固定化がみとめられる。そして、双方とも、例文(16)(17)における下線部の節や句をうけ、あとにつづく主節にかかっていくという接続の機能をはたしている。つまり、「かたわら」も「拍子に」も名詞の格機能を喪失していて、先行する節を後続の節につなぐ機能をはたしているのである。

　このように、これらの単語は、意味的にはもとの意味をうしない、文法的には名詞の格機能をうしない、その語形が固定化し、名詞ばなれをおこしている。名詞の性質をうしなうかわりに、先行する文相当の形式をうけ、あとに続く主節に接続するという従属接続詞としての機能を獲得しているのである。「かたわら」も「拍子」も、自立的な単語で中心的な品詞である名詞か

ら、非自立的な単語で周辺的な品詞である従属接続詞に変化した単語の例といえる。

　これらの形式をめぐって、過去にさまざまな言及があった。佐久間鼎は「吸着語」という名称を使い、「先行する句または文を一つにまとめて、それに関係文のような地位を与え、いわば主文に接続させる、……特定の先行語をもたない一種の関係語。」と定義した（佐久間鼎（1941）（1955））。また、三上章は「準詞」の名称で、「それ自身としては独立して使わない小形の語詞で、先行の語句をただちに受けて、その全体をあたかも一つの品詞のようにするもの。」と位置づけた（三上章（1953）（2002））。奥津敬一郎は「形式副詞」という品詞をたて、「副詞ではあるが非自立的で、補足成分をとって副詞句をなすもの。」としている（奥津敬一郎（1986））。さらに、日野資成は、このような形式を、指示的機能をもたず、2つの節をつなぐ「形式名詞」とみている（日野資成（2001））。また、こうした形式を「複合辞」とみなす研究者がいる。

　これらの単語は次のような性質をもっている。連体修飾をうけるという点で名詞性をもつが、名詞にとって本命ともいうべき格機能をもたない。だから、これらはもはや名詞ではない。連用的にかかる成分を構成するという点で副詞性をもっている。しかし、連体修飾をうけるという点で副詞の特徴を欠いている。このように、これらの形式は名詞や副詞のはたらきと部分的には類似した特徴をもつが、その統語的な機能は、「先行する節を後続の節につなげる」ことである。この「先行する節を後続の節につなげる」という統語的な機能が文法上、最も重要であるととらえて、わたしは、これらを「従属接続詞」として位置づける（村木新次郎（2005a）（2005b））。

　「かたわら」「拍子に」のような擬似連体節をうける従属接続詞は相当数みとめられる。後続の節に対して、どのような統語意味的な成分になるかという点で整理すると、以下のようになる。

　〈時間〉をあらわす従属接続詞：とき（に）、おり（に）、際（に）、あいだ（に）、ころ（に）、ついでに、場合（に）、たび（に）、最中に、拍子に、途端（に）、はずみに、やさきに、かたわら、……

　〈条件〉をあらわす従属接続詞：とき、場合、たび（に）、まえ（に）、……

　〈原因・理由〉をあらわす従属接続詞：あと、すえ、結果、ゆえ（に）、た

め(に)、おかげで、せいで、あまり(に)、手前、くせに、……
〈目的〉をあらわす従属接続詞：ため(に)

まとめ

　本章では、学校文法の問題点を整理し、単語の認定に言及した。従来の日本語文法が継起的な側面に傾斜していたことを指摘し、文法現象に共起的な側面から接近することを強調した。日本語の品詞をめぐって、形容詞の範囲をみなおし、もっぱら文法的なはたらきをする機能語として「後置詞」と「従属接続詞」が存在することを確認した。後置詞は、実質的な単語である名詞に後置する補助的な単語で、その名詞と後続の動詞などの実質的な単語とを関係づける役割をはたす機能語である。また、従属接続詞は、文相当(節)に後置する補助的な単語で、その節と後続の節とを関係づける役割をはたす機能語である。

出典
『CD-ROM 版　新潮文庫の 100 冊』／『CD-ROM 版　新潮文庫の絶版 100 冊』／『朝日新聞』(朝日新聞データベース「聞蔵」)／『毎日新聞』(毎日新聞総合データベースサービス)

A Review of Parts of Speech in Modern Japanese:
From Formal Grammar to Semantic-Functional Grammar
　　　　　　　　　　　　MURAKI Shinjiro（Doshisha Women's College of Liberal Arts）

　Japanese School Grammar has a problem with word determination, which has caused a lot of problems in education. This paper posits that traditional Japanese grammar has been inclined to a syntagmatic slant, and proposes to adopt a paradigmatic approach. In addition, it shows that the Japanese system of parts of speech not only requires postpositions and subordinate conjunctions, but also has words which should be recognized as adjectives although they are now considered nouns.

Keywords: system of parts of speech, word determination, third adjectives, postpositions, subordinate conjunctions

第3章　文の部分と品詞

1. 文の部分と品詞

　文の部分と品詞をめぐる議論は、これまでにもいくつかなされてきた[1]。

　本章では、文の部分は文中における機能をさし、品詞は、文の材料としての、単語の語彙=文法的な特徴による分類とみなすことにする。文の部分は、文の成分ともよばれ、個々の具体的な文の中で、当該の単語がどのような役割をになっているのかを問うものであるとする。それに対して品詞は、単語の語彙=文法的な特徴にもとづく単語の分類であり、当該の単語がもっている潜在的な能力を問うものであるとする。いいかえれば、文の部分は当該の文のアクチュアルな特徴をあつかい、品詞は文の中ではたす単語のポテンシャルな特徴をあつかう。

　ここで述べることは、単語が言語の基本的な単位であるという認識が前提にある。伝統的な国語学や、主として北アメリカで展開された構造主義言語学や生成文法などにおいては、言語の基本的な単位を形態素にみとめ、単語は単に形態素の連続体であるとみた。本章の立場は、このような、形態素を言語の基本的な単位とする見方を是としないものである。日本の伝統的な国文法では、助詞や助動詞を付属語とし、単語とみなしてきた。しかし、わたしは、いわゆる助詞や助動詞は単語ではなく、形態素であり、その形態素は単語の資格をもたず、単語の部分であるとみる。形態素に対する単語の優位性を主張し、基本的には単語が文の部分になるとみるところが特徴である。いわゆる助詞や助動詞は、単語の基本的な性質である語彙的意味を有するという特徴を欠いている。言語体系における記号としての単語は、一方で語彙的意味をもち、他方で文の構成要素として機能するという、内容と形式の

統一体であるとわたしはみる。単語は名づけの機能をはたす語彙的な単位であり、かつ、通達の機能をはたす文を構成する文法的な単位でもあるという二側面をもつ。単語は、語彙的な意味と文法的な機能をあわせもつ、言語のもっとも基本的な単位なのである。語彙的な意味とは、現実の世界の断片を名づけているものであり、文法的機能とは、当該の単語と他の単語との関係をとりむすぶという性質である。語彙は文法の規則をくみたてる基礎である。文法は、語彙的なものにささえられて存在しているのであり、実質的な内容を抜きにして、文法的関係は成立しえない。「きのうまで　さみしかった　ぼくの　庭に　けさ　真っ赤な　バラが　咲きましたよ。」という文は、「きのう」「さみしい」「ぼく」「庭」「けさ」「真っ赤な」「バラ」「咲く」という8つの単語からなるもので、「(きのう)まで」「(ぼく)の」「(庭)に」「(バラ)が」「(咲き-まし-た)よ」は助辞、「-まし-」は接尾辞、「(さみし)かった」「(真っ赤)な」「(咲き-まし)た」は語尾で、それぞれの単語の部分として、単語に従属し、単語の文法的な語形をつくる形式であるとみなされる。品詞は単語の分類である。しかし、日本語の単語の認定をめぐっては諸説ある。ここでいう単語は、松下大三郎(1928)のいう「詞」と一致し、橋本進吉(1934)のいう「文節」と外延においてほぼ共通する。

　もっとも単語の中には、接続詞や後置詞のように、語彙的な意味をもたずに(あるいは、それが稀薄で)もっぱら文法的な機能のみを発揮するという単語も存在する。さらに、「(彼の)こと」のような語彙的な意味をもたない形式名詞や「(覚えて)いる」のように運動の時間的な局面にのみかかわるという補助動詞のように、文法的な意味・機能しかもたないものが存在する。また、単独では文の部分となることができず、つねに他の単語(あるいは単語のむすびつき)とくみあわさって文の部分となる補助的な単語もある。後置詞、助動詞、従属接続詞がそうした補助的な単語である。しかし、語彙的な意味をもたず、もっぱら文法的にはたらく単語や、単独で文の部分になれず、補助的にはたらく単語は、全体の単語からみれば、例外的周辺的なものである。

1.1　文の部分とはなにか

　文の部分とは、当該の文を構成している要素であり、文の成分ともよばれ

る。1つの単語が文の部分になることもあるが、単語の結合体が文の部分となることもある。「わたしは（主語）　祖父の　ことを（補語）　よく（修飾成分）　覚えて　いる（述語）。」という文で、主語と修飾成分は1つの単語からなるが、補語と述語はそれぞれ2つの単語から構成されている。

　文には、述語をもつ述語文と独立成分だけからなる独立語文とがある。独立語文は常に発話の場面にしばられていて、1つの単語からなる。〈（話し手の事態に対する）感動〉〈（話し手による聞き手への）呼びかけ〉〈（聞き手に対する話し手の）応答〉など感動詞によるものが中心である。感動詞は、単語と文との関係が未分化なものである。なお、「先生！」「みなさん。」のような一部の名詞は〈呼びかけ〉の独立成分になりうる。述語文は、1つもしくは2つ以上の単語からなる。述語文の骨格を構成するのは、述語・主語・補語である。それに対して、修飾成分・規定成分・状況成分・陳述成分・接続成分は、述語文の骨格を構成する各部分や、述語文全体を拡大する副次的な成分といえる。

　なお、単語もしくは単語のむすびつきが、つねに1つの文の成分としてはたらくわけではない。「青い　セーターを　着た　女性が　いる。」の「着た」は、「青いセーターを」という補語をうける述語としてはたらき、かつ、「青い　セーターを　着た」全体が後続の名詞「女性」に対して規定成分としても機能している。

1.2　品詞とはなにか

　品詞をどのように位置づけるかは研究者によってさまざまである。品詞を、parts of speech とみなすと、当該の単語が文中でどのような構成要素となるかを問うことになり、本章でいう文の部分と一致する。

　ここでは、品詞を、文の材料としての単語の語彙＝文法的な特徴による分類とみなす。単語の語彙的な特徴として〈もの・ひと〉を意味するものは、名詞であって、それ以外にはなりえない。〈運動〉を意味するものは、典型的には動詞に所属するが、動作名詞として名詞に所属することもある。また、事物の〈状態・性質〉や人の〈感情・感覚〉を意味する単語の所属先は、典型的には形容詞であるが、広義の状態名詞や状態動詞として、形容詞以外の品詞に所属することもある。単語の語彙的意味は、品詞性を支えるもので

はあるが、品詞の認定には、当該の単語の文法的特性を問わなければならない。「昨夜から腰に痛みがある。」「昨夜から腰が痛む。」「昨夜から腰が痛い。」は、ほぼ同じ意味ではあるが、それぞれの単語が名詞、動詞、形容詞と品詞が異なるのは、文中での機能と語形の違いにもとづく。

　単語の文法的な特徴には、統語論的な特徴と形態論的な特徴とがある。当該の単語が文の中でどのような機能をになうか、他の単語とどのような関係をとりむすぶかを問題にする統語論的な特徴は、すべての単語がそなえている。また、単語の中には語形変化のシステムをそなえているものがある。日本語の動詞と形容詞は活用の、名詞は曲用の、形態論的な特徴をそなえている。一方で、副詞や接続詞のように語形変化のシステムをもたない不変化詞も存在する。不変化詞に属する品詞の機能は、一般に単一である。一方、語形変化のシステムをそなえている品詞は多機能で、一次的な機能と二次的な機能とをあわせもつ。

　名詞、動詞、形容詞のような主要な品詞は、文中ではたす役割が１つではなく、いくつかの機能をにないうる。主要な品詞に属する単語は多機能であることから、どれが一次的な機能であるかによって、それらの品詞性は相対的に位置づけられるものである。名詞は主語・補語になることを、動詞は述語になることを、形容詞は規定成分になること（ある種の形容詞は述語になること）を主たる役割とする。副詞は主要な品詞の１つであるが、もっぱら動詞・形容詞を修飾限定する成分として機能するもので、語形変化しない。しかし、副詞には多くの例外がみられる。

　主要な品詞に属する単語は、基本的には語彙的意味と文法的な機能の統一体として文の中に存在している。主要な品詞は多くのメンバーから構成される。一方、主要な品詞以外の品詞（周辺的な品詞と呼ぼう）は、語彙的意味が欠けているか、もしくはそれが稀薄で、もっぱら文法的なはたらきをする単語群である。周辺的な品詞には、陳述詞、接続詞、感動詞、後置詞、助動詞、従属接続詞があり、いずれも少数のメンバーからなる。これらについては、**3.** でとりあげる。

2. 文の部分（述語文の場合）

　以下では、発話の場面にしばられている独立語文についてはあつかわず、発話の場面にかならずしもしばられない述語文のみを対象にする。述語文には、その骨格を構成する主成分としての述語、主語、補語と、述語文の骨格を構成する各成分を拡大したり、述語文の骨格となる全体を拡大したりする副次的な成分とがある。文の骨格を構成する主成分については、「成分」をはぶき、副次的な成分には、「成分」をそえてあらわすことにする。

2.1　述語

　述語は、さしだされた物事（主語）について、〈運動・状態・特性・関係・質〉などの属性をあらわす。文の中核となる部分であり、文をまとめあげる機能をもつ。述語には、疑問詞「どうする（＝運動）」「どんなだ（＝状態・特性・関係）」「何だ（＝質）」が対応する。述語になれるのは、動詞・形容詞・名詞である。例外的に、副詞が述語になることもある。述語には、テンス・肯定否定（みとめかた）・丁寧さ・対事的ムード（断定・推量）のカテゴリーがある。動詞が述語になるときは、このほかにヴォイス・アスペクト・対人的ムード（叙述・意志・勧誘・命令）のカテゴリーがありうる。ここでいうカテゴリーとは、少なくとも2つ以上の文法的意味・機能の点で対立する系列を抱え込んで、そうした対立の中から取り出されたものである。対立するということは、たがいになんらかの共通点をもちながら、異なる側面をもつということである（鈴木重幸(1983)）。

　ある種の副詞は、述語用法をもつが、「わたしの英語の力は、まだまだです（＊まだまだではないです）。」のように肯定用法に限られ、肯定否定のカテゴリーを欠いている。また、「やまやま-」「もってこい-」「あがったり-」「願い下げ-」「御の字-」「おだぶつ-」「圧巻-」といった単語は、述語専用の形容詞といえそうである。さらに、「あきあき（だ／する）」「こりごり（だ／する）」のように、述語専用の形容詞／動詞といった性質をもつ単語も存在する。これらの単語ももっぱら肯定用法に限られ、否定用法がない。

2.2 主語・補語

　主語は、述語によって述べられる物事をさししめす[2]。文の中核となる部分であるが、主語の存在しない文も多い。補語は、述語があらわす属性に必要な〈対象〉をおぎなう文の部分である。主語と補語の区別はつねにはっきりしているわけではない。主語を補語の一種と考える立場もありうる。補語に、主語になりうる直接補語と、主語になりえない間接補語とを区別する立場もある（工藤真由美（2002））。しかし、直接補語と間接補語は連続的である。主語と補語には疑問詞「だれが／を／に」「何が／を／に」…などが対応し、〈もの・ひと〉を典型とするが、〈できごと・様子・空間・時間〉などのこともある。

　主語や補語になるのは名詞である。名詞は、文中で主語や補語になることを一次的な機能とする品詞である。主語と述語は、たがいに他を前提とする相互依存の関係にある。述語は述べるものであるのに対して、主語は、述べられるものである。補語は述語を前提として、述語に一方的に依存する関係にある。補語とは、述語があらわすことがらのくみたてを明らかにするために、そのなりたちに参加するものをおぎなって文を拡大する文の部分である。動きの対象、相手、状態や性質がなりたつための基準など、述語に対して主語でしめされなかったことがらに必要な参加者をおぎなう役目をはたすものである。動詞や形容詞が主語や補語になるには、「（走る）こと」や「（大きい）の」のような名詞化の手続きを必要とする。どの品詞に属する単語もメタ言語として使用すれば主語や補語となる。メタ言語的な使用とは、たとえば、「飲む・打つ・買うは　男の　三道楽だ。」「白いは　ウサギ。ウサギは　跳ねる。跳ねるは　蛙。」「「しかし」は　逆接を　あらわす。」の下線部の用法である。

2.3 修飾成分

　修飾成分は、文の骨格を構成する述語を拡大する文の部分である。修飾成分は、述語があらわす属性の〈内的特徴〉（様子、程度、量）をくわしくする副次的な文の部分である。修飾成分は、動詞や形容詞に従属する。疑問詞「どう」「どのように」「どんなに」「どのくらい」「いくつ」「いくら」などの語句に対応する。

修飾成分になる中心は副詞である。(副詞は、修飾成分になる品詞である。)
　　花子は　にやにやと　笑って　いる。
　　ふたりは　今後の　ことを　しんみりと　話し合った。
　　この　本は　とても　おもしろかった。
　　彼の　方が　もっと　背が　高い。
　名詞が修飾成分になることもある。しかし、これらの名詞は、典型的な名詞ではなく、〈様態〉〈数量〉をあらわす、副詞よりの単語である。
　　警官は　犯人を　はだしで　おいかけた。
　　太郎は　三郎を　3度　なぐった　ことが　ある。
　動詞も単独で、あるいは句の形式で、〈様態〉をあらわす修飾成分になることがある。「あわてて」「泣きながら」は、副詞相当のはたらきをしている。
　　母は　あわてて　部屋を　かたづけた。
　　彼女は　泣きながら　帰って　いった。
　　次郎は　大声を　出して　助けを求めた。

2.4　規定成分

　規定成分は、文中の名詞に従属する成分である。「どんな」や「どの」「誰の」「何の」「どこの」「いつの」などの疑問詞に対応する。規定成分には、装飾的に規定するものと、限定的・指定的・選択的に規定するものがある。装飾的な規定と限定的・指定的な規定とは、相互に排除する場合もあれば、双方をかねる場合もある。
　(1)　疑問詞「どんな」に対応する(装飾的な)規定成分になる中心は形容詞である。
　　　やさしい　男性が　わたしの　好みなの。
　　　店に　並んで　いるのは　みずみずしい　野菜ばかりだ。
　　　　動詞が装飾的な規定成分になることもある。
　　　ふとった　男性が　わたしの　好みなの。
　　　店に　並んで　いるのは　しなびた　野菜ばかりだ。
　(2)　疑問詞「どの」「誰の」「何の」「どこの」「いつの」に対応する(限定的・指定的・選択的な)規定成分になる中心は「この」「その」「あの」のような指示的な単語と名詞である。

<u>この</u>　ブラウスが　<u>わたしの</u>　お気に入りです。
　　きょうは　<u>青の</u>　セーターを　着て　でかけよう。
　　<u>あそこの</u>　おじさんに　聞いて　みようか。
　　<u>子どもの　ころの</u>　彼女は　いまより　もっと　ふくよかだった。

2.5　状況成分

　状況成分は、述語と主語(補語・修飾成分・規定成分)からなる〈事象〉全体をとりまく〈外的状況〉(時間、場所、原因、目的、場面)をあらわす任意的な文の成分である。

　疑問詞「いつ」「どこで」「なぜ(原因・目的)」などの語句に対応する。事態の成立する、時間・空間・原因・目的などをあらわす。状況成分は、一般に述語の種類(動詞述語・形容詞述語・名詞述語)に関係しない(ただし、目的をあらわす状況成分は、意志性を有する動詞述語にかぎられる)。

　状況成分になる中心は名詞である。

　　<u>昨年</u>　ふたりは　めでたく　結婚した。
　　<u>ここでは</u>　たばこを　すっては　いけません。
　　太郎は　<u>過労で</u>　倒れた。

　句や節が状況成分になることもある。

　　<u>いくら　注意しても</u>　彼らは　いっこうに　聞こうと　しなかった。
　　<u>雨が　はげしく　降ったので</u>　わたしたちは　外出できなかった。

　補助的な品詞である後置詞(「せいで」)や従属接続詞(「途端」)がくわわることもある。

　　<u>彼女の　せいで</u>　パーティーが　台無しに　なった。
　　<u>うちに　ついた　途端</u>　はげしい　雨が　降り出した。

2.6　陳述成分

　陳述成分は、文のあらわすことがらのくみたてには関わらないで、述語とともに、文の述べ方をあらわす成分である。言語主体(話し手)の事態に対する認識・判断や話し手と聞き手をとりむすぶさまざまな関係をあらわす。対応する疑問詞がない。陳述成分になるのは、「陳述詞」である。

　　<u>たぶん</u>　太郎は　合格しないだろう。

珍しく　太郎が　勉強して　いる。
　　どうぞ　お話しください。
　　やっと　落ち着けるように　なった。

2.7　接続成分

　接続成分は、単語と単語、あるいは文と文をつなぐ成分である。対応する疑問詞がない。接続成分になるのは、「接続詞」である。例は、省略する。

3.　品詞

　日本語の品詞について概略を記述する。

　品詞は、語彙と文法の特徴による単語の分類である。品詞には、主要な品詞と周辺的な品詞とがある。主要な品詞に属する単語は、基本的に語彙的意味と文法的な機能との統一体として文の中に存在するという性質をもっている。主要な品詞には、名詞・動詞・形容詞・副詞がある。一方、周辺的な品詞は、語彙的意味が欠如しているか、それが稀薄で、もっぱら文法的な機能をはたす単語として文の中に存在する。周辺的な品詞には、それ自体で文の成分になれる自立的な接続詞・陳述詞・感動詞と、主要な単語や節とくみあわさってはじめて文の成分になれる非自立的な後置詞・助動詞・従属接続詞とがある。後置詞・助動詞・従属接続詞は、単独で文の成分になれない補助的な品詞である。周辺的な品詞に所属する単語の多くは、主要な品詞の単語の文法化によってうまれたものである。文法化とは、もとの意味をうしない、語形が固定化し、統語的な機能がもともとの単語の機能からはなれ、別のはたらきにかわる現象をいう。

3.1　主要な品詞

3.1.1　名詞

　名詞の典型は〈もの・ひと〉のような対象をあらわす。しかし、言語主体が発話の場面で、〈運動・様子・空間・時間〉などの対象を意味しない単語も対象化(素材化)して、名詞としてもちいることがある。以下の例がそれである。

今年は　柿の　実りが　遅い。〈運動〉
　　柿の　甘さを　はかる。〈様子〉
　　空を　舞う。〈空間〉
　　夏休みを　過ごす。〈時間〉
　名詞の一次的な機能は、主語や補語になることであり、主語や補語になる機能にもとづく曲用（＝格）のカテゴリーをそなえている。曲用とは、名詞が素材的な意味のレベルにおいて文中の他の単語に対してしめす関係のあり方の類型にもとづく語形変化の体系をさす。
　名詞は、二次的な機能として、述語・修飾成分・規定成分・状況成分・独立成分になりうる。

3.1.2　動詞

　動詞の典型は〈運動〉をあらわす。〈存在〉（「ある」）、〈関係〉（「すぐれる」「矛盾する」）をあらわすものは、動詞の典型からはずれ、意味・機能の点で、形容詞よりである。
　動詞の一次的な機能は、述語になることである。述語になる機能と接続にもとづく活用｛〈接続〉〈みとめ方〉〈テンス〉〈ムード〉〈丁寧さ〉（〈アスペクト〉〈ヴォイス〉）｝のカテゴリーをそなえている。
　動詞は、二次的な機能として、修飾成分・規定成分・状況成分（ときに主語・補語）になりうる。

3.1.3　形容詞

　形容詞の典型は〈状態・性質・感情・感覚〉をあらわす。形容詞の典型は静的属性をあらわすが、「蔵出しの（酒）」「働き盛りの（若者）」「行きつけの（美容院）」のような動詞性語基をふくむ合成形容詞には動的属性がみとめられる。形容詞の典型は、段階性・程度性をもつが、「語彙的な（意味）」「丸腰の（警官）」「粒状の（菓子）」のような離散的・選択的な性質をもつものもある。
　形容詞の一次的な機能は、規定成分や（属性形容詞の場合）、述語になる（感情形容詞の場合）ことである。述語になる機能と接続にもとづく活用（〈接続〉〈みとめ方〉〈テンス〉〈対事ムード〉〈丁寧さ〉）のカテゴリーをそなえている。

形容詞は、二次的な機能として、修飾成分(ときに、主語・補語)になる。

形容詞には、規定成分専用のものがある。「既成の(事実)」「ひとかどの(研究者)」「遠来の(客)」などである。これらを連体詞とする立場もある。規定用法専用の形容詞(連体詞)に所属する単語は、一般に少数であるとみなされているが、それは誤りである(村木新次郎(2002d))。また、述語専用の形容詞も存在する。

3.1.4 副詞

副詞の典型は〈様態・程度・量〉をあらわす。

副詞の一次的な機能は、修飾成分になることである。しかし、副詞には例外が多く、二次的な機能として、規定用法や述語になるものもある。

3.2 周辺的な品詞

3.2.1 自立できる周辺的な品詞

3.2.1.1 陳述詞

言語主体による事態に対する認識・判断や、話し手と聞き手をとりむすぶさまざまな関係をあらわす。陳述詞は、陳述成分になる。

3.2.1.2 接続詞

単語と単語、あるいは文と文との関係をあらわす。接続詞は、接続成分になる。

3.2.1.3 感動詞

言語主体による〈事態に対する感動〉〈聞き手への対応〉〈聞き手に対する応答〉などをあらわす。

3.2.2 自立できない周辺的な品詞

3.2.2.1 後置詞

後置詞は、名詞とくみあわさって、文中での名詞の存在形式(分析的な語形)となる機能語である。(名詞＋後置詞)の形式で、状況成分・規定成分・補語になる。いわゆる分裂文の述語になることもある。「その忠告は、君に

対してなんだよ。」のように。

3.2.2.2　助動詞

　助動詞は、動詞を典型とする述語の本体とくみあわさって、述語の分析的な語形をつくる機能語である。名詞に由来する「わけ」「もの」「はず」「ところ」、動詞に由来する「ちがいない」「しれない」「きまってる」「しのびない」など。これらの単語は、述語のムードやアスペクトなどの文法的意味にかかわるものであり、述語を補助する単語である。
　なお、「だ」「です」「らしい」「ようだ」「みたいだ」などの形式は、単語と単語の要素である形式(形態素)との中間に位置づけられるものとして、ここでは半単語とみておく。述語の存在形式に関わる点で、助動詞と共通する性質をもっている。

3.2.2.3　従属接続詞

　従属接続詞は、節(文相当)に後置し、当該の節と後続の節を関係づける役割をはたす機能語である。従属接続詞は、節をうけて(直接には動詞などの述語をうける)状況成分になる。以下のような単語が従属接続詞である(村木新次郎(2008))。

　　　彼は　居酒屋を　営む　かたわら、小説を　書いて　いる。
　　　星の　群が　近づいて　くるに　つれて、空は　夜の　色を　深めた。

4. まとめ

　文の部分と品詞とは密接な関係をもつ。各品詞と文の中での機能は以下のとおりである。主要な品詞に所属するものは、機能が単一ではなく、一次的な機能と二次的な機能とをそなえていて、相対的に分類されるという性格をもっている。本章でのべたことをまとめると表のようになる。主要な品詞の中で副詞だけは単一機能で、不変化詞である(ただし、例外がある)。周辺的な品詞は、すべて単一の機能である。後置詞は、ときに名詞を補助して、補語や述語となることがある。

		一次的な機能	二次的な機能
主要な品詞	名詞	主語や補語になる（曲用する）	述語・修飾成分・規定成分・状況成分・独立成分になる
	動詞	述語になる（活用する）	修飾成分・規定成分・状況成分・（主語・補語になる）
	形容詞	規定成分／述語になる（活用する）	修飾成分・（主語・補語になる）
	副詞	修飾成分になる	（規定成分・述語になる）
周辺的な品詞	自立的 陳述詞	陳述成分になる	
	接続詞	接続成分になる	
	感動詞	独立成分になる	
	補助的 後置詞	名詞とくみあわさって、状況成分・規定成分になる	補語・述語になる
	助動詞	述語の本体とくみあわさって、述語の文法的意味にかかわる	
	従属接続詞	節をうけて状況成分になる	

注)

1 たとえば、三尾砂(1958)、松本泰丈(2003)。

2 日本語の主語は、さまざまな形式となってあらわれる。筆者は、以下のようなものを「主語」ととらえている。「稔が　突然　あらわれた。」「象は　鼻が　長い。」「ぼくは　ピアノが　ひけない。」「きみんち　パソコン　ある？」「ぼく　ドラえもん。」「時は　六月、季節は　梅雨。」「彼だって　うまく　やってのけるさ。」「彼女なら　人妻だよ。」「それは　ぼくらで　考えるよ。」

第4章　意味と品詞分類

　品詞とは、文法上の共通の特徴をもった単語のグループのことである。単語の意味が、文法的な単語の分類である品詞とどのようにかかわるかというのが、本章の課題である。日本語では、なにを単語とするかという単語の認定をめぐって諸説あり、共通の理解が得られていない。つまり、単語をどのような基準にもとづき、どのようにグループ分けするかをめぐって、いくつかのこころみがあり、ひととおりではない。品詞論は、この単語の認定いかんによって大きく異なってくる[1]。

1. 単語とはなにか

　なにを単語とみとめるかという点で、さまざまな立場がある。伝統的な国文法では、単語と形態素を区別しないで、どちらも単語あつかいをしてきた傾向がある。人間の言語は、コミュニケーションの手段として、ある事態をまるごと1つの記号としてあらわしているのではなくて、事態を構成する対象・運動・性質・空間・時間などのある側面を一般的にきりとった単語という単位をもち、その単語をくみあわせることによって文を構成し、文がその事態をあらわすというしくみをそなえている。すなわち、単語という単位は語彙と文法との双方の側面をになっている。1つは、現実の断片をうつしとっているという語彙的な側面であり、他の1つは通達の単位である文を構成するという文法的な側面である。すなわち、語彙的な単位としての単語（＝語彙素）と文法的な単位としての単語（＝単語形式＝語形）である。前者の単語は、単語が語彙的意味をそなえているという現実とのかかわりで、単語の意味的な側面をにない、語彙項目として辞書に登録されるという特徴をもち、

それがさまざまな発話の中にくりかえしもちいられるという性質をもった、一般的抽象的な単語である。後者の単語形式は、文の部分として文法的な側面をにない、発話にあらわれる具体的な実現形としての単語である。単語は、こうして、言語体系の中で、外界との関係をたもちつつ、他の単語とむすびついたり、それ自身の形をかえたりして、文の材料となり、文法的な機能をはたすわけである。単語は、このように、語彙の単位であると同時に、文の構成要素になるという文法の単位でもある。単語は、語彙と文法との2つの領域にまたがって、言語のかなめの位置をしめる基本的な単位である。

　わたしは、単語というものを、典型的には、固有の語彙的意味をもち、それがある文法的な形式（語形）をとり、文の部分になる性質をそなえた言語形式であると考える。品詞にあたる英語の parts of speech、あるいはドイツ語の Redeteil は、まさに発話の部分という意味であり、文法的側面にもとづく名づけである。単語は、基本的には、文の部分になるという性質がある。このような立場にたつと、「たべ-た」「たべ-る」「たべ-ろ」「たべ-よう」における「-た」「-る」「-ろ」「-よう」、「パン-が」「パン-を」「パン-の」における「-が」「-を」「-の」のような形式は、語彙的意味を欠き、それ自身、文の部分になれないという点から、単語としての性質をそなえていないことになる。いずれも動詞や名詞など主要な単語群の文法形式をつくるための付属辞である。そして、それらの付属辞は、単語に従属する広義の接辞である[2]。

2. 品詞の概念

　さて、一般に品詞分類の基準としてとりあげられる主なものは、意味・形態・機能の3つである。

　いくつかの品詞分類を検討してみると、実際にはこうした基準が交錯していることがわかる。たとえば、「概念化過程を含み、客体的なものをあらわすか主体的なものをあらわすか」「運動をあらわすか状態をあらわすか」といった意味的な基準、「語形変化があるかないか」「命令形があるかないか」といった形態上の基準、「主語となるかならないか」「用言を修飾するか体言を修飾するか」といった統語上の基準など、性質の異なる基準が入り混じって使われている。さらに、「同じ分布をもつか」という基準がもちいられる

こともある。

　品詞分類に使われる意味とは、個々の単語の語彙的な意味ではなく、一般化された範疇的な意味とでもいうべきもので、個々の語彙的意味を抽象してえられる、〈もの〉〈ひと〉〈動作〉〈状態〉のような一般化された意味のことである。しかし、たとえば、「遊ぶ」と「遊び」はどちらも〈動作〉をあらわすのに、前者は動詞、後者は名詞とふるいわけられるのは、文中ではたす機能、そして、それにともなう語形のシステムの相違にもとづく。双方の単語のもつ一般的な意味である〈動作〉は、この場合、品詞の分類には役立っていない。これらを品詞にふるいわけるには、当該の単語が、なにを意味するのかではなく、文中でどのように意味し、かつ機能するかを問わなければならない。「痛み」「痛む」「痛い」は同じように〈痛覚〉の意味をもっているのに、これらは名詞、動詞、形容詞という異なる品詞に属するものとしてあつかわれる。これらに共通する〈痛覚〉の意味、あるいはさらに一般化した〈感覚〉という意味は、これらの単語を品詞に分類できない。これらの単語を区別するためには、以下のような統語論的な機能や形態論的な構造をみる必要がある。すなわち、「痛み」は、

・奥歯に痛みがある。
・注射をうって、痛みをおさえた。
・これぐらいの痛みにたえられなくて、どうするの。

といったふうに、「-ガ」「-ヲ」「-ニ」をしたがえて格の体系をそなえ、文の主語や目的語になるという統語論的な機能の中に、名詞としての特徴をみとめなければならない。同じように、「痛む」は、

・夕べは奥歯がひどく痛んだ。
・寒くなると、腰のあたりが痛む。

といったふうに、語幹(itaM-)が語尾(-u/-da)をしたがえて活用の体系をもち、文の述語になるという統語論的機能の中に、動詞としての特徴をみとめなければならない。そして、「痛い」は、

・夕べは奥歯がひどく痛かった。
・夕べから奥歯が痛い。

といったふうに、語幹(ita-)が語尾(-i/-katta)をしたがえて文の述語になり、動詞とは、語形変化の点ではちがいがあるが、統語論的な機能の点では共通

した特徴をそなえているといえる。「痛い」と「痛む」は、意味だけではなく、文法上も近い関係にあることがうかがわれる。

　このように、語彙的意味や、それを一般化した範疇的な意味も品詞の一次的な分類基準にはならない。しかし、このことは語彙的意味や範疇的意味が品詞と無関係であるということを意味するものではない。「机」や「りんご」のように具体的な〈もの〉をあらわす単語は名詞でしかなく、これが他の品詞になることはない。〈動作〉をあらわす単語は、典型的には動詞としてもっとも多様なはたらきをしめし、ときに動作名詞として名詞に所属することもある。また、〈状態〉をあらわす単語は、典型的には形容詞としていくつかのはたらきをもつが、状態名詞や状態動詞として名詞や動詞に所属することもある。それぞれの品詞が、典型的にどのような意味と対応しているかを問題にして、名詞が〈もの〉を、動詞が〈動作・運動〉を、形容詞が〈状態・性質〉をあらわしているということは決してまちがいではない。ただ、名詞は、話し手が直面している現実の一断片を発話の「対象（素材）」とする必要から、その「対象（素材）」として典型的である〈もの〉以外にも、〈動作・運動〉や〈状態・性質〉を意味する概念をも名詞としてとりこんでしまうのである。主語や広義の目的語という統語論的な機能をはたす名詞は、こうして〈もの〉を中心に、動詞に典型的な〈動作・運動〉、形容詞に典型的な〈状態・性質〉、そしてさらには、〈時間〉や〈数量〉といった概念にいたるまで、ひろくみずからの中におさめこんでしまうのである。その結果、名詞の意味の特徴をぼかしてしまう。しかし、依然として、名詞の典型は〈もの〉をあらわす単語であって、〈もの〉をあらわす単語が名詞固有の領域なのである。

　つぎに、品詞分類に使われる形態とは、単語の形態論的な構造をさす。しかし、語形変化をする単語については、たしかに単語の形態論的な構造が有効であるが、不変化詞については分類のきめてにはならない。日本語の場合、「ル／タ」の語尾変化のパラダイム（テンスのカテゴリーで代表させる）をもつものを動詞、「イ／ク」の語尾変化のパラダイム（接続のカテゴリーで代表させる）をもつものを（第一）形容詞とすることはできるが、副詞や接続詞とされる単語群は、単語自身の形態的構造が不変であるゆえに、他と区別するてだてがみつからない。単語の形態論的な構造は、実は、単語の統語論的な機能に応じて発達しているのである。日本語の動詞は、文の末尾にあっ

て述語として文をしめくくったり(終止用法)、文の途中で述語としてのはたらきを演じながら、さらに後続の節につながっていったり(中止あるいは連用用法)、後続の名詞を修飾制限したり(連体用法)するという複数の機能をあらわしわけるため、また、発話の内容を発話時との関係で特徴づける過去か現在・未来かといったこと、発話の内容を話し手から聞き手にむけてはたらきかける命令か勧誘かといったことをあらわしわけるために、時や法による語形変化を発達させているわけである。形容詞も、述語として機能する終止用法、規定語として機能する連体用法、後続の動詞を修飾する連用用法というふうに、多機能をあらわしわけるために、形容詞独自の語形変化を発達させている。つまり、単語の形態論的な構造は、そのグループがはたす統語論的な役割に照応していて、従属的である。

　最後に残された、品詞分類にかかわる機能とは、当該の単語の統語論的な役割、すなわち、文の中でどのようなはたらきをしているのかを問うものである。感動詞を例外として(感動詞は、単語すなわち文であって、単語と文が未分化である特殊な単語である)、どの単語も、文の中で孤立することなく、他の単語とかかわりあって存在している。すなわち、単語はすべて文中でなんらかの機能をはたしているのである。単語の統語論的な機能にはすべての単語が関与するので、統語論的な機能を問うことこそが、単語を文法的な特徴にもとづいて分類するのにもっとも適当であるといえる。

　以上、意味による基準、形態による基準、機能による基準を検討した。その結果、単語の統語論的な機能が他の基準にたちまさり、単語の文法的な分類に際して、中心的な役目をはたすべきであることを明らかにした。しかし、ここにもまったく問題が存在しないわけではない。主要な単語のグループである名詞・動詞・形容詞の単語群はその統語論的機能が単一ではなく、いくつかの機能をあわせもっていて、それぞれの品詞が固有の機能をもち、他と完全に背反する関係にあるのではないということである。それぞれが主要なはたらきと副次的なはたらきとをそなえていて、いわば相対的に分類されるのである。

　こうして、文法的な特徴にもとづく単語の分類に際しては、統語論的な機能が最優先されなければならない。ただし、単語の統語論的機能の優位性が主張されるとしても、単語の形態的、意味的な側面が無視されてよいという

ことではない。「形容動詞」を広義の「形容詞」から区別するとすれば、これはもっぱら形態的な特徴にもとづくふるいわけであるし、「代名詞」を「名詞」から独立させるなら、それは意味的な特徴にもとづくものといえるであろう。大分類として得られた品詞を、さらに下位分類するとき、こうした形態上、あるいは意味上の基準が有効にはたらくであろう。

さて、日本語における主要な品詞である名詞・動詞・形容詞・副詞の特徴は、以下のようになる。

名詞：文の中で主語や目的語になることを主要な機能とする単語。文中の他の単語との意味的関係をしめす語形変化である曲用によって「-ガ」「-ヲ」などの格助辞をしたがえる。属性のもちぬしや運動の対象になる、もの・空間・時間・運動・状態などをあらわす。

動詞：文の中で述語になることを主要な機能とする単語。時・法など現実との関係をあらわす語形変化である活用によって「-(r)u」「-ta／-da」「-(y)oo」などの語尾変化をもつ。もちぬしの動的な属性として運動をあらわす。

形容詞：規定語と述語になることを主要な機能とする単語。接続によって、「-イ」「-ク」、「-ナ」「-ダ」「-ニ」の語尾変化をもち、述語になるとき、時にもとづく活用の体系がある。もちぬしの静的な属性として状態・性質をあらわす。

副詞：文の中でもっぱら修飾語になることを機能とする単語。語形変化の体系をもたない。動詞のしめす運動の様態、形容詞や他の副詞のしめす状態や性質の程度をあらわす。

以上の中心的な品詞に対して、周辺的な品詞は、構成メンバーが少なく、単一の機能をはたす。文中ではたす機能と品詞名が一致する。陳述成分の陳述詞、接続成分の接続詞といったふうに。

3. 意味と品詞との関係

〈もの〉と〈運動〉とは対立的で、二極的である。ある事態の中から、対象とその過程とを分離して、2つの単語をもってその事態を表現するとき、その対象は名詞として、過程は動詞として、それぞれはたらきの異なる単語に分化する。名詞と動詞の区別は普遍的であると説かれている（Sapir

(1921)、Lyons（1977）、Schachter（1985）など)。過程が対象の動的な属性を特徴づけるのに対して、静的な属性の特徴づけである〈状態・性質〉にかかわる意味領域は、その文法的な所属先は不安定である。動的な属性とは、時間的な流れの中に位置づけられる特徴をいうが、静的な属性である〈状態・性質〉は時間とのかかわりが稀薄である。〈状態・性質〉をあらわす単語は、プロトタイプとしては、形容詞に属するが、動詞や名詞にはいってしまう。

　形容詞は、名詞と動詞につぐ第三の品詞として主要な単語のグループをつくるが、その位置づけは言語によってちがってくる。ヨーロッパでは形容詞を名詞に近づけてあつかってきたのに対して、日本では形容詞を動詞のなかまとしている。たとえば、ドイツ語の形容詞は名詞に連動して曲用し、述語になるときは、名詞と同じようにコピュラを必要とする。一方、日本語の形容詞は、動詞と同様、単独で述語となり、活用する。つまり、ドイツ語の形容詞は統語論的にも形態論的にも名詞に近く、日本語の形容詞は統語論的にも形態論的にも動詞に近い。

　名詞は実体的なものを対象とするときに典型的である。すでにふれたように、「机」や「りんご」のような単語は〈もの〉をあらわしていて、つねに名詞的である。〈時間〉や〈数量〉をあらわすものは、その性質を欠いていて、格助辞のつかない副詞的用法にかたより（「一時間　歩いた」「二キロふとった」）、典型的な名詞からはずれる。「さっき」のような〈時間〉を意味する単語は、「さっきから」「さっきの」という用法はあるものの、「さっきが」「さっきを」のような格形式をもたない。「釣り」「見学」「サービス」のような動作名詞は、ときに動詞の格支配の特徴をみせ、動詞と名詞の双方の性質をあわせもつ中間体のすがたをしめす（「魚を　釣りに　行く」）。「はだし」のような状態性の単語は、「はだしで」の形で修飾語の用法が多く、名詞かどうかあやしい。

　実体的なものが文の中ではたす統語論的な機能に応じて実体性をうしなったり、逆に非実体的なものが実体としての特徴をもつことがある。「政治家をさがす」というときの「政治家」は目的語として実体（ひと）であるが、「あのひとはかなり政治家だね」というときの「政治家」は述語として機能し、さらに「かなり」という程度副詞をうけ、実体ではなく属性（性質）を意味している。「英国産」「大学卒」のような単語は、実体性をもたないが、「英国

産(のもの)を買った」「大学卒(のひと)が雇われた」のように目的語や主語になることで、ある属性をそなえた実体という性質を獲得する。

　動詞はプロトタイプとしては、〈運動〉をあらわす単語である。しかし、動詞の中には、語彙的意味として〈運動〉をあらわさない単語がふくまれている。「ある」「ちがう」「すぐれる」などがそれで、これらは〈存在〉や〈関係〉を意味し、あるものの〈状態〉や〈性質〉をさすものである。これらの動詞はアスペクトのカテゴリーがなく、テンスのシステムが一般の動詞とは異なる。これらの単語は、意味と形態論的なカテゴリーの範囲で形容詞と共通する。いわば、動詞といっても、みかけ上だけである。大阪をはじめ関西地方では、しばしば「ちがう」の過去形として「ちゃうかった」という語形を耳にするが、動詞の語形変化ではなく、形容詞のそれにスライドしている。

　動詞の希望形と否定形は形容詞と語末形式が類似する。「知りたい」「知らない」は、動詞の一語形ではあるが、運動の成立を意味しない。「知りたい」のような希望形は、形容詞「ほしい」と意味・形態・統語上の特徴が共通する。「つまらない」「くだらない」「たまらない」のような語形は、動詞の否定形と合わせて、独立の形容詞に移行したものがみとめられ、ホモニムをなす。そこでは、形容詞独自の分析的な否定形式である「つまらなく　ない」「くだらなく　ない」があり、動詞と形容詞のあいだに、肯定否定をめぐって、交差する。

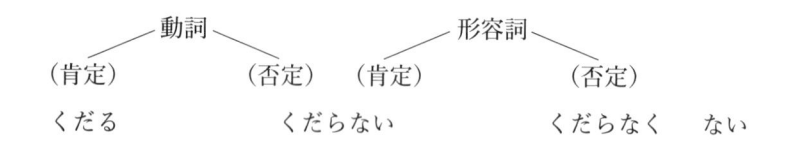

```
        ─動詞─              ─形容詞─
   (肯定)     (否定)      (肯定)        (否定)
   くだる    くだらない    くだらなく　ない
```

　人間の感情をあらわす単語には、動詞と形容詞で、語彙的意味のうえでとなりあっていたり、人称によって交替したりする現象がみられる。〈運動〉と〈状態〉の間をゆれるのである。

　語彙的な近接：

　　欲する　─　ほしい

　　好く／好む／愛する　─　好きな

　　要る／要する　─　必要な

人称による交替：
　　うれしがる　―　うれしい
　　ほしがる　―　ほしい

　人称による交替は、語根を共有するものであるが、感情を名づけた単語群には、ほかにも、「なつかしむ　―　なつかしい」「はじる　―　はずかしい」「ほこる　―　ほこらしい」「たのしむ　―　たのしい」「かなしむ　―　かなしい」「おそれる　―　おそろしい」のように、動詞と形容詞の双方に分化していて、2つの単語をもつものがいくつも見いだされる。「なつかしい」「はずかしい」のような感情形容詞は、「～ガ」という名詞句（広義の目的語）をとる点で、動詞に近い性質をそなえていて、そのような特徴をもたない「高い」「赤い」などの属性形容詞と区別される。

　動詞がその語彙的意味に応じていくつかの名詞とむすびつくという格支配（結合能力）をうしない、ある語形に固定してしまうと、独自の意味をもち、別の品詞に属することになる。いわゆる文法化の現象である。

　「まして」「たえて」「決して」「しいて」のような単語は、陳述的な意味をにない、名詞の格支配という統語論的な機能も語形変化をするという形態論的な特徴もみられない文副詞（陳述詞）である。それらは、〈運動・動作〉の意味をうしない、かわりにモーダルな意味をもっている。

　また、「あらためて（考えてみる）」「好んで（食べる）」「あわてて（部屋をかたづける）」のような形式は、述語として機能するというより、後続の述語に対して修飾語としてふるまう副詞に近づいている。

　動詞の実質的な意味を喪失し、名詞の文中での機能をはたすための補助的な役割をはたすと、それはもはや動詞ではなく、後置詞である。「（品詞を）めぐって（議論する）」「（会議はロビーに）おいて（開かれる）」などの「めぐって」「おいて」のような単語である。

　「しまった。」「やったー。」のように独立語としてもちいられる感動詞に移行したものもある。そこでは、文におけるもの（対象）と運動という事態の分化はなく、単語すなわち文という未分節の単位で、叫びのなかまである。

　また、「まがった道」「ぬれたタオル」のような例では、下線部の動詞には運動性・動作性はなく、名詞であらわされているもの（「道」「タオル」）の状態・性質をあらわしていて、「まがった」「ぬれた」は形容詞に近づいている。

動詞の連体用法には、このようにもっぱら状態・性質のみを意味することがある。

　以上のような例から、単語の意味と統語論的な機能、形態論的な特徴とが相互に規定し合っていることがわかる。動詞は、運動の意味をにない、述語になって、現実との関係を活用によってあらわすとき、もっとも動詞らしく、逆に運動の意味をもたず、述語以外の機能をはたし、その語形が固定化すると、動詞らしくなくなっていくのである（これについては、高橋太郎（1994）がくわしい）。

　つぎに形容詞と意味との関係を問題にしよう。よく知られているように、日本語の形容詞は少ないとされている。「イ／ク」と語形変化する狭義の形容詞にいたっては、生産力をうしなっていて、「ナ／ダ／ニ」と語形変化する形容詞がそれを補充している。しかし、それでもなおかつ形容詞は多いとはいえない。状態・性質にかかわる意味領域で動詞や名詞が不足部分をおぎなっている。対義関係を構成する反義対は一般におなじ品詞の単語によるペアであるのだが、以下のように、形容詞と動詞によるペアが数多く見いだされるのである。

　　ない　—　ある　　等しい　—　異なる／違う　　正しい　—　まちがった／あやまった　　若い　—　年とった／老いた／ふけた　　丸い　—　角ばった　　めずらしい／まれな　—　ありふれた　　まっすぐな　—　まがった

また、類義関係にある単語にも、形容詞と動詞によるものがみられる。

　　立派な／優秀な　—　すぐれた　　変な　—　変わった　　ひょうきんな　—　おどけた　　おろかな　—　ばかげた　　周到な　—　いきとどいた　　怠惰な　—　なまけた／だらけた　　高慢な　—　うぬぼれた　　傲慢な　—　いばった

形容詞と名詞が対義や類義の関係になることもしばしばである。

　　元気な／健康な　—　病気の　　立派な／優秀な　—　出色の／抜群の

こうした事実は、状態・性質の概念と品詞としての形容詞とのつながりが不安定であることをものがたっている。以下に、〈形〉と〈成長過程〉を意味する単語を、品詞の所属が多様である例としてとりあげる。

　外見にあらわれる〈形〉を特徴づける単語は、日本語では以下のように異

なる品詞にまたがっている。

　　形容詞：丸い、四角い　／　まっすぐな、平らな、いびつな
　　動詞：まがった、とがった、ゆがんだ、乱れた、整った、かたよった
　　名詞：ななめの、三角の、横の、縦の、水平の、垂直の

　これらの単語は、形のありかたを特徴づけるという共通の意味をそなえ、かつ、たとえば、

　　まっすぐな／まがった／ななめの　線
　　丸い／三角の　灰皿
　　きれいな／乱れた　部屋

というふうに同一の統語上の分布に生起する。このような現象は、意味と文法との間に生じた不整合の例とみてよいだろう。

　また、〈成長過程〉を意味する単語として以下のようなものがある。

　　形容詞：若々しい、みずみずしい　／　新鮮な、先天的な
　　動詞：はなやいだ、熟した、うれた、なれた(すし)、腐った、いたんだ
　　名詞：なまの、うまれつきの、はえぬきの、不老不死の

　ここでも、異なる品詞に属する単語が意味論的にも統語論的にも共通する特徴を発揮している。

　　新鮮な／腐った／なまの　魚
　　みずみずしい／熟した　くだもの

　ところで、このような不整合は、なぜおこるのであろうか。理由はなく、偶然の結果であろうか。「大急ぎの」「高速の」が名詞であって、「急速な」「迅速な」が形容詞であるのは偶然であろうか。日本語の形容詞が生産性をうしなっていて(とりわけ「イ／ク」のパラダイムをもつ狭義の形容詞)、その不足分を変化動詞や語形上のしばりがない名詞に助けをもとめている結果であると理解できないだろうか。「まがった」「乱れた」「腐った」「熟した」は、変化動詞の一語形で、運動・変化の側面をすてて、あるものの状態・性質の特徴づけをしているのである。「太った(ひと)」「まちがった(答え)」「ありふれた(せりふ)」などは、意味論的にも統語論的にも形容詞的である。「真紅の」が名詞であり、「真っ赤な」が形容詞であるのは、借用語や訳語といった新しい単語をつくる際に、状態・性質の概念をもつ単語が語形上のしばりがない名詞に位置づけられる傾向があるからかもしれない。

単語を品詞にわかつ基準としては、統語論的な機能が最重要であることを確認した。しかし、その統語論的機能は、単語の形態論的なシステムや意味とふかくかかわっている。結局、品詞とは、単語の機能・形態・意味の諸特徴の総体による体系であるといわざるをえないのである。

注

1　一部の文法論、たとえば生成文法では、形態素を基礎におき、品詞の分類を単語の分類というよりは、語彙素やそれと統語論上等価である、さまざまな形式に使っている。そこでは、単語がかならずしも基本的な単位とはなっていない。
2　もちろん、そうした接辞類は、独立性・分離性の上で、一様ではなく、単語の語彙的意味をになう語彙素から離れて後置する「みたい」「だろう」「ね」のような形式は、前の形式からの独立・分離の度合いが相対的につよい。独立性はみとめられるものの、その意味は語彙的というより文法的である。名詞の格をしめす「-が」「-を」「-の」のような助辞類も動詞の活用語尾である「-た」「-る」にくらべれば、独立性がみとめられる。

第 5 章　漢語の品詞性を問う

要旨

　筆者は、さきごろ中国の研究誌『日語研究』第 2 輯に「現代日本語における漢語の品詞性」を発表した。本章は、野村雅昭氏の論文「現代漢語の品詞性」を筆者の立場から整理し、筆者の前稿との相違点を明らかにするものである。日本語の中で、借用語としての漢語は、名詞だけでなく、さまざまな品詞に定着していること、多品詞性(複数の品詞を兼務する性質)をもつこと、統語的なゆれが大きいこと、品詞上の臨時的なスライドがおこること、などを指摘した。

　　キーワード：漢語、品詞、品詞分類、多品詞性(品詞の兼務)、品詞体系

1.　わたしは、「現代日本語における漢語の品詞性」という論文を中国の学術雑誌である『日語研究』に寄稿した(村木新次郎(2004b))。その後、野村雅昭氏による「現代漢語の品詞性」という論文があることを知った(野村雅昭(1998))。わたしが野村氏の論文を読まずに、同じような題名の論文を書いたのはまことに迂闊であった。しかし、野村氏の論文を読んで、同じように現代日本語の漢語の品詞性を考察の対象にしているとはいっても、わたしの書いたものが野村氏のものとは立脚点が大きく異なり、結果においても、相当な違いがあることが確認できた。本章は、野村氏の研究とわたしの研究の相違点を整理し、わたしの立場を前稿よりもいっそう明らかにすることを目的としたものである。

2. わたしの論文「現代日本語における漢語の品詞性」は、中国の雑誌に発表されるという事情もあって、日本語と中国語との間で同形式であり、しかも類義性がたもたれている「漢語」の品詞性の異同についてや、中国語母語話者が日本語を学習する際におこす干渉の問題にも言いおよんだ。そうした部分を除いて、現代日本語における漢語の品詞性について述べた部分を要約すると以下のようになる。

(1) 借用語としての漢語が日本語の単語として定着するには、日本語の文法的な性質をもたなければならない。単語の文の中での存在形式である語形以前の単語つくりの段階で、品詞性がいろづけされることがある。

(2) 品詞は単語の文法的な特徴にもとづく分類である。文法的な特徴は統語論的な特徴と形態論的な特徴とからなるが、統語論的な特徴は、どの単語にもあり、形態論的な特徴に優位する。

(3) 単語とは、(典型的には)固有の語彙的意味をもち、それが文法的な形式(語形)をとり、文の部分となる性質をそなえた言語形式であるとする。この定義から、いわゆる助詞や助動詞の多くは、語彙的意味を欠き、それ自身が文の部分にならないので、単語としての資格をそなえていないということになる。それらは、名詞や動詞など主要な単語群の文法形式をつくるための付属辞で、単語に従属する形式である。

(4) 漢語語彙は、日本語の中で、さまざまな品詞として定着している。さまざまな品詞とは、名詞、動詞、形容詞(いわゆる形容動詞や連体詞もふくむ)、副詞、接続詞、陳述副詞、後置詞、従属接続詞、感動詞である。この品詞分類は、おおむね鈴木重幸氏の著『日本語文法・形態論』にしたがっている。形容詞を広い範囲でとらえているところに特徴がある。

(5) 日本語の中での漢語には、中国語の特徴である、同形で多品詞にわたる特徴(中国語研究の世界では「兼類」とよばれている)が多くみとめられる。動詞にあっては、「—する」「—す」といった派生辞をしたがえ、固有の合成語をつくるので、形態論的に他の品詞とまぎれることはないが、名詞・形容詞・副詞などにあっては、語幹部分

が共通しているので、語形だけでは、品詞の区別がまぎらわしい場合がある。ある品詞と別の品詞との異なりは連続的といえるところがある。品詞間のかさなり、あるいは連続性は、臨時的な品詞の転位を可能にしている。
(6) 漢語では、統語上のゆれも形態上のゆれも相対的に大きい。今日、各種のデータベースの利用が容易になったので、漢語語彙の使用の実態を調査しやすくなった。個々の漢語の詳細な文法性の記述がのぞまれる。あわせて、日本語の品詞体系のみなおしも必要である。

3. 野村氏の論文は、山田孝雄(1940)、宮地裕(1973)、松下大三郎(1928)、森岡健二(1994)の、日本語における漢語についての諸論考を検討したうえで、氏の考える複合字音語基の品詞性の認定と分類をしめしたものである。野村氏は、複合字音語基の品詞性を認定し、分類するにあたって、語とそれを構成する単位に関する以下の用語を用意する。

　形態素…語を分析してえられる意味をになった最小の言語単位
　　語基…語の意味の中核となる形態素
　　　　（例：山・歩き・たのし・鉄・学校・研究・上等・国際）
　　接辞…語基と結合してしか語の成分となることのできない形態素
　　　　（例：お-・こ-・不-・-さ・-めく・-的）
　　助辞…語基と結合して語基を文の成分として機能させる形態素
　　　　（例：＝が・＝を・＝に・＝だ・＝です・＝ね）
　　語……文の直接の構成要素となる言語単位
　　　　（山が・歩く・たのしい・お花を・研究する・本当に）

野村氏は、字音複合語基は体言として一括され、用言、形容言、副用言などと同一の位置にあるとする。その体言は、形態と意味とによって、以下のように分類される。

　事物類(N)…叙述の対象となる物や事をあらわす
　　　　（例：宇宙・人間・交通・工業・科学／鉄・国・士・道）
　動態類(V)…事物の動作・作用をあらわす
　　　　（例：研究・運動・変化・検討・観察／見・増・過・感）
　様態類(A)…事物や精神の性質・状態をあらわす

(例：簡単・愉快・重要・意外・永久／新・軽・大・高)
副用類(M)…動作や状態の程度・内容を限定・修飾する
(例：突然・直後・一斉・結局・実際／特・再・絶・予)。

そして、野村氏が字音複合語基の品詞性として提示されたものは以下の表である。

表　字音複合語基の分類

類	型	例	―ガ・―ヲ	―スル	―ダ・―ナ	―ノ	―シイ	―タル	―■	―ニ	―ト	―□	―□―
事物類	N₁	世界 人間 外交 鉛筆	○										
	N₂	国際 具体 羊頭 (狗肉)	×								○		
	N₃	本位 自体 (努力) 次第	×										○
	NA	自由 健康 幸福 危険	○		○								
動物類	V₁	研究 進歩 協議 信用	○	○									
	V₂	墓参 勝利 参考 拝啓	△	△									
	V₃	当事(者) 植民(地) 東奔		×						○			
	VA	共通 相当 重宝 一定			○	○							
	VAN	満足 心配 無理 貧乏	○		○								
様態類	A₁	豊富 重要 複雑 明朗			○								
	A₂	意外 正式 最適 緊急			○	○							
	A₃	本当 一介 悪性 細心			△	○							
	A₄	鬱陶 仰々 毒々 騒々					○						
	A₅	可燃 耐熱 以遠 (権)								○			
副用類	M₁	全然 結局 漸次 鋭意						○					
	M₂	普通 絶対 通常 当分				○		○					
	M₃	一気 同時 一斉 故意								○			
	M₄	毅然 堂々 平然 綿々						○			○		
	M₅	公然 淡々 懇々 嬉々									○		
	MN	事実 将来 是非 始終	○					○					
	MA	案外 大変 結構 十分			○			○					

4. わたしが最初に指摘したいことは、野村氏が品詞性の対象としているのは、単語ではなくて、語基であるという点である。品詞とは、本来、単語についての分類概念である。もちろん、単語の内部である語基や接辞に品詞性をみとめることはできる。本来的には単語を分類するためのカテゴリーを、

単語よりも大きな単位(たとえば句)や単語よりも小さな単位(形態素)にも、それを適用することは可能であろう。わたしも、語基や接辞の品詞性に言及したことがある(村木新次郎(1991)(2000))。しかし、単語と単語の部分である語基とは区別しなければならない。レベルの違うものを同一視すべきではない。日本語の伝統的な文法の問題点の1つは、単語と形態素の区別がなされていない点である。接辞が単語でなく形態素であることはあきらかであるが、語基は、定義にもよるが、単語にもなるし、単語の部分、すなわち形態素相当にもなるという二重性をやどしている。野村氏が最終的にしめした語基の整理には、単語相当の語基と単語内部の語基とが混在している。誤解をふせぐために、もう一度くりかえす。語基は、単語の資格をそなえているときもあり、また合成語を構成しているときもある。野村氏にとって、「山が多い」「山を歩く」の「山-」と「山-歩き」「山-越え」の「山-」は、どちらも語基であり、その違いが無視されている。前者の「山-」は単語としての「山-」であり、後者の「山-」は合成語の部分である「山-」である。両者は、言語単位のうえでレベルが異なるので、区別されなければならない。野村氏が提示した表の「N_2」「N_3」「V_3」「A_5」は、もっぱら合成語をつくる派生辞である。「N_2」に属する「国際」や「具体」は、村木新次郎(2004c)で指摘したように、それ自体では、単語にはなれず、「国際化(する)」「国際的」「国際性」、「具体化(する)」「具体的」「具体性」のような派生語となってはじめて単語の資格を得る。「国際-」や「具体-」は、いわば擬似語基あるいは語基もどきというべき単位である。このような擬似語基としては、ほかにも「合理-」「線条-」「抽象-」「客観-」「本格-」「民主-」などの形式がある。また、「N_3」に属する「自体」「次第」も、単独で単語として使用されず、「それ自体」「終わり次第」といった合成語をつくる擬似語基もしくは接(尾)辞である。語基と接辞の区別は、いつもきれいに区分できるものではない。両方の性質をあわせもつものがあったり、もともとは語基であった形式が接辞に移行しているものがあったりする。とりわけ、漢語の場合、書きことばにおいて、いくつもの形態素の連続する現象がみられ、語基か接辞かの判定が困難なことが多い(宮島達夫(1987))。しかし、一般に、合成語の構成要素を問題にするとき、典型的な接辞はもっとも重要な概念である。

5. 次に問題にしたいのは、語彙論的な単語と文法的な単語との混同である。単語をどのようにとらえるかについては、さまざまな見解がありうる。野村氏が最終的に提示した「語基」の表は、「語構成上の形態的な特徴によって区分した」(p141) とある。語構成は単語の語彙論上の問題である。野村氏がしめした表の中には、語構成上の形態ではない、単語の文法的な語形を問題にしている部分がまぎれこんでいる。具体的には、あとでふれることにして、わたしが単語をどのようにとらえるかについて述べる。単語は、固有の語彙的意味をもつという特徴と、文を構成する要素になるという統語論的な特徴をそなえた、語彙と文法のかなめになる基本的な単位である。単語は、実質的な内容（語彙的な側面）とそれの文における存在形式（文法的な側面）の統一体である。そして、品詞とは、そうした単語の文法的な（とりわけ統語論的な）特徴にもとづいて、単語をふるいわけたものである。固有の語彙的な意味をもつ自立的な単語は、統語論的に形づけられている。なお、語形変化する単語にあっては、形態論的にも形づけをうけている。ただし、品詞分類の直接の対象は、形態論的な語形を問題にすることではなく、単語そのものを問題にすることである（鈴木重幸 (1980)）。野村氏は、「語……文の直接の構成要素となる言語単位（例：山が・歩く・たのしい・お花を・研究する・本当に）」としている。わたしも、野村氏のこのあつかいに賛成する。しかし、「山が」「お花を」は、文法的な語形であって、他と並ぶものではない。そして、野村氏のあげた助辞（例：=が・=を・=に・=だ・=です・=ね）は、文の成分をつくるときにはたらく文法的な形態素である。「歩く」「たのしい」「研究する」「本当に」は、語彙的な単語であると理解できるが（さらにいえば、文法的な語形のひとつでもある）、「山が」と「お花を」は、語彙的な単語である「山-」「お花-」に属する1語形である。これは、「歩こう」や「歩け」や「歩いて」が、「歩く」の1語形であり、「たのしく」や「たのしかった」や「たのしければ」が、「たのしい」の1語形であるというのにひとしい。「山が」「お花を」は、名詞の曲用形であり、「歩こう」「歩け」「歩いて」が動詞の活用形、「たのしく」「たのしかった」「たのしければ」が形容詞の活用形としてとらえられる、同一の単語の語形変化の現象である。「語」として例示されたものの中に、辞書の見出しに相当する語彙的な単語（語彙素 =lexeme）と、その単語がとる文法的な語形（単語形式 =grammatical form）とが混在しているのである。単語が文の中でとる実現形としての文法的な語形と、さまざまな文法的な語形を統一する語彙的な単語とは厳密に区別しなければならない。品詞論の対象は、語彙的な単語である。なお、感動詞や接続詞などの不変化詞にあっては、語彙的な単語と文法的な語形とは形の上で一致し、差がみとめられない。語基という用語は、曖昧性をもつので、曲用や活用における単語にあっては、変化しない部分を語幹、変化する部分を語尾と言い分けた方がすっきりする。わたしは、そのように使い分けている（村木新次郎（1991））。そうすることによって、語彙論上の問題と文法論上の問題が区別される。たとえば、「サボる」は、派生語として語構成の点では、sabo-ru と分析され、「語基＋接（尾）辞」であるが、文法的な語形のうえでは、sabor-u と分析され、「語幹＋語尾」となる。すなわち、語基と接辞は、語構成を問題にし、語幹と語尾は、文法的な語形を問題にしているのである。両者は区別されなければならない。

　さて、野村氏のあげた「表　字音複合語基の分類」の指標になっている11の項目のうち、「-スル」「-シイ」「-□」「□-」の4項目は、合成語を構成する語基を問題にしている。これらの4項目は、当該の語基が単語内部にかかわるがゆえに、文法的な語形以前の問題である。それ以外の7項目は、単語の文法的な語形にかかわっている。これらの、4項目と7項目とは、性質の異なるものとして峻別しなければならない。そして、もし純粋に語形だけを問うなら、「事物類」に所属する N_1, NA 型の「語基」は「-ノ」「-ニ」「-ト」などの接続をゆるすはずである。たとえば、「世界のどこか」「世界に知れ渡る」など。同様に、「動態類」に所属する V_1, VA, VAN に所属する「語基」は、表では空欄になっているが、「-ノ」や「-ニ」に接続しうる。また、「様態類」に所属する A_1, A_2, A_3 の「語基」の多くは、表では空欄になっているが、「-ニ」に接続しうる。要するに、表は、純粋に語形を問題にしているのではないということである。

　野村氏のしめした表は、「-ガ・-ヲ」に接続するものはN型、「-スル」に接続するものはV型、「-ダ・-ナ」に接続するものはA型、「-シイ」に接続するものは A_4 型、「-タル」「-φ」（表では、-■）「-ニ」「-ト」に接続するものはM型であることをしめしたいようである。ただし、「-φ」（表では、-■）「-ニ」「-ト」の接続は、あらかじめ「副用類」であることを前提にし

ているようにみえる。なお、「-ノ」は、VA型、A型の一部、M型の一部に接続している。「-ノ」は、ほかにも N_1、NA、V_1 や V_2 の一部にも接続するはずであるが、この判定にも、「様態類」「副用類」が前提になっているようにみうけられる。分類にあたって、前提はあらかじめ明示しておかなければならないものである。単語の品詞性を問題にするうえで、統語論的な特性を品詞分類の基本におく立場からは、「人間の問題」と「緊急の問題」は、単に「-ノ」の接続という形態上の問題をこえて、「〜の」が後続の名詞に対して、どのような統語論的な機能をはたしているかを問う必要がある。あとでふれるが、「人間の問題」と「緊急の問題」は、前者が関係規定であり、後者が属性規定であるという異なる統語論的な機能がみとめられるのである。

　わたしが前稿（村木新次郎（2004b））で指摘したように、名詞・形容詞・副詞にあっては、文法的な語形が複数の品詞にまたがって共通することもあるため、語形だけでは品詞の決定ができない場合がある。すなわち、名詞は、「-が／-を／-に／-と／-の／（時間や数量をあらわす単語では、）-φ」などの格語尾をしたがえるところに、第二形容詞は「-な／-に」、第三形容詞は、「-の／-に」といった活用語尾をしたがえるところに、副詞は「-φ／-に／-と」といった語末の形式をとるところに、それぞれの形態的な特徴がある。そこには、複数の品詞にまたがる品詞間にいくつかの共通する語形が存在する。各品詞に固有の語形といえば、名詞における「-が／-を」と第二形容詞における「-な」ぐらいである。「-に」「-と」「-φ」の形式で名詞と副詞が一致するし、「-の」の形式で名詞と第三形容詞が一致する。「-に」という語形にいたっては、名詞・形容詞・副詞のいずれの可能性もある。「-に」は、名詞の格語尾、形容詞の活用語尾、副詞の語末にあらわれる形式である。「（客に／緊急に／直に）　対応する」を例にとれば、「客に」は名詞、「緊急に」は形容詞、「直に」は副詞ということになる。

　品詞の区別には、統語論的な機能が優位することが想起されるのである。文法的な語形は統語論から独立したものではない。文中でのその単語の役割である統語論的機能は、すべての単語がこれに関与することから、この統語論的機能こそが品詞分類に際して、もっとも有効にはたらく基準といえるのである。そもそも形態論的な現象というのは、統語論的な機能にもとづいてうまれたものである。当該の単語が文の成分として、目的語か修飾語か、

連体修飾をうけるか連用修飾をうけるかといった点を考慮してはじめて文法性を問うことになり、そこで品詞の判別が可能となるのである。たとえば、「あなたの親切に感謝する。」の「親切に」は「あなたの」という連体修飾をうけ、みずからは、述語である「感謝する」の目的語(補語)としての役割をはたしているから名詞に属し、「非常に親切に教えてくれた。」の「親切に」は「非常に」という連用修飾をうけ、みずからは、述語である「教えてくれた」の修飾語としての役割をはたしているから形容詞であるというふうに。「-の」の形式で連体修飾をするものは、関係規定をする名詞と属性規定をする形容詞に区別される[1](村木新次郎(2000))。ちなみに、関係規定は「だれの/なにの/どこの」といった疑問形に対応し、属性規定は「どんな」という疑問形に対応する。また、「-に」や「-で」や「-と」で連用修飾するものは、広義の目的語になる名詞的成分と、修飾語になる副詞的成分とに区分される。文中での機能による文の成分と、単語の文法的な性質の集約である品詞とは単純には一致しないのである。さらに、広義の目的語か修飾語かといった区別がつねに鮮明であるという保証もない。つまり、品詞間の形態論上のかさなりは、各品詞が排他的に他と明確に区別されるのではなく、相互にかさなりあうことを意味するのであろう。境界線は、ときに不安定であり、はっきりと見分けがつけにくいこともありうる。ある品詞と他の品詞の異なりは、非連続的というより連続的であるといえるのである。

6. 野村氏の論文名は「現代漢語の品詞性」であるが、品詞についての概念規定がどこにもみあたらない。野村氏が最終的にしめした結果は、わたしには、N＝名詞、V＝動詞、A＝形容詞、M＝副詞と読みとれるのであるが、そのようなことはどこにも明記されていない。野村氏によると、字音複合語基は、体言として一括され、それは用言、形容言、副用言などと同一の位置にあるという。体言の下位概念として「事物類(N)」「動態類(V)」「様態類(A)」「副用類(M)」が区別される。この分類には、野村氏自身が言及しているように、意味と文法の基準が混在している。つまり、以下のような姿をとる。

```
体言 ────────┬──── 事物類(N)
用言        ├──── 動態類(V)
形容言      ├──── 様態類(A)
副用言      └──── 副用類(M)
```

　体言の下位分類は、事物類・動態類・様態類という意味による命名と、副用類という機能による命名が同列に並んでいる。意味と機能という異なる基準が、同一のレベルに並ぶのは、好ましい分類とはいえないであろう。

7. 野村氏の論文に対するわたしの評価は次のようにまとめられる。
（1）品詞性を問うのに、単語ではなく、「語基」を対象にしている。
（2）語構成と語形との混同がみられる。語彙素と文法的な語形とは区別しなければならない。品詞は、文法的な語形を統一する語彙素を対象にしなければならない。
（3）品詞をどのようにとらえるかが明示されていない。どのような基準によって品詞の分類がなされるのかが不鮮明である。
（4）最終的にしめされた分類には、意味と機能との異なる基準が交錯している。

8. 以下に、わたしの立場から漢語語彙の品詞性をとりあげる。品詞分類にあたっての、わたしの基本的な立場を列記する。
（1）品詞は、単語の文法的な特徴にもとづく単語の分類である。単語の文法的な特徴をささえているのは、単語の語彙的な意味である。
（2）単語の認定をめぐっては、さまざまな見解がある。わたしは、単語というものを、典型的には固有の語彙的意味をもち、それがある文法的な形式（語形）をとって、文の部分となる性質をそなえた言語形式であるとみる。伝統的な日本語文法（いわゆる学校文法）の「助詞」や「助動詞」の多くは語彙的意味を欠き、それ自身が文の部分になれないという点から、単語としての性質をそなえていないことになる。これらは、いずれも名詞や動詞など主要な品詞に属する単語の文法形式をつくるための付属辞で、単語に従属する形式である。単語は、少なくとも統語論的に、あるいは統語論的にも形態論的にも

形づけられている最小の意味上の単位であると定義される。
(3) 語の文法的な特徴は、統語論的な特徴と形態論的な特徴からなるが、前者は後者より優位にある。統語的な特徴はすべての単語にそなわっているが、形態論的な特徴はそうではない。すなわち、単語にあって、統語論的な特徴は義務的であるのに対して、形態論的な特徴は任意的である。ただし、日本語の品詞にあって、語形変化の体系をもつ名詞（名詞の曲用も語形変化の1つとみなす）・動詞・形容詞の場合は、単語が統語論的にも形態論的にも形づけられている。名詞・動詞・形容詞は、多くの単語をメンバーとし、またつねにあたらしい単語をつくりだしていくという性質をそなえた主要な品詞である。それに対して、接続詞・後置詞・陳述副詞・感動詞は不変化詞であり、形態論的に形づけをうけず、統語論的にのみ形づけられている。それぞれの品詞のメンバーは相対的に少数であり、主要な品詞が特殊化してできたものも多く、周辺的補助的な品詞であるといえる。副詞は、典型的には修飾語になるという単機能であり、語形変化の体系を欠いているが、統語論的にも形態論的にも例外をかかえていて、さまざまなタイプの単語を所属させる複雑な品詞である。副詞に所属する単語は少数ではなく、主要な品詞にもくわえられてよい性質をもっている。副詞は、品詞論上、もっとも問題をふくんだ単語群である。
(4) 現代日本語の漢語語彙は、名詞に所属する単語が多いことは事実であるが、名詞だけではなく、名詞以外の多くの品詞に所属している。**9.** に、そのことをしるす。

9. 以下にわたしの考える漢語語彙の品詞分類を提示する。この品詞体系は、おおむね鈴木重幸(1972)にしたがっている。すなわち、主要な品詞として、名詞・動詞・形容詞・副詞を立て、文の陳述的な意味を補足する品詞として、接続詞・陳述副詞を立てる。その他に、単語と文が未分化な感動詞と、補助的な品詞として後置詞・コピュラ（むすび）・従属接続詞がある。いわゆる連体詞は連体機能のみをそなえた形容詞の1つのタイプと考える。形容詞（とりわけ属性形容詞）の主要なはたらきは、規定用法であるとみなすか

らである。鈴木重幸(1972)で第二形容詞の変種とされているものを、本稿では連体・連用・述語の用法によって「-の／-に／-だ」と活用する第三形容詞としている。この第三形容詞に属する単語は、かなりの数にのぼり、とりわけ漢語に多い。さらに辞書には立項されにくい合成語をつくる生産力をそなえている(村木新次郎(2002d))。第三形容詞をつくる漢語系の派生辞が多く存在することも明らかになってきた。漢語は、以上にあげたいずれの品詞にも、多かれ少なかれ、座を占めているのである。

　　主要な品詞：名詞、動詞、形容詞(連体詞をふくむ)、副詞
　　文の陳述的な意味を補足する品詞：接続詞、陳述副詞
　　補助的な品詞：後置詞、コピュラ、従属接続詞
　　文＝単語である品詞：感動詞

　以下に各品詞の統語的機能と形態的特徴を記述し、それぞれの品詞に所属する語例をしめす(前稿と重複する部分が多いが、補充・修正をくわえている)。名詞・動詞・形容詞のような主要な品詞は多機能である。名詞と動詞については主機能のみをとりあげる。名詞は曲用の、動詞と形容詞は活用の語形変化をそなえている。名詞と形容詞については、語幹のみを、動詞については、便宜上 –Ru 形式(基本形)を、しるす。名詞、動詞、第二形容詞に所属する単語は多数にのぼるので、ごくわずかの語例をしめすにとどめる。

名詞

　機能　主語や目的語になりうる。
　形態　格の体系をもつ。「-が」「-を」の格助辞をしたがえることで代表させる。
例：王、客、僕、先生、陸、学校、病院、建築、家庭、法律、新聞、性格、
　　精神、過去、現在、未来、目的、百、二十匹、五千枚、……
　日本語の中で、漢語は名詞であることが多い。しかし、一般に辞書類で名詞とされている漢語の中には、名詞に特徴的な格の体系をもたないものが多くふくまれている。ここで提示する品詞分類では、これまで名詞あつかいされてきた相当数の単語が、(第三)形容詞に所属する。それらは、格の体系を

欠いていて、主語や目的語になれないからである(形容詞の項を参照)。

　動詞と狭義の形容詞(第一形容詞)の語形上の拘束にくらべて、名詞はとりはずしの自由な(格)助辞をしたがえることによって、名詞のもっとも重要な文法的機能である格のはたらきをしめすことができる。漢語の多くは、その意味の如何にかかわらず、具体的な対象も抽象的なものごとも、形態上の拘束のゆるやかな名詞のなかまとして文法的な範疇化をうけることが多い。

[動詞]

　機能　述語になる。

　形態　テンス、アスペクト、ムード、接続などのカテゴリーにもとづく活用の体系をもつ。〈状態性〉の意味をもつ単語には、アスペクトのカテゴリーを欠くものがある。「-する」「-す」「-る」「-む」などをしたがえ、「-Ru/Ta」のパラダイム(テンス)をもつことで、動詞の活用のカテゴリーを代表させる。

　例：案内する、参加する、愛する、訳す、愚痴る、皮肉る、力む、目論む、……

　「案内」「参加」「建設」などの単語は、新聞の見出しや記事の中で、「京都を案内。」「大勢の外国人も参加。」「文化会館を新たに建設。」といったふうに、名詞の格支配の能力を発揮し、述語機能をそなえた動詞として用いられることがある。これも動詞の1つのタイプで、無活用動詞とみなす。無活用動詞は、松下大三郎の命名である(松下大三郎(1928))。このタイプの動詞は、語形変化をせず、したがってテンスやムードのカテゴリーをもたない。

　「京都の案内をひきうけた。」「オリンピックの参加を決めた。」「文化会館の建設を急ぐ。」といった「案内」「参加」「建設」は、それぞれ連体修飾をうけ、対格という格形式をしたがえてもちいられていて、名詞である。「案内」「参加」「建設」といった漢語は、名詞と動詞の2品詞を兼務しているといわなければならない。

　以下に、いくつかの無活用動詞の実例をしめしておく。例文(1)の「亡命」は「ナイジェリアに」という「に格」の名詞を、例文(2)の「逃走」は「南へ」という「へ格」の名詞を、例文(3)の「結婚」は「オランダ人女性と」という「と格」の名詞を支配しながら、述語として機能している。

(1) 6月から続いた和平交渉を受けてテーラー氏は今月11日に辞任して
ナイジェリアに亡命。　　　　　　　　　　　　（毎日新聞 03.08.19）
(2) 車は山本さんをボンネット上に乗せたまま南へ逃走。
　　　　　　　　　　　　　　　　　　　　　　（毎日新聞 03.10.04）
(3) 大学卒業後、欧州留学し、現地でオランダ人女性と結婚。
　　　　　　　　　　　　　　　　　　　　　　（毎日新聞 04.02.14）

形容詞

　機能　典型的な形容詞は、規定用法・述語用法・修飾用法の3つを備えているが、それらのいずれかを欠くものも多く存在する。

　形態　テンス、ムード、接続などのカテゴリーにもとづく活用の体系をもつ。活用のタイプによって、以下の3タイプがある。第二形容詞と第三形容詞は規定用法で語形が異なる。また、両方の語形をとる単語がある。「四角い／四角な」のように第一形容詞と第二形容詞のあいだで語形がゆれるものもあるが、この種の例は限られている。規定用法のみをもつグループ（いわゆる連体詞）もここに所属させる。

第一形容詞：「-い／く」のパラダイムをもつ。

例：四角、福々し、毒々し、騒々し、仰々し、美々し、皮肉っぽ、愚痴っぽ、幼稚っぽ、学者らし、未練がまし、催促がまし、面目な、如才な、……

第二形容詞：「-な（／に）／だ」のパラダイムをもつ。

例：曖昧、安心、安全、陰気、陰険、異様、臆病、穏和、頑固、頑丈、完全、簡単、寛容、危険、気丈、几帳面、奇妙、器用、急、軽率、下品、元気、謙虚、堅実、健康、高価、強情、困難、残酷、残忍、残念、質素、自由、重大、十分／充分、純粋、順調、消極的、上手、上品、丈夫、真剣、深刻、親切、慎重、心配、正確、清潔、誠実、正常、正当、積極的、率直、素朴、損、退屈、大切、短気、単純、丁寧、的確、適当、得意、熱心、反対、必要、敏捷、不気味、複雑、不思議、普通、不便、平凡、便利、豊富、本気、本当、満足、無駄、憂鬱、優秀、有名、愉快、陽気、乱暴、立派、流暢、冷静、腕白、……

第三形容詞：「-の／に／だ」のパラダイムをもつ（「-に／だ」のいずれかが欠けていることもある）。ただし、名詞の格のパラダイムである「-が」「-

第 5 章　漢語の品詞性を問う　89

を」をしたがえないこと、連体修飾をうけないことを条件とする(村木新次郎(2000))。

例：一騎当千、一再、一緒、一斉、一定、一般、一本、有頂天、永遠、永久、永劫、永世、応分、皆無、画一、隔月、隔日、隔週、隔年、各様、間一髪、官営、環状、乾式、間接、官選、官撰、官有、既知、球状、狭義、共同、協同、極度、久遠、軍用、軽度、県営、言外、堅忍不抜、故意、広域、公営、広角、広義、恒久、交互、恍惚、高次、公式、恒常、公設、公選、公定、公有、国営、極上、国選、国有、硬調、広範囲、極内、極秘、個別、戸別、最強、最近、最高、左記、作中、傘下、三流、市営、私営、直(ジキ)、直々、至近、事後、至純、私設、私選、湿式、実地、実物大、自筆、四分六、私有、市有、真(シン)、真紅、数次、数度、縦横、縦横無尽、週刊、周知、重度、出色、旬刊、順不同、上質、上々、少壮、尚早、常任、常緑、乗用、初期、初等、真性、新選、隋一、随所、水生、早計、相互、層状、即席、即座、第一、第二、第三、代々、多額、多元、多種、多方面、多目的、短時間、単一、短期、単式、短時日、単色、単身、単性、単独、逐条、長足、直接、痛恨、通年、定時、適任、同期、同級、同郷、同好、同慶、同系、同根、等差、同種、同上、同職、同色、同属、同日、同値、同着、同文、同名、同列、都営、特製、特設、途上、咄嗟、内縁、内緒、難攻不落、軟調、二次、二重、二束三文、日用、二様、二流、人別、年少、年長、晩熟、白紙、迫真、抜群、半永久、半開、半壊、番外、非業、必見、必死、必需、必須、必読、不意、不詳、不随、不時、不断、不通、不特定、不慮、別途、別問題、別様、満室、満車、満身、慢性、満席、満杯、満面、未開、未解決、未開拓、未確認、未刊、未完、未見、未収、未習、未就学、未遂、未然、未曾有、未知、未定、未踏、未納、未発、未発表、未聞、民営、民選、無意識、無一物、無一文、無冠、無期、無期限、無実、無人、無上、無断、無痛、無添加、無味、無名、無銘、網状、薬用、油状、浴用、予想外、世々、粒状、臨機、唯一、有意、有害、有蓋、有給、有性、有税、有料、要注意、良性、類似、類同、劣性

このグループに所属する単語には、以上に列挙したもののほかにも次のような合成語が存在する。合成語が多いことが第三形容詞の特徴の１つであ

る。このことは、潜在的に多くの形容詞語彙をもっているということを意味する。以下に、このタイプの合成語をつくる特徴的な形式をあげる。ここで特徴的な形式とよんだものは、第三形容詞をつくる接辞や語基のことである。それらが接辞であるか語基であるかを判定するのはむずかしい。典型的な接辞や語基もあれば、両者の中間的な性質をもったものもある。以下では、その区別を保留したままで、語例をあげることにする。合成語をつくる生産性については、個々の形式により、さまざまである。

「禁-」：禁帯出、禁刺激物
「要-」：要注意、要介護
「没-」：没交渉、没趣味、没常識、没論理
「過-」：過保護、過干渉、過度、過大、過小、過分、過疎
「耐-」：耐火、耐熱、耐震、耐水、耐酸
「在-」：在天、在野、在庁
「有-」：有意、有害、有蓋、有給、有性、有税、有徳、有夫、有婦、有色、有毒、有髪、有料
「合-」：合目的
「-産」：英国産、北海道産、アフリカ産、国産
「-製」：日本製、清国製、自家製、ゴム製、金属製、象牙製、アルミ製、鉄製
「-卒」：大学卒、高校卒、中卒
「既-」：既決、既習、既述、既遂、既成、既製、既設、既存、既知、既定

「高-」：高密度、高収入、高姿勢、高学歴、高濃度、高感度、高徳
「低-」：低開発、低次元、低金利、低コスト
「多-」：多趣味、多方面、多目的、多毛、多血、多産、多難、多額、多忙、多大
「同-」：同方向、同年輩、同意見、同一、同期、同根、同系、同郷、同好、同質、同様、同上、同族、同数、同種
「異-」：異分野、異業種、異質、異形、異例、異色、異類
「別-」：別次元、別問題、別種、別様、別格、別くち
「好-」：好景気、好学

「等-」：等値、等辺
「良-」：良家、良質、良性
「悪-」：悪趣味、悪質、悪性
「急-」：急カーブ、急ごしらえ、急ピッチ
「広-」：広範囲、広域、広角、広義
「重-」：重装備、重度
「軽-」：軽度
「-気味」：興奮気味、憤慨気味、困惑気味、妄想気味、狼狽気味、不眠症気味、時代錯誤気味、かぜ気味、ふとり気味、あせり気味、さがり気味
「-風」：紳士風、大学生風、京都風、純和風、よそいき風、いま風、むかし風、なげやり風、ゴシック風
「-裏」：秘密裏、暗々裏
「-状」：棒状、球状、きり状、くさり状、つぶ状、いた状、ぬの状、クリーム状
「-上」：想像上、一身上、実質上、歴史上、地図上、貿易上、金銭上
「-用」：旅行用、来客用、執務用、広告用、補強用、検査用、男性用、文書用、うりこみ用、めかくし用、デザイン用、浴用、薬用
「-様」：小説様、写真様、みずたま様、もち様、とのさま様、ついたて様
「-中」：走行中、手術中、授業中、起動中、造成中、工事中
「-下」：独裁下、支配下、戒厳令下
「-調」：万葉調、古今調、オリエント調
「-外」：予想外、想定外、期待外、時間外、範囲外
「-流」：中国流、自己流
「-式」：旧式、新式、密封式、左右開閉式、おりたたみ式、ねじ式、アコーディオン式
「-格」：師範格、支配人格、あね御格
「-大」：実物大、等身大、鶏卵大、猫額大、あずき大、はがき大、にぎりこぶし大

「最-」：最新鋭、最先端、最適、最愛、最悪、最新、最古、最良、最強、

最善

「極-」：極上、極悪、極熱、極秘、極ぶと、極ぼそ

「必-」：必携、必見、必殺、必死、必勝、必修、必読

「-放題」：あれ放題、くい放題、し放題

「-専用」：教員専用、高周波専用、こども専用、アパート専用

「-特有」：人魚特有、住宅地特有、運動部員特有

「-満々」：自信満々、意欲満々、やる気満々

「-満点」：効果満点、栄養価満点、サービス満点、ボリューム満点

「-千万」：遺憾千万、迷惑千万、失礼千万、笑止千万、たのしみ千万

「-同様」：おとな同様、よにげ同様

「-同然」：勘当同然、野獣同然、兄弟同然、ただ同然

「-一遍」：正直一遍、無骨一遍、とおり一遍

「一-」：一流、一介、一抹、一縷、一連、一瞬、一時、一定

「-一」：世界一、三国一、おきなわ一、クラス一、ロック界一

「両-」：両びらき

「半-」：半白、半狂乱、半透明、半なき、半びらき

「無-」：無数、無人、無類、無名、無塩、無職、無償、無音、無毒、無上、無限、無念、無断、無痛、無給、無抵抗、無定形、無定見、無所属、無関心、無意識、無収入、無利益、無表情、無期限、無限大、無遅刻無欠勤、無かんがえ、無とどけ

「不-」：不治、不眠、不屈、不肖、不足、不意、不慮、不遇、不服、不動、不審、不帰、不徳、不得策、不評判、不人気、不即不離、不老不死、不老長寿

「未-」：未開、未完、未知、未踏、未到、未処理、未曾有、未公開、未発表、未舗装、未はらい

「非-」：非業、非合法、非公開、非公式

<u>第二形容詞／第三形容詞</u>：規定用法で「-な／-の」のゆれをしめすものがある。

第二形容詞と第三形容詞の両方、つまり、連体の形式にゆれのある単語は多い。「急速な／の　変化」「軽妙洒脱な／の　文章」のような例がそうであ

る。他にも次のような例がある。このゆれをめぐって、さまざまなことが問題になりうるが、ここではその問題に立ちいらない。「～な」と「～の」のゆれについては中山陽介氏による実証的な調査がある（中山陽介(2004)）。

例：哀切、悪質、悪趣味、悪性、安逸、案外、暗愚、安心、安静、安全、安泰、塩梅、意外、遺憾、意気軒昂、違式、異質、異常、意想外、一途、一様、一律、一国、一生懸命、一徹、一杯、一本気、意味不明、異様、異例、淫逸、陰鬱、慇懃無礼、陰性、淫乱、迂愚、胡散、有耶無耶、胡乱、永久不変、依怙地、円転洒脱、臆病、温雅、温暖、隠密、晦渋、快調、快適、該博、皆無、火急、架空、格段、格別、格安、寡言、寡作、寡少、過小、過少、過剰、過多、過大、格好、過度、下等、可能、過敏、過分、過保護、過密、寡黙、寡欲、奸悪、感慨無量、頑強、簡潔、寛厚、肝心、完全無欠、堪能、頑愚、完璧、感無量、寛容、奇奇怪怪、奇警、希少、気丈、気丈夫、奇想天外、奇態、希代、喫緊、詰屈、旧式、急遽、機略縦横、屈強、強健、仰山、強直、巨額、極小、極少、極大、極微、虚弱、虚心坦懐、均一、緊急、均質、僅少、緊切、勤勉、緊要、空虚、偶然、空疎、屈強、愚鈍、愚昧、苦労性、軽少、軽捷、軽躁、軽率、軽佻、警抜、軽便、軽量、稀有、激甚、下作、下司、下賤、潔白、潔癖、下劣、険悪、健脚、健康、健在、健勝、謙譲、喧騒、喧噪、険相、謙遜、健啖、堅調、険難、玄妙、懸命、賢明、険要、顕要、幸運、光栄、高遠、広遠、高価、高額、剛毅、豪気、剛毅木訥、剛健、高直、硬質、巧者、豪奢、強情、好色、広壮、高燥、広大、広大無辺、荒誕、豪胆、巧緻、好調、剛直、好都合、高度、高等、豪宕、合同、広博、幸福、剛腹、公平、豪放磊落、高邁、高名（コウミョウ・コウメイ）、公明、公明正大、剛勇、強欲、広量、古雅、互角、酷悪、極悪、極道、酷薄、極微、孤高、後生楽、古拙、誇大、枯淡、滑稽、孤独、固有、固陋、懇意、困難、最悪、才色兼備、細心、最多、最大、細緻、最低、最適、細微、細密、些細、些少、早急、雑多、残虐、残酷、残忍、惨烈、四角四面、自在、自主、自堕落、入魂、質実、質実剛健、湿潤、実直、実体（ジッテイ）、失当、質朴、失礼、至当、至難、至便、至妙、自明、邪悪、邪曲、弱体、奢侈、洒脱、自由、醜悪、秀逸、十全、周到、十二分、秀抜、十分、周密、重要、秀麗、種々、殊勝、純一、純潔、峻厳、峻険、純粋、純正、純白、純良、淳良、

順良、至要、正気、上機嫌、正直、笑止千万、清浄、上々、上乗、小食、小心、上手、饒舌、上等、冗漫、支離滅裂、熾烈、親愛、新鋭、深遠、深奥、心外、新奇、新規、真剣、森厳、深厚、深刻、真摯、新式、真実、尋常、尋常一様、針小棒大、深甚、真正、神聖、親切、新鮮、神速、迅速、真率、甚大、慎重、深長、神秘、親身、親密、神妙、辛辣、随意、酔狂、推参、垂直、水平、数奇、崇高、枢要、杜撰、杜漏、須要、寸胴、斉一、精一杯、凄艶、静穏、清雅、正規、精強、精巧、精細、凄惨、正式、誠実、静寂、脆弱、静粛、正常、清新、生鮮、凄愴、清爽、正大、贅沢、精緻、精微、静謐、清明、精良、清廉、赤裸々、拙、絶佳、節介、拙速、絶大、絶美、絶妙、絶無、繊巧、専一、全一、僭越、専横、繊細、繊弱、鮮少、専断、粗悪、相応、壮快、爽快、早急、荘厳、早熟、早々、倉卒、相当、蒼白、壮美、爽涼、疎遠、俗、即妙、卒爾、粗放、素朴、粗笨、粗慢、粗野、粗略、疎漏、存外、尊厳、退屈、怠惰、対等、大部、太平、怠慢、大力、多淫、多感、多岐、沢山、卓抜、多芸、多幸、多恨、多才、多事多端、惰弱、多種多様、多趣味、多情、多大、多端、達筆、妥当、多難、多能、多病、多弁、多忙、多様、多量、単一、坦懐、短気、端厳、単純、短小、端正、淡白、短命、短慮、端麗、稚拙、遅鈍、知名、忠義、忠実、中正、中正無私、稠密、忠勇、重畳、長大、暢達、超凡、稠密、澄明、長命、超邁、直、直截、著大、直角、著名、沈鬱、沈毅、珍奇、沈静、沈着、沈痛、陳腐、珍無類、沈勇、通、痛快、痛切、通俗、痛烈、低額、低級、貞潔、低湿、低質、定常、貞節、低俗、低調、適宜、適度、適当、覿面、鉄火、鉄面皮、天衣無縫、典雅、天下泰平、天空海闊、天真爛漫、典麗、獰悪、当意即妙、同一、等価、等質、同質、当世風、当然、同然、同等、唐突、透明、同様、得意、独自、篤実、特殊、特種、独特、特別、特有、徳用、徒爾、篤厚、訥弁、都雅、鈍感、貪欲、内密、難解、難儀、軟質、軟弱、入用、任意、佞姦、能弁、馬鹿、破格、博学、博識、薄弱、博大、莫大、薄幸、抜群、破天荒、破廉恥、繁劇、万全、繁多、反対、万能、卑怯、卑近、卑屈、非合法、非合理、非情、微小、微少、悲壮、皮相、悲痛、必定、必要、非道、皮肉、非人情、非凡、秘密、微妙、美妙、飄逸、病弱、平等、肥沃、非力、貧、貧賤、敏活、品行方正、貧困、貧乏性、敏腕、卑賤、微賤、無愛想、不安、風雅、

第 5 章　漢語の品詞性を問う　95

富貴、風流、不運、不易、浮華、不快、不可解、不覚、不確定、不可欠、不恰好、不可能、不可避、不可分、不羈、不規則、不急、富強、不器用、不行儀、不行状、不行跡、不義理、不器量、不均衡、不謹慎、不遇、複雑、不屈、不敬、不見識、不健全、不孝、不幸、不公平、不合理、無骨、蕪雑、無作法、不思議、不実、不始末、不承、不祥、不肖、不浄、不消化、不承知、不審、不振、不信心、無粋、不正、不整、無勢、不成功、不成績、不摂生、不全、不善、不鮮明、不相応、不足、不遜、不忠、不注意、不調、不調法、不調和、普通、不都合、物理的、不貞、不定、不逞、不定期、不適、不敵、不適当、不適任、不当、不撓、不同、不統一、不道徳、不撓不屈、不透明、不徳、不得意、不徳義、不得策、不特定、不如意、無人、不人情、不能、浮薄、不発、不抜、不備、不必要、不評、不平等、不評判、不憫、不品行、無風流、不服、不変、不勉強、不法、不本意、不満、不満足、不明、不名誉、不滅、不面目、不毛、富裕、不用、不要、不用意、不用心、無頼、不利、不利益、不良、無聊、不料簡、不倫、無礼、不和、文雅、分外、文弱、分相応、平易、平穏、平気、平常、平和、僻遠、別、別個、別懇、別々、変、偏屈、変則、偏頗、辺鄙、扁平、便利、放逸、豊艶、法外、暴虐、傍若無人、芳醇、放縦、豊穣、豊饒、方正、放胆、放漫、豊満、暴慢、豊沃、放埓、豊麗、暴戻、朴直、朴訥、没交渉、没趣味、没常識、本気、凡愚、本式、凡小、凡俗、本当、奔放、凡庸、摩訶不思議、満足、満腹、未完成、未経験、未熟、密、密接、未分化、未練、無愛嬌、無意義、無意味、無益、無縁、無害、無学、無感覚、無関係、無関心、無窮、無教育、無競争、無気力、無垢、無碍、無芸、無限、無効、無根、無才、無策、無作為、無雑、無差別、無残、無慙、無私、無自覚、無慈悲、無趣味、無常、無心、無神経、無尽蔵、無数、無制限、無責任、無双、無駄、無知、無恥、無秩序、夢中、無定見、無抵抗、無敵、無鉄砲、無道、無毒、無頓着、無念、無能、無能力、無比、無表情、無分別、無辺、無法、無謀、無味乾燥、無益、無用、無欲、無理、無理解、無量、無力、無類、明細、明晰、明達、明澄、明哲、明白、明媚、明敏、明々、明々白々、名誉、迷惑、面妖、没義道、役不足、躍起、優位、有意、有為、幽遠、悠遠、有害、悠久、幽玄、有限、幽寂、優柔不断、幽邃、有数、融通無碍、有徳、有毒、有能、有用、優

麗、妖艶、遥遠、幼弱、陽性、幼稚、予想外、余分、磊落、乱雑、乱暴、乱脈、利口、略式、隆盛、流麗、聊爾、良質、両全、慮外、臨機応変、羸弱、冷血、冷厳、冷酷、零細、冷静、劣悪、劣等、廉潔、老獪、老巧、老実、老弱、陋劣、老練、論外

<u>規定用法のみの形容詞</u>：規定的な用法だけをもつ、無活用の形容詞である。語形としては、「-φ」「-なる」「-たる」「-の」がある。「-の」の形式をとるものがもっとも多い。

　形容詞の中で、規定用法しかもたない単語が存在する。いわゆる連体詞に相当する。「約(3キロ)」「翌(6月)」「故(小渕首相)」「各(大学)」「当(銀行)」「本(事務所)」といった語尾なしの形式は、アクセントの独立を考慮すると単語性をそなえていると思われることから、規定用法のみをもつ形容詞とされよう。「全-人類」「前-大統領」「同-教授」における「全」「前」「同」といった形式は接頭辞か自立形式か微妙なところに位置する。

　また、「単なる」「聖なる」「公明正大なる」「堂々たる」「微々たる」のような「-なる」「-たる」をしたがえたものもここに属する。

　ここで特に指摘したいのは、「一介の(研究者)」「一陣の(風)」「一縷の(望み)」「一連の(出来事)」「隔世の(感)」「既成の(事実)」「経常の(収支)」「諸般の(事情)」「浅学の(身)」「達意の(文章)」「厳寒の(北海道)」「飽食の(時代)」などの「-の」をしたがえる単語である。漢語に多く存在し、この他にも次のような語がある。

例：愛好、愛校、愛国、愛唱、愛惜、愛読、愛慕、暗黙、遺愛、育英、異数、一元、一次、一抹、一掬、一臂、異父、異母、有髪、雲泥、遠隔、遠心、厭世、厭戦、遠来、応急、黄金、億兆、億万、恩賜、懐旧、外向、会心、快速、回天、外用、外輪、課外、可逆、学際、各般、可視、仮性、苛性、寡占、過疎、可動、可燃、可変、敢為、官営、汗顔、乾式、官選、官撰、官有、気鋭、既決、機甲、既済、擬似、奇習、既述、既遂、希世、既製、既設、既存、既達、既知、既定、機動、既得、起爆、既発、既報、旧懐、救急、求心、急性、救世、急造、旧来、許多、挙党、巨万、欽定、具眼、虞犯、群小、形而下、形而上、刑余、下下、決河、欠格、決死、月例、県営、現下、建学、建軍、現行、現今、現有、兼用、兼有、好一対、公営、広角、向学、好学、向寒、好奇、恒久、抗菌、航空、後顧、好個、

好古、硬式、後述、向暑、好事、公設、公選、好戦、航続、公定、後天、高踏、合目的、公有、合理、互換、国営、極上、国選、国有、互助、互譲、刻下、渾身、最愛、在朝、在欧、在外、在官、在京、在郷（ザイキョウ・ザイキン）、在勤、在校、在国、在室、在社、在住、在宿、在職、最新、最深、在籍、最短、在中、最長、在庁、在廷、在日、在府、在米、在銘、在野、在留、三叉、三次、市営、私営、至近、至高、至上、史上、私設、私選、次善、事大、漆黒、湿式、自筆、自前、灼熱、這般、射利、主意、私有、市有、週刊、従前、重層、主情、主戦、主知、出色、旬刊、瞬発、自余、消炎、上記、上掲、上質、上述、正真、承前、少壮、尚早、衝天、常套、生得、常任、焦熱、焦眉、常備、正銘、常緑、所演、所見、所載、所持、諸種、所収、諸多、所定、初等、所要、新開、真個、新興、新出、新生、真性、新選、新造、親日、審美、新付、隋一、水生、寸毫、成層、生得、積層、積年、絶海、絶後、絶世、雪白、千鈞、前傾、千尋、全治、先天、全天候、全能、千慮、相恩、壮行、相思、相伝、双頭、曾遊、惻隠、即席、他愛、耐圧、退嬰、耐火、対外、耐寒、耐久、対空、滞空、対校、耐酸、第三、耐食、耐震、対人、耐水、対地、対敵、対内、対日、耐熱、対物、多血、多湿、他動、多難、多面、多毛、単一、単式、単性、担税、逐語、致死、沖天、中等、長蛇、痛恨、通有、通用、適任、伝家、天授、天成、天賦、天与、天来、当、当該、同価、同郷、同好、同工、当歳、同種、同上、同職、同色、同属、同大、同断、等値、同値、同着、同文、等辺、同母、同房、同前、同名、当面、当来、都営、篤信、特設、特定、土着、独歩、内縁、内向、軟式、二次、入魂、入神、二流、年次、年少、年長、能文、拝外、排外、倍旧、拝金、敗残、排他、排日、博雅、莫逆、迫真、八面六臂、抜本、半漁、万鈞、半死、晩熟、万丈、万乗、半白、半睡、半双、反俗、半日、備荒、非常、秘中、必需、必須、畢生、必罰、百錬、瀕死、不壊、不可逆、不可視、不可侵、不可測、不可知、不休、不朽、不虞、不死、不二、不詳、不随、不随意、不生産、不世出、不測、不退転、不知、不沈、不凍、不等、不動、不燃、不文、不偏、不磨、不溶、不労、噴飯、別掲、変成、忘我、報国、亡国、法定、忘年、没我、本然、凡百、満腔、満庭、満天、満都、満堂、未決、未収、未生、未曾有、未知、未踏、未発、未聞、民営、民選、無韻、無煙、無塩、無

蓋、無菌、無血、無産、無実、無尽、無人、無性、無声、無政府、霧中、無痛、無定形、無添加、無二、無任所、無味、無名、無銘、冥々、唯一、有意、有害、有蓋、有期、有機、有給、遊休、有形、有権、有産、有識、有色、有人、有性、有税、有畜、有夫、有料、油性、楽天、陸生、利敵、利尿、両次、良性、両性、両頭、臨海、臨港、臨戦、臨地、類似、累世、累代、類同、屡次、冷暗、例月、歴世、歴戦、歴代、暦年、劣性、裂帛、連日、連夜、恋々、露悪、老残、浪々、和親

　ここに列挙したものの中には、「課外-(授業／活動／サークル)」「可動-(域／式／橋／堰)」「可燃-(性／物／ごみ)」「可変-(式／型／性／幕／装置／空間／機構／表示板)」「疑似-(患者／体験／家族／検査／衛星／汚物／餌)」「既成-(品／服／概念)」「起動-(隊／車／力／性／的／捜査隊／警戒隊)」「急性-(腰痛／心筋梗塞／呼吸器症候群／心不全／脳症)」「国営-(産業／農場)」「耐熱-(鋼／性)」といった合成語をつくる前要素として使用される形式が多く存在する。それらは合成名詞をつくる語基として用いられている。他の語基や接辞に前置し、後続の形式に対して属性規定的に機能しているのである。

　さらに、彭広陸氏の指摘した「愛嬌ある」「魅力ある」「興味ある」「常識ある」「価値ある」「誠意ある」「迫力ある」「勇気ある」「名誉ある」「才能ある」といった形式も、形容詞の１つのタイプとみられる(彭広陸(2002))。これらの中には「魅力ある＝魅力的な」「常識ある＝常識的な」のように、「～的」と交替しうるものがある。さらには、「愛嬌たっぷり」「魅力あふれる」のような合成語(あるいは語結合)も、形容詞に近い形式と考えられる。

[副詞]

　機能　修飾語になる(動詞のしめす運動の様態、形容詞や他の副詞の状態や性質の程度をしめす)。

　形態　語形変化の体系をもたない。語末に「-φ」「-に」「-と」の形式をとる。一部の副詞に「-の」をとるものがある(そのとき、臨時的に規定語のような機能をはたす。ただし、後続の名詞は非実体的なものに限られるので、規定語の典型例ではない)。また、「-だ」「-です」などのコピュラをともない、述語となるものもある。このような連体用法や述語用法をそなえた

単語は、形容詞の性質に近づく。ただし、連体用法では、後続の名詞は非実体的なものに限られる点で、規定語の典型とは言えないし、述語用法では、肯定否定のカテゴリーを欠いているものもみられるので、形容詞とは異なる性質と言うべきであろう。

語末「-φ」をとる例：以後、一時、一生、一瞬、一旦、俄然、過般、元来、急遽、極力、近々、僅々、近時、近来、現在、向後、後来、極(ゴク)、後日、古来、今晩、今夜、再三、最初、最前、在来、昨晩、昨今、再度、暫時、従来、終日、重々、生涯、常時、爾来、四六時中、随時、生後、生来、戦前、戦後、早晩、即、大抵、大概、他日、多年、逐一、逐日、当時、突如、日常、日夜、年中、年々、年来、不日、払暁、平常、平素、没前、毎晩、滅法、明朝、夜来、連年、一切合切、九分九厘、時々刻々、徹頭徹尾、終始一貫

語末「-に」をとる例：暗に、一(イツ)に、厳に、真(シン)に、切に、単に、特に、優に；以前(に)、一概に、一気に、一挙に、一向に、一散に、一斉(に)、一堂に、言下に、直々(に)、次第に、実際(に)、縦横に、如実に、徐々に、即刻(に)、即座に、途端に、無性に、余計(に)、異口同音に、一心不乱(に)、一朝一夕に、一目瞭然(に)、開口一番(に)、急転直下(に)、再三再四(に)、自由自在(に)

語末「-と」をとる例：頑と(して)、恬と、突と、杳と、牢と(して)、凛と(して)、刻々(と)、懇々と、粛々と、随分(と)、淡々と、着々と、転々と、点々と、堂々と、悠々と、楽々と、颯爽と、敢然と、毅然と、公然と、整然と、截然と、泰然と、漠然と、平然と、呆然と、冷然と、唯々諾々と、意気揚々と、音吐朗々と、眼光炯々と、孤影悄然と、虎視眈々と、小心翼々と、余裕綽々と、縷々綿々と

語末「-に」も語末「-で」もとる例：一遍に／で、応急に／で、隔日に／で、隔年に／で、各般に／で、虚心に／で、実物大に／で、順調に／で、上機嫌に／で、必死に／で、本気に／で、慢性に／で、無表情に／で、無作為に／で、一本調子に／で、虚心坦懐に／で、天真爛漫に／で、得意満面に／で、用意周到に／で

[陳述副詞]
　機能　文の陳述性にかかわる。
　形態　特定の形式はない。副詞と同じく、「-φ」「-に」「-で」の語末をもつもののほか、「-は」「-にも」をしたがえるもの、「-ながら」の形式をとるもの、動詞の中止形「-して」と同形のものがある。
例：全然、皆目、毛頭、寸分、到底、所詮(は)、結局(は)、畢竟、無論、勿論、当然、万一、是非、多分、大抵(は)、大概(は)、元来(は)、本来(は)、一体(に)、別段、格別、金輪際、一体全体、妙に、別に、現に、絶対(に)、一向(に)、一概に(は)、案外(に)、感心に(も)、奇特にも、残念にも、無念にも、迂闊にも、意外にも、心外にも、不覚にも、卑怯にも、頑固にも、幸運にも、不幸にも、親切にも、不当にも、皮肉にも、大胆にも、不思議に(も)、不本意にも、不用意にも、非常識にも、道理で、実は、本当は、要は、遺憾ながら、残念ながら、簡単ながら、僭越ながら、失礼ながら、不憫ながら、不本意ながら、不承不承ながら、要するに、決して、断じて、総じて、概して

[後置詞]
　機能　単独では文の部分になれず、名詞の格の形(およびその他の品詞に属する単語の名詞相当の形式)とくみあわさって、その名詞(および名詞相当)の他の単語に対する関係をあらわす。
　形態　動詞の中止形と一致するものと、名詞の一語形と一致するものがある。もとの動詞や名詞の性質を部分的にとどめている。
例：介し(て)、関し(て)、際し(て)、対し(て)、通じ(て)、一緒(に)

[接続詞]
　機能　独立語で、前の文をうけたり、2つ以上の単語間の関係をあらわしたりする。
　形態　特定の形式はない。「一方で」「他方で」のように、「-で」をともなうことがある。
例：兼、対、乃至、一方(で)、他方(で)、以来、以上、以下、爾来

> 従属接続詞

　機能　文相当の形式をうけて、後続の(主)文に接続する。

　形態　特定の形式はない。「一方で」「途中で」「際に」「節に」「途端に」「最中に」「拍子に」のように、「-で」や「-に」をともなうことがある。

例：以上、以来、一方(で)、際(に)、段、節(に)、条、途端(に)、途中(で)、
　　最中(に)、拍子(に)、結果

> 感動詞

　機能　つねに独立語として用いられる。単語と文が未分化である。

　形態　特別の形式はない。接辞や語尾などをとることはない。「万歳」「畜生」のように名詞と共通するもの、「失敬」「失礼」など合成動詞の語基部分と共通するものがある。

例：喝、南無三、嗚呼、万歳、畜生、失敬、失礼、拝啓、前略、敬具、頓首、
　　妄言多謝

「拝啓」「前略」「敬具」「頓首」などは手紙という文体的な位相に制限された独立語である。

10.　次に、漢語における品詞の兼務についてふれる。

　日本語では、名詞・動詞・形容詞において、広義の語形変化がみとめられる。

　漢語の部分を語幹(動詞と第一形容詞の場合は、合成語をつくる語基)とし、語尾や派生辞をともなって、いくつかの品詞にわたる性質を品詞の兼務と呼ぶとすれば、日本語の漢語には、複数の品詞を兼務する例が多いといえる。この事実は、中国語に多くみとめられる多品詞性(兼類)の特徴を日本語の中に持ち込んでいるとみてよいであろう。和語では品詞間の転成にはたらくさまざまな派生辞がある。たとえば、語根「高(たか)-」「広(ひろ)-」は、以下のように、さまざまな接尾辞や語尾をしたがえたり、語根をくりかえしたりして、いくつもの単語となって、それぞれの品詞に属する。主要な品詞では、それぞれ固有の形態論的なカテゴリーにもとづく単語形式をそなえている。

たか-	-い	ひろ-	-い	形容詞
	-さ		-さ	名詞
	-まる		-まる／がる	(自)動詞
	-める		-める／げる	(他)動詞
	-だか		-びろ	副詞

　このような共通の語根を有するさまざまな品詞への分化は、固有語の和語に典型的であるけれども、借用語としての漢語には十分におよんでいない。漢語の場合に主としてもちいられるのは、動詞をつくる「-する」と形容詞をつくる「-的」である。

　なお、漢語にも、形容詞から名詞を派生させる「-さ」が適用される例がある。「騒々し-さ」「快適-さ」「軽快-さ」がそうである。しかし、以下の実例にみるように、「-φ」と「-さ」で、名詞としての用法がゆれている例も多いといえる。「公明正大-」「寛容-」は、例文(4)(7)にみるように第二形容詞の性質をもつが、例文(5)(8)では「公明正大さ-」「寛容さ-」という名詞形が、例文(6)(9)では「公明正大-」「寛容-」という名詞形がみとめられる。「-さ」の存在するものとしないものの2つの名詞形が競合しているのである。

(4)　初会合で本部長の麻生渡知事は「公務員の原点に返り、県民に信頼される公明正大な行政の仕組みに変えるよう、全庁挙げて取り組みたい」とあいさつした。　　　　　　　　　　　（佐賀新聞97.03.15）

(5)　呂選手は「現在は自分自身の公明正大さを信じて気分を変えるよう努めている」と明るく話し、一九九六年のアトランタ五輪に出場する意欲を表明した。　　　　　　　　　　　　（佐賀新聞94.01.20）

(6)　明正暗奇とは公明正大を前面に出して威信を伸張する一方、陰では計略をめぐらせ、その陰の力で統治の基盤を固めることだ。

（佐賀新聞96.10.07）

(7)　だが地方独自の公約作りに寛容な自民党に対し、民主党は中央のマニフェストの厳格な維持にこだわっており、両党の姿勢に隔たりがあるようだ。　　　　　　　　　　　　　　　　（毎日新聞03.10.29）

(8)　カナダやアルゼンチンなど欧州系移民の多い国ほど、日系人の自国

意識は高いように思える。それは少数派を受け入れる社会の寛容さと関係するかもしれない。　　　　　　　　　（毎日新聞03.09.30）
(9)　「異なる文化は、受け入れなければいつまでたっても平行線。忍耐と寛容と愛をもって、共に生きることを学びました」
　　　　　　　　　　　　　　　　　　　　　　　（毎日新聞03.10.24）

　漢語には、和語にくらべて、多品詞にわたっていることを、次のような例をもっても、説明することができる。

(10)　首相も首相だが、その軽率を（軽率さを／軽々しさを／＊軽々しいを）そしる批判の不毛さにもウンザリするという雰囲気の中で、20世紀が終わろうとしている。　　　　　　　　（毎日新聞00.12.22）

　漢語の「軽率」と和語の「軽々しい」は、「軽率な／軽々しい（発言）」の例にみるように類義関係をなすが、和語における「軽々しい―軽々しさ」という品詞間の派生関係は、漢語の「軽率な―軽率（／軽率さ）」に対応する。例文(10)の「軽率」は名詞としてもちいられた例である。「軽率」は、派生辞を必要とせず、そのままで形容詞と名詞の双方にはたらくことができる。同様に、漢語の「困難」については、「困難な問題」「困難をきわめる」のように、形容詞と名詞のどちらの使用も可能であるが、和語の「むずかしい」は、形容詞の使用だけで、「＊むずかしいをきわめる」のような使用はできない。

　このような漢語の名詞と形容詞の双方の機能をあわせもつ使用には、表現上、一定の制限があるように思われる。つまり、その名詞的な使用は、ある属性に対する、精神的な活動（「ねらう」「ほこる」「はじる」など）や言語活動（「あばく」「そしる」など）や態度（「よそおう」「さける」など）とむすびつく場合、また、「きわめる」のような程度にかかわる動詞とむすびつく場合に限られるようである。たとえば、以下のような使用である。

　　「最高を　ねらう」「博識を／威容を　ほこる」「浅学を／無知を／無学を　はじる」
　　「無策を　あばく」「軽薄を　そしる」
　　「無関心を／親密を／実直を／平静を／冷静を／誠実を　よそおう」「面倒を　さける」
　　「詳細を／凄惨を／煩雑を／孤高を／華麗を／熾烈を／困窮を／酷烈を

／不親切を／無遠慮を／多忙を　きわめる」

　現代日本語の漢語には、以下のような品詞の兼務がある。
① 　名詞・動詞：愛、益、利、害、面、注、題、参加、研究、調査、信用、自慢、安定、一致、活躍、緊張、緊迫、欠乏、謙遜、興奮、固定、混雑、混濁、困惑、孤立、衰弱、充実、熟練、憔悴、徹底、対立、達観、低迷、独立、努力、発達、繁栄、繁茂、普及、憤慨、憤激、卑下、矛盾、老成、隆盛、湾曲、……
② 　名詞・形容詞：粋、急、危険、健脚、健康、豪華、幸福、孤独、困難、惨烈、自然、癇、自由、純真、親切、神秘、贅沢、尊敬、退屈、多忙、短気、内密、皮肉、不安、不幸、不備、無駄、名誉、迷惑、面倒
③ 　名詞・動詞・形容詞：損、得、楽、苦労、困難、失礼、退屈、心配、感心、難儀、反対、貧乏、不便、不倫、満足、無理、乱暴
④ 　名詞・形容詞・副詞：格別、特別、普通、沢山、大概、大抵、偶然
⑤ 　形容詞・副詞：案外、結構、十分、絶対、相当、実際、折角、大概、大変、沢山、当然、特別、突然、普通、余計
⑥ 　副詞・名詞：全体、大概、実際、絶対、一生、午後、後日、最初、終日、当時、……
⑦ 　副詞・動詞：一緒、齷齪、終始、当面、急転直下、交互
⑧ 　名詞・感動詞：畜生、万歳、失敬、失礼

11.　最後に、属性概念をもつ漢語の臨時的な名詞使用をとりあげる。

　形容詞に所属する単語の意味的な特徴を統一するのは属性概念である。**10.** でとりあげた「公明正大」「寛容」「軽率」には、主語や目的語としての使用に、「-さ／φ」のゆれがみとめられた。漢語の(第二／第三)形容詞は、しばしば和語においては一般的な形容詞を名詞化する際に適用される手続き(「-さ／-の／-こと」などの付加)をへないで、そのままのかたちで、名詞としてふるまうのである。それらの使用は「公明正大な様子」「寛容な様子」「軽率であること」という属性概念の対象化とも呼んでよいものである。一種のメタ言語的な使用とみとめられる[2]。前項では、形容詞に所属する漢語が、そのままの語形に格語尾をしたがえて、臨時的に名詞としてふるまうことを

指摘した。「丈夫がとりえだ。」「高級、低級は志次第だ。」といった例における「丈夫」「高級」「低級」の使用である。これも「丈夫（であること）」「高級／低級（であるもの）」を指し、ここでいう属性概念の対象化である。「丈夫」や「高級」は、10. でとりあげた名詞と形容詞を兼務する「自由」「健康」「困難」などとは異なるものである。名詞としての使用が、あくまでも臨時的なのである。

このような、形容詞による臨時的な名詞使用は、ある条件のもとでおこりやすいということが指摘できる。

属性概念のメタ言語的な使用は、かきことばにおいて、引用符をもって明示化されることがある。たとえば、次の例文(11)～(14)がそうである。「画一」「過分」「愚鈍」「誠実」のような単語は、一般に名詞として使用しにくいのであるが、対象化メタ化されてもちいられたものと考えられる。しかし、引用符の使用は、かならずしも義務的ではない。引用符は、そのような対象化をかきことばにおいて顕在化させたものとみることができる。

(11) さらに、「画一」に関しては、子供たちは、同じかばんを持たされ、同じ制服で、体操着で生活をすることが強いられていますよね。
（産経新聞 95.07.02）

(12) 建て替えは、管理や所有権などを定めた区分所有法に基づき、補修に「過分の費用」がかかる場合で住人の5分の4以上の賛成があれば可能だ。しかし、「過分」についての具体的な規定はなく、業者によって補修の算定に差が出ることもある。
（朝日新聞 01.12.26）

(13) 利発で男前、喧嘩（けんか）も強くてカッコイイ栄二。さぶはといえば誠実なだけで「愚鈍」を絵に描いたような若者だ。
（読売新聞 01.09.30）

(14) 膠着（こうちゃく）状態が続く拉致問題で、北朝鮮がまた、帰国した拉致被害者五人に対し"誠実"を装った不誠実な対応を見せた。
（産経新聞 03.12.17）

さらに、属性概念の対象化は、2つ以上の形式が列挙されるときにおこりやすいことが指摘できる。他の、同様の形容詞に所属する単語、あるいは名詞に所属する単語が等位構造を形成するときである。広義の列挙を、ここでは、(a)並列、(b)対比にわけて例示する。

まず、(a)並列の例をあげる。
(15) 生け花は静謐と華やかさを併せ持つ。　　　（毎日新聞 02.11.11）
(16) コミカルな部分が強調されて、恍惚と悲しみといった感情を期待すると肩透かし。　　　（毎日新聞 02.11.15）
(17) 北太平洋地域の気候には「十年スケール変動」と呼ばれるリズムがあり、ほぼ十周年期で温暖と寒冷の時期を繰り返す。
　　　（産経新聞 03.11.18）
(18) 「既遂や未遂にかかわらず、婦女暴行は悪質事件に間違いない。身柄を引き渡してもらう罪だと解釈しているんだが……」
　　　（毎日新聞 02.12.06）
(19) ごみの分別はせず、可燃も不燃もゴミはゴミ。　（佐賀新聞 03.03.19）
(20) 座禅や修行、読経という求心的な心身合一の他方で、ロックの爆発的陶酔の遠心的で拡散的な自己表現を知覚する主人公、浄念は、乱調し、分裂するままを生き、求心と遠心の自己の統一を肯定するのであるが、私はここに、現代の若者が、宗教的希求をもちながら、他方で全存在的な音楽による自己発現を考える象徴的なドラマが描かれているように思った。　　　（産経新聞 01.11.19）
(21) 東洋医学でも南瓜（ナンカ）と呼んで、内服、外用の両方に広く利用します。　　　（産経新聞 00.08.15）
(22) 「虚偽と無思慮と欺瞞（ぎまん）と愚昧（ぐまい）、浮気と不純と無慈悲とは、生まれながらに備えたる、マスコミの持てる悪徳なり」
　　　（毎日新聞 92.12.24）

　例文(15)における「静謐」の名詞用法は、後続の「華やかさ」と等位構造を形成している。「静謐」の普通の使用は形容詞としてである。また、例文(16)における「恍惚」は後続の名詞「悲しみ」と等位構造を形成している。「恍惚」の一般的な使用は、（第三）形容詞としてである。
　また、例文(18)の「既遂」「未遂」、例文(19)の「可燃」「不燃」、例文(20)の「求心」「遠心」といった形式は、もっぱら合成語をつくる、いわば擬似語基で、それ自体、単独では使いにくい形式である。それが、類似するものと並べられるときに、単独用法が許されるのである。単独で単語として独立しにくい形式が、列挙するという条件のもとで、臨時的に単語として、名詞

的に使用されるのである。列挙の例として、「〜から〜へ」という起点と着点をあらわす構造をもつものがある。例文(23)がそうである。

(23) 時代は量より質の重視、<u>均質</u>から多様化へと変わっている。
(毎日新聞 01.04.02)

次に、(b)対比の例をあげる。

(24) <u>私選</u>に比べ<u>国選</u>の報酬が非常に少ないなど制度の問題もある。
(毎日新聞 03.02.09)

(25) 「その貧しい<u>極小</u>に、世界のなんらかの構造という<u>極大</u>は映るかもしれない」
(産経新聞 93.05.01)

例文(25)では、「その貧しい極小に」「世界のなんらかの構造という極大は」というふうに「極小」「極大」が連体修飾をうけるという名詞固有の特徴までそなえている。

これらの使用から、次のような比較をあらわす文にも、こうしたことがおこることが想起される。しかし、この用法は、漢語にかぎったものではない。

(26) <u>小</u>より<u>大</u>が好ましい。

(27) <u>真紅</u>(の方)が好きです。

例文(26)における「小」「大」のような語基成分、例文(27)における「真紅」のような単語は属性概念をあらわすが、ここでは対象化されて、臨時的に名詞としてもちいられている。「好ましい」「好きだ」「いい」といった、評価の意味をともなうモーダルな述語をもつ文によくあらわれる現象である。

12. 漢語の多品詞性や臨時的な品詞のスライドは、日本語の漢語の品詞性が不安定であることを意味する。その理由としては、中国語の特徴である単語の多品詞性(中国語学では「兼類」とよばれる)を日本語の中にもちこんでいるためでもあり、日本人の漢語使用にばらつきがあるためでもあると考えられる。

ところで、辞書における漢語の文法情報をみてみると、その記述内容は貧弱であるといわざるをえない。これは、漢語の実際の使用が把握されていない(把握されにくい)ことを反映しているとみることができる。

日本語の漢語にしばしばみられるこのような現象は、中国語の文法構造と

それにもとづく品詞体系をあわせて考察する必要があるとおもわれる。中国語では、動詞も形容詞も、名詞化の手続きをへないで、そのまま主語・目的語になれるという性質があり、この現象をどうとらえるかは、中国語文法におけるひとつの大きな課題なのである。

13. 本章は、漢語・漢字研究の第一人者である野村雅昭氏のとく「現代漢語の品詞性」に対するわたしの見解をしめし、わたしが考える日本語における漢語の品詞論を提示したものである。あわせて、わたしの立場からの漢語語彙の品詞分類をしめした。日本語の漢語は従来から体言としてとらえられる傾向があった（たとえば、浜田敦（1963））。それは、ある範囲内では、正しいとおもう。しかし、実際の使用を観察すると、文の中で、さまざまな機能をはたしていて、多様である。漢語は、日本語の文法体系の中で、そのままの形で、あるいは、なんらかの手直しをうけて、ほとんどの品詞に定着しているといえる。また、漢語には、統語上の使用においてもゆれがめだち、かつ形態上のゆれも大きい。漢語のこうした文法上の不安定さは、日本語の語彙体系の中での特徴であるといえる。漢語の文法的特性の精密な記述は困難であった。データベースの利用が容易になった今日、漢語語彙の実態を調査する必要を感じる。そうした調査結果が規範性をになう辞書に反映されるべきである。あわせて、日本語の品詞体系のみなおしがもとめられるであろう。

注

1　属性規定をする名詞もわずかながら存在する。「(淡い)紫色のブラウス」「木の机」など。
2　ここでいうメタ言語的な使用とよぶものは、「言語表現について論ずるのに使う使用」をいう。たとえば、次の（ⅰ）（ⅱ）は、そのような例である。
　　（ⅰ）「形容詞」も「副詞」も、名詞である。
　　（ⅱ）「和語」は漢語である。
　例文（ⅰ）では、内容のうえでは、「形容詞」は形容詞であり、「副詞」は副詞であって、矛盾する文である。しかし、「形容詞」という単語や「副詞」という単語は、(品詞上

は）名詞であると理解すれば、正しい文である。例文（ⅱ）の内容も、矛盾する側面と、そうでない側面をあわせもった文である。和語という単語は、（語種を問題にすれば）漢語である、と理解すれば、正しい文である。（ⅰ）や（ⅱ）の文の内容が正しいと理解するときの「形容詞」、「副詞」、「和語」の用法をメタ言語的な使用とみる。引用を明示する「　」の存在は義務的ではない。こうしたメタ言語的な使用は、さまざまなタイプの単語や単語以外の諸形式をまとめて、文の主語や目的語などに使用することができる。結果として、名詞なみにあつかわれるわけである。次の（ⅲ）～（ⅵ）の例もメタ言語的な使用と考えられる。

（ⅲ）　飲む・打つ・買うは男の3道楽だ。
（ⅳ）　彼の「困った」は、相手が困ったという意味だよ。
（ⅴ）　「らしい」ではだめで、ちゃんとした証拠が必要なんだ。
（ⅵ）　役人のいう「前向きに善処する」は、なにもしないことだ。

例文（ⅲ）における「飲む・打つ・買う」は、動詞の基本形で「酒を飲むこと」「ばくちを打つこと」「女を買うこと」といった名詞相当の役割をはたしている。「会うは別れのはじまり」「負けるが勝ち」「言わぬが花」といった成句・ことわざの類には、動詞の基本形がそのまま名詞相当として使用される。例文（ⅳ）の「困った」は、「困った、ということば（発言）」をさしている。例文（ⅴ）の「らしい」は、「～らしい、という（断定ではなく）推定であること」を意味し、例文（ⅵ）の「前向きに善処する」は、その発言（内容）を意味している。このように、非名詞成分を名詞のように使用することができる。

第6章　四字熟語の品詞性を問う

1. 四字熟語の品詞性

　どの単語も、その言語の文法体系にしたがって、なんらかの品詞に所属する。品詞とは文法的な特徴にもとづく単語の分類であり、したがって同じ品詞の単語にあっては文法的な特徴が共通しているということになる。文法的な特徴は、統語論的な特徴と形態論的な特徴に大きく二分される。形態論的な特徴は、一般に統語論的な特徴に対応していて、統語論に従属している。当該の単語の文中でのはたらきこそ、文法的特徴の中心部分であり、品詞分類の決め手となるべきものである。品詞の分類は、単語の統語的な機能にもとづくものでなければならないことを確認しておきたい。

　本章では、いわゆる四字熟語を対象にして、それらの品詞性を問題にしてみようとするものである。四字熟語を収めた辞書類は数多いが、意味・類語・出典・用例などの項目はあるものの、文法的な情報が施されているものはほとんどない。『四字熟語の読本』(小学館)には、使い方の項目があり、すべての語彙項目についてではないが、次のような記述がある。この本には、

　　気宇壮大：「気宇壮大な(に・だ)」などで用いる。
　　天空海闊：「天空海闊な(に・の)」などの形でも用いる。
　　古色蒼然：下に「たる」「として」などを伴った形で用いる。
　　刻苦勉励：下に「する」を伴い、動詞的に用いる。

といった説明があって、四字熟語をあつかった本としては、文法上の特徴を記した例外的なものである。しかし、このような四字熟語の品詞性を正面から問題にしているものはないように思われる。

　四字熟語のような形式は、文法上の情報が不要なのであろうか。ある形式

が名詞として、文の補語（あるいは主語や目的語）として使えるのかどうかが、いつもはっきりしているわけではない。また、後続の名詞にかかっていく、規定用法の形式も、「〜な」なのか「〜の」なのか判断にまようこともある。現に、はじめにふれたように、部分的にではあるが、使い方と称する、当該の語句がとる語形をしめしているものがあり、それが四字熟語を使用するにあたって、必要不可欠な情報であることがわかる。われわれは、四字熟語の意味をしっていても、その用法をしらなければ、言語活動に使えないのであるが、それは一般の単語とておなじである。こうして、四字熟語についても、その辞書類に文法的な特徴である品詞をしるしておくことは必要なことだといえる。

2. 四字熟語は単語か、句か

　四字熟語の品詞性を問題にしようとするのであるが、品詞は単語の文法的な分類であるから、まず最初に、四字熟語の単語性を問う必要がある。

　「驚天動地」「侃侃諤諤」「興味津津」「天涯孤独」「正体不明」といった四字熟語は単語なのか、それとも単語のくみあわせからなる句なのかという問いからはじめることにする。単語と句の違いは、形式的には部分と全体の関係であるが、単語が社会的にあたえられたものであるのに対して、典型的な句は、話し手や書き手が個人的に、言語活動の場でつくりだすものであるという点で相互に異なる性質をそなえた単位なのである。つまり、単語はつくられたものであるのに対して、句はつくりだすものであるという点で、両者には違いがある。単語には所与性が、句には創造性という特徴があるのである。しかし、そうした単語と句の特徴は典型的なものにいえることで、単語にも句にも例外が存在する。

　単語は、基本的にはできあいのものとして、われわれにあたえられている単位で、原則として個人が勝手につくりだすことができないという性質をそなえている。ただし、単語の中には臨時的な合成語というのがあって、それは句と同じように、その都度、言語活動の場でつくられるものである。たとえば、「飲み比べる」「遊び疲れる」「咲き始める」といった合成動詞は一般の句と同じように、言語活動の場で要素を組み合わせたもので、あらかじめ

あたえられたものでない。同じ合成動詞であっても、「思い出す」「繰り返す」「ふりかえる」といった単語の場合には要素に分割もしにくいうえ、全体で1つの意味をになっていると意識される。これらは固定的な合成動詞として、臨時的な合成語と区別される。つまり、合成語の中には、その場で創造される臨時的な合成語と、できあいの固定的な合成語とがみとめられるのである。しかし、臨時的な合成語と固定的な合成語とは、つねに判然と区別されるものではない。

　句は、話し手や書き手の責任で、その時その場で創造される性質をもつものであるが、慣用句の場合には、そうではなく、既成のもの、すなわちすでにあたえられているという性質があり、これは単語の性質と共通する。つまり、慣用句は外形上は句であるが、実質は単語であるという矛盾したものである。所与性・既製品性を特徴とする単語の中にも、臨時的な合成語にはそれがなく、また、創造性を特徴とする句の中にも、慣用句にはそれがないというように、単語にも句にも典型的なものとそうでないものとがみとめられるのである。

　それでは、さきにあげた「驚天動地」「侃侃諤諤」「興味津津」「天涯孤独」「正体不明」などは、単語であろうか、それとも句なのであろうか。

　単語は、一般に、語彙項目として辞書に登録されるという性質をそなえている。さきにあげたいくつかの四字熟語が辞書に見だし語として登録されているか否かは、実際まちまちである。次の五語について、岩波国語辞典第五版、集英社国語辞典第二版、現代国語例解辞典第二版の3つの辞典にあたってみたところ、次のような結果が得られた。

	岩波	集英社	現代国語
驚天動地	有	有	有
侃侃諤諤	有	有	有
興味津津	無	有	無
天涯孤独	無	有	無
正体不明	無	無	無

「驚天動地」と「侃侃諤諤」はどの辞書にも見出し語としてあがっている。

また、「正体不明」はどの辞書でも見出しにあげていない。「興味津津」と「天涯孤独」は岩波と現代国語ではないが、集英社では、小見だしとして立項されている。

次に、これらの四字熟語を構成している要素が見だし語として立項されているか否かを調べると以下のとおりである。

	岩波	集英社	現代国語
驚天	無	無	無
動地	無	無	無
侃侃	無	無	無
諤諤	有	有	有
興味	有	有	有
津津	有	有	有
天涯	有	有	有
孤独	有	有	有
正体	有	有	有
不明	有	有	有

いずれの辞書も同一のあつかいで、立項されているものとそうでないものがはっきり分かれている。ここで、辞書の見だし語として登録されているということが単語性を保証すると理解するならば、四字熟語全体が見だし語としてあがっている「驚天動地」と「侃侃諤諤」は単語であるといえるし、また、四字熟語を構成している要素がそれぞれ見だし語としてあがっている「興味津津」「天涯孤独」「正体不明」は単語のくみあわせ、すなわち句としての性質がつよいといえるであろうか。しかし、辞書にもとづいて、そのような判断をくだすには問題があると思われる。

四字熟語全体が単語であるとした「驚天動地」の場合は、どちらの要素(「驚天」と「動地」)も見だし語にあがってはいないが、「侃侃諤諤」の場合は、「諤諤」のみあがっているという点で違いがみとめられる。しかし、「諤諤」の用法は「侃侃諤諤」と「喧喧諤諤」に限られ、「諤諤」の独立用法もなさそうで、「諤諤」は実は単語ではなく、形態素とみるのが妥当であろう。

また、ある形式の要素が単語性をもっているからといって、全体が句であるという保証はない。たしかに、「興味」「孤独」「正体」「不明」といった形式は、自立的な用法をそなえた形式で、「正体不明」は「正体が不明」といったふうに分離可能なことからも、句の性質をみることができる。一方で、「正体不明の　車／人物／廃棄物」といった用法にみられる「正体不明」は、「驚天動地の　事態／新兵器／体験」における「驚天動地」と同じように、ひとまとまりとして単語性をもっているように理解できる。「春」も「風」も名詞に属する単語であるが、それらを要素としてくみあわせた「春風」が名詞に属する1つの単語であるように、「正体不明」も1つの単語であるとみなすことができよう。一般に、合成語や慣用句には、単語としての性質と句としての性質とが混在しているものである。合成語も慣用句も、外形上は句のようであっても、むすびつきの固定性、意味上の要素への非分割性、既製品性などの点で、単語のもつ本質的な特徴と一致するとき、全体で単語に相当するとみなされるべきものである。四字熟語についても、要素が単語性をもっているから全体が単語のくみあわせ、すなわち句ということにはならない。なお、四字熟語の中には、むすびつきの固定性に多少のゆらぎがあるものがみられる。たとえば、「驚天動地」の周辺に「撼天動地」「驚天駭地」「震天動地」といった形式があり、また、「無病息災」と「息災無病」、「不撓不屈」と「不屈不撓」といった前要素と後要素がいれかわる形式も存在する。

3. 四字熟語の品詞分類

　以下は、四字熟語の一部を、その用例にもとづいて品詞に分類したものである。ただし、あきらかに名詞であるもの、「～する」が後置して、動詞として用いられるものは、数例をしめすにとどめ、それら以外の特徴をもつものに注目していることをお断りしておく。とりわけ、もっぱら連体（規定的）用法で用いられるものと副詞的用法で用いられるものに注目してリストアップしている。参考にしたのは、次の4つの辞典類にあがっている用例である。

　　尚学図書・言語研究所編『四字熟語の読本』(小学館) 1988 年
　　三省堂編修所編『三省堂ポケット四字熟語辞典』(三省堂) 2000 年
　　学研辞典編集部編『新版用例でわかる四字熟語辞典』(学習研究社) 2001 年

狩野直禎監修『すぐに役立つ四字熟語辞典』(日本文芸社)1997 年

分類の基準としたのは、以下の項目である。
(1) 「〜が」「〜を」などの形式で、主語や目的語など補語として用いられているものを**名詞**とする。
(2) 「〜な」の形式で、連体修飾語として用いられ、後続の名詞に属性規定をしているものを、**形容詞(な)**とする。いわゆる形容動詞と一致する。
(3) 「〜の」の形式で、連体修飾語として用いられ、後続の名詞に属性規定をしているものを、**形容詞(の)**とする。これらは、名詞に特徴的な格の体系をもたないゆえに、名詞ではなく、形容詞と位置づける(村木新次郎(2000))。
(4) 「〜φ」「〜に」「〜で」「〜と」の形式で、連用修飾語として用いられ、格の体系を欠くものを、副詞とする。それぞれ、**副詞(φ)、副詞(に)、副詞(で)、副詞(と)**と表示する。ここに属する単語には、「〜の」の形式で、連体修飾語として用いられるものがある。
(5) 「〜する」の形式で、動詞として用いられるものを、**動詞**とする。
(6) 「〜たる」「〜とする」「〜としている」の形式は考慮しない。

名詞
　悪衣悪食(―を恥じる)　悪因悪果(―をひるがえす)　悪口雑言(―を聞く)　安心立命(―を得る)　安寧秩序(―を保つ)　暗雲低迷(―から抜け出す)　異国情緒(―があふれる街／―に憧れる)　一部始終(―を調べる)　一網打尽(―にする／―にされる)　帷幄之臣(―を見ぬく)　………

形容詞(な)／名詞
　厚顔無恥(―な政治家)(彼の―にあきれる)　剛毅果断(―な性格)(社長の―が我が社を救う)　豪華絢爛(―な披露宴)(―を闇に隠す)　自由無碍(―な行動)(―を満喫する)　清廉潔白(―な政治家)(―を信じる)　無理無体(―な要求)(部長の―がエスカレートする)　謹厳実直(―な仕事ぶり)(―をモットーとする)

形容詞(の)／動詞
　四通八達(―の大都市)(道は―する)　一目瞭然(―の事実)(―する)　蛙鳴蟬噪(―の会議)(―する)

形容詞(な)／形容詞(の)／名詞
　牽強付会(―な主張)(―の説)(―をする)　荒唐無稽(―な思いこみ)(―の話)(神話の子供だましの―を指摘する)　無知蒙昧(―な奴)(―のやから)(自分の―を棚にあげる)

形容詞(な)／形容詞(の)
　意気軒昂(―な若手社員)(―の感)　意味不明(―な文字)(―の暗号文)　永久不変(―なもの)(―の美)　円転滑脱(―な男)(―の様子)　活剝生呑(―な性格)(―の小説)　完全無欠(―な芸能音痴)(―の状態)　剛毅木訥(―な人間)(―の民)　機略縦横(―な対応)(―の頭脳)　四角四面(―な対応)(―の性格)　質実剛健(―な気風)(―の精神)　笑止千万(―なこと)(―の話)　支離滅裂(―な考え)(―の話)　尋常一様(―なもの)(―の方法)　多種多様(―なニーズ)(―の生き方)　大中至正(―な人物)(―の判断)　中正無私(―な人柄)(―の人物)　福徳円満(―な家庭)(―の相)　明明白白(―な背理)(―の事実)　有耶無耶(―な態度)(―の状態)　融通無碍(―な人柄)(―の発想)　広大無辺(―な長江)(―の中国大陸)　円転滑脱(―な人間)(―の男)　活殺自在(―な取り引き)(―の模範政治)　頑固一徹(―な性格)(―の老人)　奇奇怪怪(―な難事件)(―のできごと)　奇想天外(―なトリック)(―のもの)　極悪非道(―な虐圧)(―のボス)　光風霽月(―な人柄)(―の趣き)　自由闊達(―な生き方)(―の境地)　豪放磊落(―な性格)(―の性)　純一無雑(―な湧き水)(―の人間)　純真無垢(―な子供たち)(―の魂)　針小棒大(―な宣伝文句)(―の新聞の報道)　八面玲瓏(―な心の持ち主)(―の才弁)　皮相浅薄(―な理念)(―のもの)　優柔不断(―な態度)(―の男)　杓子定規(―な人間)(―の議論)

形容詞(な)
　意志薄弱(―な人間)　意味深長(―な発言)　一所懸命(―な姿)　因循姑息

（一対処）　温厚篤実（一な人柄）　眼中無人（一な性格）　喜色満面（一な表情）　旗幟鮮明（一な人物）　気宇壮大（一な人物）　詰屈聱牙（一な評論）　虚心坦懐（一な人柄）　軽薄短小（一な人間）　軽妙洒脱（一なスピーチ）　軽佻浮薄（一な行動）　公平無私（一な報道記事）　公明正大（一な人物）　斬新奇抜（一なアイデア）　志操堅固（一な研究）　自由奔放（一な性格）　種種雑多（一な品々）　重厚長大（一なソファー）　迅速果断（一な対処）　多事多難（一なスタート）　多情多感（一な思春期）　大胆不敵（一な強盗）　単純明快（一なやり方）　中途半端（一な仕事）　直截簡明（一な報告）　沈着冷静（一な判断）　天真爛漫（一な少女）　風光明媚（一な故郷の山々）　複雑多岐（一な問題）　傍若無人（一なふるまい）　無味乾燥（一な案内）　無欲恬淡（一な人）　明朗闊達（一な性格）　勇猛果敢（一な挑戦）　有名無実（一な力量）　用意周到（一な調査）　傲岸不遜（一な態度）　傲慢無礼（一な人間）　慇懃無礼（一な態度）

形容詞（の）

　旭日昇天（一の出世）　意気衝天（一の勢い）　遺憾千万（一の出来事）　一顧傾城（一の美女）　一触即発（一の危機）　一心不乱（一の入場行進）　一知半解（一の知識）　一望千里（一の麦畑）　稲麻竹葦（一の顔ぶれ）　夏炉冬扇（一の援助）　海千山千（一の連中）　海内無双（一の豪傑）　外柔内剛（一のしっかり者）　隔靴掻痒（一の思い）　侃侃諤諤（一の議論）　危機一髪（一の状況）　気炎万丈（一の盛り上がり）　気息奄奄（一の状態）　虚虚実実（一の駆け引き）　虚無恬淡（一の境地）　興味津々（一の見どころ）　驚天動地（一の出来事）　玉石混交（一の新入社員）　九腸寸断（一の悲しみ）　空前絶後（一の被害）　桂林一枝（一の好漢）　軽裘肥馬（一の暮らし）　喧喧囂囂（一の非難）　堅忍不抜（一の決意）　謙虚恬淡（一の芸人）　原因不明（一の青痣）　古今独歩（一の建築物）　孤城落日（一の感）　孤立無援（一の立場）　五分五分（一のリスク）　効果覿面（一の新薬）　行雲流水（一の日々）　高山流水（一趣き）　剛勇無双（一の弁慶）　刻舟求剣（一の外交）　国士無双（一の勇者）　三面六臂（一の活躍）　山長水遠（一の彼方）　四角四面（一の性格）　至高無上（一の文化遺産）　至大至剛（一の人物）　雌雄未決（一の両雄）　事実無根（一の噂）　時期尚早（一の投資）　七転八起（一の人生）　芝蘭玉樹（一の誉れ）　車載斗量（一の物資）　酒池肉林（一の大宴会）　十人十色（一の新入社員）　縦横無尽（一の機

動力）　順風満帆（―の航海）　少壮気鋭（―の研究者）　焦眉之急（―の課題）　新進気鋭（―のピアニスト）　進退両難（―の苦しみ）　震天動地（―の大騒ぎ）　人跡未踏（―の原始林）　人面獣心（―の犯罪者）　酔眼朦朧（―の身体）　酔生夢死（―の日々）　正真正銘（―の勇者）　正体不明（―の財団法人）　精金百錬（―の営業部長）　青息吐息（―の状態）　絶体絶命（―の状況下）　千古不易（―の真理）　千載一遇（―の機会）　千紫万紅（―のあでやかさ）　千編一律（―の報告書）　千万無量（―の星）　浅学非才（―の身）　前人未到（―の偉業）　前代未聞（―の不祥事）　相即不離（―の間柄）　多士済々（―の顔ぶれ）　大同小異（―の企画）　知者不惑（―の境地）　地大物博（―の地）　池魚籠鳥（―の生活）　中通外直（―の茎）　中肉中背（―の男）　猪突猛進（―の行動）　丁丁発止（―の渡り合い）　長身痩躯（―のマラソンランナー）　痛快無比（―の批判）　天衣無縫（―の人柄）　天涯孤独（―の身）　天然自然（―の食材）　陶犬瓦鶏（―の管理職）　同工異曲（―の政策）　得意満面（―の笑顔）　内柔外剛（―の性格）　博学多才（―の詩人）　白髪痩躯（―の老人）　半信半疑（―の気持ち）　疲労困憊（―の身体）　眉目秀麗（―の新郎）　表裏一体（―の関係）　不即不離（―の関係）　不撓不屈（―の精神力）　物心両面（―の応援）　平平凡凡（―の人生）　変幻自在（―の変化球）　捧腹絶倒（―のエッセー）　傍若無人（―の限り）　万古不易（―の感動）　無常迅速（―の世の中）　明眸皓歯（―のコンパニオン）　門外不出（―の秘蔵品）　唯一無二（―の親友）　悠悠自適（―の生活）　有形無形（―のいじめ）　有頂天外（―の心地）　融通無碍（―の境地）　容貌魁偉（―の豪傑）　羊質虎皮（―の欠陥住宅）　羊頭狗肉（―の食わせ者）　連日連夜（―の酒宴）　和気藹々（―の談笑）　茫然自失（―の状態）　蜿蜒長蛇（―の列）　訥言敏行（―の人間）　確乎不抜（―の決意）　興味津々（―の体）　光彩陸離の（―の不夜城）　旧態依然の（―の現状）

副詞（φ）

閑話休題（―本題に入ろう）　三三五五（―散らばる）　四六時中（―監視されている）　遮二無二（―勉強する）　生生世世（―受け継がれる）　誠心誠意（―教える）　徹頭徹尾（―やりぬく）

副詞(φ／に)
　一気呵成(―筆を走らせる／―に片付ける)

副詞(φ／で)
　十中八九(―まちがいない／―で現社長の再任だ)　大死一番(―やるだけのことはやろう／―で社長に登場願うしかない)

副詞(φ／の)
　再三再四(―繰り返す／―の警告)　古今東西(―、芸術は人間とともに歩んできた／―のあらゆる珍品)　紫電一閃(―決着がつく／―のうちに)　急転直下(―解決する／―の進展)　心機一転(―気持ちをいれかえる／―の再出発)　電光石火(―実行に移す／―の勢い)　日進月歩(―上達している／―の勢い)　年年歳歳(―変化している／―のこと)

副詞(で)
　一蓮托生(―で行く)　無我夢中(―で仕事にはげむ)

副詞(と)
　意気揚揚(―と凱旋する)　音吐朗々(―と読み上げる)　眼光炯炯(―としている)　孤影悄然(―とひきあげる)　虎視眈々(―と狙う)　唯々諾々(―と従う)　渾然一体(―となる)　縷縷面々(―と語り継がれる)　小心翼翼(―と仕事をする)

副詞(と／の)
　余裕綽々(―と席につく／―の風)

副詞(に)
　異口同音(―に言う)　一心不乱(―に念仏をとなえる)　一朝一夕(―に解決できない)　一目瞭然(―にわかる)　後生大事(―に保管する)　自由自在(―に大空をかけめぐる)　一瀉千里(―に書き上げる)

動詞

　阿諛追従　　意気消沈　　意気阻喪　　意気投合　　一念発起　……

4.　形容詞の範囲

　わたしは、いわゆる形容動詞を、広義の形容詞に所属するというあつかいをしている。それは、従来、形容動詞と呼ばれてきた語群は、狭義の形容詞と活用形態が異なるとはいえ、統語的な機能と意味論的な特徴が共通していて、同じ品詞であると認めるのが正当であると判断するからである。そして、活用が異なるといっても、語形変化の体系は共通している。今日、狭義の形容詞を第一形容詞（イ形容詞）、いわゆる形容動詞を第二形容詞（ナ形容詞）とする考えが一般化している。それにくわえて、筆者は、第三形容詞（ノ形容詞）の存在を提案したい。さきの品詞分類で、**形容詞（の）**としたものは、名詞を特徴づける補語になる機能をもたず、もっぱら「〜の」の形式で、後続の名詞を修飾限定するものである。「―の」は、自立する単語の文の中での存在形式をしめすための広義の接辞で、「高速―の」における「―の」は、「速―い」「迅速―な」における「―い」や「―な」と同種の形式である。第三形容詞には、「横なぐりの（雨）」「無人の（部屋）」「在来の（方式）」「手付かずの（土地）」「がらんどうの（家）」などをはじめ、数多くの単語が属するとみられ（村木新次郎（2000））、1つのグループを構成している。ここでは、そうした単語群の連体用法に注目し、述語用法や副詞的な用法にふれなかった。「驚天動地」「唯一無二」「有形無形」といった四字熟語の使用例を観察すると、「〜の」の用法に限られていて、「ひとかどの（人物）」「無類の（おひとよし）」「一抹の（不安）」「「一介の（研究者）」などと同じく、連体詞もしくは、連体用法のみをそなえた不完全形容詞とするのがよさそうである。ともあれ、四字熟語の中にも、第三形容詞にはいるものが多くみられることを、今回の調査で確認した。

第7章　日本語の名詞のみなおし
―名詞のようで名詞でないもの―

要旨

　日本語の名詞の統語的な特性はいくつかあるが、名詞にとってもっとも主要な役割は主語をふくめ補語になることである。名詞とされているものの中には、名詞ばなれをおこし、後置詞・従属接続詞・助動詞といった、もっぱら文法的な機能をはたす周辺的な品詞に移行した単語がみられる。また、一般には名詞のようにあつかわれているが、名詞の統語的な特性をもたず、形容詞や副詞の特徴をそなえた単語が存在する。本章は、以上のことを実例によってしめした。

　　キーワード：名詞、脱名詞化、周辺的な品詞、品詞論

1. 問題の所在

　日本語の世界では、文法論の問題として、名詞が話題になることが少ない。動詞や形容詞や副詞といった他の品詞に比べて相対的に、そうであるといえよう。では、日本語の名詞は文法的に問題のない品詞であるかというと必ずしもそうではない。品詞の中で構成メンバーのもっとも多いこの名詞には、文法論上、問題の多い単語がたくさん存在していると思われる。文法書や辞書類で名詞とされているものの中に、実は名詞ではないのではないかと思われる単語がけっこう存在するのである。副詞は従来から品詞論のはきだめとかごみ箱とかいわれてきた。しかし、名詞も「ごみ捨て場」のような性質をそなえているのではないかと思われる。さらに、当該の単語が名詞と他

の品詞を兼務(中国語では"兼類")する単語も多く存在している。本章は、そのような単語を指摘し、どの品詞に位置づけたらよいのかを提案しようというものである。あわせて、日本語の品詞体系についても考えなおす必要があることも指摘したい。

　文の構造をとらえるときのわたしの立場は、主要な(＝自立的な)単語を中心におき、もっぱら文法的な役割をはたす助辞や機能語は、主要な単語や単語のむすびつきの文中での存在形式にくわわるものであるとみなす点に特徴がある。伝統的な日本語文法では、自立的な単語と非自立的な単語や形態素を峻別しなかった傾向があり、このことは日本語の文法現象を正当にとらえるうえで負の役割をはたしてきたのではなかろうか。一般に、個別言語の文法現象をとらえるときに、その個別言語の特殊相をみることは当然重要であるけれども、他の言語にも共通する普遍相をもみなければならないと思うのである。個別言語を超えて言語現象をとらえようとする、一般言語学的な視点が必要なのではないか。すなわち、汎言語的な見方が求められると考えるのである。

　品詞には、主要な品詞と周辺的な品詞とがある。主要な品詞には、名詞・動詞・形容詞(形容動詞や連体詞は、形容詞の中にふくめる)・副詞が属し、これらは語彙的な意味と文法的な形式の統一体として文の中に存在している。主要な品詞に属する単語は、基本的には単独で文の成分になれるという特徴をそなえている。それに対して、機能語は、語彙的意味をもたないか、それが稀薄で、単独では文の成分となれず、主要な単語や単語のむすびつきとくみあわさってはじめて文の成分になれるという点で、補助的な役目をになう単語であるといえる。本章でかかわりをもつ機能語として、後置詞・従属接続詞・助動詞がある。後置詞は名詞の、従属接続詞は文相当(＝節、直接には述語)の、助動詞は述語になる動詞などの、それぞれ文法的な形式をつくる補助的な単語であると位置づける。

2. 名詞とは何か

　日本語の名詞は、中国語の名詞と違って、格の体系をもっている。たとえば、「先生」という名詞は、文の中では普通「先生が」「先生を」「先生に」「先

生から」といったふうに格形式をもってあらわれる。「先生-φ」という形式もそうした格形式のひとつと考えなければならない。「先生が」「先生を」などが有標の格形式とするなら、「先生-φ」は無標の形式として位置づけられるであろう。こうした格形式を発達させているのは、名詞が文中で、主語や目的語など（主語・目的語などをまとめて補語と呼ぶことにする）のはたらきをになうためであり、名詞が他の自立的な単語（動詞・形容詞・名詞など）とどのような意味的な関わりをもつかを明示するためである。補語とは、述語となる動詞・形容詞・名詞の対象となるものである。ちなみに、こうした格形式をもたない中国語では、名詞が述語動詞の前にくるか、後にくるかという位置関係に主語と目的語の役割が託されている。そして、それは2つの関係をあらわすだけであるから、きわめて不充分であるといわなければならない。その不足分は前置詞（"介詞"）によって補われることになるのである。

　さて、日本語の名詞は、文の中ではたす機能が多い。すなわち、文中の名詞のはたらきは多機能なのである。しかしながら、さまざまな機能のうち、名詞のはたす主たる機能は、補語になることである。名詞が補語になることと対応して、名詞には名詞固有の格形式という形態論的なてつづきが発達している。「先生-が」「先生-を」「先生-に」などがそれである。この格の体系をもつことが名詞の名詞たる特徴である。名詞は多機能であるとはいえ、格形式をとって補語になることが中心的一次的な機能なのである。それに対して、名詞が述語・規定成分・修飾成分・独立成分・状況成分などになるのは、名詞にとって副次的二次的な機能である（文の成分については、鈴木重幸（1972）、工藤真由美（2002）、高橋太郎ほか（2005）などを参照）。くりかえすが、補語になるのは、名詞以外の品詞にはみられない、名詞固有の機能なのである。動詞や形容詞が補語として使用されるときには、一般に「黙っていることは失礼にあたる。」や「そちらの大きいのをください。」といったふうに、「-こと」や「-の」といった形式をそえて、名詞化のてつづきをとらなければならない。

　つまり、名詞らしい名詞、あるいは典型的な名詞とは、以下の特徴をもつものであると規定できる。

　　① 語彙的意味をもっている。

② 補語になりうる。格の体系をそなえている。
③ 規定成分をうけることができる。

①は単語の意味内容に関わる語彙的な特徴である。一方、②と③は単語の文法的な特徴である。②は補語になるという統語的な機能であり、その機能に対応する格体系をもつという形態的な特徴である。③は規定成分をうけることができるという統語的な特徴である。以上の①②③のすべての特徴をそなえている単語が名詞らしい名詞であり、これらの特徴のいずれかを欠くものは、名詞性をうしなっているといえる。

3. 名詞らしからぬ単語

名詞らしくない単語をとりあげ、整理してみる。

3.1 形式名詞

「こと」「ところ」「もの」「方(ホウ)」といった単語は、実質的な意味がないか、もしくは稀薄である。一般の実質的な語彙的意味をもつ「実質名詞」に対して、「形式名詞」と位置づけられる。すなわち、実質的な語彙的意味の有無によって、それを有する「実質名詞」とそれをもたない、もしくは、それが稀薄な「形式名詞」とが対立する。「実質名詞」と「形式名詞」の違いは、それ自体、文の中で自立する用法をもつ前者に対して、なんらかの規定成分を義務的に必要とする後者という点で、統語論的にも対立するものである。しかし、「形式名詞」は、格の体系をそなえているので、その品詞性を問えば、それは名詞である。たとえば、形式名詞「こと」は例文(1)(2)ではそれぞれ波線部の規定成分をうけ補語として、例文(3)では波線部の規定成分をうけ述語として機能している。「ところ」「もの」「方」にも同じような用法がある。さらに、動詞や形容詞につく「-の」や「-か」は単語性に欠けるが、これらの形式名詞と同様の用法がみられる。

(1) 脱走した少年が自分の意志で戻ってきたことが院長には嬉しかった。 (冬の旅)

(2) 二人はいまも芝生に寝ころんで、めいめい別のことを考えながら雲を見あげていた。 (冬の旅)

(3)　店は厚子だけでもやって行けるだろう、やって行けるにしても、し
　　　かし、たいへんなことだ。　　　　　　　　　　　　　　　（冬の旅）

　もっとも、例文(4)のような「ところで」や例文(5)のような「上で」は、語彙的な意味の変化・語形上の固定化・統語上の機能の点から名詞ばなれを起こしていて、もはや形式名詞ではない。それらは、文法的な品詞である従属接続詞としなければならない。「ところ」や「上」は、名詞としての用法がある一方、他方で、「ところで」や「上（で）」の形式をとり、従属接続詞としての用法がある。

(4)　かりに修一郎と和解したところで、それは表面だけの和解だろう、
　　　本当に父子が打ちとけて語りあうなど、とうてい出来ないだろう、
　　　と理一は考えていた。　　　　　　　　　　　　　　　　（冬の旅）
(5)　僕は会社へ電話して富士田工場長の許可を得た上で、会社の倉庫へ
　　　その夜のうちに運んでもらって預かった。　　　　　　　（黒い雨）

　従属接続詞については、**3.6** でふれる。
　形式名詞の特徴は、以下のように整理することができる。
　① 　語彙的（実質的）意味をもたない。
　② 　補語になりうる。格の体系をそなえている。
　③ 　原則として、規定成分を義務的にうける。

　形式名詞は、①と③の特徴をもつことで、実質名詞と区別される。しかしながら、②は名詞の特徴であるので、特殊な名詞と位置づけられる。

3.2　動詞とみなさなければならないもの

　「案内」「参加」「逃亡」などの単語は、以下の例文(6)〜(8)のように、おもに文末に位置し、述語としてもちいられることがある。これらの用法は、例文(6)における「〜を案内。」、例文(7)における「〜に参加。」、例文(8)における「〜から逃亡。」のように、動詞の統語的な特徴である名詞の（連用）格支配の能力を発揮していて、品詞論上は動詞とみなければならない。松下大三郎は、このような単語を無活用動詞と位置づけた（松下大三郎(1928)）。しかし、これらの単語は、活用のない動詞とするのではなくて、「案内する」「参加する」といった動詞の一語形とみるのがいいであろう。「案内 s–」という語幹から「–s–」が脱落した語形で、例文(6)〜(8)では、いずれも過去

の意味をになっている。新聞の報道記事という文体にささえられているという特殊性を考慮する必要があるが、その限りにおいて、これらの動詞の語形は、ふつう過去を意味していることを指摘することができる。ただし、この語形の文法的意味については考察の余地がある。「案内」「参加」「逃亡」などの単語は、格機能をもった名詞としての用法があり、一方で、動詞としての用法がある。

(6) 同局によると、自動音声は「本日中に連絡をすれば医療費が還付される」と電話番号を案内。　　　　　　　　　　　（毎日07.06.15）

(7) ベトナム軍、カンボジア軍と所属する軍隊を変えながら20歳まで内戦に参加。　　　　　　　　　　　　　　　　　（毎日07.06.28）

(8) 男性は一時、療養所内の拘置所から逃亡。　　（毎日06.08.08）

例文(6)～(8)にもちいられた「案内」「参加」「逃亡」のような単語の特徴は以下のように整理することができる。

① 語彙的意味がある。
② 補語として機能していない。規定成分をうけない。
③ 述語として機能している。（連用）補語をうける。

②は、名詞の統語的な特徴をもたないことを意味する。③は、動詞の統語的な特徴をそなえていることを意味する。すなわち、これらは名詞ではなく、動詞とみなさなければならない。

3.3　形容詞とみなさなければならないもの

「真紅」「抜群」「指折り」のような単語は、一般に辞書では名詞とみなされている。しかし、この種の単語は、実際の言語使用の中で、補語として使用されることがまったくないか、あったとしてもきわめて稀である。多くは、以下のように規定成分として用いられる。

(9) 食べ終わるころには真紅の唐辛子麺を汗だくですすっている情けない図が出来上がる。　　　　　　　　　　　　　（毎日07.02.26）

(10) 抜群の運動神経で、昨夏の甲子園では1年生ながらに遊撃手として攻守に活躍する。　　　　　　　　　　　　　　（毎日07.03.09）

(11) 地方の老舗の鮨（すし）屋の息子が縁故を頼って東京で指折りの鮨屋に修業に入った。　　　　　　　　　　　　　（毎日07.06.06）

これらの単語は、規定用法で「〜の」の形式をとるとはいえ、後続の名詞に対して、「どんな」という疑問詞に対応する属性規定をするという点で、一般に関係規定をする名詞と区別される。名詞の規定用法は、「だれの／なにの／どこの」などの疑問詞と対応し、関係規定となるのが普通である。
　この種の単語は、規定用法にくわえて、述語用法と修飾用法をもつことがある。「ぺちゃんこ-」を例にとると、例文(12)は規定用法の、例文(13)は述語用法の、例文(14)は修飾用法の3つの用法がみられる。当該の単語が格の体系をもたず、規定用法・述語用法・修飾用法をもつという特徴は、形容詞の文法的な性質である。もっとも、すべての形容詞が、これら3つの用法をそなえているわけではない。従来、これらの単語の規定用法が「〜の」の形式をとることによって、このような単語を名詞とみてきたように思われる。これは、単語の形式だけをみて、文中での機能をみなかったことに由来するのであろう。

(12) さすがに交通事故に遭った人を見ることはないが、ぺちゃんこのハトやネコならたまにある。　　　　　　　　　　　（毎日 01.03.01）

(13) その他、空き缶、ペットボトル、レジ袋、タバコの箱、軍手、ミカンの皮、菓子、手袋、タオルなどの生活用品や食べ物までぺちゃんこだ。　　　　　　　　　　　　　　　　　　　（毎日 01.03.01）

(14) 側溝を観察してみると、何度も踏まれたのか、ぺちゃんこにつぶれた空き缶を見かけることが多い。　　　　　　　（毎日 01.11.29）

　このような単語が少なからず存在する。従来は名詞のようにあつかわれてきたが、その文法的特性から判断して、形容詞としなければならない。わたしは、「赤-い」「すばらし-い」の第一形容詞、「真っ赤-な」「優秀-な」の第二形容詞にくわえて「真紅-の」「抜群-の」の第三形容詞とよぶことを提案してきた（村木新次郎(2000)(2002d)など）。
　このような単語は、漢語に多い。「一般-」「一流-」「永遠-」「永久-」「狭義-」「互角-」「極上-」「屈指-」などである。日本語における漢語は、即、名詞と考えられてきた傾向がある。漢語の品詞性を吟味する必要がある。
　また、一方で以下のような合成語に多い。「すし詰め-」「横殴り-」「丸腰-」「底なし-」「汗まみれ-」「血みどろ-」「家族ぐるみ-」「見ず知らず-」「筋金入り-」「ひとりよがり-」など。合成語については、もっぱらその内部構

造に注目され、できあがった全体の文法性については関心がよせられなかった。

これらの単語の特徴は以下のように整理することができる。
- ① 語彙的意味がある。
- ② 補語として用いられない。規定成分をうけない。
- ③ 規定成分・述語成分・修飾成分としてもちいられる。

②は、名詞の特徴をもたないことを意味する。③は形容詞の統語的な特徴である。すなわち、これらの単語は名詞ではなく、形容詞に所属させなければならない。

名詞の語彙的意味はさまざまであり、それを特定することは困難であるが、形容詞のそれは属性である。「真紅」「抜群」「指折り」のような単語をはじめ、ここであげた単語はいずれも実体ではなく属性を意味する。

第三形容詞には、第二形容詞と兼務する単語がある。規定用法で、「〜な」と「〜の」語形をもつものである。「哀切-」「悪質-」「悪趣味-」「悪性-」「安逸-」「案外-」などである。これらは、規定用法で、語形上のゆれが生じているとみられる。

規定用法のみをもつ不完全形容詞も多い。「暗黙の」「一縷の」「一抹の」「遠来の」「画一の」「在来の」「おかかえの」「なけなしの」「ひとかどの」「もよりの」などである。いわゆる連体詞である。一般には、このような連体詞は少ないとされているが、実際はそうではない。規定用法のみをもつ(不完全)形容詞に所属する単語はけっこう多いのである(村木新次郎(2004a))。

また、ある種の名詞が規定成分となるとき、形容詞のような特徴を発揮することがある。規定成分となる名詞は一般に関係規定をするが、例文(15)〜(17)では先行する名詞は後続する名詞に対して属性規定をしている。すなわち、例文(15)の「鋼鉄の」は、鉱物ではなく、〈強固な様子〉を、例文(16)の「がけっぷちの」は、場所ではなく、〈危険な様子〉を、例文(17)の「朝飯前の」は時間ではなく、〈たやすい様子〉をあらわしている。これらは鉱物や場所や時間の意味をうしない、属性の意味として用いられている。いずれも比況性が関与している。「鋼鉄」は〈強固な金属〉から〈強固な様子〉に、「がけっぷち」は〈がけのはしっこ〉から〈危険な様子〉に、「朝飯前」は〈朝食の前の時間〉から〈空腹であってもこなせるほどに簡単な様子〉に、意味

がそれぞれ属性化したのである。これらは、ものや空間や時間の意味をうしなって、特徴を意味している。

(15) 弾より速い鋼鉄の男の大活躍は、CGにうってつけ。
　　　　　　　　　　　　　　　　　　　　　　　　　　　（毎日 06.08.18）
(16) 無所属新人の○○○○氏(46)は宮崎市周辺を選挙カーで回り「がけっぷちの戦い」と支持を訴えた。　　　　　　　　　（毎日 07.01.15）
(17) 演奏家も大層な熱演で「朝飯前の仕事かな」と思っていたら大違いだった(笑い)。　　　　　　　　　　　　　　　　　（毎日 95.06.29）

3.4　副詞とみなさなければならないもの

「即刻」「口々」「かたっぱし」などは、「即刻-φ」「口々に」「かたっぱしから」の語形で修飾成分としてもちいられる単語である。これらは名詞に特徴的な補語になることはない。辞書で名詞とされている（『現代国語例解辞典』(小学館)など）単語に、副詞としなければならないものが多数存在するのである（森下訓子(2006a)(2006b)参照）。

(18) 老師がそれと知ったら激怒せずにいられぬような、そして即刻私を寺から放逐せずには措かぬような、そういう使途を見つけ出さねばならぬ。　　　　　　　　　　　　　　　　　　　　　　（金閣寺）
(19) 都会から転校してきた子が昆虫捕りにいく約束を破ったので、みんなで口々に責め立てました。　　　　　　　　　（毎日 07.06.25）
(20) 対照的にこの著者は明るい外向的な性格のようで、英語熱にうかされるだけの人々をかたっぱしからバカバカ、バカと罵倒（ばとう）しまくる。　　　　　　　　　　　　　　　　　　（毎日 07.06.10）

これらの単語の特徴は以下のように整理することができる。

① 語彙的意味がある。
② 補語としてもちいられない。規定成分をうけない。
③ 修飾成分としてもちいられる。

②は、名詞でないことを意味する。③はこれらの単語が副詞の特徴をそなえていることを意味する。すなわち、これらの単語は副詞に所属させなければならない。

また、ある種の名詞が修飾成分となるとき、副詞のような特徴を発揮する

ことがある。規定成分にみたのと同じく、比況性が関わっている。例文(21)の「山と」は〈(山のように)高々と〉という意味であり、例文(22)の「花と」は〈(花のように)はなやかに／綺麗に／いさぎよく〉という意味である。どちらも名詞に特徴的な実体ではなく、様態を意味している。

(21) 山と積まれた新鮮な菜っ葉、ピチピチしたカレイ、こだわりの豆腐やみそに、手作りギョーザ。　　　　　　　　　　（毎日 06.05.03）
(22) 「自分は敵艦に突っ込み、花と散ります」。そう告げて、大空に消えた。　　　　　　　　　　　　　　　　　　（毎日 06.05.23）

3.5　後置詞とみなさなければならないもの

　後置詞とは、「単独では文の部分とならず、名詞の格の形（およびその他の単語の名詞相当の形式）とくみあわさって、その名詞の他の単語に対する関係をあらわすために発達した補助的な単語」（鈴木重幸（1972））である。後置詞は、支配する名詞とともに後置詞句を作り、全体で文の部分として機能する。日本語の後置詞には、名詞や副詞を起源にもつものと動詞を起源にもつものとがある。名詞を起源にもつ後置詞には、構造からみて、大きく2つのタイプがある。1つは「Nの ｛ため（に）／おかげで／せいで｝」のような形式をもつものであり、他の1つは「Nを ｛前に／頼りに／承知で／先途と｝」のような形式をもつものである。前者は名詞の連体格をうける後置詞であり、後者は名詞の連用格をうける後置詞である。なお、後置詞には、文法化のすすんだものとそうでないものとがある。

3.5.1　連体格支配の後置詞　「Nの　〜」

　このタイプの後置詞については、文法化がすすんだものが多い。鈴木重幸（1972）、村木新次郎（1983a）、花井珠代（2005）で指摘されているものの他にも、例文(23)の「たび（に）」、(24)の「矢先」、(25)の「手前」もこのタイプの後置詞といえるであろう。いずれも波線部の名詞の文中での存在形式をつくる役割をになっている。

(23) その場所では、また地震が起きやすく、地震のたびに何回も岩盤がずれます。　　　　　　　　　　　　　　　　（毎日 95.01.21）
(24) パウエル長官の調停活動の矢先に米大統領報道官がイスラエル軍の

作戦を容認する発言を行った。　　　　　　（毎日 02.04.14）
(25) そうして私は彼女の手前、それ等のものを今でも愛しているように見せかけるのに一種の努力をさえしなければならなかった。
（風立ちぬ）

これらの単語には、以下のような特徴がある。
① 語彙的意味が文法的な意味に近づいている。語彙的意味があるものもあり、それが稀薄なものもある。
② 格の体系をもたない。語形が固定している。
③ 規定成分を義務的にうける。
④ 時間・空間・原因・理由・目的などの状況成分として用いられるものが多い。

②は、名詞の特徴をもたないことを意味する。③は、これらの単語が非自立的な単語であることをしめし、先行する名詞の文中での存在形式をつくる補助的な役割をはたすことを意味し、後置詞の性質をそなえていることを意味する。これらは、すなわち後置詞というべきである。

3.5.2　連用格支配の後置詞　「Nを　〜」「Nと　〜」

このタイプの後置詞については、村木新次郎(1983a)(1983b)にくわしい。これらの後置詞は、1つの補語をうけ、述語のはたらきをしていると考えられる。こうした後置詞句(補語+後置詞)は、時間・空間・原因・理由などをあらわす状況成分をつくることが多いが、補語成分をつくることもある。村木新次郎(1983b)にとりあげられていないものに、例文(26)(27)(28)の「かたわらに」「はずみに／で」「拍子に」などがある。

(26) 衰えを傍らに、一歩一歩大地を踏みしめながら進みはじめた時こそが、真の人生の収穫期となる。　　　　　　　　　　　（朝日 07.02.23）
(27) そもそも昨年の出生数が少なすぎたため、少しばかり持ち直しただけと指摘する専門家は多い。ぬか喜びせず、この明るい兆しをはずみに更なる少子化対策に力をそそぎたいものだ。　　（毎日 06.08.23）
(28) ときおり打ち鳴らされる真鍮の銅鑼を拍子に、音楽のテンポは速まっていき、それにつれ剣の舞はとても素早く入り組んだ動きになり、客はそのリズムに心を奪われ、見事な腕前に心を揺り動かされ、

音楽に合わせて手拍子を打った。　　　　　　　（毎日 96.03.11）
　このタイプに所属するものは、その形式からさらに以下のように区分できる。

3.5.2.1 「Nを　〜に」
「これを契機に」「地中海を舞台に」「聴衆を前に」「何を基準に」「イメージをもとに」などである（具体例は、村木新次郎（1983b）を参照）。このタイプの後置詞には名詞の語彙的意味をとどめているものが比較的多い。形式動詞「する」の中止形「して」が脱落して成立したものが多いからである。

3.5.2.2 「Nを　〜で」
「損を覚悟（のうえ）で」「無理を承知（のうえ）で」などである（具体例は、村木新次郎（1983b）を参照）。このタイプの例は少ない。「〜で」の部分に、精神活動をあらわす動作名詞がきて、モーダルな意味に関与しているのが特徴である。

3.5.2.3 「Nを　〜と」
「ここを先途と」「今を盛りと」などである（具体例は、村木新次郎（1983b）を参照）。時間に関わる状況成分になる。このタイプの例は少ない。

3.5.2.4 「Nと　〜に」
「掛け声とともに」「彼と一緒に」「日本と（は）反対に」「建前と（は）うらはらに」などである。「ともに」と「一緒に」は、〈まとめる〉意味を、「反対に」と「うらはらに」は〈へだてる〉意味をもつ。

　3.5でとりあげた、これらの単語には、以下のような特徴がある。
　① 語彙的意味が文法的意味に近づいているものがある。語彙的意味をとどめているものとそれをうしなったものとが混在している。
　② 格の体系をもたない。語形が固定している。規定成分をうけない。
　③ 述語の役割をはたす。
　④ 単独で文の成分になれない。

⑤　名詞とくみあわさって状況成分をつくることが多い。

②は名詞の特徴をもたないことを意味する。③は（動詞に代表される）用言の特徴をそなえていることをしめす。④は、これらの単語が、先行する名詞の文中での存在形式をつくるための補助的な単語であることを意味する。これらの単語は、④の特徴から後置詞と位置づけるのがよいと考えるが、③の特徴をもつことを特記しておかなければならない。さらに、このタイプの後置詞は、名詞と兼務するものがほとんどであることも重要な特徴である。つまり、さまざまな特徴をあわせもつ単語群というべきなのであろう。名詞の特殊な用法なのか、その用法が後置詞の性質をもつというべきか、さらなる検討を要する。

3.6　従属接続詞とみなさなければならないもの

　現代日本語の中には、連体節（正確には擬似連体節）をうけ、接続詞に相当する機能をはたしている単語が少なからず存在する。たとえば、以下のような「かたわら」や「拍子に」がそれである。このような用法をもつ単語を、擬似連体節をうける従属接続詞と位置づけることにする（村木新次郎（2005a）（2005b））。

(29)　作業場にたてこもって、注文の鳥籠や茶器をつくるかたわら、手ヒマをかけてつくったこの竹人形は、見事な出来栄えといえた。

(雁の寺)

(30)　結願の当日岩殿の前に、二人が法施を手向けていると、山風が木々を煽った拍子に、椿の葉が二枚こぼれて来た。　　　　（羅生門）

もともと、「かたわら」は〈そば／わき〉を「拍子」は〈リズム〉を意味する単語で、品詞論上は名詞に所属する単語である。しかし、例文(29)の「かたわら」や例文(30)の「拍子に」では、その意味も文中の機能も、もとの用法からかけはなれている。例文(29)における「かたわら」は、〈そば／わき〉という空間をさししめす意味ではなく、〈あることをしながら、（さらに他のことをする）〉といった時間的かつ文脈的な意味になっている。また、例文(30)における「拍子に」は〈リズム〉ではなく、〈あることが成立する直後に、（それがきっかけとなって別のことがおこる）〉といった時間的かつ文脈的な意味になっている。

さらに、例文(29)の「かたわら」は、「かたわら-φ」という形式、すなわち格語尾をとらないという形態上の特徴がみとめられる。例文(30)の「拍子に」も、「拍子に」という語形の固定化がみとめられる。そして、双方とも、文相当(例文(29)(30)における波線部)の形式をうけ、あとにつづく主節にかかっていくという接続の機能をはたしている。つまり、「かたわら」も「拍子に」も名詞の格機能を喪失していて、先行する節を後続の節につなぐ機能をはたしている。

　こうして、これらの単語は、意味的には、もとの意味をうしない、文法的には名詞の格機能をうしない、その語形が固定化し、名詞ばなれをおこしている。名詞の性質をうしなうかわりに、先行する文相当の形式をうけ、あとに続く主節に接続するという従属接続詞としての機能を獲得しているのである。「かたわら」も「拍子」も、自立的な単語で中心的な品詞である名詞から、非自立的な単語で、周辺的な品詞である従属接続詞に変化した単語の例といえる。このような単語として、例文(31)〜(34)の「矢先(に)」「以上」「あまり」「くせに」「わりに」などがある。3.1 で、形式名詞ではないとした、「いくら考えたところで、……」や「よく考えたうえ(で)」のような「ところで」や「うえ(で)」は、従属接続詞に属する。

(31) 夫婦があきらめかけた矢先、不妊治療が成功して、ジヌォンが妊娠する。　　　　　　　　　　　　　　　　　　　　　　（毎日 02.06.07）

(32) 加藤は、鍋の中にできた水で飯盒の米をとぎながら、ここが鉱泉である以上、どこか近くに水があるに違いないと思った。　（孤高の人）

(33) だって、あなたは過去にこだわるあまり、「今」ということをお忘れになっていらっしゃるような気がするのでございます。　　（錦繡）

(34) 最初はやたらと甘かったくせに、そのうち皮肉ばかし言うようになり、ぼくの顔を見るだけでもがまんできないなんて言うんだ。

（長距離走）

(35) 木賃宿の主人が迷惑がるのを、文吉が宥め賺して、病人を介抱しているうちに、病気の急劇であったわりに、九郎右衛門の強い体は少い日数で病気に打ち勝った。　　　　　　　　　　　　（山椒太夫）

これらの単語には、以下のような特徴がある。

　① 語彙的意味をもたず、文法的な意味をもっている。

② 格の体系をもたない。語形が固定している。
　③ (擬似)連体節をうける。
　④ 時間・原因・理由・目的などの状況成分としてもちいられる。
　②の特徴は名詞でないことをしめしている。これらの単語は、③の連体節をうけるという名詞の特徴をそなえているものの、名詞に本質的な格の体系を欠くために名詞ではなく、後続の主節に接続する、文法的な品詞である従属接続詞というべきである。

3.7　助動詞とみなさなければならないもの

「一方」「やさき」「最中」などの単語は、動詞の語形をうけ、述語の文法的意味に関与する用法がある。例文(36)の「一方」、(37)の「矢先」、(38)の「最中」がそのような具体例である。これらは助動詞というべきものである。いずれも点線部の動詞をうけ、動詞と一体となって述語形式をつくる単語である。「一方」「矢先」「最中」は、アスペクチュアルな意味に関わっている。ちなみに、「つもり」「予定」「わけ」のような単語は、モーダルな意味に関わっている。

(36) 昼のうちにクラッカーでも買っておけばよかったと後悔したが、こんなことを考えているうちにも腹は空く一方だ。　　　（若き数学）
(37) 「武部(勤)農相に雪印のような事件が他にもあるかないか検査する必要があるんじゃないかと言っていた矢先だ。…」　　（毎日 02.02.28）
(38) 迎えに来た妻が居酒屋の駐車場を間違え、有料駐車場に移動させようとした最中だった。　　　　　　　　　　　　　（毎日 03.10.29）

これらの単語には、以下のような特徴がある。
　① 語彙的意味をもたず、文法的な意味をもっている。
　② 格の体系をもたない。語形が固定している。
　③ 動詞をうけ、全体で述語形式をつくる。
　②の特徴は名詞でないことをしめしている。動詞が述語になるのにくわわって、述語の文法的な意味に関与する。これらは文法的な品詞である助動詞というべきである。

3.8 感動詞とみなさなければならないもの

　ある種の名詞が独立成分として用いられるとき、感動詞の特徴を発揮することがある。感動詞は、他の文の成分と依存関係をもたない独立した成分である。例文(39)の「大統領」は、〈相手(対象)を親しそうに呼びかけることば〉として、例文(40)の「畜生」と例文(41)「おのれ」は、〈相手をののしることば〉として用いられ、もとの意味からおおきくへだたっている。これらは独立成分として機能している。名詞ばなれをおこしていて、感動詞といってよい用法である。ちなみに、例文(42)の「先生」は語彙的意味をとどめている点で、以下の例の「大統領」「畜生」「おのれ」とは異なる。(42)の「先生」は名詞の独立用法(この場合、よびかけ)である。

(39)「一発大逆転を狙って！ヨッ、大統領！」　　　　　（毎日 03.09.27）
(40)「99年末で画廊は閉めるから」って引導渡された訳。絵を1枚も見ずにですよ(その店、今もやっとる)。畜生！　　（毎日 00.03.23）
(41) 深夜、桃太郎姿のハシリューが血走った目で竹刀を振り回す。「おのれ族議員！」「おのれ社民党！」「おのれ！……」。　（毎日 97.12.31）
(42)「先生、さっきは、わたしがよくわからなかったのですか。」

（路傍の石）

これらの単語には、以下のような特徴がある。
　① 語彙的意味がもとの意味から変質している。
　② 格の体系をもたない。語形が「-φ」の形式で、固定している。
　③ 独立成分として使用されている。

②は名詞の特徴を欠いていることを意味する。③は感動詞に特徴的な性質である。これらの単語は、感動詞の用法をもっているといえる。

4. まとめ

　本章では、名詞らしい名詞とはなにかを問い、一般に名詞のようにあつかわれている単語の中に、名詞ではなく、動詞・形容詞・副詞・後置詞・従属接続詞・助動詞・感動詞の特徴をもっているものがあることを指摘した。それらの中には、名詞の用法とそうでない用法をあわせもつという単語もある（兼務"兼類"）。後置詞・従属接続詞・助動詞は、おもに文法的な側面をに

なっている、少数の単語からなる周辺的な品詞である。こうした文法的な品詞には、名詞や動詞など主要な品詞に属する単語から派生したものが多い。つまり脱名詞化や脱動詞化したものである。それらは名詞と文法的な機能が異なるので、名詞と区別し、別の品詞に位置づけなければならない。

出典
『CD-ROM版　新潮文庫の100冊』／『朝日新聞』(朝日新聞データベース「聞蔵」)／『毎日新聞』(毎日新聞総合データベースサービス)

第 2 部　形容詞をめぐる諸問題

第1章　日本語の形容詞―その機能と範囲―[1]

　そう思いながらふと目をあげたとき、改札口の脇の公衆電話のそばに、赤い椿の柄のネクタイを締めた男が立っていることに気がついたのだ。
　……
　真っ赤な椿がよく映っているのも、その男の着ているスーツが、地味な鋼色だからなのだ。……
　そのとき、深紅の椿の男が、ふと顔をほころばせた。……
　　　　　　　　　　（宮部みゆき『地下街の雨』p.8 集英社文庫）

1. 形容詞とはなにか

　形容詞は主要な品詞の1つである。品詞とは、語彙・文法的な特徴によって単語が分類されたものである。主要な品詞には、形容詞のほかに、名詞と動詞と副詞があり、これらの品詞に属する単語は、基本的には語彙的意味と文法的な機能との統一体として文の中に存在している。主要な品詞は多くのメンバーから構成される。一方、周辺的な品詞には、接続詞、後置詞、陳述詞、感動詞、助動詞などが所属し、それらは語彙的意味が欠如しているか、もしくはそれが稀薄で、もっぱら文法的な機能をはたす単語として文の中に存在する。これらの周辺的な品詞はいずれも少数のメンバーからなる。
　日本語に、形容詞という品詞を認める立場もあれば、それを認めない立場もある。形容詞を認める立場にも、その範囲については広狭さまざまである。本章では、日本語に形容詞を認める立場から、形容詞の文中での機能を問い、その範囲にふれ、あわせて他の主要な品詞との異同をあきらかにしよ

うとするものである。

　形容詞に属する単語は、事物の性質・状態や人の感情・感覚などをあらわすものである。これは、形容詞に属する単語の語彙的な側面である。しかし、事物の性質・状態や人の感情・感覚を意味するものがすべて形容詞に所属するというわけではない。「騒音」は〈ウルサイ〉という状態を意味するが、「騒音からのがれる」のように名詞として使用されるし、「痛む」は〈体ニ苦シミヲ感ジル〉という人の感覚をあらわすが、「冷えると腰が痛む」のように動詞として使用される。単語の語彙的意味は、単語の文法性をささえるものではあるが、それを決定づけるものではない。事物の性質・状態や人の感情・感覚を意味する単語の所属先は、典型的には形容詞であるが、状態名詞や状態動詞として、形容詞以外の品詞に所属することもある。品詞の分類に、単語の語彙的意味が関与していることは否めないとしても、品詞の認定には、その単語の文法的な特性を問わなければならない。一般に、単語の文法的な特性には、単語の内部構造を問題にする形態論的な特性と、他の単語や文中でのはたらきを問題にする統語論的な特性とがある。単語の中には、名詞の曲用(＝格変化、補語になることに基づく語形変化の体系)や動詞の活用(述語になることに基づく語形変化の体系)のように、統語論的にも形態論的にも形づけられている品詞もあれば、接続詞や副詞のように、統語論的には形づけられてはいるが、形態論的には形づけられていない品詞もある。単語にとって、統語論的な形づけは義務的であるのに対して、形態論的な形づけは任意的なのである。統語論的な形づけというのは、文の中でどのようなはたらき(主語・述語・規定成分・修飾成分など)をになうのか、文の中でどこに位置するのか、どのような単語をうけるのか、どのような単語にかかるのか、ということである。すなわち、その単語の文中ではたす機能や他の単語との位置関係(語順)や他の単語との依存関係などの総体である。単語の文法的特性においては、統語論的な特性の形態論的な特性に対する優位性が認められる。単語を文法的な特性に基づいて分類するとき、すなわち、品詞の認定にあっては、まずは統語論的な特性を問わなければならないのである(村木新次郎(1996))。

　単語の品詞性を問うとき、意味的な特徴よりも文法的な特徴が重要であること、さらに、文法的特徴のうち、統語論的な特徴が形態論的な特徴にたち

まさることを、あらためて確認しておきたい。

2. 形容詞の機能

　日本語の形容詞には、以下の3つの機能が認められる。
　①　名詞を修飾限定する規定用法（「赤いバラ」）
　②　述語としての用法（「庭のバラは赤い。」）
　③　動詞述語を修飾限定する修飾用法（「庭のバラが赤く咲いた。」）
　ただし、あとでふれるように、形容詞に所属する単語のすべてがこうした3機能をそなえているというわけではない。それらの1つあるいは2つを欠いているものもある。橋本三奈子／青山文啓（1992）と宮島達夫（1993）は、基本的な形容詞について、3つの用法が整っているか否かを調査したものである。橋本らの報告によれば、基本形容詞に限っての話であるが、3用法をすべてそなえているのは、31.4％にすぎないという。
　②の述語になる機能は、文の骨組みを構成する一次成分であり、①の規定用法と③の修飾用法は文の骨組みにかかわらない二次成分である。形容詞は、規定用法では名詞に前置し、修飾用法では動詞に前置する。いずれも後続の名詞や動詞に帰属し依存する。また、形容詞の述語用法は、主語を前提とし、主語が顕在する場合には、主語に後置する。
　これらの特徴のうち、どれを重要とみるかによって、形容詞の本質をめぐる異なる見解が生じる。
　②の「述語になる機能」を形容詞の本質だとみる立場がある。「述語になる機能」は、動詞の主たる機能であり、日本語の形容詞が動詞に近い位置にあることをしめすものである。日本語の形容詞は単独で述語になるという点で、動詞と共通した特徴をもつ。この特徴は、中国語や朝鮮語などとも共通し、英語をはじめとする印欧語とは異なる。日本語の形容詞を類型学的にみると、形容詞が動詞よりであるということは重要な性質である。つとに、山田孝雄（1908）は、西洋語の adjective は名詞を修飾限定するものであるが、日本語の形容詞は単独で述語になる力（陳述の能力）をもつという決定的な相違が両者にあると指摘した。単独で述語になるという特徴から、動詞と形容詞を、「よそい（装）」（富士谷成章）、「用言」（鈴木朖など）としてまとめたり、

松下大三郎のように両者を(さらに、状態副詞をも含め)広義の「動詞」と呼んだりする立場がある。陳述の能力をそなえているという共通性を、重要な特徴とみるのである。形容詞は、確かに動詞との共通点をもつが、動詞がもっている「ヴォイス」「やりもらい」「アスペクト」「対人的なムード(意志法・勧誘法・命令法など)」などのカテゴリーをもたない[2]。形容詞にはテンスがあるといっても、典型的な動詞のそれと同一とはいえない。動詞が時間軸にそって展開していく動的属性の特徴づけを典型とするのに対して、形容詞のそれは、時間とのかかわりが稀薄である静的属性を特徴づけているという違いが認められる。

　形容詞の文中での機能として、「シナリオや小説の会話文などでは、形容詞が述語として機能している場合が圧倒的に多い」との指摘がある(八亀裕美(2008))。Thompson(1988)による、英語や中国語での場合と類似するようである。Thompson は、両言語の自然会話における形容詞の70〜80%が述語用法(英語の場合はコピュラをともなう)で、規定用法は少数であるという。談話における述部に立つ形容詞の機能は、旧情報に属性を付与するものであるという。そして、"… he's a very nice guy" のような nice は、規定用法ではなくて、述語用法であるとみる。日本語の「彼はいい奴だ。」を、形式的に名詞述語文ととらえるよりも、「いい」が述語の核になっていて、文の情報の中心は属性を意味する「いい」にあるので、形容詞述語文の変異体とみたほうがよいのかもしれない。談話の世界では、形容詞は述語として用いられることが多い、と言えそうである。

　一方で、形容詞の最大の特徴を、①の「名詞を修飾限定する機能」にみとめようとする立場がある[3]。印欧語における adjective の第一の機能は名詞を修飾することで、そこに疑いをさしはさむ余地はない。日本語においても、「名詞を修飾限定する機能」が形容詞を他の品詞から区別する特徴であり、この特徴を形容詞のもっとも重要な性質であるとみなす立場である。たとえば、鈴木重幸(1972)がそれで、名詞・動詞・形容詞のような多機能をになう品詞を、主たる機能と副次的な機能とによって、相対的に位置づけている。形容詞の述語になる機能も重要であることを認めたうえでのあつかいである。筆者は、これが正当な品詞認定の姿勢であると考え、鈴木の立場を支持する。仁田義雄は、現代日本語における形容詞の位置づけに言及したと

き、小説を資料に動詞と形容詞の実際の使用分布を調査し、「動詞の中心は述定用法であり、」「形容詞の本領は、やはり名詞を修飾限定する装定用法に在る」としている(仁田義雄(1998))。「名詞を修飾限定する機能」を形容詞のもっとも重要な機能とするなら、「この」「たいした」などの、いわゆる連体詞も形容詞の仲間ということになる。これらは、規定用法専用の特殊な形容詞ということになる。ちなみに、述語用法のみをもつ形容詞が存在するとおもわれる。以下の(1)(2)(3)にみられるような「やまやま-」「初耳-」「もってこい-」である(村木新次郎(2008))。もっとも、形容詞の本命が「名詞を修飾限定する機能」とする立場からは、この種の単語を「形容詞」に位置づけるのは、基本定義に矛盾しているのではあるが。(3')の「もってこい-」は、述語としての使用にくわえて、「怠けるにはもってこいの」全体で、後続の「日和で」に対する規定用法として機能している。ちなみに、(1)の「やまやまだが」と(3)の「もってこいだったので」は、述語としての機能と、後続の節につなげる機能をかねている。

(1) 行ってお吉に会いたいのは<u>やまやまだが</u>、行く勇気がない。

(おどんな日本一)

(2) 「その父が徴兵をきらったということは<u>初耳である</u>。」(二十四の瞳)

(3) しかし暇をつぶすには<u>もってこいだったので</u>、私は端から順番にそのポスターを眺めていった。

(世界の終りとハードボイルド・ワンダーランド)

(3') めずらしく晴れた初冬の午後で、怠けるには<u>もってこいの</u>日和である。

(風に吹かれて)

なお、これらの述語には、否定形式をとれないという性質があり、一人前の述語とはいえない。

③の「動詞述語を修飾限定する機能」は副詞の主たる特徴であり、形容詞の一用法と副詞との接点をどのようにとらえるかという問題が生ずる。「<u>美しく</u>」「<u>きれいに</u>」は、形容詞の一語形とみず、形容詞から副詞に派生したとする考えもある(たとえば、高橋太郎ほか(2005))。しかし、「<u>きれいな</u>部屋」「この部屋は<u>きれいだ</u>」「部屋を<u>きれいに</u>掃除する」の「きれい-」の語彙的意味は共通し、1つの単語の異なる用法とみなすことは自然な解釈であろう。もっとも、「彼のことは<u>きれいに</u>忘れた」の「きれいに」は、〈すっか

り〉の意味で「きれいに掃除する」の「きれいに」とは語彙的意味も異なり、修飾用法しかもたない副詞としなければならない。

　なお、形容詞の一部に、(4)のような独立用法がみられる。形容詞が語幹のみで、使用される例がある。

(4)　「あなたも、今夜は宿直ですか、私はおなか具合がわるくてね。下って休んでいたんだけれどお召しがあったので上ったんですよ。でもやっぱり痛くて。<u>痛！</u>　<u>痛！</u>」　　　　　　　　　（新源氏物語）

　「痛！」のほかにも、「熱（あつ）。」「恐（こわ）。」のように、多く感覚・感情の表出で、語幹のみの用法がある。予想外の事態に接したとき、「（値段が）高（たか）！」と評価をまじえて発することもあろう。「なんとまあ美しい景色なんでしょう。」「なんて、幸せなこと！」といった文も、表出として機能する形容詞「美しい」「幸せな」が核になるものである。このような文は、普通、主語と述語が整わない文として、発話者の気持ちの直接的な発露であることが特徴で、「うれし（い）！」「かわい（い）！」「くさ（臭）！」など一語文とつながるものであろう。

　また、形容詞が主語や目的語などの機能をはたすには、現代語については、「丸いのをください」「大きいことがやりたい」のように、「－の」や「－こと」といった形式による名詞化のてつづきをふむのが一般的である。古典語では、(5)のような「うつくしげなる」という形容詞の連体形の、名詞に準ずる用法、いわゆる準体法が存在した。

(5)　…めづらしく女君のいと<u>うつくしげなる</u>生まれたまへり。

（源氏物語・橋姫）

　形容詞の文中ではたす機能をまとめると以下のようになる。規定成分、述語、修飾成分になる。形容詞のすべてが、これらの３用法をもつわけではない。ときに、表出の独立成分として、使用されることがある。また、名詞化のてつづきを経て、主語や目的語としても用いられる。

3.　形容詞の形式

3.1　第一形容詞と第二形容詞、第三形容詞

　「赤-い」「すばらし-い」「かっこい-い」のような単語は、多くの人が形容

詞とみなしている(以下、形容詞の例は規定用法の形(連体形)をあげる)。それに対して、「真っ赤-な」「優秀-な」「モダン-な」などの単語を「形容動詞」として、これを一品詞とする立場があり、教科文法に支えられて今日なお国語教育や中国の日本語教育の世界で支配的である。これらの単語の所属をめぐっては、諸説ある。「学生だ／優秀だ」のように、述語の形の類似からこれらの単語は名詞に属し、状名詞(渡辺実(1971))や性状名詞(ミラー(1975))や名容詞(寺村秀夫(1982))として、名詞の下位区分と位置づける研究者がいる一方、これらは、意味論的にも統語論的にも、「赤い」「すばらしい」などの狭義の形容詞と共通するものとして、形容詞の下位区分として位置づける研究者がいる(三上章(1953)、鈴木重幸(1972))。外国語としての日本語教育の世界では、「赤い」「すばらしい」の「第一形容詞」／「イ形容詞」に対して、「真っ赤な」「優秀な」は「第二形容詞」／「ナ形容詞」としてあつかわれることが普及している。これらの二種は、語形の相違はあるものの語形のシステムが共通しているので、同じ品詞であるとみるのが正当であろう。第一形容詞と第二形容詞の形態上の違いは、動詞における五段動詞と一段動詞の違いに相当する。歴史的には、第一形容詞は早くから発達したのに今日では生産性をうしない、第二形容詞は第一形容詞の不足を補うかたちで発達し、その結果、漢語や洋語の借用語はほとんどが第二形容詞に所属する。なお、「真紅の」「抜群の」「互角の」「丸腰の」「まやかしの」といった単語を「第三形容詞」／「ノ形容詞」と呼んで、形容詞の下位区分とする立場もある(村木新次郎(2000)(2002c))。これらの単語は、名詞の本命ともいうべき格の範疇を欠き、連体修飾をうけることもないので、名詞と認めることができない。さらに属性規定をする規定用法や述語として用いられ、形容詞の特徴をもつ。第三形容詞に所属する単語は少数にとどまらない。「互角の」の三用法の実例をあげておく。(6)は規定用法の、(7)は述語用法の、(8)は修飾用法の実例である。「互角-」が主語や目的語として使用された実例はみあたらない。

(6)　のこされたサムソンとヘルクレスはほぼ互角の力で争った。

(パニック)

(7)　私と彼らの立場は互角だった。

(世界の終りとハードボイルド・ワンダーランド)

(8) それがあった故に、少将の山本は、英米の大物と互角にわたりあうことが出来たのであった。　　　　　　　　　　　　（山本五十六）

　第一形容詞と第二形容詞と第三形容詞は、表でしめしたように、規定用法・述語用法・修飾用法における語尾の形式が異なるだけである。なお、述語用法は(対事的)ムード・テンスなどのカテゴリーによってさまざまな語形をとりうる。ここでは、叙述法現在で代表させる。例示した単語の「すばらし-」「優秀-」「抜群-」の部分、すなわち各用法で変化しない部分が語幹であり、第一形容詞における「-い」「-く」、第二形容詞における「-な」「-だ」「-に」、第三形容詞における「-の」「-だ」「-に」の部分、すなわち各用法で変化する部分が語尾である。「抜群-の」は名詞における曲用(declension)ではなく、形容詞における活用(conjugation)なのである。すなわち、この「-の」は名詞の格語尾ではなく、形容詞の活用語尾なのである。

表　第一・第二・第三形容詞の各用法の語形

統語的機能 形容詞のタイプ	規定用法	述語用法	修飾用法
第一形容詞(すばらし-い)	すばらし-い	すばらし-い	すばらし-く
第二形容詞(優秀-な)	優秀-な	優秀-だ	(優秀-に)[4]
第三形容詞(抜群-の)	抜群-の	抜群-だ	抜群-に

　ここで第三形容詞と位置づけた単語が従来「名詞」とされてきたのは、「抜群の(成績)」「互角の(力)」といった規定用法の形式が「〜の」であることに由来するのであろう。しかし、「抜群の(成績)」「互角の(力)」の用法は、「彼の／数学の(成績)」や「国家の(力)」のような用法とは規定の質が異なる。「彼の」「数学の」「国家の」は名詞に特徴的な関係規定であるのに対して、「抜群の」「互角の」は形容詞に特徴的な属性規定である。名詞による関係規定は、一般に「だれの」「何の」「どこの」などの疑問詞と対応するが、形容詞による属性規定では、「どんな」という疑問詞と対応する。形式上の共通性はかならずしも機能上の共通性を保障しない(村木新次郎(2000))。従来の日本語文法の世界では、「〜の」という形式から「抜群の」も「互角の」も名詞の連体格と判断されてきた。すでに確認したように、これらの単語は格の体系をもたない。さらに、他の単語による連体修飾をうけることもな

い。したがって、「抜群」「互角」は名詞ではない。「抜群の」「互角の」は名詞の連体格ではなく、形容詞の連体形としなければならない。ちなみに「一介の(研究者)」「一縷の(望み)」「既成の(事実)」「達意の(文章)」「おかかえの(運転手)」「ひとかどの(人間)」といった「〜の」も、名詞による関係規定ではなく、形容詞による属性規定である。これらの単語は規定用法のみをもつ不完全形容詞と位置づけられる。いわゆる連体詞である。これらは、述語にならないために、肯定否定やテンスなどのカテゴリーをもたない不変化詞である。この種の単語は、英語の冠詞や指示詞などに近い。さらに、中国語では、「非謂形容詞(述語にならない形容詞)」あるいは「区別詞」、朝鮮語では「冠形詞」とされるものとも類似する。ここに属する日本語の単語は少ないとされてきたが、実際はそうではない。

　なお、第三形容詞には、名詞や第二形容詞と兼務する単語が存在する。たとえば、「辛口-」は、「今夜のワインを辛口に決めた」といった名詞用法と「コメントを辛口に決めた」といった形容詞用法とである[5]。ちょうど、「親切-」が、「あなたの親切に深く感謝する」の場合は名詞であるのに対して、「とても親切に教えてくれた」の場合は形容詞であって、名詞と(第二)形容詞を兼務するように。また、第二形容詞と第三形容詞との違いは規定用法における「-な」と「-の」による語形の違いにもとづく。その点では、鈴木重幸(1972)が提唱したように、第三形容詞は第二形容詞の変種であると位置づけられてもよいであろう。「早熟な(子)」は形容詞で、「早熟の(子)」は名詞だとするのは、単語の意味や機能を無視した、悪しき形式主義というべきである。

　ある種の名詞が、比況により、属性の意味に変質することがある。そこでは、名詞ばなれをおこし、形容詞の特徴を発揮する。先述したとおり、規定成分となる名詞は一般に関係規定をするが、(9)〜(11)のような先行する名詞は後続する名詞に対して属性規定をしている。すなわち、(9)の「鋼鉄の」は、鉱物ではなく、〈強固な様子〉を、(10)の「がけっぷちの」は、場所ではなく、〈危険な様子〉を、(11)の「朝飯前の」は時間ではなく、〈たやすい様子〉をあらわしている。これらは鉱物や場所や時間の意味をうしない、属性の意味として用いられている。いずれも比況性が関与している。「鋼鉄」は〈強固な金属〉から〈強固な様子〉に、「がけっぷち」は〈がけのはしっこ〉

から〈危険な様子〉に、「朝飯前」は〈朝食の前の時間〉から〈空腹であってもこなせるほどに簡単な様子〉に、意味がそれぞれ属性化したのである。
　(9)　しかし、一年間もの間を数学だけで生き抜くことが出来るだろうか。私にそれほどの<u>鋼鉄の意志</u>はないかも知れない。

(若き数学者のアメリカ)
　(10)　無所属新人の○○○○氏(46)は宮崎市周辺を選挙カーで回り「<u>がけっぷちの戦い</u>」と支持を訴えた。　　　　(毎日 07.01.15)
　(11)　演奏家も大層な熱演で「<u>朝飯前の仕事</u>かな」と思っていたら大違いだった(笑い)。　　　　　　　　　　　　(毎日 95.06.29)
　これらの単語の名詞用法と比況による形容詞的な用法の競合関係は個々の単語によって異なるであろう。派生用法には臨時的なものからそれが定着したものまでさまざまな段階のものがありうる。
　第三形容詞に所属する単語は「底ぬけ-」「がらあき-」「人並み-」「逃げ腰-」など合成語が多いという特徴もある。合成語については、従来もっぱら単語内部の構成に目がむけられ、できあがった単語の文法性に注目されてこなかったのではなかろうか。合成語には派生辞を含み、生産性の高いものもある。

3.2　第四形容詞の可能性

　形態的に動詞とかかわりをもつ「とがった／とんがった(線)」「まがった(道)」「角ばった」「ゆがんだ」「乱れた」「かたよった」をはじめ、「のっぺりした」「ざらざらした」「つるつるした」のような数多くのオノマトペをふくむ単語は、統語的特性においても意味論的にも形容詞性を帯びている。これらの単語には、意味論上、属性のみをあらわすものと、運動と属性の双方をあらわすものとがある。
　「角ばった」「のっぺりした」「ざらざらした」「つるつるした」は属性のみをあらわすものであり、「曲がった」「ゆがんだ」「乱れた」「かたよった」は運動と属性をあらわしうるものである。「曲がる／曲がった／曲がって　いる」などの形式は、動詞と形容詞を兼務するものと考えればよいのではなかろうか。「ありふれた(品)」「あやまった(考え)」「ばかげた(行為)」といった単語には、運動や変化の意味はなく、状態・性質の意味だけがみとめられ

る。この種の単語の品詞性については、なお吟味を要する。これらの単語が名詞をうけるという統語的な特徴をもつか(格支配の能力をもつか)、語形の交替という形態論的な特徴をもつかといった検討が必要である。ここでは、第四形容詞の可能性を提起しておきたい。つとに三上章によって、「とんだ(災難)」のような「とんだ」は、動詞「飛ぶ」とは絶縁していることが指摘されている(三上章(1953))。

3.3　合成形容詞の存在

　形容詞の範囲に関して、派生形容詞の存在についても言及しておきたい。
　派生形容詞とは、単純形容詞と対立するもので、合成語による形容詞のことをいう。日本語には、多くの派生形容詞が存在する。類型学者 Dixon によれば、英語をはじめとして、世界の多くの言語で単純形容詞より派生形容詞の方が多いという(Dixon, R. W. (1999))。日本語でも、この事実が指摘できる。
　派生形容詞には、さまざまなタイプのものがある。派生辞をふくまない複合語のタイプと、派生辞をふくむ派生語のタイプである。
　「歯痒い」「肌寒い」「涙もろい」「手綺麗な」のような名詞性語基と形容詞が組み合わさったものは、複合語タイプの例である。このような複合語は、第一・第二形容詞の範囲では、それほど多くはない。しかし、第三形容詞には、「底なしの」「人並みの」「指折りの」「口軽の」「丸腰の」「逃げ腰の」「教師専用の」「ただ同然の」「夜逃げ同様の」「両手いっぱいの」「髭ぼうぼうの」「理屈ぬきの」など、さまざまなタイプの複合語が数多く存在し、形容詞を豊かなものにしている。
　また、派生辞をふくむ派生語も、以下に述べるように多数ある。
　第一形容詞をつくる「-っぽい」「-らしい」「-くさい」「-やすい」「-にくい」「-づらい」「-よい」のような派生辞は、生産力の高いものである。また、第二形容詞をつくる「-げ」「-みたい」「-的」のような接尾辞と、「無-」「未-」「非-」「不-」といった漢語系の接頭辞も、生産力の高いものである。さらに、わたしが提唱した第三形容詞には、「-め」「-たて」「-むき」「-がち」「-気味」「-風」「-状」「-上」「-用」「-様」「-中」「-下」「-調」「-外」「-流」「-式」「-格」「-大」「-放題」「-満々」「-千万」といった接尾辞相当のものと、「無-」「不-」

「未-」「非-」「要-」「没-」「過-」「耐-」「既-」「再-」「極-」「最-」といった接頭辞相当のものが数多く存在する。派生形容詞は今日の日本語にあって看過できないものである。これらの派生辞には生産性において大小は存在するものの、多くの派生辞が、かなりの生産力をそなえていて、日本語の形容詞を豊かなものにしているのである（村木新次郎（2002c）（2003））。たとえば、「-気味」は「興奮気味／憤慨気味／困惑気味／妄想気味／狼狽気味／不眠症気味／時代錯誤気味／かぜ気味／ふとり気味／あせり気味／さがり気味／…」、「-大」は「実物大／等身大／鶏卵大／猫額大／あずき大／はがき大／にぎりこぶし大／…」、「未-」は「未開／未完／未知／未踏／未到／未処理／未曾有／未公開／未発表／未舗装／未はらい／…」といったふうに、多数の派生語をつくる生産力をそなえている。

さらに、合成形容詞の特徴の１つに、単語の内部に並列構造をしめすものが多くみられることが指摘できる。

第一形容詞については、「とげとげしい」「みずみずしい」「はなばなしい」「毒々しい」「福々しい」「神々しい」といったものがそうである。第二形容詞にも、「肝心な／肝腎な」「皮肉な」「いろいろな」「さまざまな」といったものがある。さらに、第三形容詞には「かずかずの（功績）」「まちまちの（紙）」「うちうちの（パーティー）」「海千山千の（やりて）」「上げ膳据え膳の（生活）」「くそみその（扱い）」「土地土地の（文化）」「季節季節の（くだもの）」「そこそこの（生活）」「ぎりぎりの（線）」「もともとの（専門）」「要所要所の（ミス）」「先手先手の（経営）」「後手後手の（対応）」「どっちもどっちの（判定）」「みいはあの（女）」「五十歩百歩の（出来）」「いちかばちかの（大博打）」「てんやわんやの（大騒動）」「枝葉の（改革）」「金鉄の（守り）」「股肱の（臣）」「鉄石の（守り）」「爪牙の（臣）」のようなものがある。これらは、名詞的成分の重複形、あるいは意味的・形式的に類似したものを並列させることによって、名詞に固有な（広義の）実体の意味を失い、その代償として、事物の性質・様子の意味を獲得し、形容詞化していると考えることができる。また、動詞語基をふくむ「見え見えの（嘘）」「思い思いの（進路）」「もてもての（男）」「飛び飛びの（話）」「切れ切れの（雲）」「別れ別れの（人生）」「熟れ熟れの（メロン）」「好き好きの（注文）」、「押せ押せの（ゲーム展開）」「押すな押すなの（盛況）」「出るわ出るわの（安売り状況）」、「持ちつ持たれつの（関係）」「さしつ

ささされつの(宴)」「抜きつ抜かれつの(レース)」「追いつ追われつの(競争)」、「食うや食わずの(生活)」「食うか食われるかの(争い)」「降りみ降らずみの(天気)」、「のるかそるかの(大勝負)」「至れり尽くせりの(もてなし)」「破れかぶれの(人生)」「行きあたりばったりの(旅行)」「七転び八起きの(人生)」「七転八倒の(苦しみ)」「見ず知らずの(男)」「負けず劣らずの(力量)」「出ず入らずの(心遣い)」「つかず離れずの(付き合い)」「あたらずさわらずの(答弁)」「不承不承の(対応)」「不即不離の(関係)」「不撓不屈の(精神)」「不眠不休の(看病)」といった単語がある。動詞的成分の重複形、あるいは意味的・形式的に類似したものを並列することによって、個別の具体的な運動の意味から離れて、事物の一般的な性質・様子の意味を獲得し、形容詞化していると考えることができる。

さらに、「伝統ある(大学)」「魅力ある(プログラム)」「興味ある(テーマ)」のような「～ある」も、形容詞の特徴をもっている(彭広陸(2002)を参照)。これらは、「伝統ある⇔伝統的な」「魅力ある⇔魅力的な」「興味ある⇔興味深い」といった交替関係が成立し、「～ある」が形容詞に類似することを意味する。同様に「意欲ある」「個性ある」「効果ある」「効率ある」「好意ある」「刺激ある」「特徴ある」「歴史ある」といった単語は、それぞれ「～的(な)」と交替する可能性をもつ単語群である。これらは、もっぱら規定用法として用いられ、語形変化をしないという特徴がある。

以上、指摘したように、日本語には派生形容詞が数多く存在しているのである。

4. 形容詞の意味

4.1 形容詞の状態性

形容詞には、事物の状態・性質をあらわすという意味的な側面がある。形容詞にとって、状態性は必須であろうか。形容詞と動詞はどちらも事物の属性をあらわすが、形容詞が静的な属性をあらわすのに対して、動詞が動的な属性をあらわすという点で対立的である。動詞は典型的には動的な属性をあらわすが、動詞の中には、「似る」「まさる」「おとる」「ちがう」といった静的な属性を意味するものがある。形容詞にも、動詞性の語基をふくむ合成形

容詞には、動的な属性がみとめられる。形容詞をひろくとらえれば、こうした動的属性を内在させたものが少なからず存在する。「生まれたての(赤ちゃん)」「蔵出しの(酒)」「開けっ放しの(ドア)」「働きづめの(毎日)」「つきっきりの(看病)」「行きつけの(美容院)」「曇りがちの(天気)」「用済みの(書類)」「雨上がりの(空)」「燃えさしの(ろうそく)」「働き盛りの(若者)」「早咲きの(桜)」「飲み残しの(牛乳)」「雪解けの(道)」「通りすがりの(カップル)」「ぽっと出の(お嬢さん)」「遠来の(客)」「走行中の(電車)」「大学卒の(板前)」「無抵抗の(戦い)」「無言の(抵抗)」「不眠の(看病)」「不帰の(人)」「びしょぬれの(少女)」「夜逃げ同様の(脱出)」などである。これらの形容詞は、運動の意味をそなえ、時間性に関与している。形容詞にとって、多くのメンバーは状態の意味をもつ。しかし、運動の意味を部分的にもつ形容詞も存在する。

4.2 形容詞の程度性

「大きい」「丸い」「赤い」「うれしい」「にがい」のような形容詞は、「非常に／少し　大きい」「とても／ちょっと　うれしい」のように、程度副詞で修飾でき、程度性をもつ。これは、一般に、形容詞の意味する属性の程度が連続的・段階的な性質をもっているからである。

しかし、形容詞の中には、離散的で択一的で質的な(類似のものから区別するための選択的な)意味をもち、連続的・段階的な性質を欠くものも存在する。「彼流の」「独自の」「唯一の」「一匹狼の(生き方)」「丸腰の(警官)」「昔ながらの(家庭料理)」「徒弟あがりの」「二頭立ての」「氷入りの(麦茶)」「木造の」「アルミ製の」「粒状の(菓子)」「来客用の」「ねじ式の(鍵)」「言語学的な(話)」「辞書的な(意味)」のようなものである。これらの形容詞は、択一的であるために程度性・段階性をもたない。それゆえ、一般に「とても」「少し」などの程度副詞はつかない。さらに、「既婚の／未婚の」「男性用の／女性用の」「公開の／未公開な」「先天的な／後天的な」といった二極相補的・二者択一的な形容詞も存在する。2つのうちのどちらかを区別する性質のもので、程度性・段階性をもたず、これらにも程度副詞は原則としてつかない。

形容詞には程度性をもつものが多い。しかし、程度性は形容詞にとって義

務的ではない。

4.3　形容詞の評価性

　形容詞に所属する単語の中には、その語彙的意味として評価性がやどっているものがある。「よい」「おいしい」「すてきな」におけるプラスの評価、「みじめな」「下品な」「旧態依然とした」におけるマイナスの評価などである。「近い」「新しい」「急な」「ぴかぴかの」といった事物の客観的な特徴を意味するとおもわれる単語も、それが文の中で用いられるとき、しばしば言語主体の判断や評価のニュアンスが出てくる。動詞述語文は相対的に事態の客観的な描写に傾くのに対して、形容詞述語文は主観的な側面が顕在化しやすい。形容詞述語文の主語は、「〜は」であることが多く、これは判断文に典型的な形式である。静的な属性は、しばしば程度や比較の構文をとるが、程度や比較は相対的な場合が多く、事態に対する言語主体のかかわりが認められる。形容詞文における評価的な側面は、言語主体が、どのようなものに関心をよせているか、なにを必要としているか、どのようなものに価値を認めているのかといった、興味・目的・欲求にかかわり、そうしたものが事態への関係のあり方の反映としてあらわれる。

5.　まとめ

　本章でとった立場は、学校教育で用いられている教科文法の立場といくつかの点で違いがある。1つは、単語の認定に関してであり、他の1つは形式より機能や意味を重視している点である。

　ここでは、単語の認定にあたって、教科文法でいう助詞・助動詞の多くを接辞や語尾とみなしている。それらは、単語を構成する要素として、単語とはみていない。教科文法には、名詞の曲用の概念もなく、名詞は語形変化しない品詞とされている。動詞や形容詞の活用についても、変化しない部分が語幹で、変化する部分が語尾であるという基本が正当にあつかわれていない。また、教科文法では、助詞・助動詞だけに文法性をみる。文法的意味は、有標の語形のみをあつかい、無標である基本形の文法的意味を無視している。その結果、単語の形態論的なカテゴリーをとりだすことができない。切

れ続き(接続)やテンス、ムードなどは、対立する語形の中からとりだされる形態論的なカテゴリーの例である。形態論的なカテゴリーとは、少なくとも2つ以上の、文法的な意味や機能の点で対立する語形の系列をかかえこんでいて、そうした対立の中からとりだされるものである。対立しあうということは、たがいになんらかの共通部分をもちながら、異なった側面をもつということを意味する(鈴木重幸(1983))。

　教科文法は、橋本進吉のとなえた文法にささえられている。この文法の特徴は、言語の形式面を強調したことにある。言語はもとより形式と意味・機能の統一体である。意味や機能を軽視ないし無視するのは好ましくない。

　「彼女は　学生だ／優秀だ」は、形式上は類似するが、意味上は、前者は実体を、後者は属性(状態)をあらわし、両者は相違する。

　「すばらしい／優秀な／抜群の　成績」の三者は、形式上の相違は見られるが、意味的には、いずれも特性(性質)をあらわし、属性規定の機能をはたしている。

　「息子の／数学の　成績」と「抜群の　成績」は、形式上は「〜の　名詞」として共通するが、前者の関係規定に対して、後者の属性規定という点で、機能上は異なる。

　「彼はいい奴だ。」の「いい」は形容詞の連体形ではあるが、連体形に一般的な規定用法としてではなく、述語用法として機能しているとみたほうがよさそうである。

　こうした事例はいずれも、形式を優先することには問題があることをしめしている。

　教科文法では、文法的な要素を語彙的な要素から切り離し、もっぱら「助詞・助動詞」だけに文法性をみようとする傾向がある。単語の実体(語彙的意味)を離れたところで、関係(文法性)をとりだすのは、そもそも無理である。当該の単語がなにを意味するのか、どういうはたらきをしているのかを、単語の本体を中心に考えなければならない。

　本章は、単語の機能と意味を重視する立場から、日本語の形容詞を概観した。形容詞は、動詞・名詞・副詞と互いにはりあう関係にありながらも、それらの品詞と部分的になんらかの特徴を共有することを確認した。品詞間の関係は絶対的排他的ではない。つまり、形容詞という品詞が動詞や名詞と

相対的に区別されるということで、相互に共通点をまったくもたずに区別されるというわけではないということである。また、形容詞に属する単語は当然、同じ性質を共有しているはずであるが、しかしまた、それらの単語群には異なる性質も部分的には存在しうるということである。その中のあるものは動詞に近かったり、また別のものは名詞に近かったりする。また、ある種の形容詞は副詞との連続性をもっている。品詞間の関係は閉じたものではなく、開いた関係なのである。

注

1　これは、「日本語の形容詞―その機能と範囲」（『国文学　解釈と鑑賞』74-7、ぎょうせい、2009年）にもとづくものであるが、それを大幅に補充したものである。これとほぼ同じ内容のものを寄稿したところ、編集部から分量を減らすようにとの指示があったため、もとの原稿の一部を削除しなければならなかった。

2　標準語の動詞や形容詞の典型例を問題にしての特徴である。標準語の動詞の中にも、「ヴォイス」や「アスペクト」のカテゴリーをもたないものもあるし、方言の形容詞にも、「アスペクト」のカテゴリーをもつものがあることが報告されている（たとえば、村上智美(2004)）。

3　類型学者のDixon, R. W. は、adjectiveを名詞句内の主名詞を修飾するものとしている。(Dixon, R.W. (1999))。佐久間鼎(1951)は、「性状語」あるいは「性状詞」の名のもとに、「形容詞」と「形容動詞」をまとめている。「形容詞と形容動詞とは、意味と機能とについてたがいに区別がないほど一致しているのですから、形態の上の異なりをいちおう別問題として、これを一類としてとりあつかう方が道理にかないます。」(佐久間鼎(1951: 54))と説き、従来の形容詞を第一の、従来の形容動詞を第二の性状語としてとりあつかうべきものと主張している。また、「はっきりした」「ぼんやりした」も、それの使い方からすると、同様な性質をそなえているという指摘もみられる。

4　「優秀に」の使用はまれである。「成績を優秀に飾る」のような例がある。

5　名詞用法の「辛口に」に相当する疑問詞は「何に」であるのに対して、形容詞用法の「辛口に」に相当する疑問詞は「どのように」である。

第2章　名詞と形容詞の境界

1. 品詞の概念

　品詞が単語の分類であることはたしかであるが、それがなににもとづく分類なのかは自明なことではない。品詞は、ふつう文法的な特徴にもとづく単語の分類であるとされるのだが、意味がはたしてこれにまったく関係しないのかどうかという問題がのこる。単語の意味が、品詞の分類に第一義的に、はたらくことはない。「痛み」「痛む」「痛い」は〈苦痛〉という共通の意味をもつのに、これらが、名詞、動詞、形容詞という異なる品詞に属するものとされるのは、意味が品詞の分類に役だっていないからである。こうした品詞のふるいわけには、単語がなにを意味するかではなく、どのように意味するかとわなければならない。すなわち、単語が文の中で、どのような機能をはたし、どのような存在形式をとるかをみる必要がある。文の中での単語の形態(＝語形)が複数あって、活用や曲用などの語形変化のパラダイムをもつ単語については、この語形変化の体系が品詞の分類に有効である。しかし、副詞をはじめとする不変化詞については、品詞をとりだす決め手とはならない。単語の形態論的な構造は、一般に、そのグループがはたす統語論的な機能に応じて発達したものである。日本語の動詞は、文の末尾に位置し、述語として文をまとめあげたり(終止用法)、文の途中で述語としてのはたらきを演じながら、さらに後続の述語につなげたり(中止あるいは連用用法)、後続の名詞を修飾限定したり(連体用法)するという、いくつもの機能を有するために、また述語にあっては、過去か非過去か、命令か勧誘かといったことをあらわしわけるために、テンスやムードによる語形変化を発達させているのである。形容詞は、述語として機能する終止用法、規定用法として機能

する連体用法、後続の動詞を修飾する連用用法というふうに複数の機能をにない、それらのはたらきをあらわしわけるために、形容詞独自の語形変化を発達させている。このような単語の形態論的な構造は、その単語の統語論的な機能に対応していて、統語論に従属している。

　統語論的な機能とは、単語の文中での役割をさすが、これにはすべての単語がかかわるものであるから、この統語論的機能こそが文法的な特徴の中心に位置するべきものである。品詞を文の部分(parts of speech)として認定するのは、まさにこの統語論的な基準によるものである。こうして、単語の統語論的な機能が単語の品詞へのふりわけに際して、他の基準にたちまさり、中心的な役目をはたすのである。しかしながら、主要な品詞である、名詞、動詞、形容詞といった単語群は、さきにふれたように、その統語論的な機能が単一ではなく、いくつもの機能をあわせもっている。それぞれが主要な機能と副次的な機能をそなえていて、それらの総体によって、いわば相対的に分類されるという性格をもっているのである。

2.　機能からみた名詞と形容詞

　名詞の文中での主要な機能は、補語（もしくは主語や広義の目的語）になることである。名詞が補語になることに対応して、名詞には「-が／-を／-に」などの格助辞をしたがえるという形態論的な特徴がそなわっている。形容詞はそのままの姿で補語になることはできない。形容詞が補語になるためには、「固いのが　好きだ。」「大きいことを　はじめる。」のように「-の」や「こと」などの形式をおぎなって名詞相当語句にかわる必要がある。つまり、名詞が格の体系をもつのに対して、形容詞にはそれがない。これは両品詞を区別する統語上の大きな違いである。

　日本語の形容詞の文中ではたす主要な機能は、規定語になることと述語になることである。「赤い　バラ」は前者で、「そのバラは　赤い。」は後者の例である。名詞も規定語になるが、このはたらきは名詞にとって、中心的ではない。また、名詞の連体機能は、多くの場合、関係規定的（「なにの」「だれの」に対応）であるのに対して、形容詞のそれはつねに属性規定的（「どんな」に対応）であるという違いがみとめられる。名詞も、副次的な機能とし

て、述語になる。述語になるときには、「だ」を代表とするコピュラを伴うのがふつうであり(疑問形などコピュラを必要としないこともある)、テンス・ムード、肯定否定、ていねいさなどのカテゴリーのうえで、形容詞述語と一致する。この場合、「しずか-」「新鮮-」のような語群(いわゆる形容動詞。以下、第二形容詞とよぶ)と語形上の共通性をしめし、「うるさ-」「あたらし-」のような狭義の形容詞(以下、第一形容詞とよぶ)とは語形を異にする。名詞も形容詞も、述語になって属性をいいあらわすときには、両者に差はみとめられないが、「あそこにいるのは、例の学生だ。」の例のように、述語が実体をさすのは名詞述語にかぎられ、形容詞述語には、このような用法はない。なお、「しずか-」「新鮮-」のような第二形容詞は規定語としてはたらくとき、「-な」を伴い、第一形容詞と語形が異なる。ここで、「しずか-」「新鮮-」などを形容詞あつかいするのは、統語論的機能と形態的なカテゴリーが第一形容詞と共通するからである。くわえて、あとでふれる意味的特徴においても一致する。両者が違うのは、語形だけである。こうした語形の異なりは、動詞における一段活用と五段活用の異なりに相当し、同一の品詞内部の下位分類に役立つものではあっても、大きく単語を分類するほどの文法的な特徴ではない。

　名詞と形容詞に属すると考えられる単語の連体形式と述語形式を整理してみると、次のような組み合わせがえられる。述語形式は、非過去叙述法で代表させる。

	連体形式	述語形式	例
(1)	-い	-い	長- 高- かた-
(2)	-い／-な	-い	大き- 小さ- おかし-
(3)	-い／-な	-い／-だ	暖か- 柔らか- 細か-
(4)	-な	-だ	しずか- おだやか- 立派-
(5)	-な／-の (格の体系なし)	-だ	わずか- さまざま- 特別-
(6)	-の (格の体系なし)	-だ	がらあき- 上々- 大荒れ-
(7)	-い／-の	-い／-だ	丸- 四角- 茶色-

(8) －な／－の　　　　　－だ　　　健康－　自由－　親切－
　　（格の体系あり）
(9) －の　　　　　　　　－だ　　　りんご－　机－　遊び－
　　（格の体系あり）

　(1)は第一形容詞、(4)は第二形容詞、(9)は名詞の典型である。その他のものは、なんらかの意味で特殊で、典型からはずれている。(2)は連体形式に交替形のある、第一形容詞の特殊例と考えられる。数は少ない。(3)は第一形容詞と第二形容詞のかさなりの例である。数は少ない。(5)は連体形式に交替形のある、第二形容詞の特殊例である。(6)は、格の体系をもたないゆえに、名詞とは考えにくい。ここに所属する単語の統語論的な機能は、規定語が中心的であるとおもわれ、また、述語としてもはたらくという点で、形容詞の主要な役割と一致する。規定語の用法は、名詞に特徴的な「なにの」に対応するものでなく、形容詞に特徴的な「どんな」に対応する、属性の規定であり、その点でも、形容詞の性質をそなえている。これらを第二形容詞の変種と位置づけることができる。ここでは、かりに第三形容詞とよんでおく。数は比較的多い。ここに入る単語群については、あとで詳しくとりあげる。(7)は第一形容詞と名詞のかさなりの例とみておく。ただし、名詞の用法はかぎられている（「丸を　つける」）。規定語の用法は属性規定であり、典型的な名詞とは考えにくい。数は少ない。(8)は第二形容詞と名詞のかさなりである。数は比較的多い。(3)(7)(8)でかさなりといいあらわしたのは、異なる単語(lexeme、語彙素)の語幹部分が共通しているという意味である。
　以上をまとめると、(1)から(6)までが形容詞、(9)が名詞、(7)と(8)は、両品詞がかさなっている部分ということになる。
　名詞と形容詞の統語論的な特徴の差異として、結合能力をあげることができる。名詞は他の単語の連体形式をうける結合能力をもつのに対して、形容詞は他の単語の連用形式をうける結合能力をもつ。すなわち、「試験の　問題」「やさしい　問題」はいいが、「＊試験に　問題」「＊やさしく　問題」はいえず、また、「わたしに　やさしい」「少し　やさしい」はいいが、「＊わたしの　やさしい」「＊すこしの　やさしい」はいえない。この結合能力の違いは、両品詞を区別する重要な要素である。第二形容詞と名詞のかさ

なりと位置づけられる単語は、前者の場合には「女性に　親切な　人」「完全に　健康な　状態」のように連用形式をうけ、後者の場合には、「小さな　親切が　大事だ」「子供の　健康を　守る」のように、連体形式をうける。しかし、名詞であって、連用形式をうける例がないわけではない。たとえば「かれは　あの人と　仲間だ／仲良しだ。」「これと　同種類の　品物」では、「仲間」「仲良し」「同種類」は「-と」という名詞の連用形式をうけている。

3. 第三形容詞

　前節で「がらあき-」「上々-」「大荒れ-」のような単語を、その統語論的な特徴が他の形容詞と共通することから第三形容詞とよんだ。この仲間にどのような単語があるかを指摘しておきたい。

　「出色の」「抜群の」「屈指の」「一流の」「だんとつの」「指折りの」「ぴかいちの」といった単語は、格の体系をもたず、主に規定語や述語として用いられるものであろう。ちなみに、第一形容詞「すばらしい」、第二形容詞「立派な」「優秀な」と、意味のうえでとなりあっている。「特有の」「独自の」もこの仲間であり、「めずらしい」「まれな」と意味上、隣接する。「ありきたりの」「常套の」「日常茶飯の」といった語も第三形容詞であり、「めずらしい」「まれな」と意味上むかいあう関係にある。動詞起源の接辞性の形式を後要素にもつ単語、たとえば、「いわくつき」「あつらえむき」「底抜け」「尻あがり／さがり」「鰻登り」「ぎゅうぎゅうづめ」「筋がね入り」「横なぐり」「六畳敷き」なども、格の形式をとりにくく、ここに所属しそうだ。また、「-だらけ」「-みどろ」「-まみれ」「-め」「-気味」「-いっぱい」「-放題」のような形式をもつ単語、たとえば、「隙間だらけ」「汗みどろ」「泥まみれ」「太め」「お疲れ気味」「ストレスいっぱい」「荒れ放題」などが同類である。ほかにも、「丸腰」「太っ腹」「今風」「無塩」「正真正銘」などの一群が第三形容詞に入るであろう。

　「がたがた」のような擬態語の類も、ここでいう第三形容詞と統語論的な特徴で類似するが、副詞的(連用)用法の吟味が保留されている。

4. 意味からみた名詞と形容詞

　意味から品詞をみると、具体的なものをあらわすのは名詞であり、具体的なものが他の品詞になることはない。運動をあらわす単語は、中心的には動詞としてもっとも多様な機能をしめし、ときに動作名詞として名詞に所属する。状態・性質をあらわす単語は、中心的には形容詞として、いくつかの機能をはたすが、状態名詞や状態動詞として、他の品詞に所属することもある。「柿」や「机」のような具体物は、ある特徴（属性）の主体になったり（「柿は　まだ　かたい」「柿が　実る」）、はたらきかける対象になったり（「柿をとる」）するという、名詞固有の文法的特徴をもっている。そして、この特徴は、具体物をこえて、他のものにも使用される。われわれがある事態を述べるのに、別の事態を１つの要素として述べる必要から、動詞に典型的な運動や形容詞に典型的な状態を素材（もしくは対象）として名詞の中にとりこんでしまうのである。たとえば、「今年は　柿の　実りが　遅い。」では、１つの事態「柿の実り」が、別の事態をあらわす文の要素になっている。こうして「実り」は名詞の資格をもつことになる。そしてさらに、名詞は時間や数量などといった概念をも、ひろくみずからの中におさめこんでしまうのである。その結果、名詞固有の意味は特定されず、名詞の意味を全体としてぼかしてしまう。名詞の中には、形容詞に典型的な状態・性質をあらわすものが多くふくまれている。

　形容詞を意味との関連でみるならば、形容詞のあらわす意味は、状態・性質と人間の感情・感覚にかぎられている。ものごとの属性をあらわすという点では、動詞と共通するが、動詞が時間の軸にそって展開していく動的な属性の特徴づけを典型とするのに対して、形容詞のそれは、時間とのかかわりが稀薄である静的な属性を特徴づけている点で違いがみとめられる。ところで、日本語では、名詞や動詞と語形のうえから区別される形容詞を発達させてこなかった。第一形容詞は生産性にとぼしく、数は少ない。状態・性質の概念をもつ借用語や訳語は第二形容詞か名詞である。変化動詞の一語形が運動・変化の側面をすてて、状態・性質の特徴づけをしている。「<u>ありふれた</u>せりふ」「<u>まちがった</u>　解答」は動詞とはいっても、形容詞としての特徴が発揮されていると考えられる。このように、性質・状態を意味する単語の品

詞の所属はまちまちである。形を特徴づける単語は、次のように異なる品詞にまたがっている。

　　形容詞：丸い、四角い、まっすぐな、平らな、いびつな
　　動詞：まがった、とがった、ゆがんだ、乱れた、偏った
　　名詞：斜めの、三角の、水平の、垂直の、縦の、横の

　これらの単語は、形のあり方を特徴づけるという共通の意味をもち、「丸い／まっすぐな／まがった／斜めの　線」のように同一の統語的なふるまいをする。同じようなことは、「みずみずしい／新鮮な／生き生きとした／なまの　野菜」のように他の意味領域でもみられる。

　日本語の形容詞は、以上のように、名詞をはじめとして、動詞そしておそらく副詞とも接点の多い、不安定な品詞であるといえる。

第3章 「がらあき−」「ひとかど−」は、名詞か、形容詞か

要旨

　品詞とは、文法的な特徴にもとづく単語の分類である。本章は、「がらあき−」「ひとかど−」「傷だらけ−」といった単語の品詞性を問うことを課題とする。これらは、一般に、辞書などで名詞あつかいされているが、格のシステムをもたず、名詞の文法的な特徴を欠いている。その統語的な特徴をみると形容詞と一致し、規定語の用法は属性規定である。連用と述語の用法で第二形容詞と共通するが、連体形式の異なりを重視して、第三形容詞と位置づけたい。ここに所属する単語群は、「半開き」「ぎゅうぎゅうづめ」「大人顔負け」のような合成語が多いため、辞書のみだしとして登録もされにくく、品詞性が問われることもなかった。本章で第三形容詞として位置づけたい単語は、かなりの数にのぼり、特殊例とはいえない。

キーワード：第三形容詞、属性規定、格の体系の欠如、「がらあきの」「ひとかどの」

1.　日本語の文法において、一般に、「XのN（＝名詞）」という構造の中にあらわれる単語Xは、名詞と理解され、「Xの」は名詞の連体修飾形としてあつかわれるのが普通である。しかし、この構造にあらわれるすべてのXがはたして名詞といえるのかどうかという疑問が本章の出発点である[1]。

　本章でしめそうとすることは、「X」には、少なくとも二種類の異なる文法的性質を有する語群が認められ、一方はたしかに名詞であるが、他方は名詞よりはむしろ形容詞として位置づけられてよいという提案である。「弟の

本」「家の庭」「花の香り」というタイプと、「がらあきの電車」「ひとかどの人間」「傷だらけの車」といったタイプは、いずれも「XのN」という形式構造をしめし、「Xの」という形式で後項の名詞を修飾限定しているのであるが、両者のXの意味および文法的特徴には大きな違いがみとめられることから、それぞれが異なる品詞に属するとするものである。

　従来からしばしば、日本語の形容詞は数が少ないと指摘されてきた。いわゆる形容動詞は、その統語論的な機能と意味論的な特徴を共有しているうえに、形態論的にも、その外形のうえで異なるすがたをとるが、カテゴリーの点では共通していることから、形容詞として位置づける立場が今日では一般化している。そしてそれらは、狭義の形容詞「第一形容詞」（イ形容詞とも）に対して「第二形容詞」（ナ形容詞とも）と呼ばれることがある。それにならえば、ここでは「第三形容詞」（あるいはノ形容詞）と呼んでよい、もう1つの形容詞のタイプの存在を指摘したい。

2.　品詞とは、単語がその文法的特徴にもとづいて分類されたものをいう。同じ品詞に属するということは、共通の文法的性質を有することを意味し、異なる品詞とは、相互に区別しあう文法的な性質をもつということである（鈴木重幸(1980)）。既存の品詞分類を検討してみると、その基準に、意味・形態・機能が混在している場合が多い。意味は、単語の文法的特徴に関与はするものの品詞の決定的な区別としてはたらかず（たとえば、共通の意味をもつ「騒ぎ（が　おさまる）」「騒がしい」「騒ぐ」、「痛み（を　覚える）」「痛い」「痛む」は、それぞれ、名詞、形容詞、動詞といったふうに、異なる品詞に属する）、形態は、語形変化する単語に対して有効であっても、不変化詞をふるいわけるにはいたらない。統語的機能は、文中でのその単語の役割を意味し、すべての単語がこれに関与するものであり、これこそが品詞分類に際して、もっとも有効にはたらく基準であるといえる。統語的機能が他の分類基準にたちまさって重要であることをはじめに確認しておきたい（村木新次郎(1996)）。

　ところで、日本語における主要な品詞である名詞・動詞・形容詞の統語的な機能は、1つに限定されるのではなく複数の機能をあわせもっている。それぞれが主要な機能と副次的な機能をそなえていて、それが総合された姿

で、いわば相対的に分類されるという特徴をもっているのである。すなわち、各品詞間において、異なる特徴だけによって区別されているのではなく、部分的に共通する特徴もあるという点に留意しなければならない。

　日本語の形容詞は、伝統的にも、「用言」の１つとして、動詞との共通性がしばしば指摘されてきた。たしかに、日本語の形容詞は、単独で述語になれる、接続やテンス・ムード（判断や認識にかかわるムード）によって活用する、といった点で動詞と共通した性格をもっている。一方で、形容詞は、名詞との間に、述語用法と規定用法において接点をもつ。本章では、後者の問題をあつかうことになる。

3.　日本語の名詞と形容詞との間には、統語的機能の点で次のような差異がみとめられる。

　まず、名詞は文中で補語になることがもっとも重要なはたらきであり、その機能をはたすために、「-が/-を/-に」といった格助辞をしたがえるという形態的な特徴をそなえている。日本語の名詞は統語的機能にもとづく格の体系をそなえている。ある単語が名詞であるための条件は、なによりもこの格の体系をもつことである。格の発達は多くの言語でみとめられるが、１つの文の中に名詞的成分が２つ以上あらわれることに起因するといえよう。もし、どの文にも１つだけの名詞しか存在しないとするならば、格をもつ必要がなかったはずである。格の体系をもつことが名詞の第一の特徴であり、これをもたない形容詞と区別される。名詞は、補語になるほか、「-だ/-です」などのコピュラをしたがえて述語にもなるし、「-の」をしたがえて規定語にもなる。規定語とは名詞を修飾限定する成分のことである。一方、日本語の形容詞の文中での主要な機能は、規定語になることと述語になることである。属性形容詞は相対的に規定用法に、感情形容詞は述語用法に、それぞれ傾斜するのであるが、ここではそのことに立ち入らない。名詞も形容詞も規定語になるが、名詞の場合は、「なにの/だれの」に対応する関係規定的であるのに対して、形容詞のそれは「どんな」に対応する属性規定的であるという違いがある。

　また、名詞と形容詞は述語になる。名詞が述語としてもちいられるときには、「だ」「です」などのコピュラを伴うことが多いが、テンス・ムード、肯

172　第2部　形容詞をめぐる諸問題

定否定、ていねいさなどの文法的なカテゴリーのうえで形容詞と共通する。名詞と形容詞は、述語となって属性をあらわすとき、両者には大きな差がみとめられない。さらに、名詞は他の単語の連体形式をうけるが、形容詞は他の単語の連用形式をうけるという違いがある。ただし、これにはいくつかの例外もある。このような名詞や形容詞の統語的機能は、その存在形態である語形にも反映している。

　名詞と形容詞に属している単語群の統語的機能である連用・連体・述語形式を整理してみると以下の表がえられる。

	連用形式			連体形式			述語形式		例
	−が(−を)	−に	−く	−の	−な	−い	−だ	−い	
(1)	＋	＋	−	＋	−	−	＋	−	りんご− 机− 遊び−
(2)	＋	＋	−	＋	＋	−	＋	−	健康− 自由− 親切−
(3)	＋	＋	＋	＋	−	＋	＋	＋	丸− 四角− 茶色−
(4)	＋	−	−	＋	＋	−	＋	−	大荒れ− 上々− がらあき−
(5)	−	＋	−	＋	＋	−	＋	−	わずか− 特別− さまざま−
(6)	−	＋	−	−	＋	−	＋	−	しずか− おだやか− 立派−
(7)	−	−	＋	−	＋	＋	＋	＋	暖か− 柔らか− 細か−
(8)	−	−	＋	−	＋	＋	−	＋	大き− 小さ− おかし−
(9)	−	−	＋	−	−	＋	−	＋	長− 高− かた−

この表で、(1)が名詞の、(9)が形容詞の典型である。また、(6)は、いわゆる形容動詞で、これは連用・連体・述語形式で［−に、−な、−だ］の語形変化のシステムをもち、狭義の形容詞の［−く、−い、−い］と異なるが、統語的機能と形態論的なカテゴリーが共通している。すなわち、両者の違いは語形だけであり、これは動詞における一段動詞と五段動詞の活用の違いに相当するものである。両者は文法的な特徴が共通しているので、同一の品詞に属するものとするのはまったく妥当なあつかいである。狭義の形容詞を第一形容詞、いわゆる形容動詞を第二形容詞とよぶゆえんである。とすると、(8)は、第一形容詞と第二形容詞の連体形式に、(7)は、第一形容詞と第二形容詞の連体形式と述語形式にかさなりが、それぞれみられるものである。(5)

は、連体形式に「-の」のかたちを許容する第二形容詞の変種である。(2)と(3)は、格の体系をもつゆえに名詞の資格をそなえており、かつ「とても」「もっと」といった程度副詞をうけるという形容詞の特徴をもっている。(2)は名詞と第二形容詞のかさなりであり、(3)は名詞と第一形容詞のかさなりである。さて、残された(4)は格の体系を欠いていて名詞とはいえない。これらは名詞に特徴的な補語になる資格をもたない。ここに所属する単語は形容詞の統語的な特徴と一致し、規定語の用法は「どんな」に対応する属性規定である。形態的には、連用と述語の用法で第二形容詞と共通するので、これらを第二形容詞の変種とするあつかいも考えられるが、連体形式の異なりを重視し、このようなタイプの形容詞を(9)や(6)と区別して第三形容詞と位置づけたい。ここに所属する単語はかなりの数にのぼるとおもわれる。三種類の形容詞の連用・連体・述語形式は以下のように整理される。

　　第一形容詞［-く、-い、-い］
　　第二形容詞［-に、-な、-だ］
　　第三形容詞［-に、-の、-だ］

なお、表題にもあげた「ひとかど-」は、「ひとかどの(人物)」のような連体用法しかもたない単語で、第三形容詞の変種とみてよいものである。この仲間には「当代きっての(名人)」のような接辞「-きって(の)」をふくむ合成語があり、連体詞もしくは連体機能のみをもつ不完全形容詞という位置づけが妥当であろう。慣用性の強いものといえそうであるが、「大の(大人)」「無類の(おひとよし)」「不眠不休の(看病)」「一抹の(不安)」「一縷の(望み)」「一介の(研究者)」といった単語は、このグループにはいるであろう。

　以上の単語を文法的に大きく分類すると、(1)は格の体系をもち、名詞であり、(4)〜(9)はそれをもたず、形容詞に属する。(2)と(3)は名詞と形容詞の両者の性質をあわせもつ単語群である。このように、日本語の形容詞は、語形上の相違によって、少なくとも、第一、第二、第三形容詞と3種にわけられる。

4. 本章で、「第三形容詞」に位置づけようとする単語群はかなりの数にのぼるものであり、形容詞の特殊例とするべきではない。多くの辞書では、このような単語を名詞あつかいしている。『岩波国語辞典(第五版)』(岩波書店

と『現代国語例解辞典(第二版)』(小学館)を調査してみたところ、両辞典とも名詞としてあつかっているものに、次のような単語がある（ごく一部をしめしたものである）。ちなみに、これらの単語の用例には、規定語の用法があがっているのが普通である。以下のリストで例示した句例は辞書からとったものである。

　　深紅(のバラ)、細面、一流(の学者)、だんとつ(の一位)、指折り(の人物)、ぴかいち(の美人)、極上(の酒)、とびきり(の品)、ひとかど(の人物)、常套、在来(の方式)、仮(の処置)、仮性、迫真(の演技)、真(の学者)、本物(の武士)、まやかし、がらんどう(の家)、がらあき(の電車)、高速、きわめつき(の演技)、てづくり(の味)、すしづめ(の電車)、しりあがり、鰻のぼり(の出世)、横なぐり(の雨)、おしきせ(の社内旅行)、物笑い(の種)、丸腰(の警官)、見ず知らず(の人)、底無し(の沼)、不治(の病)、無人(の部屋)、未曾有(の大事件)

ここにあげた単語は、辞書で名詞あつかいされてはいるが、補語としての用法、すなわち、「-が」や「-を」をしたがえて主語や目的語になることは普通ないものとおもわれる。もしそうだとしたら、これは名詞の主要な機能である補語になる資格を欠いているので、名詞とはみとめられないことになる。このような単語が名詞としてあつかわれてきたのは、「-の」をしたがえるという形態上の特徴によったものと考えられる。しかし、「-の」をしたがえて連体機能をはたすということは、名詞にとって本質的な特徴ではなく、名詞が規定語としてはたらく二次的副次的機能の特徴である。

こうした単語群の辞書でのあつかいをみると、品詞上の記述にしばしばゆれがみられる。上記の両辞典でみても、一方が名詞あつかいで、他方が名詞以外あるいは名詞と他品詞の併記というような不一致がみられるものが数多くみいだせる。たとえば、「出色」「架空」「命がけ」「むきだし」「出任せ」「底抜け」「熱々」「汗みどろ」「今風」「横長」といった語がその例である。辞書の執筆者や編集者たちが、これらの単語を、名詞とするか、形容動詞とするかの判断に苦心していることがうかがわれる。注意がもっぱら「-な」「-の」といった語形だけにそそがれ、名詞に特徴的な、統語的機能である補語になるかどうか、また、その形態的なすがたである「-が」「-を」の語形をもつかどうかの判定が忘れられているせいであろう。

小説や随筆などの作品からこの種の例をひろってみると、合成語が多いことに気づかされる。「ぎゅうぎゅうづめ」「置きっぱなし」「脅迫まがい」「皮肉まじり」「半開き」「両開き」「隙間だらけ」「現役ばりばり」「商売あがったり」「頭でっかち」「玄人そっちのけ」「大人顔負け」「大学卒」「英国製」などがそのような例で、こうした合成語は、一般に辞書の見出し語として登録されない傾向にある。これらの合成語は、いずれも格の体系をもたず、本章でいう第三形容詞に属し、名詞とはみなしにくい[2]。

5.　形容詞を、その語形上の異なりによって3種にわけたが、意味からそれらをみると、たがいに競合する関係にある。状態・性質をあらわす単語は、語形変化のシステムが融合型の第一形容詞が非生産的であることから、非融合型で、分析的な語形の第二、第三形容詞が、それを補充する様相をしめしている。融合とは、語幹と語尾との独立性のよわい性質をさしている。品詞は文法的な特徴にもとづく単語のふるいわけであるのだが、文法的な特徴をささえているのは、意味である。以下に、［形］［色］［評価］［時間］［空間］［数量］［姿］といった意味分野における、3種の形容詞が競合している例をあげておく。

　　［形］　　平たい／平らな／ぺったんこの　屋根
　　　　　　丸い／まん丸な／球形の　容器
　　　　　　大きい／巨大な／頭でっかちの　人物
　　［色］　　黒い／真っ黒な／色黒の　肌
　　　　　　白い／真っ白な／半白の　髪
　　　　　　赤い／真っ赤な／深紅の　バラ
　　　　　　青い／真っ青な／紺碧の　空
　　［評価］　すばらしい／優秀な／抜群の　学生
　　　　　　めずらしい／まれな／ひとかどの　人物
　　　　　　（めずらしくない）／陳腐な／ありきたりの　せりふ
　　　　　　正しい／正当な／真の　姿
　　［時間］　はやい／迅速な／急速の　発展
　　　　　　古い／古風な／旧式の　建築様式
　　　　　　新しい／新鮮な／最新の　野菜・技術

［空間］　近い／至近な／手近の　場所
　　［数量］　少ない／わずかな／小口の　注文
　　［姿］　　（なにもない）／空虚な／からっぽの　部屋

6. 第三形容詞に位置づけられるとおもわれるものを採集してみると、それらの単語群に合成語が目だつことは **4.** でふれた。以下には、合成語を構成する要素の接辞・語基、動詞性・形容詞性などの特徴、否定・数量など意味にかかわる特徴などいくつかの点から整理して例示してみる。

6.1　第三形容詞性接辞を後要素にもつもの

　ここに入るものは、接辞のうち、第三形容詞をつくりだすもので、主として名詞性語基につくものとして「-だらけ」「-みどろ」「-まみれ」「-ずくめ」、形容詞性語基につくものとして「-め」、動詞性語基につくものとして「-ぎみ」がある。「-まみれ」「-みどろ」は「汗-」「血-」「泥-」など限られたものにしかむすびつかないようであるが、「-だらけ」「-ずくめ」「-め」「-ぎみ」は、以下の例にみられるように、いくらか生産的であるといえる。

　　-だらけ：隙間だらけの(部屋)、破れ穴だらけの(障子)、まちがいだらけの(答)、ほこりだらけの(机)
　　-ずくめ：規則ずくめの(学園)、異例ずくめの(人事)、黒ずくめの(服装)、いいことずくめの(話)
　　-め：太めの(体格)、厚めの(本)、大きめの(箱)、広めの(会場)、早めの(到着)
　　-ぎみ　：やけぎみの(行動)、お疲れ気味の(OL)、うつむき気味の(女の子)、風邪ぎみの(体)

　漢語系の接辞で、名詞成分を形容詞化するものがいくつかみられる。「-風」「-様」「-状」などがそうである(例：やくざ風の(男)、ゴシック様の(塔)、紐状の(粘土))。「-式」「-系」「-用」にも同様の性質があるが、これらは名詞と形容詞の両方にまたがる用法をもっている。「-放題」もこの種の接辞とみられ、動詞性の語基にひろくつくものである(例：荒れ放題の(土地)、食い放題の(店)、なぐられ放題、言いたい放題)。ただし、「周りの人からなぐられ放題のひと」「自分が言いたい放題のこと」のように、動詞の

もつ格支配の性質をとどめている例もみられ、動詞と形容詞の特徴をあわせもっている。これらの例では、「(周りの人からなぐられ)放題」「(自分が言いたい)放題」のように、接辞「-放題」が句をうけていると解釈することもできる。生産力のつよい「-的」は第二形容詞をつくる接辞として現代日本語のなかで重要な役目をはたしている。「-風」「-様」「-状」といった形式は、名詞との接点をもちつつ、第三形容詞をつくる接辞として機能している。

また、語基とも接辞とも考えられるような形式が合成語の後要素としてもちいられた「二十歳そこそこの(女の子)」「現役ばりばりの(刑事)」「天井すれすれの(ところ)」「汗びっしょりの(額)」「ストレスいっぱいの(サラリーマン)」のような形式は、単語か句かという単位をめぐっての議論の余地はあるが、全体を単語だとするならば、これらも第三形容詞に位置づけられるであろう。

6.2.1 動詞性の語基(接辞)を後要素にもつもの

さまざまなタイプの語基を前要素として、ある種の動詞性語基(一部は接辞)がこれにむすびつくと、第三形容詞とみられる単語がうまれる。形式上このタイプに属するもののなかには、「山積みの(仕事)」「用済みの(書類)」「がらすきの(電車)」「通りがかりの(人間)」「八つあたりの(気分)」「命がけの(仕事)」といった固定的な合成語もあれば、「-がち」「-たて」「-つき」「-まじり」といった生産力をもった形式も存在する(例:遅れがちの(時計)、生まれたての(子供)、条件つきの(認可)、ため息まじりの(問い))。とはいえ、合成語が固定的なものかそうでないかは程度の問題で、絶対的なものではない。同じ形式であっても、「庭つきの(家)」「柄つきの(ブラシ)」と、「折り紙つきの(悪)」とでは固定性に差がありそうで、「折り紙つき」は比喩がかかわっている分、より固定的であるといえそうである。

生産性のたかいもののうちで、アスペクトがらみのものがいくつかある。「使いかけの(石鹸)」「飲みかけの(茶)」「編みかけの(セーター)」、「炊きたての(飯)」「就職したての(社員)」「とれたての(蟹)」「生まれたての(赤ちゃん)」のような始動相を特徴づけるもの、「つけっぱなしの(ラジオ)」「置きっぱなしの(本)」「走行中の(車)」のような持続相を特徴づけるもの、「行きつけの(店)」「かかりつけの(医院)」のような習慣相あるいは多回相を特徴づ

けるもの、「用済みの(書類)」「大学卒の(女性)」のような完了相を特徴づけるものなどがある。なお、持続相の特徴をもつ形式には、「何時間もつけっぱなしのラジオ」「机に置きっぱなしの本」「高速道路を走行中の車」のように、時空間を特徴づける成分を前置できる性質がある。動詞の形容詞的な用法として動詞と形容詞の中間物(分詞)のあつかいをしておくのがよいとおもわれる。「吸いさしの(たばこ)」も中断相とでもよんでよいアスペクトがらみの形式である。

　ここにはいる例は多く、「筋金入りの(共産主義者)」「会社帰りの(サラリーマン)」「五年越しの(恋)」「洗いざらしの(ズボン)」「手づくりの(かご)」「くりつけの(棚)」「ぎゅうぎゅうづめの(電車)」「子供連れの(主婦)」「調子っぱずれの(歌声)」「的はずれの(質問)」「ガラス張りの(壁)」「やくざまがいの(不動産屋)」「腹立ちまぎれの(口論)」「ひやかし混じりの(反論)」「雪まじりの(風)」「若むきの(スタイル)」「型やぶりの/な(人間)」「鰻登りの(景気)」「横なぐりの(雨)」「6畳敷きの(和室)」「出まかせの(世辞)」「筒抜けの(情報)」「底抜けの(明るさ)」「寄せ集めの(集団)」「着流しの(年輩客)」「肌ぬぎの(男)」「ひとかかえの(ビニール袋)」「通りすがりの(少年)」「半開き/片開き/両開きの(ドア)」「もの笑いの(タネ)」「剥き出しの(便器)」のようなものがある。また、動作性の意味をもつ漢語系の形式「−製」「−卒」「−産」といった合成語もこのタイプととなりあっている(例：プラスチック製の(かご)、大学卒の(板前)、鹿児島産の(焼酎))。

6.2.2　動詞性語基の重複形およびその変形

　「見え見えの(こと)」「離れ離れの(人生)」「押せ押せの(ムード)」のように同一の動詞語基をくりかえしたもの、「持ちつ持たれつの(間柄)」「追いつ追われつの(レース)」のように同一の動詞の能動語基と受動語基とをくみあわせたもの、「至れり尽くせりの(サービス)」「願ったり叶ったりの(事態)」「似たり寄ったりの(状況)」「押しあいへしあいの(大騒ぎ)」「破れかぶれの(行動)」といった、類似した意味の固定的なくみあわせなどがある。慣用的な用法ではあるが、「息も絶え絶えの(状態)」のように「絶え絶え」が動詞の性質をとどめ、連用成分(「息も」)をうけた例もある。

6.2.3　動詞性語基を前要素にもつもの

「要注意の（人物）」「没論理の（理論展開）」のような漢語の動詞性成分は、中国語の文法をひきずっていて、名詞性成分に前置され、全体で広義の形容詞となっている。これらも第三形容詞に位置づけられる。

6.3.1　形容詞性の語基を後要素にもつもの

「横長の（看板）」「幅広の（机）」「極細の／極太の（ボールペン）」「極薄の（マットレス）」などがその例である。「実物大の（写真）」のような漢語系の形式もここにはいる。「幅広の」は「幅広い」と競合関係にある。

6.3.2　形容詞性の語基を前要素にもつもの

「丸腰の（警官）」「強腰の（態度）」「丸首の（シャツ）」「太っ腹の（社長）」などがその例である。

6.4　「おお-」「こ-」などの接頭辞をもつもの

「大口の／小口の（注文）」「小太りの（身体）」などがその例である。

6.5　否定形式をふくむもの

否定性の意味を特徴づける後要素としての接辞／語基「-ず」「-なし」「-ぬき」、前要素としての接辞／語基「無-」「不-」「未-」「没-」といった形式をふくむ、「手付かずの（土地）」「どっちつかずの（態度）」「見ず知らずの（お嬢さん）」「あたらずさわらずの（答弁）」「付かず離れずの（おつきあい）」、「ろくでなしの（亭主）」「底なしの（沼）」「名なしの（権兵衛）」「文句なしの（できばえ）」、「理屈抜きの（感情）」「無塩の（醤油）」「無類の（お人好し）」「無人の（部屋）」「無名の（ひと）」「正体不明の（しみ）」、「不治の（病）」「不眠不休の（看病）」「不即不離の（関係）」、「未曾有の（不景気）」「没交渉の（生活）」などがその例である。

6.6　「一」「半」など数量に関する形式をふくむもの

「ひとかかえの（荷物）」「ひとりきりの（世界）」「ひととおりの（儀式）」「一抹の（落胆）」「一介の（研究者）」「唯一の（可能性）」「半白の（髪）」「教養たっ

ぷりの(番組)」「ストレスいっぱいの(現代人)」などがその例である。

7. 本章では、「Xの」の形式をとるものの中に形容詞に属するものがあると主張した。そこでは、「がらあき-の」「ひとかど-の」における「の」を、「しずか-な」における「な」と同じように、単語の一部としてあつかっている。そして、形容詞においてだけでなく名詞においても、「-の」を名詞の、文における語形をしめすものとして、単語の部分と考える立場をとっている。「-の」はたしかに前の形式から相対的に独立分離する形式ではある。しかし、文中で自立する形式ではありえない。それが自立的な単語の文法的な形式をしめすものであるなら、単語に従属するものとしてとらえるのが妥当であろう。文法的な形式「の」を助詞としてとりだし、その前におかれる単語はすべて名詞であるとするのは、あまりにも形式的であるといわざるをえない。当該の単語の文法的な特徴を考慮していないからである。

品詞とは、文法的な特徴にもとづく単語の分類であることは最初に確認したが、単語の分類にさきだって、単語とは何かを問わなければならない。

注

1　鈴木康之(1978〜1979)は、名詞の連体格の規定に、関係的なむすびつきと属性的なむすびつきとの区別をしている。前者は名詞のさししめすモノゴトを他のモノゴトとむすびつけるし、後者は名詞のさししめすモノゴトにそなわった属性をひきだすものであるとする。属性的なむすびつきには、「茶色の小びん」「ふだつきの不良」「あげそこのとっくり」「ひげのおやじ」「ダイヤのゆびわ」「ゴムのながぐつ」などが列挙されている。高橋太郎(1997)は、関係的なむすびつきをつくるノ格の名詞が不特定のモノをさししめし、一般化すると属性的な名詞に移行することを指摘している。いずれも本章の問題と接点をもつとおもわれる。本章では、「Xの」が名詞か形容詞かという品詞性を問うことと、表題にあるような単語群をさがしだすことを課題とする。

2　ここにあげたものの中には、「大学卒に限る」とか「英国産を探している」のような名詞的用法をもつものもある。この場合、「大学卒(の人)」「英国産(のもの)」というふうに、ある属性をもった「人」や「もの」の意味でもちいられ、格助辞をしたがえて、臨時的に名詞として機能している。また、ある種の単語に「〜(の方)がいい/好きだ」といった「〜が」をしたがえた例もありうるであろうが、これは、特定のモー

ダルな述語(いい/好きだ)に限定された用法で、名詞の格の用法とはみなしにくい。

第4章　第三形容詞とその語構成

0.　はじめに

　本章は、一般に名詞としてあつかわれている「底なし-」「がらあき-」「ひとりよがり-」「泥んこ-」「すっぱだか-」「やせっぽち-」「人並み-」「逃げ腰-」「百年ぶり-」「互角-」「抜群-」「真紅／深紅-」「特製-」といった単語が形容詞に属すべきものであること、さらに、その種の単語には合成語が多いことを指摘し、それらの合成語の語構成を整理したものである。

1.　品詞分類の基準

　品詞とは、単語を文法的な特徴によって分類したものである。同じ品詞に属する単語は共通の文法的特徴をもち、品詞が異なれば、たがいに違った文法的な特徴をもつということである。単語は、典型的には、固有の語彙的意味をもち、それがある文法的な形式(語形)をとって、文の部分となる性質をそなえた言語単位である。品詞にあたる英語 parts of speech、あるいはドイツ語の Redeteil は、まさに発話の部分という意味であり、文の要素としての文法的な側面にもとづく名づけである。単語とは、基本的に文の部分になるという特徴をもった言語の単位であることを確認しておきたい。単語の文法的な特徴は、統語論的な特徴と形態論的な特徴とからなる。単語が語形変化のシステムをもっているならば、その形態論的な特徴を品詞の決め手とすることができる。しかし、副詞や接続詞などの不変化詞については、それが適用できず、形態からは品詞の特定化ができない。一方、統語論的な機能は、文中でのその役割を問題にし、すべての単語がこれに関与するわけである

から、これこそが品詞分類に際して、もっとも有効にはたらく基準であるといえる（村木新次郎（1996））。品詞を文の部分として位置づけるということは、まさにこの統語論的機能を問うことである。一般に単語の形態的な構造は、単語の統語論的な機能に応じて発達している。つまり、単語の形態論的な構造は、そのグループがはたす統語論的な役割に対応していて統語論に従属している。たとえば、名詞は「-が」「-を」などの格助辞をしたがえるという形態的な特徴をそなえているが、それは名詞の文中でのはたらきにもとづいているわけである。すなわち、名詞は同一の文に複数あらわれることが多く、それらの統語的な機能をあらわしわけるために、格が発達したのである。名詞は補語になることがもっとも重要なはたらきであり、その機能をはたすために、格のシステムがあるのである。

2. 品詞間の連続性

　単語を品詞に分ける際には、統語論的な機能を優先させなければならない。ただし、主要な品詞である名詞・動詞・形容詞といった単語群にあっては、その統語論的機能が単一ではなく、いくつかの機能をあわせもっていることに注意をはらわなければならないのである。すなわち、統語論的機能の点で、それぞれが固有の機能をもち、すっきりと他から独立した関係にあるのではないということである。それぞれが主要なはたらきと副次的なはたらきをそなえていて、いわば相対的に分類されるということである。そのため、ときに、ある品詞と別の品詞との関係は連続的でもあり、部分的にかさなる場合もある。

　日本語の動詞と形容詞は、統語論的な機能の点で共通する部分が多く、用言として、あるいは広義の動詞として、1つにまとめられることがある。しかし、述語用法を主たる機能とする動詞と、連体用法を主たる機能とする形容詞とに分けるのは、機能の相対性にもとづいている。一般には、語尾「-る／-た」のパラダイムをもつものが動詞で、語尾「-い／-く」のパラダイムをもつものが（狭義の）形容詞としている。しかし、動詞の中にも、ヴォイスのうち受動形をもたないものがあったり、アスペクトが欠けていたりする単語がある。ヴォイスやアスペクトは形容詞になく、動詞に特徴的な文法的

なカテゴリーとされるのであるが、それらのカテゴリーを欠いた動詞は、動詞らしくない動詞であるということになる。また、行為動詞には、命令法・勧誘法・意志法などがあるのに対して、状態動詞（非行為動詞）には、そうしたムードの文法形式がみられない（行為動詞の命令法で願望をあらわしたり、意志法で推量をあらわしたりすることがある）。動詞固有の文法形式を発達させている点で、行為動詞は動詞性がつよく、状態動詞は形容詞との近さをしめす。また、動詞の否定形（〜ない）や希望形（〜たい）は、形態的にも形容詞と類似し、典型的な動詞の特徴を部分的にうしなっている。

　形容詞が意味論上かつ統語論上の特徴から感情形容詞と属性形容詞に分類されることがあるが、その場合、感情形容詞が属性形容詞にくらべて述語用法として多く用いられることが知られている。このことは感情形容詞の、述語用法を本命とする動詞との近さをしめす現象である。さらに、感情形容詞には、「おそろしい―おそれる」「なつかしい―なつかしむ」「はずかしい―はじる」「たのしい―たのしむ」などのように、動詞と語根を共有する派生関係を成立させるペアが多く存在し、それらは感情形容詞と感情動詞が隣接もしくはかさなりあっていることをものがたっている。一方、属性形容詞は、連体用法で多く用いられ、動詞と対立的で、より形容詞らしい（非動詞的な）性質を発揮するのである。

　実体をあらわす名詞は、もっとも名詞らしいもので、名詞の典型である。しかし、名詞の中には、属性を意味し、「とても」「もっと」などの程度副詞をうけるという、形容詞としての性質をそなえている単語群がある。「紳士」「美人」「変人」「努力家」「金持ち」といった、ある特徴を有する人間を名づけた単語をはじめ、「大金」「近道」「ご馳走」などの単語である。これらの単語には、いずれもなんらかの属性が意味されている。そして、これらが「あの人はとても紳士です。」「こちらの方がもっと近道だ。」のように、述語としてもちいられるとき、属性の特徴が前面にあらわれるのである。一方で、「（＊とても）紳士が来た。」「（＊もっと）近道をさがす。」のように、主語や目的語としてもちいられるときには、程度副詞をうけることができず、形容詞としての特徴はあらわれない。この種の単語は、主語・目的語としてもちいられるときには、実体をあらわして、名詞としてふるまい、述語としてもちいられるときには、属性を意味して、形容詞としての特徴が発揮される。

以上、いくつかの例にみたように、各品詞の境界は、そもそも不鮮明で、離散的なものではなく、異なる品詞間にはかさなりがみられたり、品詞間の関係が連続的であったりしているものなのである。

3. 日本語の形容詞は少ないか

　日本語には、形容詞が少ないとしばしば指摘されてきた。はたしてそうであろうか。こうした指摘は、主として、辞書の見出しや語彙表にもとづいて、なされている（たとえば、玉村文郎（1985））。辞書の見出しや語彙表は、いわば単語の目録である。しかし、日本語の辞書類では、接辞類は立項されるが、合成語は立項されにくいという傾向がみられるのである。接辞は単語よりも小さな単位であり、合成語は単語の一種である。筆者は、かつて日本語とドイツ語の基本語彙の比較をこころみたことがある（村木新次郎（1981））。目的・語数・選定方法の類似した日独両言語の語彙表を調査対象にしたのであるが、日本語のリストには、ていねいの意味をそえる「御（お-／ご-）」のような接頭辞、敬称の「-様」、「-さん」、のような接尾辞、「-られる」、「-たい」、のような助動詞とよばれているものの一部、さらに「-回」、「-度」、「-枚」、といった類別辞（これも接尾辞）などがふくまれていた。このような形式は、それ自身は単語ではなく、単語の部分なのである。ドイツ語にも生産的に派生語をつくる接辞が多くみとめられるが、ドイツ語の語彙表にはそのような接辞類はおさめられていない。ドイツ語の語彙表にはむしろ、Geschwindigkeitsbeschränkung「速度制限」とか Hotelvermittlung「宿泊案内所」といった多くの形態素から構成される長い合成語が相当数おさめられている。つまり、日本語では、一方で、単語よりも小さい接辞類や造語成分などが見出し項目としてあげられる傾向が強く、他方で、「速度制限」や「宿泊案内所」のような合成語は立項されにくいのである。このような合成語は、立項されても小見出しのあつかいをうけるか、用例としてしめされることが多い。辞書や語彙表によって多少の異なりをみせるのであろうが、日本語では、一般に、接辞類が立項され、合成語が立項されにくいということが指摘できるのである。この事実は、日本語の使い手（あるいは辞書や語彙表の作り手）が相対的に小さな形式を単語とみなしている結果であるという

ふうに理解できる。日本語では、伝統的に、単語と形態素を区別しないで、どちらも単語あつかいしてきたという歴史がある。ちなみに、さきほどの「お-」を接頭語、「-さん」を接尾語といったりするのもそのあらわれである。

　日本語には、派生形容詞とよんでよい形容詞が数多く存在するが、これらが正当にあつかわれていないのではないかとおもわれる（ちなみに、英語をはじめ、多くの言語で、派生形容詞の方が、純粋（あるいは非派生）形容詞より、一般に数が多いという指摘がある（Dixon（1999））。日本語の派生形容詞の例としては、「埃っぽい」「脂っこい」「子どもらしい」「歩きにくい」「理解しやすい」といった単語があげられる。さらに、いわゆる形容動詞（以下では、第二形容詞とよぶ）についていえば、「近代的」「臨時的」「日本的」「機械的」「精神的」「辞書的」といった「-的」をふくむ合成語は、現代日本語において、第二形容詞の大きなグループをつくっている。さらに「暑そう（な）」「弱げ（な）」「子供みたい（な）」のような「-そう」「-げ」「-みたい」といった接尾辞をふくむ派生語も、形容詞を豊富にしている。また、「不-」「無-」「未-」などの漢語の接頭辞も、形容詞をつくる派生辞としてはたらいている。このように、日本語には多数の派生形容詞が存在するのであるが、辞書のレベルで形容詞を問題にするとき、こうした派生形容詞が充分に考慮されているとはいえない。

　単語の統語論的なふるまい方を観察したときに、これまで名詞や動詞としてあつかわれてきた単語の中に、形容詞の仲間であるとしなければならない単語がかなり存在するように思われる。本章でとりあげる単語は、そうしたものの一部である。

　従来、形容動詞とよばれていた単語群が、今日では形容詞としてとらえられる傾向が強まっている。筆者は、いわゆる形容動詞を広義の形容詞に位置づけることに賛成である。狭義の形容詞といわゆる形容動詞は、文法的な特徴も意味論的な特徴も共通しているからである。両者の相違は、語形だけである。こうした語形の相違は、動詞における一段動詞と五段動詞の異なりに相当し、同一の品詞内の下位分類に役立つものではあっても、大きく単語を分類するほどの文法的な特徴ではない。語形が異なるといっても語形変化の体系は共通しているのである。狭義の形容詞が第一形容詞（イ形容詞）、いわゆる形容動詞が第二形容詞（ナ形容詞）とよばれることがあるが、それにくわ

えて、第三形容詞(ノ形容詞)とよんでよい、もう1つの形容詞のタイプの存在を提案したい。「底なし-」「がらあき-」「ひとりよがり-」「泥んこ-」「すっぱだか-」「やせっぽち-」「人並み-」「逃げ腰-」「百年ぶり-」「互角-」「抜群-」「真紅／深紅-」「特製-」「破格-」といった単語は、一般に、辞書類で名詞あつかいされているが、主語や目的語になれないか、なりにくいものである。名詞を特徴づける主語・目的語になる資格をもたないものは、名詞でありえない。このような単語が文の中でしめす語形は、「底なしの(沼)」「がらあきの(電車)」「ひとりよがりの(前衛芸術家)」「泥んこの(靴)」「すっぱだかの(男たち)」「やせっぽちの(背中)」「人並みの(しあわせ)」「逃げ腰の(態度)」「百年ぶりの(大洪水)」「互角の(戦い)」「抜群の(成績)」「真紅の(バラ)」「特製の(たれ)」「破格の(報酬)」といったふうに、後続の名詞を修飾限定する規定用法であり、ときに修飾用法や述語用法としても用いられる。これらの文中でのはたらきは形容詞のそれと一致することから、さきにあげた単語群は名詞ではなく、形容詞として位置づけられる必要がある(村木新次郎(1998)(2000))。従来、このような単語が名詞とされてきたのは、「-の」をしたがえるという形態上の特徴によったものであろう。しかし、名詞が「-の」をしたがえて連体機能をはたすということは、名詞の本質的な特徴ではない。名詞にとって、他の名詞を修飾限定するという規定成分としての機能は、二次的副次的である。規定語を主たるはたらきとするのは、名詞ではなくて形容詞なのである。

4. 単語認定の問題

　日本語では、単語の認定をめぐって諸説あり、共通の理解がえられていない。品詞について議論するまえに、なにを単語とするかを問題にした上で、どのような基準によって単語を品詞にグループ分けするかを問わなければならない。

　日本語の伝統的な文法では、文法的な形態素(学校文法での助詞・助動詞)を単語としてあつかってきたという歴史がある。そこには功罪がみとめられる。マイナスの部分だけを2点指摘する。ひとつは、単語が文を構成する基本的な成分であるという見方ができなくなったことである。たとえば、「庭

-に 真っ赤-な バラ-が 咲き-まし-た。」という文は、「庭-に」「真っ赤-な」「バラ-が」「咲き-まし-た」という4つの単語からなり、それらの単語は、直接に、あるいは間接に、文の成分として機能している。ところが、「-に」「-な」「-が」「-まし-」「-た」といった文法的な形態素は、自立する単語の文の中での語形をあらわすものとして、単語に従属し、それ自身は単語の資格をもたないものである。文法的な形態素を単語あつかいすることによって、単語が文の成分であるとはいえなくなってしまうのである。文法的な形態素を単語としてあつかったことの、もうひとつの問題点は、自立する単語が文の中であらわれるときのさまざまな語形を、パラダイムとしてとらえることができなかったことである。「庭」や「バラ」は名詞として「-が／-を／-に」といった格のパラダイムを、「咲きました」は動詞として、たとえば「咲いた」と、「-まし-」の存否によっていねいと非ていねいの対立をなし、「咲きます」と、「-た」と「-る」の交替によって過去と非過去の対立をなすといったパラダイムをそなえている。動詞は、ていねいさやテンスの他にも、ヴォイス、アスペクト、肯定否定や接続といったいくつものカテゴリーにしたがって対立する語形をもっているのである。ところが、伝統的な国文法では、語形変化をする単語の変化する部分を変化しない部分から切り離し、変化する部分（いわゆる助詞・助動詞）だけに文法的意味をおわせ、自立的な単語の語形変化のシステムとしてとらえることができなかった。そこでは、助詞や助動詞のつかない無標の形式を文法的な語形としてとらえることができず、その結果、形態論的なカテゴリーを正当に抽出することができなかった。名詞における文法的な形態素をしたがえない「庭-φ」「バラ-φ」などの形式や、動詞における辞書形（基本形、代表形）の「咲く」のような形式の、文法的な意味がとりだせなかったのである。単語は、典型的には、固有の語彙的意味をもち、言語活動のなかではある文法的な形式（語形）をとり、文の部分となるという性質をそなえた言語形式なのである。

　ちなみに、「真っ赤-」という第二形容詞は、「真っ赤-」という語幹が「-な」「-に」といった語尾をしたがえて、規定成分や修飾成分になる語形となったり、「-だ／です」などのコピュラをしたがえて述語になったりするのである。これは、「赤い」という第一形容詞の「赤-」という語幹が、「-い」「-く」といった語尾をしたがえて規定成分や修飾成分になったり、「-い」「-かっ

た」のような語尾をしたがえて述語になったりするのと平行している。本章で問題にしようとする「真紅-」もこれらと同じように、「真紅-」を語幹とし、「-の」「-に」という語尾とむすびついて、規定成分や修飾成分としてはたらき、「-だ／です」などのコピュラとむすびついて述語のはたらきをしているととらえるのが正当であろう。「真紅の」の「-の」は、自立的な単語「真紅-」の文の中での存在形式をしめす1語形をつくる要素である。そう理解することで、「赤-い」「真っ赤-な」「真紅-の」に共通する側面がとりだせる。すなわち、これらの3つの単語は、以下にしめすように、統語論的に同じふるまい方をするのである。

規定成分として　　赤い／真っ赤な／真紅の　バラ
修飾成分として　　赤く／真っ赤に／真紅に　咲いたバラ
述語として　　　　そのバラは　赤い／真っ赤だ／真紅だ。

5. 第三形容詞の位置

　本章でとりあげたい「底なし-」「がらあき-」「ひとりよがり-」「泥んこ-」「すっぱだか-」「やせっぽち-」「人並み-」「逃げ腰-」「百年ぶり-」「互角-」「抜群-」「真紅／深紅-」「特製-」といった単語は、さきにもふれたように、辞書類で名詞としてあつかわれている。しかし、この種の単語の使用を調べてみると、おおむね、以下のような特徴がみいだされるのである。

　(1)　「-が」「-を」の形式で用いられた例がない。もしくは稀である。
　(2)　「-の」の形式で、後続の名詞を修飾限定する連体用法が多い。
　(3)　「-だ」「-だった」「-です」「-でした」といった形式で、述語としての用法がみられる。
　(4)　「-に」の形式で後続の動詞・形容詞を修飾する用法がみられる。

　(1)の特徴は、これらの単語が補語（主語・目的語）になれないか、なりにくいものであることを意味する。つまり、これらの単語は、名詞の本務である格のシステムをもっていないのである。当該の単語が格の体系をもたないならば、それは名詞ではない。一般に、辞書類で上記のような単語が名詞としてあつかわれているのは、後続の名詞につながる形式が「〜の」であるこ

とによるのであろうが、この連体の機能は名詞にとって本質的なことではない。この種の単語が「-が」や「-を」をしたがえて主語や目的語として用いられることも稀にあるが、これについては後述する。

　(2)の特徴は、これらの単語がもっぱら規定成分として、名詞を修飾限定する用法で使用されることを意味する。名詞も形容詞も、その機能は単一ではなく、いくつかの機能をそなえている。つまり、どちらの品詞も多機能ではあるのだが、名詞は(1)でもふれたように、文中で補語になることを基本とする単語群であり、形容詞は規定成分としてはたらくことを基本とする品詞なのである。ちなみに、動詞は述語となることを基本とする単語群である。当該の単語が、おもに連体用法にもちいられているならば、それは名詞ではなく、形容詞の仲間とすべきであろう。もっとも、連体機能のみをそなえた単語であるならば、それは連体詞であって、形容詞は、連体機能を基本用法とするが、述語用法や連用用法など他の機能をもあわせもつところに、連体詞と区別される特徴がある。すなわち、連体詞は連体機能のみをそなえた単一機能の品詞であり、形容詞は、他の機能をあわせもつものの、連体用法を主たる機能とする品詞であるという違いである。なお、形容詞は、意味論上かつ統語論上の相違によって、属性形容詞(状態形容詞)と感情形容詞(情意形容詞)に二分しうるが、上述の連体用法を主たる機能とするのは、属性形容詞の性質である。感情形容詞は、動詞と隣接していて述語用法にかたよっている。ここでとりあげるほとんどの単語は属性形容詞に属するものである。名詞も形容詞も規定語になるが、名詞の場合は「なにの／だれの」に対応する関係規定的であるのに対して、形容詞のそれは「どんな」に対応する属性規定的であるという違いがみとめられる。名詞の場合は実体が、形容詞の場合は属性が規定成分の内容になるのである。

　(3)は、これらの単語がコピュラをともなって述語になることを意味し、(4)は、副詞に特徴的な連用用法をもっていることを意味している。名詞も形容詞も「だ」「です」などの形式をともなって述語になることがあるが、テンス・ムード、肯定否定、ていねいさなどの文法的なカテゴリーのうえで、共通している。

　(1)〜(4)の諸特徴は形容詞の特徴であり、それらをそなえた「底なし-」「相互-」「抜群-」「真紅-」をはじめとする単語群は、名詞ではなく形容詞と

して位置づけられるべきものである。**1.** でふれたように、第一形容詞、第二形容詞にくわえて、第三形容詞の存在を提案する所以である。

なお、形容詞は一般に、(1)格の体系をもたない、(2)規定語の用法がある、(3)述語の用法がある、(4)修飾語としての用法がある、といった特徴をもつが、形容詞に所属するすべての単語が(1)〜(4)の特徴をそなえているわけではない。形容詞に所属する単語にあっては、(1)の特徴は必須であるが、(2)〜(4)の用法の有無は、さまざまである(橋本三奈子／青山文啓(1992)、宮島達夫(1993))。

6. 第三形容詞の語構成

第三形容詞に所属する単語は、その語構成上からみると、「底なし-」「がらあき-」「ひとりよがり-」「脅迫がまい-」「皮肉まじり-」「頭でっかち-」といった合成語が圧倒的に多い。

以下に、合成語による第三形容詞を、前要素と後要素の品詞性にもとづいて整理してみる。例としては、これらの単語群に一般的である連体の形式をあげる。合成語をあつかうときに、重要な区別である語基と接辞はときにあいまいである。典型的な語基や接辞もあれば、両者の中間的な性質をもつものもある。古くは語基であったものが、いまでは接辞的にもちいられているというような形式もある。ここでは便宜的な処理をしている。とりわけ、漢語における、自立語基とそうでない語基もどきとの区別は、一層あいまいである。さらに、漢語の語基・接辞の品詞性については、筆者はたしかな判断の手がかりをもっていない。このあつかいも、また便宜的である。合成語をつくる生産性や、固定的な合成語と臨時的な合成語の区別についても、言及する必要を感じるが、いま、その余裕はない。生産的と思われるものは、「／」で、一定の単語を例示したにとどまる。

6.1 動詞性語基・接辞
【前要素】
・動詞性語基の重複したもの。
　見え見えの(ウソ)　思い思いの(追憶・考え・捨てぜりふ)　離れ離れの(生

活）　別れ別れの（人生）　途切れ途切れの（会話）　飛び飛びの（話）　もてもての（男性）　延び延びの（会議）　熟れ熟れの（メロン）
・動詞の命令形の重複、それの禁止形の重複。
　押せ押せの（ゲーム展開）　　押すな押すなの（盛況）
・同一の動詞の能動形語基＋「つ」と受動形語基＋「つ」の結合したもの。
　持ちつ持たれつの（関係）　追いつ追われつの（ゲーム）　抜きつ抜かれつの（トップ争い）　さしつさされつの（宴会）
・同一の動詞の肯定形と否定形の結合したものや能動形と受動形の結合したもの。
　食うや食わずの（貧農）　降りみ降らずみの（天気）　喰うや喰われるかの（熾烈な戦い）
・異なる動詞の辞書形や例示形や否定形などがふたつくみあわさったもの。
　殴る蹴るの（暴行）　のるかそるかの（大勝負）
　至れり尽くせりの（サービス）　願ったり叶ったりの（事態）　似たり寄ったりの（境遇）　踏んだり蹴ったりの（状況）　破れかぶれの（人生）　押し合いへしあいの（大騒ぎ）
　つかず離れずの（つきあい）　あたらずさわらずの（答弁）　鳴かず飛ばずの（男・状況）
・漢語の「要-」「没-」「過-」「耐-」「在-」「有-」「合-」といった形式に中国語の文法をひきずっていて、名詞性成分に前置し、全体で広義の形容詞となっているもの。
　要注意の（人物）　没論理の（理論展開）／没交渉の（世界）／没趣味の（男）／没常識の（人間）　過保護の（母親）／過度の（労働）／過大の（評価）／過小の（資本）／過分の（おもてなし）　耐火の（建築物）／耐熱の（ガラス）／耐酸の（物質）／耐震の（ストーブ）／耐水の（靴）　在天の（霊）／在野の（人）／在庁の（勤務）　有夫の（女性）／有婦の（男）／有徳の（人）　合目的の（措置）

【後要素】
　さまざまなタイプの語基を前要素とし、動詞性語基が後要素として合成語をつくるとき、しばしば第三形容詞とみられる単語ができる。ここに所属する第三形容詞は数が多い。
　合成語を生産的につくる動詞性語基のうちで、アスペクト的な意味を特徴

づけるものがいくつかある。アスペクトにからんだ諸形式を最初にとりあげる。

- 始動相を特徴づけるもの。
  読みかけの(文庫本)／書きかけの(設計図)／織りかけの(機)／やみかけの(雪)　塗りたての(ペンキ)／焼きたての(パン)／いれたての(コーヒー)／とれたての(蟹)／削りたての(花かつお)／就職したての(OL)／洗濯しての(シャツ)／覚えたての(単語)

- 持続相を特徴づけるもの。
  開けっ放しの(ガラス戸)／敷きっぱなしの(布団)／かけっぱなしの(ラジオ)／やりっぱなしの(仕事)　歩きづめの(一日)／はたらきづめの(毎日)つきっきりの(看病)　スキャンダル続きの(政界)

- 習慣相あるいは多回相を特徴づけるもの。
  かかりつけの(医者)／行きつけの(店・美容院)　遠慮がちの(発言)／恥じらいがちの(ふるまい)／引っ込みがちの(暮らし)／伏し目がちの(女性)／曇りがちの(天気)／鈍りがちの(記憶力)

- 完了相を特徴づけるもの。
  計算済みの(データ)／予約済みの(スタンプ)／用済みの(書類)／売約済みの(品)／調理済みの(食品)　暴走族あがりの(ボケナス男)／徒弟あがりの(養子)／大工あがりの(男)／雨上がりの(空)／病気あがりの(からだ)

- 中断相を特徴づけるもの。
  読みさしの(雑誌)／燃えさしの(ろうそく)／飲みさしの(茶)／食いさしの(にしめ)

といった単語をそれぞれあげることができる。なお、漢語の「大学卒の(女性)」における「-卒」も完了相を特徴づけている。

　動詞性語基を後要素にもつ第三形容詞で、比較的生産性のあるものを列挙する。

　「-いり」：箱入りの(茶器)／箱入りの(息子)／樽入りの(酒)／氷入りの(麦茶)／筋金入りの(共産主義者)／サイン入りの(写真)／お気に入りの(力士)／出入りの(銀行さん)／鳴り物入りの(入団)

　「-がらみ」：30がらみの(男)／40がらみの(侍)／50がらみの(人物)

　「-ぐるみ」：家族ぐるみの(つきあい)／会社ぐるみの(不祥事)／組織ぐる

みの(悪事)

「-ごし」：ガラス越しの(眺め)／カーテン越しの(朝日)／マイク越しの(笑い声)／垣根越しの(母の顔)／二年越しの(おつき合い)／宵越しの(金)

「-ざかり」：花盛りの(杏の林)／やんちゃ盛りの(男の子)／娘盛りの(綺麗さ)／育ち盛りの(子どもたち)／発育盛りの(女の子)／分別盛りの(中年)／働き盛りの(若者)／食べ盛りの(少年)

「-しのぎ」：その場しのぎの(言い訳)／急場しのぎの(措置)／当座しのぎの(素人療法)／一時しのぎの(処置)

「-つき」：蓋つきの(瀬戸物)／二の膳つきの(食事)／尾かしらつきの(魚)／庭つきの(家)／リボンつきの(フード)／耳つきの(ミッキーマウス帽)／柄付きの(スポンジ)／製氷機つきの(大型冷蔵庫)／鍵付きの(宝石箱)／おまけつきの(商品)／苔つきの(石)／食事つきの(アルバイト)／いわくつきの(品)／生まれつきの(癖毛)／折り紙つきの(腕前)

「-つけ」：つくりつけの(棚)／備え付けの(灰皿)

「-ぬれ」：ずぶぬれの(男)／びしょぬれの(衣服)／ぐしょぬれの(女性)

「-のがれ」：当座逃れの(嘘)／責任のがれの(態度)

「-はずれ」：桁外れの(才能)／的はずれの(解答)／期待はずれの(結果)／季節はずれの(ひまわり)／調子はずれの(歌声)

「-まがい」：洋室まがいの(部屋)／真珠まがいの(宝石)／大理石まがいの(柱)／プロレスまがいの(格闘)／宮殿まがいの(建築物)／女学生まがいの(質問と答え)、詐欺まがいの(商法)／ゆすりまがいの(行動)／脅迫まがいの(売り込み)

「-まかせ」：風まかせの(一人旅)／人任せの(しごと)／あなたまかせの(態度)／運任せの(生き方)／出任せの(うそ)

「-まじり」：小雪まじりの(木枯らし)／埃まじりの(潮風)／石まじりの(土)／白髪まじりの(老人)／涙まじりの(声)／冗談まじりの(話)／ため息まじりの(問い)

「-まみれ」：汗まみれの(顔)／血まみれの(少女)／垢まみれの(心)／ほこりまみれの(行商人)／インクまみれの(凸版)／糞まみれの(身体)

「-むけ」：大衆向けの(店)／主婦向けの(ワイドショー)／子ども向けの(雑誌)

「-むき」：あなた向きの(仕事)／子ども向きの(本)／学生向きの(話)
他にも、つぎのような例をあげることができる。

手放しの(喜びよう)　お手上げの(状況)　手持ちの(札)／かんしゃく持ちの(男)　週貸しの(部屋)　カンカン照りの(真っ昼間・バス通り)　白塗りの(ポール)／黒塗りの(車)　ダイエット狂いの(女)／死にものぐるいの(勢い)　温室咲きの(花)／早咲きの(桜)／遅咲きの(品種)　雪解けの(道)　七階建ての(建物)　6つ違いの(兄)／色違いの(エルメスのケリー)　ぶっ続けの(客)　飲み残しの(牛乳)　通りすがりの(カップル)　スキー帰りの(カップル)／仕事帰りの(人々)／お勤め帰りの(女性)　駆け出しの(新人)　出入りの(銀行さん)　起きぬけの(啓一の髪)　灰皿がわりの(空き缶)／画用紙代わりの(シーツ)　山積みの(雑誌)　洗いざらしの(パジャマ)　消し忘れの(ビデオ)　消え残りの(線香花火)　取り残しの(実)　型通りの(挨拶)　カーペット敷きの(ベッドルーム)　夫宛の(郵便)　遠回しの(表現)　埃よけの(ビニールカバー)　二階建ての(家)　石造りの(建物)／煉瓦造りの(建物)／手作りの(手芸品)　平織りの(ネックレス)　手廻しの(コーヒーミル)　レザー張りの(ソファーセット)／ガラス張りの(水槽・壁)　大学出の(板前)／ぽっと出の(お嬢さん)　むき出しの(地面・欲望)／蔵出しの(酒)／山出しの(娘)　横殴りの(風)　ありきたりの(情景)　ありあわせの(毛糸とぼろ布)　気に入りの(ビデオ映画)　お仕着せの(制服)　二頭立ての(馬車)　通りすがりの(子ども)　通りがかりの(少女)　お定まりの(便利屋)　大阪生まれの(女性トレーナー)　早起きの(祖父)　砂糖づけの(お菓子)　素焼きの(茶碗)　一合炊きの(ジャー)　心当たりの(場所)　父親譲りの(彫りの深い顔)　つづら折りの(道)　冬枯れの(景色・道)　観音開きの(窓)　思い出巡りの(旅)　山盛りの(蟹)　山積みの(金貨)　照れ隠しの(意味)　男勝りの(女)　粗削りの(板)　坊ちゃん育ちの(子)　半開きの(ドア)　肌脱ぎの(男)　がらあきの(電車)

動作性の意味をもつ漢語「-製」「-産」「-卒」を後要素にし、このタイプの形容詞をつくる例もある。

「-産」：北海道産の(野菜)／アフリカ産の(象)
「-製」：英国製の(背広)／清国製の(陶器)／自家製の(米)／ゴム製の(手袋)／金属製の(バット)／象牙製の(箸)／アルミ製の(箱)／鉄製の(ベン

チ)
「-卒」：大学卒の(板前)

6.2 形容詞語基・接辞
【前要素】
　形容詞の語基を前要素として、第三形容詞をつくるものとして、次のようなものがある。
　「まる-」：丸腰の(警官)／丸刈りの(少年)／丸顔の(大学生)／丸首の(シャツ)／丸ぽちゃの(女の子・幼顔)／丸見えの(状態)／丸出しの(姿)／丸秘の(書類)
　「つよ-」：強気の(発言)／強腰の(姿勢)
　「よわ-」：弱気の(性格)／弱腰の(態度)
　「ふと-」：太っ腹の(男性)／太ぶちの(めがね)
　「ほそ-」：細面の(人)／細身の(身体)
　「あつ-」：厚手の(下着・ベニア板)／厚化粧の(女)
　「うす-」：薄手の(ワンピース)／薄曇りの(空)
　「やす-」：安手の(民主主義)／安上がりの(旅行)／安普請の(校舎)
　ほかにも次のような例をあげることができる。
　　長年の(親友)　辛口の(酒・コメント)　白木の(箱)　古株の(バーテンさん)／古顔の(おかっぴき)　黒縁の(めがね)　遠縁の(親戚)　早咲きの(桜)／早口の(説明)　遅咲きの(品種)
　「おお-」「こ-」などを接頭辞として、第三形容詞をつくるものに、次のようなものがある。
　「おお-」：大口の(注文)／大粒の(涙)／大入りの(客)／大ぶりの(マグカップ・字・絵)／大手の(出版社・洋菓子専門店)／大急ぎの(旅行)
　「こ-」：小口の(注文)／小型の(アルバム・国産車)／小太りの(議員)／小ぶりの(もみの木)
　事物の性質・状態をあらわす漢語「高-」「低-」「多-」「同-」「異-」「別-」などの形式(語基・接辞)を前要素としているものに、次のようなものがある。
　「高-」：高収入の(人)／高姿勢の(態度)／高学歴の(男性)／高密度の(教育)／高濃度の(農薬)／高感度の(レンズ)／高温多湿の(国)／高徳の(人)

「低-」：低開発の(地域)／低金利の(預金)／低コストの(商品)／低次元の(とらえ方)

「多-」：多趣味の(男性)／多方面の(活躍)／多毛の(民族)／多産の(女性)／多血の(気質)／多難の(スタート)／多額の(貴金属)／多忙の(毎日)

「同-」：同一の(目的・機構・名称)／同好の(士)／同質の(思い)／同年輩の(人間)

「異-」：異質の(文化)／異形の(もの)／異例の(措置・昇進・長期休場)／異色の(画家・タッチ)／異類の(世界)／異業種の(女子社員)／異分野の(世界)

「別-」：別種の(問題)／別問題の(話)／別世界の(人間)

ほかにも、次のような例がある。

良性の(できもの)／良質の(紙)　悪性の(腫瘍)／悪趣味の(男)　猛スピードの(電車)　急カーブの(道路)　重装備の(警官)　広範囲の(問題)　好景気の(経済)

【後要素】

形容詞性の語基を後要素として、第三形容詞をつくるものに、次のようなものがある。

「-なが」：横長の(看板)／縦長の(紙)／切れ長の(目)／脚長の(台)／面長の(顔・顔立ち)

「-ひろ」：幅広の(机)

「-せま」：手狭の(部屋)

「-ふと」：極太の(線)／先太の(ペン)／筆太の(文字)

「-ほそ」：極細の(ボールペン)／肉細の(書体)／中細の(筆)／腰細の(女性)

「-うす」：極薄の(用紙)／望み薄の(勝負)／気乗り薄の(商戦)／品薄の(商品)

「-あつ」：肉厚の(顔)

「-しろ」：色白の(男子学生)

「-ちか」：手近の(席)／端近の(場所)

「-たか」：声高の(主張)／割高の(値段)／腰高の(姿勢)／鼻高々の(様子)

「-やす」：割安の(切符)／格安の(旅行)

「-おも」：尻重の(女性)／口重の(女性)／身重の(からだ)

「-かる」：尻軽の(女)／口軽の(人)
「-わる」：根性悪の(性格)／性悪の(人)
「-よわ」：足弱の(老人)
「-しろ」：色白の(男子学生)
「-ぐろ」：腹黒の(アナウンサー)／ガングロの(コギャル)

以下のように、漢語語基が後要素としてはたらく場合もある。

「-専用」：教員専用の(PC)／兄専用の(小箱)／高周波専用の(再生スピーカー)
「-特有」：子ども特有の(視線)／人魚特有の(鰭)／住宅地特有の(匂い)／運動部員特有の(礼儀正しさ)

第三形容詞をつくる接尾辞として、「-だらけ」「-ずくめ」「-め」「-みどろ」などがある。主として名詞性語基につくものとして、「-だらけ」「-みどろ」「-ずくめ」が、形容詞性語基につくものとして、「-め」がある。「-だらけ」「-ずくめ」「-め」は生産的である。「-くらい」「-きり」「-だけ」といった形式にも類似例がある。

「-だらけ」：瘤だらけの(頭)／しわだらけの(額)／ほこりだらけの(部屋)／石灰だらけの(床)／張り紙だらけの(廃墟)／瓦礫だらけの(空き地)／本だらけの(部屋)／そばかすだらけの(顔・少女)／つぎはぎだらけの(ブルゾン)
「-ずくめ」：黒ずくめの(衣装)／規則ずくめの(学園)／贅沢ずくめの(生活)／毛皮ずくめの(婦人)／毛糸ずくめの(洋装)／計算ずくめの(企画)／いいことずくめの(条件)／
「-め」：大きめの(箱)／太めの(糸)／薄めの(ノートパソコン)／長めの(ベルト・ショートカット)／短かめの(スカート)／厚めの(コート)／広めの(会場)／熱めの(お湯)／遅めの(昼食)／強めの(風)／きつめの(メイク)
「-みどろ」：血みどろの(手足)／汗みどろの(額)
「-くらい」：私くらいの(年齢)／ビー玉ぐらいの(大きさ)／暑いくらいの(日ざし)
「-きり」：ふたりきりの(時間・夜・デート)
「-だけ」：みせかけだけの(結婚)／口先だけの(女)

漢語の接辞で、名詞成分を形容詞化するものが多く存在する。第二形容詞

を生産的につくる形式として「-的」があるが、「-気味」「-風」「-状」「-上」「-用」「-様」「-中」「-下」「-調」「-系」「-裏」「-外」「-流」「-式」「-格」「-大」「-放題」といった形式は、名詞と接点をもちながら第三形容詞をつくる接辞として機能している。

「-気味」：太り気味の(身体)／風邪気味の(体調)／かすれ気味の(声)／がに股気味の(足)／焦り気味の(ふるまい)／興奮気味の(報告)／下がり気味の(お尻)／とがりぎみの(顎)

「-風」：紳士風の(男)／奥様風の(女性)／大学生風の(若者)／ゴシック風の(建物)／スペイン風の(食べ物)／京都風の(住まい)／よそいき風の(ワンピース)／昔風の(暮らし方・言い方)／なげやり風の(物言い)／純和風の(家)／コペルニクス風の(考え方)／おかみさん風の(人)

「-状」：紐状の(虫)／粒状の(薬)／板状の(チョコ)／クリーム状の(食品)／棒状の(紙)／球状の(野菜)／くさり状の(文様)／布状の(葉書)／霧状の(もの)／ゼリー状の(液体)／コールタール状の(塗料)

「-上」：想像上の(怪物)／貿易上の(黒字)　一身上の(都合)　実質上の(経営責任者)／歴史上の(人物)／地図上の(国境線)

「-用」：ジュニア用の(ブラ)／来客用の(スリッパ)／男性用の(掟)／生ゴミ用の(三角コーナー)／シャンプー用の(椅子)／録画防止用の(爪)／デザイン用の(石膏像)／旅行用の(ボストンバッグ)／正月用の(晴れ着)／非常用の(脱出口)／補強用の(鉄板)／執務用の(デスク)／検査用の(特別水槽)／植木鉢用の(プラスチック皿)／売り込み用の(テープ)／目隠し用の(フェンス)／観賞用の(花)／広告用の(飛行船)／浴衣用の(下駄)／文書用の(ロッカー)

「-様」：ついたて様の(もの)／小説様の(作り話)／写真様の(絵)／殿様様の(態度)／わらじ様の(はきもの)／水玉様の(模様)／餅様の(食品)

「-中」：走行中の(電車)／手術中の(外科医)／授業中の(部屋)／起動中の(パソコン)／造成中の(空き地)　からだ中の(血)

「-下」：独裁下の(旧ソ連)／戒厳令下の(プラハ)

「-調」：オリエンタル調の(におい)

「-系」：外資系の(証券会社)／アジア系の(女性客)

「-裏」：秘密裏の(会合)／暗々裏の(申し合わせ)

「-外」：予想外の（できごと）／時間外の（手当）
「-流」：野村流の（チーム作り）／中国流の（結婚式）／自己流の（解釈）
「-式」：埋め込み式の（クローゼット）／折り畳み式の（椅子・ベッド）／旧式の（蓄音機・コンロ）／密封式の（水中マスク）／ねじ式の（鍵）／アコーディオン式の（カーテン）／組み立て式の（書棚）／詰め込み式の（学習）
「-格」：師範格の（男）／支配人格の（男）
「-大」：実物大の（写真）／鶏卵大の（大きさ）／あずき大の（小石）／葉書大の（紙）／等身大の（絵）／握り拳大の（石灰）／描額大の（庭）
「-放題」：荒れ放題の（土地）／食い放題の（店）／出放題の（ほら）

6.3　名詞性語基・接辞

【前要素】
・名詞性の語基を重複させた形式が、形容詞として機能する以下のような例がある。

　　数々の（苦労）　土地土地の（文化）

・名詞性語基を前要素にもつものに以下のものがある。とくに目立つのは「あたま-」「口-」「手-」「足-」「尻-」など身体の部分をあらわす形式が多いことである。第一形容詞の「口うるさい」「手強い」「目新しい」などの形式と通じるものである。

「頭-」：頭越しの（交渉）／頭ごなしの（態度）／頭でっかちの（青年）
「口-」：口重の（女性）／口軽の（友人）／口先だけの（約束）／口上手の（男）／口早の（演説）／口べたの（職人）／口達者の（営業マン）
「手-」：手詰めの（談判）／手一杯の（生活）／手編みの（セーター）／手活けの（花）／手近の（辞書）／手拍子の（出迎え）／手ぶらの（訪問）／手弁当の（手伝い）
「足-」：足任せの（旅）／足弱の（老人）
「耳-」：耳よりの（話）
「尻-」：尻上がりの（景気）／尻下がりの（発音）／尻重の（女性）／尻軽の（女）／尻すぼまりの（計画）／尻つぼみの（話）

・さらに、数字の「1」をふくむ「ひと-」「ひとり-」「ひとつ-」「一-」などの形式が目立つ。

「ひと-」：ひととおりの(説明)／ひとかかえの(荷物)／ひとかどの(人物)／ひとかけらの(チョコレート・怯え)

「ひとり-」：ひとりきりの(世界)／ひとりぼっちの(お姫さま)

「ひとつ-」：ひとつ屋根の(下)

「一-」：一介の(研究者)／一抹の(不安)／一縷の(望み)／一連の(言動)／一流の(選手)／一瞬の(しぐさ)／一時の(感情)

・ほかにも、次のようなものがある。

「色-」：色白の(肌)／色黒の(顔)　「並-」：並大抵の(暑さ)／並一通りの(努力)

【後要素】

・名詞性語基を後要素にもつものに以下のものがある。名詞性語基を前要素にもつものと同様、「-身」「-顔」「-首」「-口」「-手」「-腰」「-腹」といった身体部分の形式が目立つ。

「-身」：細身の(からだ)／捨て身の(演技)／不死身の(からだ)

「-顔」：丸顔の(大学生)／古顔の(おかっぴき)

「-首」：丸首の(シャツ)

「-腕」：すご腕の(男)

「-口」：辛口の(酒・コメント)／甘口の(ワイン)

「-手」：厚手の(下着・ベニヤ板)／安手の(靴下)

「-腰」：丸腰の(警官)／強腰の(姿勢)／弱腰の(態度)／逃げ腰の(気分)／へっぴり腰の(談義)／中腰の(姿勢)／けんか腰の(物言い)

「-腹」：太っ腹の(男性)　「-肌」：任侠肌の(ひと)／学者肌の(男性)

・さらに「-一」を後要素にもつ形式も多い。

「-一」：クラス一の(物知り)／ロック界一の(正直者)／沖縄一の(料亭)／世界一の(ほらふき男)／三国一の(宝刀)

・ほかにも、名詞性語基が後要素になり、かつ合成語をいくらか生産的につくるものとして、次のようなものがある。

「-気」：強気の(発言)／弱気の(性格)／本気の(顔)／乗り気の(女性)

「-なみ」：親戚なみの(つきあい)／学園祭なみの(催し)／世間なみの(暮らし)／課長なみの(待遇)／例年なみの(混み具合)／十人並の(器量)／人間並みの(生活)／月並みの(挨拶)

「-もの」：本物の(品)／偽物の(紙幣)／夏物の(ジャケット)／婦人物の(セーター)

「-どおり」：期待通りの(涼しさ)／予想通りの(結果)／八分どおりの(入り)／型どおりの(やりとり)／もとどおりの(状態)

・また、漢語の名詞性語基で、同様のはたらきをしているものとして、次のようなものがある。

「-模様」：花模様の(封筒)／雨模様の(空)／星座模様の(便箋)／モザイク模様の(床)／だんだら模様の(柵)／ハート模様の(ブラウス)

「-趣味」：多趣味の(教授)／悪趣味の(ネクタイ)／無趣味の(サラリーマン)／成金趣味の(男)

「-程度」：耳こすり程度の(噂)

6.4 副詞性語基・接辞

【前要素】

副詞類が前要素にくることはない。一般に、この単語群はかかる機能だけあって、うける機能をもたないのであるから、自然な道理である。「どっこいどっこいの(実力)」という例があるが、「どっこい」はかけごえで、感動詞にあたるものであろうか。漢語の「既-」「最-」「極-」「初-」「再-」「半-」「両-」といった形式(接辞)をふくむ単語に第三形容詞と思われるものがある。

「既-」：既払いの(品)／既成の(事実)／既婚の(女性)／既得の(権利・知識)／既習の(単元)／既刊の(出版物)／既存の(店)／規定の(打席)／既発の(事件)

「最-」：最愛の(妻)／最悪の(事態・選択)／最近の(事件)／最古の(古墳)／最良の(やり方)／最大の(敵)／最強の(生物・チーム)／最善の(努力)／最適の(候補者)／最新鋭の(機械)／最先端の(研究)／最低限の(務め)

「極-」：極悪の(振る舞い)／極上の(酒)／極熱の(地)／極秘の(書類)／極太の(毛糸)／極細の(ペン)

「初-」：初対面の(印象)

「再-」：再出発の(年)

「半-」：半開きの(ドア)／半白の(髪)／半狂乱の(姿)／半泣きの(顔)／半透明の(カーテン)

「両-」：両開きの(窓)
【後要素】
ある種の副詞が合成語の後要素となって、第三形容詞をつくる例がある。

「-いっぱい」：目いっぱいの(ボリューム)／ストレスいっぱいの(OL)／両手いっぱいの(土)／手一杯の(生活)／元気いっぱいの(海軍演習)／シャベル一杯の(土)／腕いっぱいの(稲わら)

「-たっぷり」：自信たっぷりの(うなずき方)／皮肉たっぷりの(口調)／いやみたっぷりの(手紙)

「-ぼうぼう」：草ぼうぼうの(裏庭)／髭ぼうぼうの(男)

「-びっしょり」：汗びっしょりの(額)

「-すれすれ」：天井すれすれの(ところ)

「-ぎりぎり」：合格ぎりぎりの(得点)／忍耐ぎりぎりの(時間)／城壁ぎりぎりの(地点)／定刻ぎりぎりの(出発)

「-そこそこ」：二十歳そこそこの(娘さん)

「-とりどり」：色とりどりの(猫・壁画)／紅紫とりどりの(女たち)／四季とりどりの(花)／国籍とりどりの(群衆)

副詞性接辞を後要素にもつものに、「-さながら」がある。以下のような合成語をつくる。

「-さながら」：実戦さながらの(訓練・迫力)／映画さながらの(すったもんだ)／王者さながらの(風格)／地獄さながらの(光景)

漢語の副詞性語基に「-同様」「-一遍」「-満々」が、接辞に「-同然」「-初」「-未満」がある。

「-同様」：夜逃げ同様の(引越し)／大人同様の(あつかい)

「-一遍」：通り一遍の(説明・やり方)／正直一遍の(性格)／無骨一遍の(人間)

「-満々」：自信満々の(話し方)

「-同然」：ただ同然の(値段)／勘当同然の(憂き身)／野獣同然の(凶暴さ)／兄弟同然の(つきあい)

「-初」：史上初の(日朝首脳会議)／アジア初の(ベスト4)／生涯初の(退場)

「-未満」：十八才未満の(方)

以下には、品詞性からはなれて、否定に関する語基・接辞をとりあげる。
漢語の接頭辞「無-」「不-」「未-」「没-」、和語の活用語尾「-ず」、後要素としての語基「-なし」「-ぬき」は、否定を意味する。次のような例がある。
「無-」：無数の(星)／無人の(島)／無類の(おひとよし)／無名の(戦士・画家)／無塩の(醤油)／無職の(男)／無傷の(男・勝利)／無償の(愛)　無音の(会話)／無上の(喜び)／無限の(時間)／無念の(日々)／無遅刻無欠勤の(模範教師)／無動の(水滴)／無断の(欠勤)／無痛の(分娩)／無給の(仕事)／無為の(状態)　無記名の(墓標)／無抵抗の(戦い)／無定形の(物質)／無定見の(主張)／無所属の(議員)／無関心の(象徴)／無意識の(うち・甘え)／無表情の(老婆)／無期限の(スト)無限大の(スケール)／無愛想の(応対)／無届けの(デモ)
「不-」：不治の(病)／不休不眠の(看病)／不屈の(精神・闘志)／不肖の(弟子)／不測の(事故)／不即不離の(関係)／不意の(自殺)／不慮の(事故)／不遇の(時期)／不服の(声)／不動の(姿勢)／不審の(色)／不帰の(人)／不老不死の(生物)／不老長寿の(効能)／不徳の(いたすところ)／不得策の(処置)／不評判の(出し物)／不人気の(映画)
「未-」：未解決の(問題・事件)／未完成の(小説)／未処理の(課題)／未曾有の(不景気)／未公開の(資料)／未発表の(論文)／未舗装の(県道)／未整理の(写真)　未知の(世界)／未開の(国)／未完の(死)
「非-」：非合法の(組織)／非凡の(能力)／非業の(死)／非公開の(書類)
「没-」：没我の(楽しみ)／没交渉の(生活)／没理論の(理論展開)
「-ず」：手付かずの(土地)／舌足らずの(表現)／負け知らずの(状態)／見ず知らずの(娘さん)／どっちつかずの(態度)／苦労知らずの(若者)／寝ずの(番)／やらずの(雨)／月足らずの(赤ん坊)
「-なし」：文句なしの(できばえ)／底なしの(沼)／名無しの(権兵衛)／なけなしの(かね)／化粧なしの(素顔)／袖なしの(ワンピース)／予告なしの(訪問)／断りなしの(欠席)
「-ぬき」：理屈抜きの(感情・嫉妬)

7. 第三形容詞をめぐる諸問題

　本章でとりあげている単語群の中には、以下のような問題がある。
1.　臨時的に格助辞をしたがえて、名詞としてもちいられる単語がある。以下のような実例の、下線をほどこした単語がそうした例である。
　・かたわらのミセスは年甲斐もなく<u>ビキニまがい</u>をまとい、
　　　　　　　　　　　　　　　　　　　　　　　　　　　　（『アメリカひじき』）
　・峻一は長い<u>細面</u>をいっそう長くした。　　　　　　　（『楡家の人』）
　・家電メーカーの社員である<u>中肉中背</u>は言った。　　　（『太郎物語』）
　以上のような用例では、下線部の単語は、文中で主語や目的語として機能しており、その品詞を問うなら、それは名詞である。それぞれ「ビキニまがい(のもの)を」「細面(の顔)を」「中肉中背(のひと)は」というふうに、属性をもった「もの」「顔」「ひと」の意味でもちいられている。「英国産をさがす」「大学卒にかぎる」といった用法も同様で、「英国産の(もの)」「大学卒の(ひと)」のことである。次の用例の下線部「インド産を」はそのような例である。しかし、これらの単語は、多くは形容詞としてもちいられている。
　・局の技術部では、ペルシャ産やトルコ産の阿片を原料として、従来の<u>インド産</u>を使用したものと味も外観も差のない煙膏を作るための研究を開始している。　　　　　　　　　　　　（『人民は弱し　官吏は強し』）
　この現象は、第三形容詞が名詞との接点をもっていることを意味する。
2.　本章で、第三形容詞としたものの、実際の使用を観察すると、他の単語をうけて、もちいられている例が少ない。
　この種の単語群は、もっぱらかかる機能だけが発揮され、うける機能をあまり発揮していないといえる。そのことは、第三形容詞の、規定用法の連体詞との類似性、またその連用用法の副詞との類似性を意味するものである。
　一方で、合成語を構成する要素の文法性が発揮される現象もみとめられる。以下の例では、「(兵学校に入り)たての　ころ」「(縄梯子をおろし)っぱなしの　家」のように、「はいりたて」「おろしっぱなし」の「はいり-」「おろし-」という動詞の「兵学校に」や「縄梯子を」という名詞をうける能力が発揮されている。このような単語は、動詞と形容詞の中間物(分詞)とみるのが、もっとも正当であろう。両方の品詞の特徴を同時にそなえているので

ある。
　・井上成美なども兵学校に入りたてのころ、　　　　（『山本五十六』）
　・この並びにも、何軒かは、ちゃんと縄梯子をおろしっぱなしの家があるようじゃないか！　　　　　　　　　　　　　　　　（『山本五十六』）
3. 形容詞と名詞と両方の文法的特性を持つ単語がある。
　たとえば、「最善-」は、「最善のおこない」の場合は形容詞であり、「最善をつくす」では名詞というふうに。「独身の女性」の「独身の-」は形容詞で、「独身を通す」の「独身-」は名詞である。「-式」「-系」「-用」といった接尾辞をもつ単語も、双面神のように、形容詞と名詞の2面的な文法的特徴をもつ単語である。「親切」「健康」「自由」などの単語が、名詞としての用法と(第二)形容詞としての用法をあわせもつことはよく知られている。
4. 複数の連体形式をもつ単語がある。
　連体の形式に「～の」「～な」の両方をもつ単語が多数ある。「深紅の／な」「常套の／な」「小柄の／な」「切れ長の／な」「ありきたりの／な」「遠慮がちの／な」「永久不変の／な」「融通無碍の／な」など。時間的な流れの中での変異、あるいは、個人的な使用のゆれとみられるものもある。同じ単語でも、ふるくは「～の」でもちいられたものが、あたらしくは「～な」でもちいられるといった単語も存在する。
　名詞と第二形容詞との双方の特性をあわせもつ単語にあっては、連体の用法が形式のゆれではなく、そこに意味的な対立をしめすようである。たとえば、「自由なとりで」と「自由のとりで」の違いは、前者が「とても／もっと自由なとりで」のように程度副詞をうけ、「自由　↔　不自由」というところが焦点になっているのに対して、後者は、程度副詞の限定をうけることができず、「自由」が「自由」以外のもの、たとえば「平等」や「博愛」などと、パラディグマティックな関係ではりあう関係の中で「自由」が選択されているといった意味合いがある。「自由なとりで」は「どんなとりで」かに対応し、「自由のとりで」は「何のとりで」かに対応するものである。つまり、「自由な」は属性を規定するものであり、「自由の」は関係を規定するものである。
　連体の形式に「-の」「-い」の両方をもつ単語がわずかながら存在する。「幅広の／い」「黄色の／い」「茶色の／い」「まん丸の／い」がその例である。

両者の用法には棲み分けがあるようである。

5. 「〜の」だけの用法しかもたない単語がある。

「ひとかどの(人物)」「いっぱしの(大人面)」「大の(仲良し)」「見ず知らずの(女性)」「なけなしの(金)」「一介の(研究者)」「一縷の(望み)」「社内きっての(伊達男)」などである。これらは連体詞とするか、連体機能のみをもつ不完全形容詞とするのがよい。

6. 合成語には、要素のもつ意味の加算的な総和ではなく、そこにしばしば比喩的な意味がうまれることがある。「黒山の(人だかり)」における「黒山」は、人の頭髪が黒いところから、多くの人が山のように集まっていることを意味している。すなわち、数の多いことを意味しているのである。「青天井の(株価)」における「青天井」は、青い空をむやみにどこまでもあがる様子にみたてていて、対象ではなく、属性を意味している。さししめす内容が対象から属性に移行することで、形容詞的に機能することになる。「鳴り物入りの(入団)」は、文字通りの楽器などによるはやしを意味する場合もありうるが、転じて、にぎやかに広く知れ渡る様子を意味する。具体的な事態から比喩を介して一般的な属性を意味するのである。「折り紙つきの(腕前)」も世間の評判のよい様子を比喩によってあらわしている。

「夏炉冬扇」は、火鉢や扇といったものではなく、無用である様子を意味している。そこには夏の火鉢や冬の扇のように役にたたないという比喩が介在している。「夏炉冬扇の(援助)」というむすびつきのなかで、「夏炉冬扇の」は「無用な」の意味とかさなる。「稲麻竹葦の(顔ぶれ)」といった表現における「稲麻竹葦」は稲、麻、竹、葦が群生しているところから、さまざまなものが入り乱れている様子を意味している。「稲麻竹葦の」は「さまざまな」「いろんな」と同じ意味である。

8. 四字熟語と第三形容詞

日本語の中に数多くみられる四字熟語には、本章でとりあげた単語群と類似した文法的特徴をもつものがある。以下のようなものがそうである。すべて連体の用法を例示する。「正体不明の(組織)」「天涯孤独の(身)」「唯一無二の(親友)」「有形無形の(いじめ)」「正真正銘の(勇者)」「夏炉冬扇の(援

助)」「外柔内剛の(しっかり者)」「気炎万丈の(盛り上がり)」「虚々実々の(かけひき)」「興味津々の(話題)」「驚天動地の(できごと)」「玉石混淆の(学生)」「空前絶後の(大災害)」「謙虚恬淡の(芸人)」「原因不明の(傷)」「古今独歩の(建築物)」「孤立無援の(立場)」「行雲流水の(日々)」「事実無根の(うわさ話)」「新進気鋭の(学者)」「酔眼朦朧の(顔つき)」「縦横無尽の(機動力)」「前代未聞の(不祥事)」「古色蒼然の(たたずまい)」「半醒半睡の(状態)」「融通無碍の(境地)」「一撃必殺の(インパクト)」等々(村木新次郎(2002a)を参照されたい)。「隔靴掻痒」は、「靴の上からかゆいところをかく」ように「もどかしい」状態をあらわしており、「隔靴掻痒の(＝もどかしい)思い」なのである。

さらに、「とっておき」「もってこい」「百も承知」「売らんかな」「言わずもがな」「これみよがし」「我関せずかな」といった形式も同類である。これらは、形式上は句もどきであったり、モーダルな要素をそなえていたりするものの、全体で単語相当に変質したものである。多く、「とっておきの(話題)」「もってこいの(題材)」「百も承知の(できごと)」「売らんかなの(精神)」「言わずもがなの(ひとこと)」「これみよがしの(態度)」「我関せずかなの(態度)」のように用いられ、本章で問題にした語群と文法的な特徴が共通する。

9. むすび

本章でとりあげた単語群は、従来「名詞」としてとりあつかわれてきた。これらの単語は、「-の」に接続するから名詞としてきたのだが、名詞を特徴づける格のはたらきをそなえていない。自立する単語の文中での機能を問うならば、これらは普通、主語や目的語になれない単語であり、それゆえ、名詞ではない。その統語論的機能は、形容詞のそれと類似していて、形容詞の一種とすべき単語なのである。日本語に形容詞が少ないということはよく知られている。しかし、ほんとうは形容詞なのに、名詞と思われつづけてきた単語群があったのである。

このような形容詞を積極的にみとめることは、日本語以外の他言語の品詞体系との対照をこころみるとき、また、さらに日本語を類型学的に位置づけるとき、有効にはたらくであろう。

第5章　第三形容詞とその意味分類

1. 第三形容詞とはなにか

　第三形容詞という用語は、一般的にひろくもちいられている用語ではない。そのため、最初に、第三形容詞とはどういうものかを説明する必要があろう。筆者は、「静か-な」「真っ赤-な」「ゆたか-な」「優秀-な」「急速-な」などの単語は、「うるさ-い」「赤-い」「まずし-い」「すばらし-い」「はや-い」といった単語と同様に、形容詞とみなされるべきであり、さらに、「声高-の」「真紅-の」「抜群-の」のような単語も、形容詞のメンバーであると考える。「うるさ-い」「赤-い」「まずし-い」「すばらし-い」「はや-い」のような単語は、従来からひろく、形容詞とみなされてきたものである。「静か-な」「真っ赤-な」「ゆたか-な」「優秀-な」「急速-な」といった単語は、形容動詞という名称で、形容詞と区別されることが一般的であった。しかし、その意味論上かつ文法論上、これらが狭義の形容詞と共通しているという認識から、狭義の形容詞を第一形容詞(あるいはイ形容詞)、いわゆる形容動詞を第二形容詞(あるいはナ形容詞)とみなす立場があり、最近はその立場がつよまる傾向にある。筆者は形容動詞を形容詞としてあつかう立場に賛成である。両者のちがいは、文法的な語形だけであり、これはちょうど動詞における一段動詞と五段動詞のちがいに相当するものであって、品詞を大きく分割するものではない。語形は異なるが、語形変化のシステムは共通しているのである。
　わたしは、第二形容詞にくわえて、従来は名詞あつかいされてきた「真紅-」「抜群-」「がらあき-」「大荒れ-」「泥んこ-」「大急ぎ-」といった単語が、実は名詞ではなく、形容詞に所属すべきものであることを提唱してきた(村木新次郎(1998)(2000)など)。それらを、3つ目の形容詞のタイプとして、

第三形容詞（あるいはノ形容詞）とよぶことにしたのである。「底なし-」「ずぶぬれ-」「ひとりよがり-」「鈴なり-」「すっぱだか-」「やせっぽち-」「人並み-」「人泣かせ-」「逃げ腰-」「太っ腹-」「引っ張りだこ-」「百年ぶり-」「互角-」「特製-」「瀕死-」「感慨無量-」「舌足らず-」「見ず知らず-」などの単語が第三形容詞のメンバーであり、少数にとどまらない。

　本章ではそれらの単語の意味的側面について考察をくわえようとするものである。なお、上記にあげた3つの形容詞は、互いに独立しながらも、単語によっては2つのグループの境界線に位置したり、あるいは2つのグループにまたがったりするものもある。「大き-」「小さ-」「細か-」「おかし-」は連体用法で「-い／-な」の2つの語尾をとりうるが、これはこれらの単語が部分的に第一形容詞と第二形容詞の特徴をそなえていることを意味する。また、「あたたか-」「やわらか-」といった単語は、第一形容詞と第二形容詞の双方の活用語尾をかねそなえているといえる。「わずか-」「特殊-」「早熟-」のような単語は、連体用法で「-な／-の」の2つの語尾をとり、第二形容詞と第三形容詞の特徴を部分的にあわせもっているのである（村木新次郎（2000））。単語の文法的なグループである品詞には、そしてその下位分類には、連続性や複数の領域にまたがるといったことがしばしばおこっている。

2. 第三形容詞の用法

　第三形容詞に所属する単語の文の中での使用は、以下のごとくである。「底なし-」「互角-」「抜群-」「真紅-」を例にとって、実例をあげる。

「底なし-」の例
　（a）　すべてに日時がかかり、このままだと底なしの欠損の泥沼に沈んでしまいそうだった。　　　　　　　　　　　（『人民は弱し官吏は強し』）
　（b）　「しかしそうでも言って、奥さんをおどしておかないと、奥さんは底なしだからね」　　　　　　　　　　　　　　　　　　（『太郎物語』）
　（c）　皆がもてあましているその乾燥バナナを、彼女はいくらでも胃の腑へ送りこみ、いくらでも底なしに欲しがった。　　　（『太郎物語』）

「互角-」の例

(a) のこされたサムソンとヘルクレスはほぼ互角の力で争った。
　　　　　　　　　　　　　　　　　　　　　　　　　　（『パニック』）
(b) 私と彼らの立場は互角だった。
　　　　　　　　　　（『世界の終りとハードボイルド・ワンダーランド』）
(c) それがあった故に、少将の山本は、英米の大物と互角にわたりあうことが出来たのであった。　　　　　　　　（『山本五十六』）

「抜群-」の例
(a) 内藤の足はさほど速くはなかったが、吉村のスピードを殺す抜群の技術を持っていた。　　　　　　　　（『砂の上の植物群』）
(b) 小さな店だが、フランス料理の味は抜群だった。
　　　　　　　　　　　　　　　　　　　　　　　（『女社長に乾杯！』）
(c) 実際、よほど、抜群に優秀でもない限り昇進するより解雇されることが多い。　　　　　　　　　　　　　（『若き数学者』）

「真紅-」の例
(a) その青竹の筒に真紅の八重椿の花が活けてある。　　（『雁の寺』）
(c) 遥か川向うの丘の上には、芋虫が立ち上ったような巻雲が夥しく並んで、これも真紅に染っていた。　　　　　　（『野火』）

以上の4つの単語の使用例は、(a)(b)(c)の3つのタイプにわかれる。(a)の例は、規定成分として、(b)の例は述語として、(c)の例は修飾成分として用いられたものである。規定成分とは、名詞を修飾限定する用法である。修飾成分とは、述語を修飾限定する連用用法の一部である。

これらの単語の使用をまとめると、以下のような特徴が見いだされる。
(1)「-が」「-を」の形式で用いられた例がない。もしくは稀である。
(2)「-の」の形式で、後続の名詞を修飾限定する連体用法が多い。
(3)「-だ」「-だった」「-です」「-でした」といった形式で、述語としての用法がみられる。
(4)「-に」(稀に「-で」)の形式で後続の動詞・形容詞を修飾する用法がみられる。

(1)の特徴は、これらの単語が補語(主語・目的語)になれないか、なりに

くいものであることを意味する。つまり、これらの単語は、名詞の本務である格のシステムをもっていないのである。当該の単語が格の体系をもたないならば、それは名詞ではない。一般に、辞書類で上記のような単語が名詞としてあつかわれているのは、後続の名詞につながる形式が「-の」であることによるのであろうが、この連体の機能は名詞にとって本質的なことではない。この種の単語が「-が」や「-を」をしたがえて主語や目的語として用いられることも稀にある。次のような例である。

・かたわらのミセスは年甲斐もなくビキニまがいをまとい、…
　　　　　　　　　　　　　　　　　　　　　　　　　　　（『アメリカひじき』）
・峻一は長い細面をいっそう長くした。　　　　　　　　（『楡家の人』）
・家電メーカーの社員である中肉中背は言った。　　　　（『太郎物語』）

　以上のような用例では、下線部の単語は文中で主語や目的語として機能しており、その品詞を問うなら、それは名詞である。それぞれ、「ビキニまがい(のもの)を」「細面(の顔)を」「中肉中背(の人)は」というふうに属性をもった「もの」「顔」「人」の意味でもちいられている。「英国産をさがす」「大学卒にかぎる」といった用法も同様で、「英国産(のもの)を」「大学卒(の人)に」のことである。これらは、形容詞が臨時的に名詞のように使用された例とみなすべきものであろう。こうした単語の主要なはたらきは、名詞としてではなく、形容詞としてである。

　(2)の特徴は、これらの単語がもっぱら規定成分として、名詞を修飾限定する用法で使用されることを意味する。名詞も形容詞も、その機能は単一ではなく、いくつかの機能をそなえている。つまり、どちらの品詞も多機能ではあるのだが、名詞は(1)でもふれたように、文中で補語になることを基本とする単語群であり、形容詞は規定成分としてはたらくことを基本とする品詞なのである。ちなみに、動詞は述語となることを基本とする単語群である。当該の単語が、おもに連体用法にもちいられているならば、それは名詞ではなく、形容詞の仲間とすべきであろう。もっとも、連体機能のみをそなえた単語であるならば、それは連体詞であって、形容詞は、連体機能を基本用法とするが、述語用法や修飾用法など他の機能をもあわせもつところに、連体詞と区別される特徴がある。すなわち、連体詞は連体機能のみをそなえた単一機能の品詞であり、形容詞は、他の機能をあわせもつものの、連体用

法を主たる機能とする品詞であるというちがいである。なお、形容詞は、意味論上かつ統語論上の相違によって、属性形容詞(情態形容詞)と感情形容詞(情意形容詞)に二分しうるが、上述の連体用法を主たる機能とするのは、属性形容詞の性質である。感情形容詞は、動詞と隣接していて述語用法にかたよっている。本章でとりあげるほとんどの単語は属性形容詞に属するものである。名詞も形容詞も規定成分になるが、名詞の場合は「なにの/だれの」に対応する関係規定的であるのに対して、形容詞のそれは「どんな」に対応する属性規定的であるという違いがみとめられる。名詞の場合は実体が、形容詞の場合は属性が規定成分の内容になるのである。

(3)は、これらの単語がコピュラをともない述語になることを意味し、(4)は、副詞に特徴的な連用用法をもっていることを意味している。名詞も形容詞も「だ」「です」などの形式をともなって述語になることがあるが、テンス・ムード、肯定否定、ていねいさなどの文法的なカテゴリーのうえで、基本的には両品詞は共通している。形容詞の連用用法と副詞の関係には、ここでは立ち入らない。

(1)〜(4)の諸特徴は形容詞の特徴であり、「底なし-」「相互-」「抜群-」「真紅-」をはじめとする単語群は、名詞ではなく形容詞として位置づけられるべきものである。**1.** でふれたように、第一形容詞、第二形容詞にくわえて、第三形容詞の存在を提案する所以である。いずれの形容詞も、一般に、以下の3つの用法、すなわち、規定成分、修飾成分、述語の用法をもちうる。「すばらし-」(第一形容詞)「優秀-」(第二形容詞)「抜群-」(第三形容詞)を例にとれば、

規定成分として　　赤い/真っ赤な/真紅の　成績
修飾成分として　　赤く/真っ赤に/真紅に　咲いたバラ
述語として　　そのバラは　赤い/真っ赤だ/真紅だ。

のようになる。

なお、形容詞は一般に、①格の体系をもたない、②規定成分の用法がある、③述語の用法がある、④修飾成分としての用法がある、といった特徴をもつが、形容詞に所属するすべての単語が①〜④の特徴をそなえているわけではない。形容詞に所属する単語にあっては、①の特徴は必須であるが、②〜④の用法の有無は、個々の単語によってさまざまである(橋本三奈子/青

山文啓(1992)、宮島達夫(1993))。すべての形容詞が、②〜④の用法をそなえているわけではなく、また、どの用法に多くもちいられるかといったことは単語ごとに異なるのである。第三形容詞に属する単語の中で、たとえば、「初耳-」は述語用法が優勢であり、「ぺちゃんこ-」は修飾語としての用法が優勢である。

3. 意味と品詞の関係

　品詞は、最初に確認したように、単語の文法性にもとづく分類である。では、品詞は意味と無関係かというとそうではない。単語の文法性を発揮させているのは、その意味である。当該の単語が実体をあらわしているなら、その単語は名詞であって、それ以外ではない。運動をあらわすものは典型的には動詞であるが、動作名詞として名詞に所属することがある。様子や性質をあらわすものは、典型的には形容詞であるが、状態動詞として動詞に所属したり、状態名詞として名詞に所属したりする場合もある。ものごとの様子や性質をあらわすというのが、意味からみた形容詞らしい特徴である。

　名詞が実体ではなく、その実体の特徴を比喩的にあらわし、なんらかの属性を意味するようになると形容詞らしくなる。たとえば、「花の(都)」のように、実体としての「花」ではなく、「(花のもつ)はなやかさ」という特徴から、「はなやかな(都)」に相当する意味をもつと、形容詞らしい使用となる。実体をあらわす単語が属性をあらわすようになる。ものとしての特徴をうしない、そのもののもつ一般的な特性(人間がそのものにそなわる特徴を読みとった性質)が属性的な意味として焼きつけられるのである。これは具体的な意味が抽象的な意味に移行したものの、1つのタイプである。「仏の(社長)」における「仏の」は、「(仏様のように)やさしくて慈悲深い様子」をあらわし、「鬼の(編集者)」における「鬼の」は、「非情と思われるほどに、厳しい様子」をあらわしている。どちらも、「仏」や「鬼」という実体ではなく、その実体がもつ特徴へと意味が移行している。これらの例は、名詞としての用法をもつ単語が、臨時的に、形容詞のように機能しているものである。しかし、「猫舌-」「石頭-」「雪肌-」「糞味噌-」のような単語は、実体をあらわすことはなく、なんらかの比喩が関わって、つねに属性をあらわすも

のである。「猫舌-」は「猫の舌」を意味することはなく、「(猫の舌のように)熱いものを食べたり飲んだりできない様子」を意味する。つまり、「猫舌」は実体ではなく、属性をあらわしているのである。同じように、「石頭-」は「ものの考え方が固定していて、融通がきかない様子」を、「雪肌-」は「雪のように白い肌をそなえている様子」を、「糞味噌-」は「価値の高いものと低いものを区別しない様子」をあらわしていて、いずれも実体ではなく、属性を意味する。そして、これらの単語は格の体系をもたず、「猫舌の人」「雪肌の女性」「あの人は石頭だ。」「糞味噌にけなす」のように、属性規定の連体用法をはじめ、述語用法や連用用法をもち、形容詞としてふるまうのである。第三形容詞には合成語が多くみとめられるが、後要素(主要素)が名詞成分であっても、合成語の要素、あるいはその全体が比喩によって、意味が実体ではなく、属性に変質しているものが数多く存在する。「黒山の(ひとだかり)」は、「黒い山」ではなく、「ひとところに大勢のひとが集まっている様子」をあらわしていて、ある特徴をそなえた「山」という実体ではなく、「大勢のひとがあつまっている様子」という特徴であり、属性を意味するのである。ひとの髪の毛が黒いこと(かつての日本人は髪の毛は普通黒かった)、ものが集まれば、(盛り上がりが)できるという特徴があるところから、「黒山」が特徴の意味をもつのである。「丸腰の(警官)」における「丸腰の」は、「丸い形をした腰」という実体の意味ではなく、「武器などを持っていない様子」をあらわし、特徴を意味するのである。こうしたものごとの特徴を意味する単語が、格の体系をもたないとき、品詞として形容詞に所属するのである。

　こうした比喩は、実体から属性という派生だけではなく、ある属性から別の属性への派生もしくは移行というかたちでもおこりうる。動詞的成分をふくむ合成語の中に、動詞にそなわっている運動の意味を稀薄化させ、運動のもつ時間性をうしない、状態性を意味する単語に変質しているものをみいだすことができる。そこには、しばしば比喩性が介在する。たとえば、「山積みの(問題)」の「山積みの」は、「山のように積む」ことから、「数が多い様子」をあらわし、「骨抜きの(法案)」は、「骨に相当する大切な部分が抜け落ちている様子」をあらわしている。どちらも比喩が介在し、動作的な意味よりも状態的な意味が中心となっている。類似の例をいくつか示しておこう。

　看板倒れの(料理)＝見かけは立派だが、実質がともなわない様子。

子供だましの(品)＝底意が見えて、低級な様子。
　指折りの(人物)＝指を折って数えるに価するほどの、すぐれている様子。
　お手上げの(状態)＝どうすることもできなくなって、あきらめる様子。
　すし詰めの(教室)＝狭いところに多くの人がいる様子。
　野育ちの(人間)＝ほったらかされ、しつけをうけずに育っている様子。
　筋金入りの(運動家)＝考えや行動が確かである様子。
　鳴り物入りの(入団)＝ものごとを大々的に宣伝する様子。
　丼勘定の(経営)＝おおざっぱな金の出し入れをする様子。
　ガラス張りの(資金運用)＝隠していない、外部から中がわかる様子。

　このように合成語には、その構成要素や合成語全体に、もとの意味から派生した、比喩的な転用(メタファー)や転位(メトニミー)が生じて、実体や運動の意味を喪失し、そのかわりに属性の意味を獲得するものがある。実体や運動から属性への意味の変化が、当該の単語の文法性を名詞から形容詞へとかえさせるのである。合成語における比喩の詳細については、別の稿を用意する。

4. 辞書やシソーラスでのあつかい

　本章でとりあげているような単語の辞書でのあつかいはどうであろうか。多くの辞書では、この種の単語を名詞としている。以下の単語は、『岩波国語辞典(第五版)』(岩波書店)と『現代国語例解辞典(第二版)』(小学館)の両辞典ともが名詞としているものの一部である。

　　真紅、細面、一流、だんとつ、指折り、ぴかいち、極上、とびきり、ひとかど、常套、在来、仮、仮性、迫真、真、本物、まやかし、がらんどう、空洞、がらあき、高速、きわめつき、てづくり、すしづめ、しりあがり、鰻のぼり、横なぐり、おしきせ、物笑い、丸腰、見ず知らず、底なし、不治、無人、未曾有、……

　この種の単語には、複数の辞書で、品詞の記述にくいちがいがみられることもしばしばある。前記の両辞典で、一方が名詞、他方が名詞以外、あるい

は名詞と他品詞（多くは形容動詞）の併記というような不一致がみられるものとして、以下のようなものがある。

　　出色、架空、命がけ、むきだし、出任せ、底抜け、熱々、汗みどろ、今風、横長、……

　このような事実から、辞書の執筆者や編集者が、本章で問題にしている単語群の品詞のあつかいに苦慮していることがうかがえるのである。品詞の判定にあたって、「-な」「-の」の接続だけに注意が払われるのは問題である。当該の単語が名詞であるとするならば、統語的な機能である主語や目的語になるかどうか、その形態的なすがたである「-が」「-を」の形式をとるかどうかの判定がなされなければならない。
　意味分類体の辞書であるシソーラスを見てみると、この種の単語が相言あるいは形容動詞としてあつかわれているのである。意味上の類同性から、属性を意味する形容詞や副詞の仲間であるとされた結果であろう。『分類語彙表』における相言の類には、ここでとりあげた単語が多くあがっているし、最近刊行された『類語大辞典』(2002年)では、「形容動詞」の中に多く採録されている。しかし、両辞典とも文法には詳しく言い及んでいない。ちなみに、『分類語彙表』における大分類は、体言、用言、相言、その他、であり、相言には、形容詞と副詞がふくまれる。
　『類語大辞典』の凡例には、以下のような説明がある。

　　「形容動詞の類には、「野生の・満ち足りた」など、名詞の前に来たときの形が「な」にならないものも含めた。」「こうした扱いは、形にとらわれず、働きを重視した結果である。」(p.4)

　そうして、この辞典の形容動詞の類には、本章でいう第三形容詞をはじめ、「生きた（化石）」「困った（状態）」「恥ずべき（行為）」のような動詞派生の形式も取り込んでいることが注目される。『類語大辞典』の最初の意味グループである「生きる死ぬ」の「形容動詞」の部分の記述内容は以下のとおりである。

0000　生きる死ぬ
d　形容動詞の類　〔生きた〕～化石　〔生ける〕～屍　〔生身の〕～の人間　〔現生の〕〔野生の〕～の動物　〔陸生の〕〔水生の〕〔恥ずべき〕～行為　〔困った〕～事態　〔国選の〕～弁護人　〔月例の〕～販売会議　〔宿命の〕～ライバル　〔嗄れた〕～声　〔語り古された〕～話　〔直筆の〕～サイン　〔張りつめた〕～空気　〔芝居がかった〕～ふるまい

　筆者は、『分類語彙表』や『類語大辞典』でのこのようなあつかい、すなわち、本章でとりあげている単語群を名詞でなく、形容詞類であるとみていることを評価するものである。形ではなく、意味から出発した単語の整理の結果が、実は文法的にも正当に単語を分類していると判断できるのである。こうした意味分類体の辞書が、文法論の世界でも注目されるべきであろう。

5.　第三形容詞の意味論上の分類

　以下は、第三形容詞と思われるものを『分類語彙表』の枠組みを使ってリストアップしたものである。数字と項目名は『分類語彙表』にしたがっている。例は、形容詞に典型的な連体の用法をしめした。「-だらけ」「-たて」「-用」「-ずくめ」といった生産力にとむ接辞(派生辞)をふくむものは、一部を例示したにとどまる。

3.　1000　こそあど
　特定の(場所)　一定の(温度)　不特定の(人間)　当該の(問題)　くだんの(事件)　例の(話)　これほどの(事態)　それしきの(こと)　別の(問題)　個々の(人間)　一人一人の(問題)　大なり小なりの(罪)　別々の(事件)　個別の(問題)　別れ別れの(人生)　離れ離れの(生活)　散り散りの(状態)　ばらばらの(考え方)　てんでんばらばらの(行動)　メインの(料理)　生粋の(江戸っ子)　水入らずの(関係)

3.　1010　真・正
　固有の(世界)　本当の(友人)　当の(本人)　実の(娘)　真の(姿)　誠の

（話）　正真正銘の（学者）　本物の（力）　本格派の（投手）　真性の（コレラ）　正規の（手続き）　レギュラーの（番組）　正則の（教育）　本式の（テーブルマナー）　略式の（挨拶）　別格の（あつかい）　変則の（英語）　ピンポイントの（攻撃）　迫真の（力）　高徳の（僧）　有徳の（士）　あたりまえの（料理）　当然の（結果）　言わずもがなの（せりふ）　無根の（事実）　事実無根の（うわさ）　有名無実の（組織）　あるがままの（姿）　ありのままの（状況）　仮の（住まい）　仮性の（近視）　架空の（人物）　空念仏の（決意）

3．1100　関係

　有縁の（間柄）　ゆかりの（土地）　縁続きの（人間）　無縁の（世界）　没交渉の（世界）　理屈抜きの（判断）　文句なしの（勝利）　無条件の（降伏）　無効の（定期券）　不条理の（世界）

3．1110　関係の仕方

　直々の（指導）　つかず離れずの（仲）　不即不離の（関係）　表裏一体の（関係）　唇歯輔車の（間柄）　部外の（意見）　局外の（立場）　直接の（選挙）　間接の（照明）　義理の（父）　恋仲の（女性）　不仲の（同僚）　持ちつ持たれつの（関係）　ギブアンドテイクの（関係）　親子水入らずの（話し合い）　内輪の（人間）　公式の（訪問）　非公式の（会談）　公の（機関）　公共の（福祉）　腹違いの（兄弟）　異腹の（弟）　異母の（妹）　母親ちがいの（弟）　種違いの（兄弟）　父親ちがいの（弟）　異父の（兄弟）　番外の（プログラム）

3．1120　相互・異同

　持ちつ持たれつの（間柄）　とっかえひっかえの（衣装）　似たり寄ったりの（境遇）　瓜二つの（ふたり）　類似の（問題）　類同の（関係）　疑似の（コレラ）　とんとんの（能力）　どっこいどっこいの（力関係）　互角の（内容）　五分五分の（可能性）　五分の（可能性）　フィフティーフィフティーの（確率）　チャンポンの（酒）　あたらずさわらずの（答弁）　（お）揃いの（服）　どんぴしゃりの（答え）　文字通りの（困窮ぶり）　型通りの（挨拶）　もとどおりの（すがた）　予定通りの（開始）　期待通りの（できばえ）　予想どおりの（結果）　八分どおりの（入り）　月とすっぽんの（差）　どっちもどっちの（あくどさ）　段違いの（実力）　桁違いの（予算）　桁外れの（扱い）　ぶっちぎりの（一着）　だんとつの（成績）　常識はずれの（行動）　異質の（文化）　異種の（生物）　異形の（もの）　異例の（昇進）　異数の（抜擢）　異色の（タッチ）　異類の（世界）　異

業種の(女子社員)　異分野の(業種)　異次元の(世界)　別種の(問題)　別様の(作風)　別口の(入金)　別格の(扱い)　別次元の(話)　別問題の(話)　畑違いの(しごと)　奇形の(魚)　他筆の(書)

3.　1130　整い方(秩序)

杓子定規の(あつかい)　千篇一律の(作風)　一律一体の(処理)　押し合いへし合いの(騒動)　押すな押すなの(盛況)　押せ押せの(ムード)　上を下への(大騒ぎ)　百鬼夜行の(ふるまい)　三つ巴の(争い)　てんやわんやの(大騒動)　不統一の(意見)　不揃いの(家具)　まちまちの(意見)　ばらばらの(考え)　支離滅裂の(説明)　無理無体の(暴れよう)　ぎゅうぎゅう詰めの(客)　すし詰めの(部屋)　ぼさぼさの(頭)　びっこの(足)　剥きだしの(便器)　調子はずれの(歌)　暗黒の(時代)

3.　1200　在不在

無一物の(人間)　絶え絶えの(息)　無人の(島)　不在の(とき)　からの(財布)　からっぽの(部屋)　からっけつの(財布)　がらんどうの(建物)　がらがらの(映画館)　がら空きの(電車)　中空の(一角)

3.　1210　必然性

入り用の(金)　所要の(時間)　必須の(条件)　必備の(辞典)　不用の(物品)　不要の(金)　無用の(人物)　用済みの(書類)　いちかばちかの(ばくち)　食うか食われるかの(競争)　必死の(戦い)　不可避の(交渉)　必定の(なりゆき)　急ぎの(用事)　大急ぎの(しごと)　至急の(用件)　大至急の(郵便物)　緊急の(事態)　火急の(事態)　待ったなしの(課題)　応急の(治療)

3.　1230　可能性

お手上げの(状態)　朝飯前の(しごと)　全能の(神)　万能の(選手)　全知全能の(神)　三面六臂の(大活躍)　八面六臂の(はたらき)　すご腕の(弁護士)　腕利きの(職人)　一人前の(研究者)　一丁前の(口)

3.　1300　繁簡

一本調子の(話し方)　千篇一律の(料理)　ワンパターンの(説明)　種種の(領域)　数々の(思い出)　十人十色の(考え方)　各人各様の(スタイル)　百花繚乱の(観)

3. 1310 普通・非凡

並大抵の(苦労) 大抵の(できごと) 並一通りの(説明) 十人並みの(しごと) 人間並みの(生活) 一丁前の(意見) 親戚並みの(おつきあい) 世間なみの(くらし) 月並みの(挨拶) 例年並みの(混み具合) 学園祭並みの(催し) ひとかどの(人物) 一介の(研究者) ありきたりの(せりふ) 日常茶飯の(できごと) 在来の(やり方) 通り一遍の(解説) 異例の(処置) 未曾有の(事件) 前代未聞の(話) 無類の(酒好き) 出色の(できばえ) 一流の(学者) 一級の(建築士) 指折りの(人間) 屈指の(金持ち) 有数の(数学者) 随一の(規模) 粒よりの(選手) 粒ぞろいの(クラス) えり抜きの(専門家) 三国一の(宝刀) 世界一の(ピアニスト) 無二の(親友) 無双の(難所)

3. 1320 特別・異様

特製の(陶器) 独自の(考え) 特有の(皮膚) 固有の(財産) 独特の(文化) へんちくりんの(考え) 奇妙きてれつの(ふるまい)

3. 1330 良不良・適不適

良質の(米) 良性の(腫瘍) 最良の(条件) 上々の(でき) 最善の(努力) 次善の(策) 悪性の(腫瘍) 劣悪の(住宅事情) 最悪の(事態) 中庸の(精神) 中正の(立場) 不偏の(意見) 不偏不党の(見解) どっちつかずの(返辞) なまなかの(こと) なまはんかの(しごと) 応分の(援助) 相応の(待遇) 身分相応の(あつかい) 分相応の(ふるまい) 過分の(ことば) 打ってつけの(役) もってこいの(テーマ) あつらえ向きの(題材) ぴったりの(話題) 極め付きの(芸) 保証つきの(人間) 夏向きの(セーター) 冬向きの(住まい) 若向きの(仕事) 子ども向きの(本) 学生向きの(話) 不向きの(辞書) 大衆向けの(店) 主婦向けの(ワイドショー) 子ども向けの(雑誌)

3. 1340 調子・出来

緊急の(事態) 絶体絶命の(状況) 好都合の(場合) 不都合の(場合) 好調の(スタート) 絶好調の(健康状態) 台無しの(しごと) 形なしの(辱め) 上々の(天気) 極上の(酒) 優等の(成績) 上等の(ワイン) 最高の(クラス) ハイクラスの(社会) 一級の(料理人) 一流の(企業) 低級の(問題) 最低の(人間) 低劣の(境遇) 才色兼備の(女性) 精鋭の(研究者) 新鋭の

（選手）　エリートの（学生）

3. 1400　力
一騎当千の（勢い）　足弱の（老人）　堅忍不抜の（精神）　難攻不落の（要塞）

3. 1500　変化・動き
縦横無尽の（活躍）　融通無碍の（生き方）　臨機応変の（措置）　円転滑脱の（人物）　恒常の（感覚）　常の（食事）　一定の（間隔）　板挟みの（状況）　箱入りの（娘）　宙ぶらりんの（状態）　横殴りの（雨）　末広がりの（繁栄）　尻窄まりの（成績）　尻上がりの（発音）　尻下がりの（発音）　鰻登りの（景気）　じり貧の（相場）　落ち目の（人気）　竜頭蛇尾の（プロジェクト）　尻切れトンボの（結末）　ぎゅうぎゅう詰めの（電車）　すし詰めの（電車）　押し合いへし合いの（混乱）　筒抜けの（情報）　開けっ放しの（ドア）　明け広げの（性格）　吹き通しの（場所）　出しっぱなしの（水道）　陸続きの（隣国）

3. 1600　時
場違いの（議論）　通常の（料金）　不断の（努力）　日常の（生活）　恒常の（性質）　行き当たりばったりの（生活）　急場の（処置）　緊急の（事態）　その場しのぎの（言い訳）　急場しのぎの（対処）　その場逃れの（答弁）　とこしえの（眠り）　とわの（命）　永久の（幸せ）　恒久の（平和）　悠久の（昔）　不朽の（名作）　無窮の（天地）　未来永劫の（平和）　久遠の（理想）　古来の（風習）

3. 1610　すぐ・次第になど
間一髪の（ところ）　危機一髪の（ところ）　一瞬の（火遊び）

3. 1620　一度に・再び・毎度など
歩きづめの（一日）　働きづめの（毎日）　飛び飛びの（話）　とぎれとぎれの（会話）　なしくずしの（生活）　ひさしぶりの（再会）　久方ぶりの（出会い）　久々の（晴れ間）　月並みの（挨拶）

3. 1640　過去・現在・未来
昨今の（流行）　先般来の（注文）　年来の（主張）

3. 1650　まだ・もう・また
既製の（品）　唐突の（出来事）　出し抜けの（訪問）　短兵急の（攻撃）　吸いかけの（たばこ）　吸いさしの（たばこ）　二十歳過ぎの（人）　使用済みの（書類）　約定済みの（取引先）

3. 1660　久しい・若い・早い
　一日千秋の(思い)　年かさの(女房)　年頃の(娘さん)　早生まれの(人)　遅生まれの(人)　月足らずの(子ども)　働き盛りの(男性)　若盛りの(男)　延び延びの(会議)　押せ押せの(ゲーム展開)

3. 1661　新しい・古い
　さらの(靴)　新規の(採用)　最新の(技術)　清新の(気風)　新進の(作家)　新入の(社員)　新参の(人)　新興の(勢力)　生鮮の(野菜)　出来たての(饅頭)　生まれたての(赤ちゃん)　とれたての(蟹)　焼きたての(パン)　新婚ほやほやの(ふたり)　中古の(車)　最古の(刀剣)　月越しの(仕事)　宵越しの(金)　常套の(手段)　お定まりの(コース)　旧態依然の(制度)　元通りの(姿)　空前絶後の(ブーム)　空前の(盛況)　前代未聞の(出来事)　未曾有の(事件)　希代の(大人物)　蓋世の(気)　絶世の(美人)　不世出の(天才)　千載一遇の(チャンス)

3. 1710　相対的位置
　向かい合わせの(席)　差し向かいの(カップル)　(資料と)首っ引きの(著者)　後ろ前の(セーター)　前後ろの(シャツ)　付ききりの(看護)　剥きだしの(便器)

　国内向けの(放送)　外国向けの(商品)　大衆向けの(店)　婦人向けの(雑誌)　主婦向けの(ワイドショー)　子ども向けの(雑誌)　夏向きの(衣類)　北向きの(部屋)　子ども向きの(机)　学生向きの(話題)　若向きの(衣類)　婦人用の(シャンプー)　老人用の(メガネ)　来客用の(スリッパ)　男性用の(掟)　家庭用の(家具)　生ゴミ用の(三角コーナー)　シャンプー用の(椅子)　デザイン用の(石膏像)　旅行用の(地図)　録画防止用の(爪)　正月用の(晴れ着)　非常用の(脱出口)　補強用の(鉄板)　執務用の(デスク)　検査用の(器具)　目隠し用の(フェンス)　観賞用の(花)　広告用の(飛行船)　浴衣用の(下駄)　文書用の(ロッカー)　植木鉢用の(プラスチック皿)　売り込み用の(テープ)

　どろまみれの(からだ)　汗まみれの(顔)　血まみれの(少女)　ほこりまみれの(行商人)　垢まみれの(からだ)　インクまみれの(紙)　小雪まじりの(木枯らし)　埃まじりの(潮風)　石まじりの(土)　白髪まじりの(老人)　涙まじりの(声)　冗談まじりの(話)　ため息まじりの(問い)

3. 1720　場所
目抜きの（大通り）　江戸前の（粋）　業界きっての（文化人）

3. 1800　形
有形の（資産）　無形の（恩恵）　卵形の（宝石）　ひも状の（昆虫）　粒状の（薬）　鎖状の（文様）　板状の（チョコ）　ゼリー状の（液体）　霧状の（もの）　小説様の（作り話）　写真様の（絵）　殿様様の（態度）　わらじ様の（はきもの）　みずたま様の（模様）　鈴なりの（人）　弓なりの（枝）

ぶかっこうの（服装）　不体裁の（仕上がり）　おんぼろの（バス）　ずんどうの（アラブ民族衣装）　頭でっかちの（子ども）　尻すぼまりの（可能性）　尻つぼみの（成績）　無傷の（基地）

3. 1820　丸い・平たい・荒い・まっすぐ・水平など
ぺちゃんこの（靴）　凹凸の（道）　凸凹の（道）　でこぼこの（道路）　のっぺらぼうの（顔）　ずんべらぼうの（からだ）　荒削りの（板）　まっすぐの（道）　ひとすじの（雲）　真一文字の（口）　斜めの（線）　中空の（一角）　からっぽの（電車）

3. 1830　しなやか・きれぎれ・ふさふさなど
ちぎれちぎれの（涙声）　切れ切れの（会話）　弓なりの（枝先）　鈴なりの（柿）

3. 1920　長い・広い
最長の（3年間）　最短の（距離）　横長の（看板）　ちんちくりんの（女性）　寸足らずの（意見）　寸づまりの（服）　高大の（戦士）　最高の（権威）　至高の（存在）　最低の（レベル）　最寄りの（駅）　手近の（辞書）　卑近の（例）　幅広の（机）　手狭の（宴会場）　猫額の（地）

猫額大の（庭）

3. 1921　厚い・太い・大きい
厚手の（生地）　薄手の（コート）　薄っぺらの（パンフレット）　ぺらぺらの（紙幣）

極太の（ボールペン）　極細の（筆）　中細の（ペン）　太めの（女性）　筆太の（文字）　肉太の（線）　肉細の（線）　腰細の（女）　先太の（棒）　先細の（棒）　大柄の（男性）　大ぶりの（湯飲み）　極大の（値）　特大の（品）　大手の（会社）　等身大の（鏡）　葉書き大の（紙）

小ぶりの(器) 短小の(刀剣) 矮小の(植物) 極小の(値) 過小の(評価) 最小の(箱)

3. 1930 重い・軽い

過重の(負担) 軽量の(荷物)

3. 1940 速い・遅い

高速の(処理) 快速の(電車) 迅速の(扱い) とんとん拍子の(出世) 疾風迅雷の(進軍) 電光石火の(早業)

大急ぎの(仕事) 足早の(進行) 慢性の(虫垂炎) 急性の(盲腸炎)

3. 1950 多い・少ない

多量の(有害物質) 多数の(参加者) あまたの(歳月) 過多の(内容) 最多の(勝利数) 多めの(水) もりだくさんの(内容) 汗牛充棟の(おもむき) 多士済々の(道場) 無限大の(可能性) 無数の(人間) 無辺の(天) 無量の(思い) 無尽蔵の(資源) 巨万の(富) 千万無量の(思い) 幾多の(困難) 多大の(迷惑) 甚大の(被害) 多方面の(分野) 鈴なりの(見物人) 山積みの(問題)

少なめの(量) 少数の(意見) 少人数の(男性) 少量の(塩) 微量の(放射性物質) 少額の(寄付) 小口の(注文) たまの(休日) あるかなしの(明かり) なけなしの(金) これっぽっちの(金) それっぽっちの(金) 心ばかりの(品) 形ばかりの(お別れ会) 印ばかりの(品) 一点の(疑惑) 一片の(雲) 一掬の(同情) 一抹の(不安) 一縷の(望み) 一握りの(砂) 紙一重の(差) 寸尺の(土地) 寸分の(狂い) 一毫の(ゆるぎ) 寸毫の(疑惑) 秋毫の(狂い) 毫末の(疑い) 品薄の(コンピュータ) 望み薄の(景気回復) 一握りの(人間) 幾ばくかの(金) 一紙半銭の(慈悲) 過疎の(村)

爪の垢ほどの(こと) 数えるほどの(日数) 些少の(お礼) 極小の(値) 零細の(企業) 軽度の(傷) 最小の(人数) 過小の(見積もり)

多士済々の(サロン) 山盛りの(ご飯) 満杯の(会場) 満員の(電車) 満身の(力) 満腔の(精神) はちきれんばかりの(鞄) 多額の(借金) 少額の(紙幣) 高額の(所得者) 低額の(所得者) 年長の(人) 年上の(妻) 年少の(男の子) 年下の(夫) 早生まれの(人) 遅生まれの(人) 割安の(旅行) 格安の(チケット) 割高の(医療費) 無料の(扱い) 無税の(商品) 無賃の(宿泊) 無給の(仕事) 無報酬の(労働)

3. 1980　ひとり・ふたり・みんな

　単独の(行動)　唯一の(著作)　唯一無二の(親友)　単一の(民族)　単数の(場合)　一通りの(説明)　単独の(行動)　独自の(見解)　独り身の(暮らし)　独身の(男)　未婚の(女性)　シングルの(女性)　チョンガーの(男)　天涯孤独の(身)　ひとりぼっちの(旅行)　複数の(人間)　ダブルの(ウィスキー)　二通りの(解釈)　両用の(解釈)　両義の(解釈)　多義の(単語)　四面楚歌の(境遇)　別れ別れの(人生)　一面の(野原)　大なり小なりの(影響)　十把一絡げの(扱い)　逐一の(報告)　総出の(お迎え)　総掛かりの(点検)　総なめの(勝利)　あらん限りの(力)

　灰だらけの(部屋)　傷だらけの(車・純情)　瘤だらけの(頭)　しわだらけの(額)　埃だらけの(机)　張り紙だらけの(壁)　がれきだらけの(空き地)　そばかすだらけの(少女)　つぎはぎだらけの(ブルゾン)

　黒ずくめの(衣装)　規則ずくめの(学園)　贅沢ずくめの(生活)　毛皮ずくめの(婦人)　毛糸ずくめの(洋装)　計算ずくめの(計画)　いいことずくめの(条件)　家族ぐるみの(おつきあい)　組織ぐるみの(犯罪)　日ごとの(務め)　ふたりっきりの(夜)

3. 1990　限り・全く

　底なしの(飲んべえ)　ずぶの(素人)　至れり尽くせりの(待遇)　存分の(手腕)　周到の(用意)　用意周到の(計画)　程々の(扱い)　ころあいの(大きさ)

3. 1992　およそ・かつかつ・最も・もっと

　まあまあの(できばえ)　そこそこの(成績)　ぎりぎりの(線)　かつかつの(生活)　とんとんの(収支)　出ず入らずの(状態)　まずまずの(でき)　命からがらの(逃亡)　余裕を持っての(生活)　らくらくの(生活)　ゆうゆうの(生活)　一流の(選手)　至上の(命令)　無上の(喜び)

　二十歳そこそこの(女性)　四十がらみの(女)　千円がらみの(品物)

3. 1993　かなり・はなはだ・あまり

　強度の(近視)　適度の(運動)　ころあいの(大きさ)　うってつけの(場所)　あつらえ向きの(かばん)　もってこいの(品)　格好の(攻撃材料)　絶好の(機会)　好個の(テーマ)　適時の(ヒット)　よほどの(事情)　記録破りの(猛暑)　底抜けの(お人好し)　過度の(期待)　ほどほどの(飲酒)　段違いの

（実力）　格段の(差)　大の(女好き)　極度の(緊張)　絶大の(努力)　激甚の(競争)

3. 3000　意識・感覚
　　感無量の(面持ち)　感慨無量の(気持ち)　虚心坦懐の(話しぶり)　用意周到の(状態)　不用意の(発言)　満腹の(状態)　上機嫌の(酔漢)　一杯機嫌の(親父)　不機嫌の(男)　有頂天の(様子)　ご満悦の(体)　万々歳の(様子)　余裕綽々の(様子)

3. 3010　驚き・楽しい・快い
　　悠々自適の(生活)　左うちわの(身分)　明鏡止水の(境地)　気詰まりの(思い)　ご機嫌の(上司)　楽々の(勝利)　興味津々の(できごと)　噴飯ものの(できごと)　大助かりの(状況)

3. 3011　苦しい・悲しい・こわい
　　苦し紛れの(言い訳)　七転八倒の(苦しみ)　沈痛の(面もち)　失意の(気持ち)　戦々恐々の(思い)　阿鼻叫喚の(様相)　壮絶の(攻撃)

3. 3012　はずかしい・ほしい・くやしい・ありがたい
　　鼻高々の(思い)　得意満面の(表情)　夜郎自大の(類)　会心の(でき)　汗顔の(思い)　玄人顔負けの(できばえ)　待望の(品物)　隔靴掻痒の(思い)　一日千秋の(思い)

3. 3020　好き・きらい・かわいい・にくらしい
　　好き好きの(注文)　男好きの(女)　酒好きの(人)　猫好きの(女性)　渋好みの(女性)　女性好みの(食べ物)　老人好みの(味)
　　女嫌いの(男)　学校嫌いの(子)　勉強嫌いの(息子)
　　入魂の(思い)　親身の(気遣い)　熱々の(カップル)　ありがた迷惑の(お手伝い)

3. 3030　しくしく・にこにこ・ぷりぷり
　　表情たっぷりの(ふるまい)　無表情の(姿)　俳優気取りの(行動)　知らん顔の(様子)　我関せずの(態度)

3. 3040　かしこい・おろか
　　無考えの(姿勢)　左巻きの(女の子)　愚直の(人)　分からず屋の(男)　該博の(知識)　博学の(人)　博識の(人)　博覧強記の(学者)　有識の(人々)

博雅の(士)　好学の(男)　篤学の(人)　物知りの(老人)　物知り顔の(先輩)　訳知り顔の(教員)　したり顔の(話っぷり)　筋金入りの(党員)　歴戦の(勇士)　海千山千の(人事担当者)　未経験の(人)　無経験の(人)　浅学の(身)　浅学非才の(自分)　生かじりの(学問)　半可通の(人間)　一知半解の(解釈)　聞きかじりの(知識)　うろおぼえの(記憶)　付け焼き刃の(発表)　文盲の(人)　世間知らずの(女)　もの知らずの(人間)　坊ちゃん育ちの(男)　無分別の(行為)　見ず知らずの(男)　詮索好きの(人)

3. 3050　じょうず・へた

万能の(薬)　多能の(人物)　多才の(人)　辣腕の(編集者)　怪腕の(力士)　すご腕の(弁護士)　拙速の(仕事)　巧遅の(攻撃)　老巧の(人)　不慣れの(土地)　百戦錬磨の(兵)　口べたの(男)　聞き上手の(女性)　全知全能の(神)　八面六臂の(活躍)　天賦の(才)　生得の(能力)

3. 3060　くわしい・たしか・あやしい

略式の(文書)　概略の(説明)　荒削りの(作品)　特定の(人物)　不特定の(場所)　不定の(数)　無目的の(攻撃)　あたらずさわらずの(関係)　不得要領の(説明)　百も承知の(事実)　行方不明の(人)　架空の(人物)　空中楼閣の(作り話)　疑心暗鬼の(状態)　思い通りの(進行)　予想通りの(結果)　予想外の(できごと)　慮外の(できごと)　望外の(喜び)　不慮の(事故)　不測の(事態)　的はずれの(質問)　見当違いの(結果)

3. 3070　意味

めちゃくちゃの(説明)　支離滅裂の(文章)　常識はずれの(ふるまい)　でたらめの(解説)　荒唐無稽の(話)　要注意の(人物)　もってのほかの(話)

3. 3090　眼

丸見えの(状態)　丸出しの(姿)

3. 3100　ことば

名無しの(権兵衛)　無名の(作家)　匿名の(投書)　口頭の(説明)　達弁の(人)　口達者の(人)　早口の(女性)　侃々諤々の(議論)　舌足らずの(説明)　しどろもどろの(弁明)　遠回しの(説明)　単刀直入の(質問)　直截の(判断)　公然の(秘密)　あけっぴろげの(性格)　あけっぱなしの(性格)　聞こえよがしの(悪口)　正面きっての(非難)　筒抜けの(情報)　極秘の(文書)　オフレコの(話)　内緒の(話)　内密の(交渉)　内々の(承諾)　内分の(話)　非公開

の(検討会)　秘密裏の(会議)　暗黙の(了解)　暗々裏の(処置)　鳴り物入りの(入団)　でたらめの(説明)　口まかせの(ほら)　出まかせの(うそ)　高飛車の(物言い)　頭ごなしの(態度)　けんか腰の(言い方)　無断の(欠席)　断りなしの(不参加)　耳寄りの(話)

3. 3300　風俗・風采

　未開の(地)　未開発の(テーマ)　低開発の(地域)　未墾の(土地)　人跡未踏の(地)　未踏の(土地)　未到の(山)　古風の(建物)　いにしえぶりの(やり方)　昔風の(飲み屋)　名うての(悪党)　指折りの(人物)　評判の(学者)　好評の(映画)　不評判の(発表)　不人気の(曲)　ちゃきちゃきの(江戸っ子)　みいはあの(女)　小身の(武士)　ぺいぺいの(サラリーマン)　高踏の(人)　孤高の(学者)　俗離れの(男)　通俗の(読み物)　花の(都)　晴れの(日)　ぴかぴかの(一年生)　悪趣味の(男)　あちら好みの(女)　少女好みの(中年男)

3. 3310　禍福・世情

　願ったり叶ったりの(状況)　男冥利の(仕事)　女冥利の(時間)　薄幸の(人)　非業の(死)　踏んだり蹴ったりの(日々)　有事の(期間)　好景気の(時期)

3. 3320　仕事

　大忙しの(毎日)　多忙の(日々)　繁忙の(時期)　繁用の(こと)　多用の(ところ)　倉卒の(間)　怱忙の(間)　多事多端の(年末)　遊休の(施設)　休閑の(土地)　有閑の(奥様)　手すきの(人)　用なしの(人間)　泣かず飛ばずの(研究者)　無為の(生活)　無為徒食の(暮らし)　のんべんだらりの(性格)　役不足の(感)　分相応の(役目)　重荷の(仕事)　過分の(紹介)

3. 3330　衣食住

　粗衣粗食の(生活)　暖衣飽食の(毎日)　宵っ張りの(人)　朝寝坊の(娘)　寝坊の(人)　大食いの(妻)　大食の(男)　小食の(女)　健啖の(中国人)　いかもの食いの(同僚)　空腹の(男)　腹ぺこの(少年)　酒好きの(女)　大酒飲みの(夫)　甘党の(人)　辛党の(人)　草食の(動物)　肉食の(魚)　雑食の(動物)　薄着の(女性)　厚着の(人)　着のみ着のままの(格好)　着た切り雀の(男)　無帽の(学生)　ノーネクタイの(男)　着流しの(男)　肌脱ぎの(男)　尻からげの(格好)　尻はしょりの(姿)　ノーパンの(女)　ノーブラの(女性)　まるはだかの(男)　宿無しの(人)　入り浸りの(女)

3. 3350 吉凶・神秘
―― （該当語なし）

3. 3390 身のふるまい
手ぶらの(訪問)　素手の(戦い)　丸腰の(相手)　けんか腰の(態度)　裸一貫の(人生)　身軽の(独り者)　尻軽の(女)　浮き腰の(態度)

3. 3400 身上
有夫の(女)　有婦の(男)　亭主持ちの(女)　子持ちの(婦人)　ててなしの(子)　親なしの(子ども)　独身の(男性)　未婚の(女性)　天涯孤独の(人生)　ひとりぼっちの(生活)　不縁の(女性)　同母の(子)　異母の(妹)　種違いの(兄弟)　腹違いの(子)　年子の(弟)　遅生まれの(人)　早生まれの(人)　役人あがりの(人物)　大学出の(人)　高学歴の(男)　地方出身の(人)　山出しの(おさんどん)　蔵出しの(酒)　ぽっと出の(男)　山家育ちの(人)　温室育ちの(人)　坊ちゃん育ちの(人)　古参の(刑事)　新参の(若者)　生え抜きの(江戸っ子)　家付きの(土地)　引っ張りだこの(教授)　ひも付きの(女)　お気に入りの(店)　もてもての(男)　おおもての(男性)　筋金入りの(党員)　腕に覚えの(人)　海千山千の(人事担当者)　千軍万馬の(武士)　歴戦の(勇士)　折り紙付きの(悪ガキ)　札付きの(悪党)　青天白日の(身)　生まれつきの(性格)　生来の(お人好し)

3. 3410 偉い・けち・すごい・不届き
好人物の(夫婦)　才色兼備の(女性)　酒好きの(夫)　猫好きの(妻)　出好きの(女性)　派手好みの(女)　女嫌いの(人)　男嫌いの(人)　学校嫌いの(子ども)　勉強嫌いの(娘)　食わず嫌いの(人)　高徳の(人)　有徳の(人)　篤信の(人)　清廉潔白の(女性)　身の程知らずの(人)　罪作りの(人)　人面獣心の(男)　無欲の(勝利)　強突張りの(性格)　欲張りの(人)　勘定ずくの(行動)　そろばんずくの(行動)　しみったれの(男)　巧言令色の(人)　口先だけの(人間)　魔性の(女)　厚顔の(青年)　鉄面皮の(男)　恥知らずの(女)　無恥の(女性)　恥さらしの(男)　罰当たりの(人)　面汚しの(行為)　色好みの(女性)　好色の(男)　色きちがいの(老人)　女狂いの(男)　女たらしの(男)　男狂いの(女)　助平の(男性)　不法の(行為)　無法の(地域)　言語道断の(ふるまい)　もってのほかの(言動)　鼻つまみの(男)

3. 3420 純情・正直・慎重

天衣無縫の(弾き方) 天真爛漫の(性格) 堅気の(青年) しっかり者の(男性) あばずれの(女) 浮き腰の(姿勢) 上っ調子の(性格) おっちょこちょいの(女の子) 身の程知らずの(行動)

3. 3430 がんこ・率直・気軽

質実剛健の(青年) 剛直の(気性) 硬骨の(士) 不屈の(精神) 内柔外剛の(性格) 内剛外柔の(性格) 直情径行の(行動) 一徹の(性格) 一本気の(男) 昔かたぎの(人間) 職人気質の(父)

3. 3440 強気・勇敢・大胆

強気の(発言) 弱気の(予想) 強腰の(姿勢) 弱腰の(態度) 腰弱の(姿勢) 尻重の(人) 尻軽の(女性) 乗り気の(態度) 気乗り薄の(返事) 引っ込み思案の(性格) 引っ込みがちの(暮らし) 弱気の(性格) 気弱の(女性) 内弁慶の(男) 腰抜けの(武士) 骨なしの(人間) ふぬけの(人間) 負けず嫌いの(人) 向こう見ずの(性格) むてっぽうの(性格) 命知らずの(人) 泰然自若の(人) 太っ腹の(男性) 気早の(人) 移り気の(女性) 一騎当千の(兵) 男勝りの(性格)

3. 3460 みずから・あえて・ぬけぬけ

苦し紛れの(言い逃れ) あなた任せの(生活) 不承不承の(対応) 好き放題の(ふるまい) 亭主関白の(夫) したい放題の(ふるまい) 読書三昧の(生活) 気随気ままの(生活) 出任せの(うそ) いきあたりばったりの(旅行) 出たとこ勝負の(ふるまい) 気まぐれの(旅) 捨て身の(行動) 捨て鉢の(せりふ) 破れかぶれの(行動)

3. 3470 熱心・努力

本気の(恋) 一心不乱の(至境) 不眠不休の(看病) 命がけの(仕事) 必死の(お願い) 死にものぐるいの(姿) 捨て身の(行動) 獅子奮迅の(働き) 不撓不屈の(エネルギー) たっての(お願い) その場限りの(説明) その場逃れの(答弁) 行き当たりばったりの(行動) 出たとこ勝負の(ふるまい) 運任せの(人生) 余裕綽々の(生活) 優柔不断の(性格) 長尻の(性格)

3. 3480 細心・勤勉・けなげ

ちゃらんぽらんの(性格) 上げ膳据え膳の(生活) 不勉強の(人間)

3. 3500 交渉・交際

和気藹々の(雰囲気)　熱々の(カップル)　さしつさされつの(宴会)　もてもての(男性)　不倶戴天の(敵)　でしゃばりの(人間)　早い者勝ちの(入場)　恩知らずの(人)　けんか腰の(姿勢)　虚々実々の(駆け引き)　見ず知らずの(人)　莫逆の(友)　旧知の(人)　辱知の(間柄)　他人行儀の(ふるまい)　かかりつけの(医者)　買いつけの(品)　行きつけの(店)

3. 3600 公式・公平

内輪の(話)　公共の(施設)　正規の(手続き)　公式の(訪問)　無免許の(運転)　無試験の(入学)　無届けの(集会)　不偏不党の(立場)　無私の(行為)　中立の(立場)　独りよがりの(言動)

3. 3680 ていねい・親切(対人態度)

明けっぴろげの(性格)　ぶしつけの(質問)　傍若無人の(ふるまい)　遠慮がちの(行動)　強腰の(外交姿勢)　高姿勢の(交渉)　低姿勢の(お願い)　唯々諾々の(態度)　少量の(塩)　狭量の(人物)　偏狭の(人)　至れり尽くせりの(サービス)　心づくしの(もてなし)　手取り足取りの(手ほどき)　誠心誠意の(対応)　開けっぱなしの(性格)　けんもほろろの(応対)　情け知らずの(人)　人泣かせの(行為)　根性悪の(老人)　お気に入りの(店)　引っ張りだこの(教授)　もてもての(男)　大もての(男性)　鼻つまみの(男)

3. 3700 経済

要の(位置)　肝心の(結論)　必携の(書)　男持ちの(傘)　女持ちの(財布)　門外不出の(家宝)　箱入りの(娘)　徳用の(石けん)　実用の(英語)　のれんに腕押しの(反応)　元々の(専門)　親方日の丸の(公務員)　子供だましの(計画)　一石二鳥の(効果)　丸儲けの(商売)　ぼろもうけの(仕事)　蛇蜂取らずの(結果)　早い者勝ちの(入場)　格安の(チケット)　安上がりの(生活)　金目の(もの)　無給の(労働)　有給の(休暇)　有料の(駐車場)　無料の(扱い)　有償の(サービス)　無償の(配布)　ただの(券)　ロハの(乗車)　未納の(授業料)　未払いの(税金)　未済の(ローン)　無産の(階級)　極貧の(生活)　裸一貫の(人生)　無一物の(暮らし)　一文無しの(貧乏)　文無しの(様子)　おけらの(様子)　食うや食わずの(生活)　火の車の(台所)　すってんてんの(様子)　からっけつの(財布)　すっからかんの(様子)　左前の(家計)　ジリ貧の(経済)　竜頭蛇尾の(話)　粗衣粗食の(生活)　暖衣飽食の(生

活） けちけちの（暮らし） 全盛の（時代） 好景気の（時代） 右肩上がりの（世の中） 不振の（時期） 貧寒の（日々） 極貧の（生活）

3. 5010 光

真っ暗闇の（世界） 暗黒の（時代） 半透明の（ガラス） 不透明の（経済動向）

3. 5020 色

有色の（人種） 無色の（液体） 極彩色の（カーテン） 色とりどりの（花） 真っ白の（セーター） 蒼白の（顔） 半白の（頭髪） 色白の（女性） 漆黒の（髪） 真っ黒の（スーツ）
つや消しの（ガラス） 色消しの（レンズ）

3. 5030 音

無声の（映画） 音無しの（構え） 鳴り物入りの（入団） 声高の（話） 喧騒の（地） 喧噪の（街）

3. 5040 におい

無臭の（液体） 芳醇の（かおり）

3. 5050 味

美味の（食品） 無味の（食品） 出がらしの（お茶）

3. 5060 材質

不浄の（金銭） 軟質の（ゴム） 硬質の（ガラス） 泥状の（物質） 油状の（液体） 乳状の（物質） 液状の（もの） 粒状の（菓子） 粉状の（物質） 膜状の（層）

3. 5130 水分

湿潤の（土地） 多湿の（地帯） 低湿の（時期） 陰湿の（場所） 高燥の（場所）

3. 5150 気象

寒冷の（地） 極寒の（地帯） 酷暑の（季節） 曇りがちの（天気） 雨模様の（空） 雪もよいの（天気） 小雨の（地域） 多雨の（地域） 雨がちの（日々） 荒れ模様の（空）

3. 5160 火

生がわきの（洗濯物） 半煮えの（料理） 煮すぎの（鍋） 不燃の（物質） 可燃の（もの） 難燃の（もの） 耐熱の（物質） 耐火の（建築物）

3. 5220 地
肥沃の(地)　豊穣の(土地)　豊沃の(地帯)　陸続きの(国々)

3. 5500 生・性
有毒の(物質)　無毒の(キノコ)

3. 5700 からだ
泥まみれの(足)　泥だらけの(手)　汗みずくの(顔)　汗みどろの(額)　汗だくの(額)　汗まみれの(身体)　血だらけの(顔)　血みどろの(額)　血まみれの(包帯)　血だるまの(人)　むき出しの(膝小僧)　はだかの(大将)　全裸の(女)　まるはだかの(姿)　まっぱだかの(格好)　すっぱだかの(人)　赤裸の(人)　半裸の(男)　素手の(格闘)　裸一貫の(人生)　長髪の(男子学生)　はげちょろの(おやじ)　はげちゃびんの(教授)　小太りの(男)　やせっぽちの(男)　やせぎすの(女)　細身の(身体)　中肉中背の(男)　背高の(紳士)　ずんぐりむっくりの(男)　猫背の(教師)　手長の(猿)　足長の(蜂)　甲高の(靴)　面長の(女性)　丸顔の(女)　細面の(人)　瓜実顔の(女性)　切れ長の(目)　器量よしの(女の子)　眉目秀麗の(女性)　不器量の(女)　ぶすの(看護婦)　猫舌の(男)　寒がりの(女)　暑がりの(男)

3. 5810 生育
早熟の(果物)　晩熟の(メロン)　不老の(薬)　不老不死の(薬)　多産の(女)　不毛の(土地)　多血の(男)　先天性の(病気)　生まれつきの(性質)　生得の(能力)　生まれながらの(役者)　生え抜きの(江戸っ子)　原産の(植物)　原生の(林)

3. 5840 健康
生身の(人間)　原生の(人物)　野生の(動物)　陸生の(動物)　水性の(植物)　二枚腰の(勝負強さ)　温室育ちの(シクラメン)　病弱の(身体)　足弱の(身)　寝不足の(身体)　瀕死の(状態)　半死半生の(目)　不治の(病)　起死回生の(ホームラン)　必殺の(技)　不死身の(からだ)

第6章　形容詞における単語内部の並列構造と属性化

0. はじめに

　本章では、形容詞の単語内部に並列構造をもつものの中で、名詞や動詞から形容詞に派生したものをとりあげて、それを整理する。最初に、実体から属性へ変質し、文法的には名詞から形容詞に派生したものをとりあげる。次に、運動が属性へ変質し、文法的には動詞が動詞らしさをうしなって、形容詞の性質をもつことを指摘する。

1. 実体から属性へ―名詞から形容詞へ―

　並列の関係をもつ(依存の関係をもたない)2つの名詞的成分がくみあわさり、形容詞の語尾をしたがえて派生形容詞となったものがある。名詞成分をn、形容詞の語尾を a とすると、(n + n + a → A)とあらわすことができる。名詞的成分のくみあわせには、異なる名詞のくみあわせの場合(n1 ≠ n2)と、同じ名詞の重複形の場合(n1 = n2)とがある。

　形容詞には以下のように、(1)第一形容詞、(2)第二形容詞、(3)第三形容詞の3種があることを確認しておく。規定用法の語尾の違いによって、3つの形容詞が区別される。(1)「-い」、(2)「-な」、(3)「-の」の違いである。「赤-い／真っ赤-な／真紅-の　バラ」「すばらし-い／優秀-な／抜群-の　学生」の下線部の単語をすべて形容詞に属するものとみる。これらの単語は、意味論的にも文法論的にもその特徴が共通しているからである。主な違いは語形であり、これは動詞における一段動詞と五段動詞の違いに相当するものである。わたしは、第三形容詞の存在を提唱してきた(村木新次郎(2000)(2002c)

など)。第三形容詞に属する単語は、(ア)主語や目的語にならないか、なりにくい、(イ)規定成分(＝連体修飾)をうけない、という特徴を有し、名詞とすべきではない。ただし、第二形容詞と第三形容詞に所属する単語には、双方の特徴をあわせもつものや名詞と兼務するものが存在する。また、名詞から形容詞へ移行しつつあるものも存在する。

並列構造をもつ第一形容詞は、名詞の重複形に「-しい」が後置したものである。名詞「とげ」から派生した「とげとげしい」のような形容詞がその例である。「とげ」がもっている〈先がとがっている〉という形態上の特徴から〈それに触れると痛みを感じる〉という意味が生じ、「とげとげしい」という形容詞として定着したのであろう。「とげとげしい」には、〈人間の言動が、(とげがあるように)おだやかでなく、周りの人を傷つける様子〉をあらわす。

このタイプには以下のようなものがある(例は形容詞に典型的な規定用法をあげる)。

(1) とげとげしい(口調)、みずみずしい(感覚)、はなばなしい(活躍)、毒々しい(せりふ)、福々しい(顔)、神々しい(姿)

並列構造をもつ第二形容詞は、異なる名詞的成分のくみあわせに「-な」が後置したものである。「肝臓」と「心臓」もしくは「腎臓」がくみあわさり、「肝心／肝腎な(問題)」のように、形容詞の用法を獲得したのがその例である。「肝臓」と「心臓」あるいは「腎臓」は重要な臓器であるから、それらをくみあわせた「肝心／肝腎な」は〈重要な〉という意味が生じたものである。「皮肉な」も、「皮」と「肉」の合成から、これらが身体の中心である「骨」に対してうわべであるところから〈意地悪な〉という意味が生まれた。

「いろいろな」「さまざまな」のように、同じ名詞の重複形に第二形容詞語尾の「-な」がついたものもある。

このタイプには、以下のようなものがある。

(2) 肝心な／肝腎な(要素)、皮肉な(話)、光風霽月な(人柄)、いろいろな(出来事)、さまざまな(女性)

並列構造をもつ第三形容詞は、異なる名詞的成分のくみあわせに「-の」が後置したものである。「枝葉の(話)」「みいはあの(女)」などがその例である。「枝葉の(話)」は、{木の部分である「枝」と「葉」 → 「枝」や「葉」は、

中心となる「幹」と比較して主要な部分ではない → 重要でない｝を意味する。また、「みい(ちゃん)はあ(ちゃん)の女」は｛女性の名前の列挙 → 程度の低いことに熱中しやすい様子｝をあらわす。「そこそこの」「まちまちの」のように同じ名詞の重複形のものもある。また合成語を構成する名詞的成分が、独立するもの、独立しないもの、独立しにくいものがある。たとえば、「金(キン)」や「鉄(テツ)」は独立しうる形式である。「枝(シ)」や「葉(ヨウ)」は独立しないし、「みい(ちゃん)」「はあ(ちゃん)」は独立しにくい形式である。

　このタイプには、以下のようなものがある。例示の際、一部、個々の単語の意味を〈　〉の中にしるす。

(3) 枝葉の(改革)、金鉄の(守り)、股肱の(臣)、鉄石の(守り)、爪牙の(臣)、みいはあの(女)、五十歩百歩の(出来)、いちかばちかの(大博打)、てんやわんやの(大騒動)、海千山千の〈＝世の中のあらゆることに通じていて、ずるがしこい〉(やりて)、上げ膳据え膳の〈＝食事の準備や後片付けをしなくていい、気楽な〉(生活)、くそみその〈＝いろんなものを区別しない〉(扱い)、十人十色の(回答)、各人各様の(装い)、千差万別の(生き方)、つうかあの〈＝互いに気心が通じている〉(間柄)、羊頭狗肉〈＝見かけは立派ではあるが、内実がともなわない〉(選挙公約)、竜頭蛇尾の〈＝始めは勢いがあるが、終わりは衰えてふるわない〉(演説)、行雲流水の〈＝物事に執着せず、自然な〉(日々)、池魚篭鳥の〈＝不自由な〉(生活)、明鏡止水の〈＝やましいところがなく、安らかな〉(境地)、驚天動地の〈＝世間がひどく驚くような〉(大騒ぎ)、酔生夢死の〈なすべきことをしない〉(日々)、人面獣心の(男)、誠心誠意の(対応)、手取り足取りの〈＝面倒見のよい〉(手ほどき)、かずかずの(功績)、まちまちの(紙)、うちうちの(パーティー)、土地土地の(文化)、季節季節の(くだもの)、そこそこの(生活)、ぎりぎりの(線)、もともとの(専門)、要所要所の(ミス)、先手先手の(経営)、後手後手の(対応)、どっちもどっちの(判定)

2. 運動から属性へ―動詞から形容詞へ―

　並列関係をもつ2つの動詞成分がくみあわさって形容詞化したものがある。動詞的成分をvとすると(v + v → A)とあらわすことができる。vの語形にはさまざまなものがある。これらの動詞は、特定の個別的な運動を意味せず、あるものごとの様子を意味している。たとえば、「踏んだり蹴ったりの（一日）」では、「踏んだり蹴ったりの」は「踏む」や「蹴る」という行為というよりは、〈重ねてひどい目にあう様子〉をあらわしているのである。これらの動詞がもっている動作性が退いて、その代わりに、属性をあらわしている。さらに、こうした合成語の構成要素である動詞は、名詞や副詞をうけるという動詞の文法的な特徴をうしなっている。何をどのように「踏む」のか「蹴る」のかといったことは、不問である。また、「鳴かず飛ばずの（男）」というのは、〈活躍することもなく、人から忘れられたようになっている様子〉をあらわしていて、運動ではなく属性を意味している。そこには、{鳥の動的な特徴　→　人間の静的な特徴} という比喩による転移が見てとれる。以下は、合成語を構成する動詞的成分の語形による分類である。例は、いずれも規定用法をあげる。

(1)　動詞語基の重複
　　見え見えの（嘘）、思い思いの（進路）、もてもての（男）、飛び飛びの（話）、切れ切れの（雲）、別れ別れの（人生）、熟れ熟れの（メロン）、好き好きの（注文）

(2)　動詞のムード語形（有標）の重複（命令形、禁止形など）
　　押せ押せの（ゲーム展開）、押すな押すなの（盛況）、出るわ出るわの（安売り状況）

(3)　同一動詞の能動形語基＋「つ」と受動形語基＋「つ」
　　持ちつ持たれつの（関係）、さしつさされつの（宴）、抜きつ抜かれつの（レース）、追いつ追われつの（競争）

(4)　同一の動詞の肯定形と否定形、能動形と受動形のくみあわせ
　　食うや食わずの（生活）、食うか食われるかの（争い）、降りみ降らずみの（天気）、有耶無耶な（返事）

(5)　異なる動詞の共通する語形のくみあわせ

のるかそるかの(大勝負)、至れり尽くせりの(もてなし)、破れかぶれの(人生)、行きあたりばったりの(旅行)、七転び八起きの(人生)、七転八倒の(苦しみ)、見ず知らずの(男)、負けず劣らずの(力量)、出ず入らずの(心遣い)、つかず離れずの(付き合い)、あたらずさわらずの(答弁)、不即不離の(関係)、不撓不屈の(精神)、不眠不休の(看病)

3. まとめ—重複と列挙による派生形容詞—

　名詞的成分のくりかえしの形式、あるいは意味的・形式的に類似したものを列挙することによって、名詞に固有な実体の意味をうしない、そのかわりに属性的な意味を獲得して、形容詞の性質をおびるものがある。また、動詞的成分のくりかえしの形式、あるいは意味的・形式的に類似したものを列挙することによって、動詞に固有な運動の意味をうしない、そのかわりに属性的な意味を獲得して、形容詞の性質をおびるものがある。いずれも特定の実体や運動ではなく、あるものごとの特徴をあらわすのである。

　なお、「いちいち」「みちみち」「口々に」「点々と」「粉々に」「くれぐれも」「あれこれ(と)」「縦横に」「朝な夕な」といった名詞的成分の重複や列挙、「恐る恐る」「かえすがえす」「ゆくゆく」「ますます」「根掘り葉掘り」といった動詞的成分の重複や列挙が、それぞれ様態の意味をそなえ、副詞として機能することもあわせて考えてみなければならない。形容詞も副詞も、ものごとの属性を意味する単語なのである。

第7章 「神戸な人」という言い方とその周辺

1. 「神戸な人」という言い方

　最近、「神戸な人」というような言い方を、よく耳にしたり目にしたりする。「神戸の人」とは意味がちがう。「神戸の人」は、〈神戸でうまれた人〉や〈神戸に住んでいる人〉をさすが、「神戸な人」には〈神戸のような＝おしゃれな／センスのいい様子〉を意味するようである。「神戸な」には、「神戸」という都市がもっている〈おしゃれな様子〉や〈センスのいい様子〉という意味がやきついているようである。文法的な形態素「-な」を用いることによって、「神戸的な」「神戸風の」「神戸がもっている特徴をそなえた」というのと同じように属性的な意味をになうのである。「神戸の人」の「神戸の」は、「神戸」という空間をあらわす名詞にささえられ、後続の「人」に対して、空間を関係づけている。一方、「神戸な人」の「神戸な」は、「神戸な」という形式にささえられて、後続の「人」に対して、ある属性を特徴づけている。

　名詞であった単語に「-な」をそえて用いるという言い方が普及しつつあるようだ。ほかにも、次のような例がある。

(1) 　カメラマンの阪田栄一郎さんがこれまでに70人近い「ニュースな人を撮り続けてきました。」　　　　　　　　　（週刊アエラ 02.02.04）
(2) 　今、最もアブナイ　土壇場な人は誰？
　　　　　　　（読売テレビ「たかじんのそこまで言って委員会」04.10.17）

名詞としての「ニュース」が〈まだ一般に知られていない、新しい、あるいは、珍しい知らせ〉を意味するのに対して、例文(1)では、「ニュース」に「-な」を接続させて「ニュースな」とすることによって、「ニュース」の〈ま

だ一般に知られていない、新しい、あるいは、珍しい〉という属性部分をきわだたせたわけである。〈ニュースとしての値打ちがある〉といった意味合いをもつこともあろう。例文(3)は、そのような実例である。
　　(3)　総理番より<u>ニュースな</u>橋龍番(記者席)　　　　（朝日新聞 00.12.17）
　また、名詞としての「土壇場」は〈せっぱつまって、追い込まれている場面〉を意味するが、例文(2)の「土壇場な人」における「土壇場な」は、〈せっぱつまって、追い込まれている〉という属性部分が前面に出てきたのである。
　名詞である「神戸」「ニュース」「土壇場」を「-の」を介してではなく、「-な」にスライドさせて用いると形容詞になる。この品詞の転成は、意味の変化をもたらす。実体(あるいは対象)を意味した名詞が形容詞にかわると、その実体がそなえている属性へと移行する(「神戸」という都市や「土壇場」という場面をあらわす単語も、ここでは広く実体ととらえておく)。このようないいまわしがこのところふえているのである。
　ところで、「神戸な」「ニュースな」「土壇場な」がともに形容詞だとしても、たがいに異なる側面もある。「神戸な」が規定用法で使用されているが、「あの子は神戸だ。」とか「彼女は神戸に着飾っている。」といった述語や修飾語としての用法は存在しにくい(そのような使用ができれば、一人前の形容詞といえる)。すでにふれたとおり、「神戸の人」と「神戸な人」という規定用法では、異なる形式にささえられて意味的に対立している。一方、「土壇場」はその語彙的意味に属性を内在していて、「土壇場の人」と「土壇場な人」の間に意味の違いをみとめにくい。どちらも属性規定で、単なる語形の違いだともみられる(「**9.**」参照)。

2.　「味な企画」という言い方

　名詞であった単語が、「-な」という形式にささえられて、形容詞の用法をもち、それが一般の辞書にも登録され、そうした用法がいわば市民権を得ていると思われるものがある。「味な」「乙な」「現金な」「罪な」などがそれである。
　『岩波国語辞典第六版』(2000年刊行)によると、これらの単語には、それぞれ次のような記述がある。

「味」……④『-な』(思いがけず)気がきいて手ぎわのよいさま。「味なことをする」。快いこと。「味な気分にひたる」

「乙」《ダナ》①(ちょっと)しゃれて気がきいていること。「-な味」……

「現金」……②《ダナ》目先の利害によって簡単に態度を変えるさま。「-な奴(ヤツ)」

「罪」①人間がしてはならない行い。……㋐……　㋑……　㋒むごいこと。「-なことをする」△㋒だけ「-な」の形が使える。

これらの形容詞としての実例を以下に挙げる。

(4) 文面を見るなり気分が晴れ、同時に味な企画だと感心した。
(朝日新聞 04.01.13)

(5) 山菜ではないが、二杯酢でいただくバラの花びらの刺し身も乙な肴のひとつである。　　　　　　　　　　　　　　　(朝日新聞 040609)

(6) 最も多かったのは、「愛より現金が欲しい！」という現金な調査結果だった。　　　　　　　　　　　　　　　　　　　(朝日新聞 99.03.02)

(7) そう思うと、W杯はパーフェクトを求める罪な大会なのかもしれない。　　　　　　　　　　　　　　　　　　　　　　(朝日新聞 02.06.20)

『岩波国語辞典第六版』には、形容詞としての記述がないけれど、以下のような「お荷物な～」は、市民権を得ている用法の１つと思われる。

(8) 欧州の安全保障の課題は、地域紛争の防止に移っており、核兵器は問題解決に無力なだけでなく、一部反乱部隊による核ジャックの危険などむしろお荷物な存在になっている。(朝日新聞 91.10.19)

一方、「やくざ」の項目をみると、以下のような記述がみられる。

「やくざ」《名ノナ》①生活態度がまともでないこと。また、そういう者。……②役に立たないこと。くだらないもの。「-な道具ばかりだ」……

この記述は、名詞と形容詞の用法が並列されているものと理解できる。

(9) やくざな流れ者という男に比べ、いくら零落しようとまっとうな精神を持続する女たちだ。　　　　　　　　　　　(朝日新聞 04.03.24)

ちなみに、以下の用例にみられる「硬派な」「ナンパな」は、「やくざな」からの類推とも思われるが、『岩波国語辞典』には、このような用法の記述はない。

(10) 公開中の「フルタイム・キラー」では、硬派な役は、共演の反町隆

史に譲り、ナンパな殺し屋トクに扮している。（朝日新聞 04.02.23）

3.「大人なイメージ」という言い方

　規範的な用法を示した辞書類にはみられないけれども、**1.** でとりあげたような名詞に「な」を後置させて、形容詞のように使用した例がある。
　「大人」「子供」「男」「女」といった単語は、「人間」を年齢、性によって特徴づけたものである。このような単語は、「大人」「男」などの属性を内蔵した単語であり、たとえば「なかなか大人だね（＝しっかりしている）。」「この子は大人だ（＝おとなしい）。」のように、述語として用いられるときに、「大人」のもつ属性を意味することがある。このような使用は、名詞の実体面が背景に退き、属性面が前面に出ているととらえることができる。こうした使用は、一般に述語として用いられるときに現れる特徴である。これを連体修飾として用いる例がある。以下の(11)〜(14)がそうである。

(11) しかし、ジャージーな音楽というと、ぐっと親しみやすさが増して、おしゃれで大人なイメージが膨らむ。　　　（朝日新聞 03.10.14）
(12) 「大人な感じと子供な感じと」　　　（美女スイーツ 04.10.30）
(13) 30過ぎても「女子」な私たち……　と、ここまでで女子な気分、少しおわかりいただけたでしょうか？　　（週刊アエラ 02.06.03）
(14) 軟弱な男どもなんて目じゃないゼ！その体、その精神、すべてが男以上に"男闘呼"な女性が急増中！　　　　（MORE04.02）

　例文(11)の「大人なイメージ」における「大人な」は、「大人」がもっている属性、ここでは〈大人の魅力をそなえた〉というような意味で使用されているものと思われる。また、例文(13)の「「女子」な私たち」「女子な気分」は、〈若くて、まだ元気である／可愛さを保っている〉といった意味をもたせているようだ。例文(14)の「"男闘呼"な」は、"男闘呼"という文字使いと引用符によって、〈軟弱でない〉という属性面が強調されているのであろう。
　このような用法が定着するならば、「-らしい」「-ぽい」といった派生辞とはりあい、「子供らしい」「子供っぽい」「子供な」という形容詞が競合して、それぞれ異なるニュアンスをもつ可能性がある。

ある属性をそなえた名詞が、形容詞に固有な「-な」をしたがえて用いられると、後続の名詞に対して属性規定をする。以下のような実例がある。

(15) 僕はキャリアな女性の方が好き。　　　　（週刊アエラ 02.01.14）
(16) 「教師じゃなくて、企画屋な感じ」。タカオ先生は話す。

　　　　　　　　　　　　　　　　　　　　　　　（朝日新聞 03.11.22）
(17) 軽くビールを飲み、肉を食べて「よしっ、野獣な感じになってきたぞ！」と加門さん。　　　　　　　　　　　　　　　（朝日新聞 00.02.18）
(18) 字幕でも見かけなくなったそんな昭和な台詞が、江角マキコにはピッタリ似合う。　　　　　　　　　　　　　　　　　（週刊アエラ 03.02.10）
(19) でも、中に入ると『平安』な感じというか、落ち着ける感じがしたんです。　　　　　　　　　　　　　　　　　　　　（朝日新聞 02.02.21）
(20) そんな田舎な群馬県が二十一世紀にどうなるかはわかりませんが、豊かな自然が徐々になくなってしまうのは確実だと思います。

　　　　　　　　　　　　　　　　　　　　　　　（朝日新聞 01.01.30）

例文(15)の「キャリアな」には、「キャリアウーマン〈経験が豊かで有能な職業婦人〉」の〈経験が豊かで有能な〉という属性部分が読み取れる。例文(16)の「企画屋な」は、〈あれこれともくろむのが上手な〉という意味であろうか。「政治家」が「相当な政治家だ（＝かけひきがうまい）。」のような述語用法で、属性面があらわれるのと似ている。例文(17)の「野獣な」は、〈野生的な、自然のままの本能的な〉の意味合いであろう。例文(18)の「昭和な」は、〈懐古趣味の／レトロな〉ぐらいの意味のようである。例文(19)の『平安』な」では〈平安時代をしのばせるようにみやびな〉という意味が読み取れる。「昭和」や「平安」のような年号をあらわす名詞を「-な」とスライドさせることによって、なんらかの属性をもたせた使用である。ちなみに「旬」は、〈魚や野菜などが出盛って、味が最もよい時〉を意味する単語であるが、例文(21)(22)のような形容詞としての用法が定着している。例文(20)の「田舎な」は、〈都会から離れた〉という意味で「辺鄙な」と同じような使用である。「田舎」と「辺鄙」の意味は近似するが、前者が名詞で、後者は形容詞である。「田舎」や「都会」には、属性の特徴があって、「とても　田舎だ／都会だ」という言い方が可能である。

(21) すべての女性をターゲットに、ファッションやグルメ、音楽、映画

など旬な情報を届ける。　　　　　　　　　（朝日新聞 03.04.03）
(22) 街で飛び出す俗語や旬な表現を知れば、言葉の持つ面白さは万国共通だって思うかも。　　　　　　　　　　　　　（朝日新聞 03.02.23）

こうした用法は、朝日新聞のような一般の新聞ではまだ稀にしか見られないが、話しことばの世界ではけっこう使用されているようにみうける。テレビ放送から採集されたものに、以下のような例がある。

(23) 「ホステスな感じ」「ボンボンな感じ」
　　　　　　　　　　　　　　　（TBS「サンデージャポン」04.05.16）
(24) 「ビューティ界の女王な挑戦者」
　　　　　　　　　　　　　　（フジテレビ「クイズミリオネア」04.09.30）
(25) 「「ギョーテン」な一面を持った女性大募集中」
　　　　　　　　　　　　　　（読売テレビ「土曜はダメよ」04.10.30）
(26) 隠れ家な家をさがしてます。（読売テレビ「土曜はダメよ」04.11.06）

例(26)の周辺に「お宝な／オアシスな　家」という言い方が同じ番組の中で使用された。

また、人名から派生させた(27)(28)のような例もある。かつて、「えがわる」「たぶちる」（いずれも野球選手「江川」や「田淵」から）などの派生動詞が流行したことを思い起こさせる。かつての動詞版が最近の形容詞版となってあらわれているようである。

(27) 本当か？結果論か？「江川な人 2004」
　　　　　　　　　　　　　　（日本テレビ「スポーツうるぐす」04.06.05）
(28) 「ちなみにえなりなタイプ」
　　　　　　　　　　　　　　（フジテレビ「堂本兄弟SP(再)」04.10.18）

4.「現実な対応」という言い方

一般に、「無-」「不-」「非-」といった漢語系の否定辞をもつ単語は、形容詞に属する。そして、「神経」「作法」「しつけ」は名詞であるが、「無神経」「無作法」「不しつけ」は形容詞であるといったペアが存在する。

次の(29)(30)における「現実な」「人気な」は、「非現実な」「不人気な」(「大人気な」も)が形容詞であることにひっぱられて、「現実」「人気」に「-な」

をそえて形容詞として使った可能性もある。
- (29)「……もっと外を広く見て、現実な対応ができる行政組織でなければならない」と述べた。　　　　　　　　　　（朝日新聞 00.01.05）
- (30) 不機嫌な時代、無愛想ほど人気な子供っぽい社会
　　　　　　　　　　　　　　　　　　　　　　　　（朝日新聞 01.09.01）

次の(31)の例は、「タイプ」が「好きなタイプ」を意味し、〈好きな〉という属性が読み取れる。
- (31) すっごいタイプな男（ひと）がうようよ居てるのに、近づくと「女はダメなんですぅ」ってことごとく断られた感じ。
　　　　　　　　　　　　　　　　　　　　　　　　（朝日新聞 99.09.20）

合成語の「ステレオタイプ」のような単語は、例文(32)にみるように形容詞としての用法がすでに定着している。
- (32) ステレオタイプなイメージを誇張した報道が、目につく。
　　　　　　　　　　　　　　　　　　　　　　　　（朝日新聞 01.12.15）

5.「メルヘンな雰囲気」という言い方

　洋語の使用にも、名詞に「-な」をしたがえて形容詞化した例がみとめられる。一方で誤用の可能性もあり、他方で意図的に使用したと思われる場合もある。借用語としての漢語が多品詞にわたって用いられたように、洋語も日本語として使用される過程で、このような派生用法が生じることもありうる。以下の(33)〜(43)の例がそれである。
- (33) 南欧風の赤い屋根瓦の建物、つる草を模した街路灯、歌劇のワンシーンを切り取ったブロンズ像…。これら「舞台装置」もメルヘンな雰囲気を盛り上げる。　　　　　　　　　　（朝日新聞 04.05.10）
- (34) ラブな話題がなんだか重なったんで載せます。（朝日新聞 96.12.17）
- (35)「サムライ……」では「人を凝らさないピースなサムライ」を表現した中野監督。　　　　　　　　　　　　　（朝日新聞 01.08.11）
- (36) 真夜中に流行好きのスノッブな客でにぎわう書店だったから、ABC六本木店は神話になった。　　　　　　　（朝日新聞 04.09.19）
- (37) ただ、応募作品全体を見ると惰性的でマンネリな作品が多く、作品

の魅力に欠けたのが惜しまれます。　　　　　　　（朝日新聞 02.11.27）
(38) 「もっとライブなお花見」を提案、若者の取り込みを図る。

（朝日新聞 03.04.18）
(39) 平成のダメ男のパンクな人生と彼をとりまく4人の女たちを描く。

（朝日新聞 01.03.21）
(40) 「孤独」描く不条理劇ナビの「新・エレジーな人々」【名古屋】

（朝日新聞 02.03.20）
(41) 『マイ・メロディ』は沖縄に来て2年目ぐらいの作品。リゾートな感覚でできた。　　　　　　　　　　　　　　（朝日新聞 01.05.10）
(42) 富士山のふもとで養鶏場を営んで27年、今年ほどショックな幕開けの年はありませんでした。　　　　　　　（朝日新聞 03.03.26）
(43) 一番ハッスルな時期ですよね

（TBS「中居正広の金曜のスマたちへ」04.10.22）

ほかにも、テレビのCMで使われた「バージンな音」(パナソニック)という例がある。

6.「普通な　感じ／気分」という言い方

名詞を「〜な」へとスライドさせて使用した用例には、後続の名詞に「感じ」「気分」「気」「感覚」「ムード」といった単語がくることが多い。これらは人の精神活動を広くあらわす単語であり、モーダルな性質をそなえている。これらが述語用法に傾斜するという特徴もある。以下の(44)〜(55)のような例がそれである。

(44) 自分の立場を考えれば買春などしないでおこうと考えるのが普通な気がする。　　　　　　　　　　　　　　（週刊アエラ 01.06.04）
(45) そんな自然の時間に反した仕事をしていれば、なんとなく"病気な感じ"になってしまうのも仕方の無いことだ。（朝日新聞 02.11.13）
(46) 目をそむけたくなるような「ナマ」な感じがあるのは事実だし、こうした描写に否定的な見方もありうるだろう。（朝日新聞 04.03.27）
(47) 「漫才なんかもそうだが、エネルギーがあり、『素』な感じがいいから」

（朝日新聞 01.12.22）

(48) 石野は今の日本にこう思う。「混とんとして変態な感じ。」
(朝日新聞 00.02.09)
(49) 「屋根裏をのぞくと補強の金具だらけで、いかにも『耐震』な感じだが、見た目はわからない」 (朝日新聞 03.12.09)
(50) 『マイ・メロディ』は沖縄に来て2年目ぐらいの作品。リゾートな感覚でできた。 (朝日新聞 01.05.10)
(51) 初めは、グラスルーツな感じで、「I Want To Hold Your Hand」なんて曲を作っていたわけでしょう。 (週刊朝日 00.10.27)
(52) 雅子さまの颯爽としたキャリアな感じが好き。 (週刊朝日 01.12.14)
(53) 所長は新しいことに取り組もうとせず、仕事は職員に任せきりで、事務所にはマンネリなムードが漂っている。 (朝日新聞 99.09.06)
(54) まさに「新しいノート」な感じ。自分らしくいるため、このままの自分でいるため、少しずつ変わってゆく自分を見届けたい。
(朝日新聞 04.03.02)
(55) 「まだ初日な気分ですね」 （TBS「ハプニング大賞」04.10.08)

このタイプの特徴として、述語用法に傾斜するのと連動して、(49)の「いかにも」、(54)の「まさに」、(55)の「まだ」のようなモーダルな意味をもつ副詞があらわれることが指摘できる。

7. 「花の都」という言い方

名詞に属する単語が、「-な」という形式にささえられて形容詞に移行した例をみてきたが、名詞が「-の」をしたがえて後続の名詞につながる場合でも、その名詞の実体ではなく、特徴を比喩的にあらわして、形容詞のようなはたらきをする例がある。たとえば、次のようなものである。

(56) 花の都 （「花の」は、〈文化がさかえ、華やかな雰囲気をもつ様子〉）
(57) 鬼の編集長（「鬼の」は、〈(鬼のように)非情とおもわれるほどに、厳しい様子〉）
(58) 闇の取引 （「闇の」は、〈(闇の中は)暗くてはっきりと見えない〉→〈ひそかにおこなう、正規の手続きをとらない様子〉）

以上の例では、実体としての「花」や「鬼」ではなく、それらがもつ属性

へと意味が移行している。「闇の取引」では、「闇」の〈暗い状況〉から〈不正な〉という属性に、その意味が転移している。「花の都」や「闇の取引」は慣用性の高いものといえよう。「涙の(=悲しい)告別式」「晴れの(華やかで名誉ある)舞台」「吊るしの(=既製服である)背広」といった言い方も、同類の表現であろう。

8.「がけっぷちの経済」という言い方

　辞書の記述を観察すると、見出し項目の実体としての意味と、そこから派生した、その実体のもつ属性としての意味とが併記されていることがある。以下のような例である。

(59) 根無し草　①水中に漂っている浮き草。②落ち着く先がなく、不安定な様子。「-の生涯」

(60) がけっぷち　①がけのはし。②危険な様子。「-の経済」

(61) 朝飯前　①朝起きて、まだ朝の食事をしない時。　②(朝飯を食べる前、つまり空腹の状態であってもできるほどに)たやすい様子。「-の仕事」

「根無し草」では、①が植物としての意味であり、②が属性としての意味である。「根無し草の生涯」における「根無し草の」は、〈水中を漂う浮き草のように、落ち着く先がなく、不安定な様子〉をあらわしている。同様に、「がけっぷち」では、①が空間を意味し、②はその空間がもつ属性の意味である。「がけっぷちの経済」における「がけっぷちの」は、〈がけっぷちがそうであるように、危険な様子〉をあらわしている。このような単語は、実体をあらわす場合と属性をあらわす場合とをもつものである。以下の(62)～(64)の例では、下線部が属性の意味で用いられている。

(62) チェチェン紛争は出口の見えない泥沼の道へと突き進んでいるように見える。　　　　　　　　　　　　　　　　　　　（朝日新聞 04.08.26）

(63) これは、「鋼鉄の心臓を持った偉大な霊将だけが下せる大胆な決断」であり、この「大勇断と無比の胆力の前に難局は打開され民族の自主権と人民の安寧が守護された」(同十二月十五日付)のである。
　　　　　　　　　　　　　　　　　　　　　　　　（朝日新聞 94.05.03）

(64) 形を変えながら受け継がれてきた技術は、いま、青天井の開発費で技術を競うカーレースでも使える。　　　　　　　（朝日新聞 04.10.16）

　例文(62)の「泥沼の」は、〈泥深い沼〉ではなく〈いったん入るとなかなか抜けられない〉を、例文(63)の「鋼鉄の」は、〈金属の一種〉ではなく〈強固な〉を、例文(64)の「青天井の」は、〈青空〉ではなく〈むやみにどこまでもあがっていく〉様子を意味している。それぞれ、もとの用法から派生したなんらかの属性をあらわしている。これらの用法は、機能的には形容詞に相当するものである。

9.「底抜けな／底抜けの　明るさ」という言い方

　属性概念をもつ単語の規定用法に、「-な」と「-の」の形態上のゆれがみられる。「常套の／な」「小柄な／の」「切れ長な／の」「遠慮がちな／の」「融通無碍な／の」などである。この現象は、時間的な流れの中でのゆれでもあり、文体上のゆれでもあり、個人的な使用のゆれでもある。「-な」が程度性に関与し、量的な性質をもつのに対し、「-の」が選択性に関与し、質的な性質をもつといった差がみとめられる場合もある（「自由なとりで」と「自由のとりで」）。前者は属性規定であり、後者は関係規定である。「-な」と「-の」のゆれには、さまざまな要因が錯綜している。

　以下のような例では、「-な」と「-の」の形態上の違いは、意味上の違いを生みだしているとは思えない。つまり、ここでは規定用法の語形のゆれであって、どちらも形容詞とみとめてよいものである。

(65a) 大阪に来るたびに、大阪人の底抜けな明るさに驚くという。「なりふり構わず、へんにかっこつけない大阪人の気質を生かしてこそ、大阪が復権できる」と話す。　　　　　（朝日新聞 04.01.15）

(65b) 底抜けの明るさと抜群の勘の良さを持っているのだから、創意工夫で吉幾三流の笑いを昇華してほしいものだ。　（朝日新聞 04.11.17）

(66a) 菅代表も記者会見で「多少辛口なあいさつは大変ありがたい。率直に言って、まだまだ自民党のあり方に比べて地域的な活動も決して十分ではないし、ある種の執念も足らない」と反省の弁。
　　　　　　　　　　　　　　　　　　　　　（朝日新聞 04.01.14）

(66b) 講演後の質疑では、出席者から「民主党は官公労を支持基盤にする政党との一抹の疑いを持っている」など<u>辛口</u>の意見も出た。

(朝日新聞 04.10.19)

(67a) だが、つい先ごろまで最大派閥の数の力、<u>強腰な</u>政治手法を武器に、党内支配を続けてきた小沢氏に、注がれる党内外の視線は厳しい。

(朝日新聞 93.01.06)

(67b) <u>強腰の</u>県警と多数野党の県議会を相手に知事が譲歩を重ねている形だが、これを県警が拒否した場合は提案見送りという事態も考えられる。

(朝日新聞 00.11.15)

1.で提示した「土壇場な人」と「土壇場の人」は、これと同じタイプだと思う。

【付記】テレビと雑誌の使用例の多くは、美柑麻子さんから提供をうけた。記して感謝したい。

第3部　従属接続詞をめぐる諸問題

第 1 章　日本語の節の類型

1.　従属節の位置づけ

　本章は、現代日本語の従属節をとりあげ、それがどのような構造をもち、どのようなタイプに整理できるかを問うものである。

　なにを従属節とするかという問いに、統一された見解があるわけではない。日本語の節をめぐっては、これまでにもさまざまな説があった。それ以前に、なにを文とするか、節や句をどのようにとらえるかについてもさまざまな立場がある。また、ここで従属節とした対象についても、従属文・従属節・従属句などの用語が使われている。そのような状況の中で、ここでは、便宜上、従属節という用語をもちいて論を進めたい。

2.　従属節のタイプに関する先行研究

　従属節にどのようなタイプを認めるかという問いに対して、これまでにもさまざまな提案があった。わたしの考える節の諸タイプを提示するにあたって、先行するいくつかの節の分類を整理してみる。とりあげるのは、三上章、南不二男、仁田義雄、益岡隆志、野田尚史、高橋太郎ほかの諸説である。

2.1　三上章

　三上章 (1953) (2002) は、日本語の述語の定形と不定形の区別は絶対的ではないとして、たとえば英語のように単文と複文を区別する見方に否定的な立場をとった。三上にあっては、日本語に主語を認めないので、主語と述語をふくむ節と、それ以下の句を、そもそも区別する意味がないのである。む

しろ、三上は統語論の研究対象を、文を構成する要素のシンタグマティックな関係の中にみようとした。そして、以下のテスト①②③をもちいて、係りが係られ（係り先）を拘束するかどうかを確認することによって、独自の分類をした（三上章(1953: 182-194)）。三上は、「係り」と「係られ」との関係のほか、オウプンとクロウズドの区別をたてる。活用形のはたらく方向が、話し手の話線の方向と縦に一致するオウプンと、横に傾いているクロウズドに分かれるというのである。終止用法はオウプンであるが、引用と連体用法はクロウズドになるとする。

① 連用補語を食止めるか否か
② 連体として収まるか否か
③ 普通体を丁寧体に変更することがふさわしいか否か

①は、連用補語（名詞の格成分）を述語が食止められるかどうかをテストするものである。このテストから、動詞中止連用形（「シ」「シテ」の形式）だけが連用補語を食止められない単式で、条件形（「シタラ」「スレバ」などの形式）は連用補語を食止められる複式であるとする。三上によれば、「手紙ヲ書イテ、何度モ読ミ返シタ」における「手紙ヲ」は、連用形「書イテ」を通り抜けて「読ミ返シタ」にも係るのに対して、「手紙ヲ書イタラ、ヨク読ミ返シテミヨ」における「手紙ヲ」は仮定形「書イタラ」で文法的には役目を果たして解消しているという。

②は、連体修飾句に収まるかどうかを問う。連体形は閉じた間接性叙述の活用形である。以下のように、「ノデ」は連体に収まるが、「カラ」は連体に収まらないとする。これによって連体に収まる軟式と、収まらない硬式に区分される。ちなみに単式は、連体におさまる。

　　（雨ガ降ルノデ遠足ヲヤメタ連中）ガ
　　雨ガ降ルカラ　（遠足ヲヤメタ連中）ガ

また、係りの活用形の開き（オープン）と閉じ（クロウズド）は、主題を通すか通さないかによるという。主題をあらわす「何々ハ」は、一般に連体におさまらないので、閉じと判断される。

③は、「係り」の述語の形式が丁寧体になるかを問い、陳述の度合いをはかるものである。

さらに、文の中での遊離した位置をしめる間投語句をくわえて、三上

の「係り」と「係られ」にもとづく関係は以下のように整理される（三上章（2002:175））。

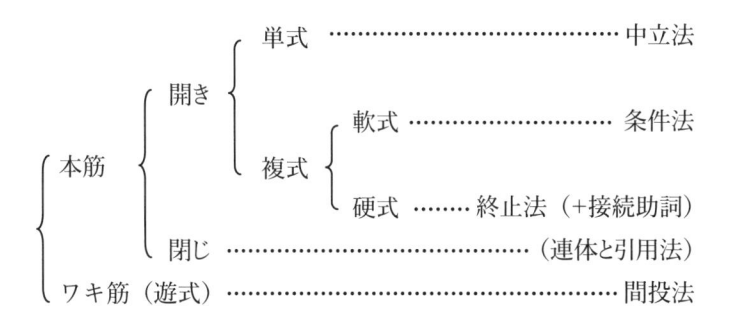

```
                  ┌ 単式 ……………………………… 中立法
          ┌ 開き ┤       ┌ 軟式 ……………………… 条件法
┌ 本筋 ┤        └ 複式 ┤
│        │              └ 硬式 ……… 終止法（＋接続助詞）
│        └ 閉じ ………………………………（連体と引用法）
└ ワキ筋（遊式）…………………………………… 間投法
```

　三上の提案は、徹底して文中の要素間の依存関係を問題にしているところに特徴がある。また、2項による分類が貫かれている点にも特徴がある。三上のこうした提案は、今から50年以上も前になされたものであるが、日本語の従属節を整理するうえで、再検討する価値があると思われる。

2.2　南不二男

　南不二男（1974）（1993）は、日本語の文の構造は階層的にとらえられるとし、それには「A＝描叙」「B＝判断」「C＝提出」「D＝表出」の4つの段階があると説いた。そのような段階を認める根拠は、従属節（南は従属句という用語をつかっている）における、述語部分と述語以外の部分との共起関係に相違がみられることにある。そして、述語部分の形態論的なカテゴリー[1]が豊かであるか否かということと、述語以外の部分の要素が豊かであるか否かという双方の特徴にもとづいて、4つの段階が区別される。述語以外の部分というのは、述語に直接かかる名詞句や副詞句などのことである。ここで説かれた段階とは、文の分類というより、文らしさの分類というべきものである。

　「描叙段階」：述語部分が「-ながら（非逆接）／-つつ」などの形式で、ヴォイスの形式はあらわれるが、アスペクト、肯定否定、テンス、ムードの形式はあらわれない。非述語部分に、名詞のガ格以外の格成分、状態副詞や程度副詞はあらわれるが、他の成分はあらわれない。文の構成メンバーとして許

容されるものの制限がつよい。

「判断段階」：述語部分が「-たら／-と／-なら／-ので／-のに／-ば」などの形式で、「描叙段階」にあらわれる形式にくわえて、アスペクト、肯定否定、テンスの形式があらわれるが、推量などのムードの形式はあらわれない。非述語部分には、ガ格の名詞や時空間の修飾語などもあらわれる。文の構成メンバーとして許容されるものは、「描叙」と「提出」の中間。

「提出段階」：述語部分が「-が／-から／-けれど（も）／-し」などの形式で、「判断段階」にあらわれる形式にくわえて、推量をあらわす形式もあらわれる。非述語部分には、主題の「〜は」や「たぶん」「まさか」などの陳述詞もあらわれる。文の構成メンバーとして許容されるものの制限は、「描叙」「判断」に比べてよわい。

「表出段階」：従属句の内部の構成要素としてあらわれない。聞き手に対するはたらきかけ、感情・感覚の直接的表現。

こうした重層的な構造は、従属句だけではなく、述語文や、述語の存在しない独立語文、名詞句にも認められるという（詳しくは、南不二男（1993）を参照）。南によるこの分類は、日本語の文構造を説明する1つの知見として今日ひろく認められているものである。

2.3 仁田義雄

仁田義雄(1993)による従属節の分類は、以下のとおりである。仁田は「文の中核となる主節と主節に従属する従節とがある。従節には、〈副詞節〉〈中止節〉〈条件節〉〈接続節〉や〈時間関係節〉〈連体規定節〉などがある。」という。そして、それらは、以下の表のように、相互につつまれつつむ関係にあるとする。仁田のいう〈副詞節〉〈中止節・条件節〉〈接続節〉は、それぞれ南のA、B、Cにあたるものと考えられる。述語が「シナガラ」「シツツ」などの形式をとるものを「副詞節」と呼ぶのは、（連用）修飾語のはたらきをする副詞に相当するからであろう。仁田の節の分類の中で、〈中止節〉と〈接続節〉は接続関係によって名づけたものであるのに対して、〈条件節〉は節を意味から名づけたものであり、さらに〈副詞節〉は品詞名をかぶせたものである。分類項に、接続と意味と品詞という3つの異なる基準が並ぶのは好ましくないとわたしは考える。南の、A・B・C・Dという特定の意味づけ

をしない(あるいはこれは、A＜B＜C＜Dという順序性の意味をもつか)分類、または、事態から言語主体の態度へと段階的に命名した「描叙」「判断」「提出」「表出」といった名称による分類の方がまさっているのではないだろうか。

仁田義雄（1993）による節の構造

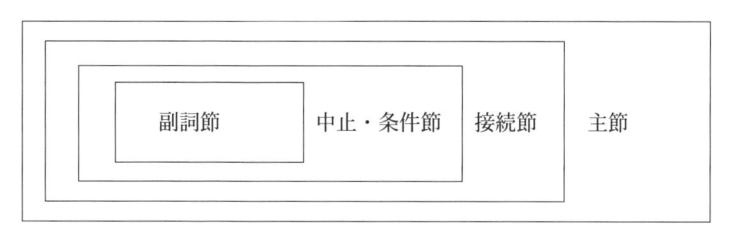

| 副詞節 | 中止・条件節 | 接続節 | 主節 |

2.4　益岡隆志

　益岡隆志(1997)では、従属節の類型として「名詞節」「連体(修飾)節」「連用(修飾)節」「並列節」の4つを認めている。そこには、それぞれの節の特徴については述べられているものの、4つの節が相互にどのような関係にあるのかが記されていない。「連体節」「連用節」は、それぞれ名詞を修飾する節、述語を修飾する節ということで、ともに修飾する節としてとりだされているが、「並列節」は、主節に対して修飾するものではなく、主節と対等な関係をしめすものとして、「連用節」から区別されている。一方、「名詞節」は、名詞の資格をもつものとされ、「名詞節」だけ、品詞名をかぶせた異質な分類項となっている。これではそれぞれの節がいったい何と対立し、全体の中でどのような位置をしめるのかが不鮮明である。「名詞節」を設けるなら、「形容詞節」や「副詞節」があってもよいのではなかろうか。

2.5　野田尚史

　野田尚史(2002)では、節と単語は連続するもので、その区別は絶対的なものではないとしながら、主文に対する機能から、「連用節(述語を拡張する節)」「名詞節(名詞に相当する節)」「連体節(名詞を拡張する節)」という3分類を提示している。野田は、単文が拡張して複文ができあがるとする。「連用節」は述語を拡張する節であり、「名詞節」は格や述語の中心的な名詞と

してはたらくもので、成分より下のレベルのものという。「連体節」は、成分の中にある名詞を限定するはたらきをするもので、名詞節よりもさらに下のレベルではたらくものという。成分とは、文の成分のことであろう。野田も、益岡と同じように、「名詞節」を節の1つとしてたてている。

2.6 高橋太郎ほか

高橋太郎ほか(2005)では、文は以下のように分類される。

$$\begin{cases} ひとえ文 \\ ふたまた述語文（ひとつの主語に対して、述語がふたつある文）\\ あわせ文（複合文）\begin{cases} 重文（かさね文）……し・が・けれども・たり \\ つきそい節(従属節) \end{cases} \end{cases}$$

「つきそい節」は、「規定語節」「主語節・補語節」「述語節」「修飾語節」「状況語節」「条件節・譲歩節」に分類されている。この分類は、当該の従属節がどのような文の成分になっているかにもとづいたものであり、その点で、分類の基準が一貫しているといえる[2]。ただし、これらの節は平面的に並ぶものではないであろう。「主語節・補語節」と「述語節」は、文の骨格をつくる一次的成分であり、「規定語節」「修飾語節」「状況語節」は、「主語節・補語節」や「述語節」を拡大する二次成分である。広義の連用成分を、「主語節・補語節」と「修飾語節」「状況語節」にわけるところにも、他の分類と異なる特徴をもっている。「修飾語節」は用言にかかり、「状況語節」は「主語・補語」と「述語」からなる文の一次成分全体にかかるものとする。ここでは、「条件節・譲歩節」と「状況節」の関係が述べられていないのが気にかかる。「条件節・譲歩節」は、「条件節」の下位区分として位置づけられるものであろうか。

3. 従属節の分類の提案

以下に、わたしが考える日本語の従属節の分類を提案する。

文には、述語が存在するものと述語が存在しないものがある。ちなみに、山田孝雄(1936)の「述体の句」と「喚体の句」、時枝誠記(1954)の「述語格の文」と「独立格の文」、渡辺実(1971)の「統叙文」と「無統叙文」の区別は、述語の有無による分類と考えられる。本章では、典型的な述語文を構成する、述語の存在する文のみを対象とする。述語には、動詞・形容詞・名詞がなりうるが、本章では動詞述語文だけをあつかう。

　さて、文の中には、述語が1つだけ存在する単文とそれが2つ以上存在する複文がある。例文(1)は、「疲れきっていた」という述語が1つだけ存在する単文であるが、例文(2)は、「寝込んでしまった」「移そうとすると」「(目を)さました」の3つの述語が存在する複文である。

(1)　弟は疲れきっていた。　　　　　　　　　　　　　　　　(真鶴)
(2)　すっかり寝込んでしまった弟を、彼の背から母親の背へ移そうとすると、弟は目をさました。　　　　　　　　　　　　　　(真鶴)

　複文とは、述語を中心に構成される節(述語と、述語に直接あるいは間接に係っていく成分を含めた全体を、節と呼ぶことにする)が複数くみあわさってできている文と定義される。述語を中心に構成される節とは、例文(2)についていえば、以下の(3)(4)(5)の3つである。

(3)　すっかり寝込んでしまった
(4)　彼の背から母親の背へ移そうとすると、
(5)　弟は目をさました。

　述語節には、(3)や(4)のように後続の形式にかかっていく接続節と、(5)のように、そこで終止する終止節とがある。わたしの考える節の分類は、節の、断続にもとづく統語的な機能を優先する[3]。したがって、まずその節がそこで終止するか、それとも他の形式に接続するかによって、終止節(=主節)と接続節(=従属節)に分かれる。接続節は、構造上、後続の形式に従属依存する性質をもつので、従属節と呼んでもよいものである。終止節は、それ自体、文でもあるので、主節と呼んでもよいものである。従属節は完全な文ではなくて、文全体からみれば、文の部分である。節は、主節か従属節かのいずれかに所属する。

　次に、わたしは、節を、「述語をそなえたひとまとまりの文らしき形式」と定義する。「文らしき形式」というのは、あいまいな定義である。従属節

には文の特徴を多くそなえたものからそうでないものまで、さまざまな段階のものがあるから、こうしたあいまいな定義をせざるをえない。この定義から、節には、単語に近いものもあれば、文に近いものもあるといえる。先にもふれたように、南不二男の研究は、そうした節の段階性をあきらかにしたものであった。

　従属節は、後続の名詞に接続する連体節と、後続の用言もしくは文に接続する(広義の)連用節に分かれる。例(6)は、下線部の節が「弟を」という名詞にかかる連体節であり、例(7)は、下線部の節が「弟は目をさました。」という主節にかかる連用節である。従属節は、連体節か連用節かのいずれかに所属する。以下、下線をほどこした部分は従属節をあらわし、弟を、弟は目をさましたのように、四角く囲った部分はその従属節をうける形式をあらわしている。

(6)　すっかり寝込んでしまった 弟を

(7)　すっかり寝込んでしまった弟を、彼の背から母親の背へ移そうとすると、弟は目をさました。

　広義の連体節は、自立的な名詞に接続する真性連体節と、非自立的な名詞や名詞に準ずる形式(名詞から他品詞に移行した形式の場合もある)に接続する擬似連体節に分かれる。例(8)の下線部の連体節は、自立的な名詞「弟を」を修飾限定するものである。一方、例(9)の下線部の連体節は、非自立的な「かわりに」に係るものである。ただし、例(9)連体節は、形式的に係っているだけで、内容的に修飾限定するものではない。この「かわりに」は、「かわり(に)」という語形にしばられ、名詞に典型的な格範疇を失っている。この点で、例(8)と例(9)の連体節は区別される。例(8)が真性連体節であり、例(9)が擬似連体節である。擬似連体節は、その命名からもわかるように、見かけ上の連体節である。この擬似連体節を設けるところに、わたしの提案する節の分類の特徴がある。

(8)　すっかり寝込んでしまった 弟を、彼の背から母親の背へ移そうとすると、弟は目をさました。

(9)　弟は返事をする かわりに 顔をそむけて遠く沖のほうへ目をやってしまった。
　　　　　　　　　　　　　　　　　　　　　　　　　　　　　　　　　(真鶴)

ちなみに、わたしは以下の例(10)、例(11)、例(12)の下線部も擬似連体

節とみる。例文(10)の「の-」は名詞相当節をつくる、例文(11)の「よう-」は形容詞相当節をつくる、例文(12)の「ために」は副詞相当節をつくる、形式であるとする。名詞相当節と形容詞相当節は、名詞や形容詞と同様、文中でさまざまなはたらきをする。これらの詳細は **4.** で述べる。

(10) 腕が抜けそうになる のを 彼はがまんして歩いた。　　　　　　（真鶴）
(11) いつか夢へ引き込まれて行く ように 波の音はすぐまた琴や月琴の音に変わって行った。　　　　　　（真鶴）
(12) その日彼は父から歳暮の金をもらうと、小田原まで、弟と二人の下駄を買う ために 出かけた。　　　　　　（真鶴）

さらに、広義の連用節は、後続の用言に接続して、意味的な限定をくわえる修飾節（狭義の連用節）、後続の文（主節）に接続して、意味的な限定をくわえる状況節、後続の文（主節）に接続して、意味的な限定をくわえない並列節に分かれる。例(13)の下線部は、後続の「追い抜いていった」に係り、その様態をあらわしている。後続の主節があらわす事態と別の事態をあらわすというより、主節のあらわす事態に付帯する様態をあらわしているのである。また、例(14)の下線部は、1つの事態をあらわしながら、後続の主節「彼はほっとした。」という事態の原因をもあらわしている。例(15)の下線部は、1つの事態をあらわし、後続の事態とは相対的に独立している。例(13)を修飾節、例(14)を状況節、例(15)を並列節として、それぞれを区別する。しかし、修飾節と状況節と並列節は互いに連続するものであって、それらに明確な線引きができるものではない[4]。ここでの「修飾節」「状況節」「並列節」は、南不二男の A、B、C にそれぞれ相当する。

(13) ちょうど熱海行きの小さい軌道列車が大粒な火の粉を散らしながら、息せき彼らを 追い抜いていった 。　　　　　　（真鶴）
(14) しかし女は（なんの興味もなさそうにちょっとこちらを見て、）すぐまた男と話し続けたので、 彼はほっとした 。　　　　　　（真鶴）
(15) やがて、その出鼻へ来たが、 そこには何事も起こっていなかった 。
　　　　　　（真鶴）

以上、述べたことをまとめると以下のようになる。

述語節　→　①　主節（終止節）　文を終止する節

②　従属節（接続節）　他の形式に接続する節
従属節　→　②-1　連体節　後続の名詞に接続する節
　　　　　　②-2　連用節　後続の用言もしくは文に接続する節
連体節　→　②-1-1　真性連体節　後続の自立的な名詞に接続する節
　　　　　　②-1-2　擬似連体節　後続の自立的な名詞以外の形式に接続する節
連用節　→　②-2-1　修飾節（狭義の連用節）　後続の用言に接続する節（意味的な限定をくわえる）
　　　　　　②-2-2　連文節　後続の主節に接続する節
連文節　→　②-2-2-1　状況節　主節に接続し、意味的な限定をくわえる節
　　　　　　②-2-2-2　並列節　主節に接続し、意味的な限定をくわえない節

これを図にすると以下のようになる。

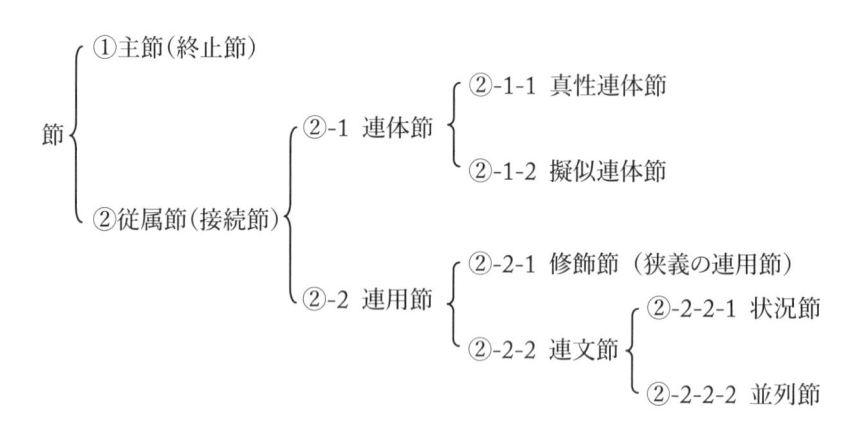

```
       ┌─①主節（終止節）
       │                    ┌─②-1 連体節 ┌─②-1-1 真性連体節
       │                    │             └─②-1-2 擬似連体節
節 ────┤                    │
       │                    │
       └─②従属節（接続節）──┤
                            │             ┌─②-2-1 修飾節（狭義の連用節）
                            └─②-2 連用節─┤
                                          └─②-2-2 連文節 ┌─②-2-2-1 状況節
                                                          └─②-2-2-2 並列節
```

4. 連体節の下位分類

3. で述べたように、広義の連体節は、後続の自立的な名詞にかかっていく真性連体節と後続の非自立的な形式にかかっていく擬似連体節に分かれる。

真性連体節については、従来から多くの研究がある。ここでは、ごく簡単

にふれる。

②-1-1　真性連体節

真性連体節は、以下の「狭義真性連体節」と「内容補充節」に分かれる。

②-1-1-1　狭義真性連体節

ここで、狭義の真性連体節とよぶのは、後続の自立的な名詞を修飾限定している節のことであって、「関係節」あるいは「内の関係(寺村秀夫の用語)」といわれているものである。たとえば、以下のような例があげられる。

(16) 北京の図書城で買った 本

下線部「北京の図書城で買った」は後続の名詞「本」の内容を修飾限定する。連体節の述語は、一般に〈肯定否定〉と〈テンス〉の形態論的なカテゴリーをそなえている。なお、〈テンス〉は、本来、発話の終止用法における文法概念であるが、ここでは、便宜上、従属節内部にみられる「スル／シタ」の語形上の対立があるものを〈テンス〉としておく。

この後続の名詞を修飾限定する連体節には、{不定形(中止形)／同時形／列挙形＋の} という形式をとるものがある。以下の例(17)は{不定形(中止形)＋の}の、例(18)は{同時形＋の}の、例(19)と例(20)は{列挙形＋の}の例である。このタイプの連体節のうち、不定形(中止形)と同時形は〈肯定否定〉も〈テンス〉ももたない。列挙形は〈テンス〉はもたないが、〈肯定否定〉のカテゴリーをもっている。

(17) 自分が四つの年の暮であったということは、後に母や姉から聞いての 記憶で あるらしい。　　　　　　　　　　　(野菊の墓)
(18) それでもノートを見ながらの 読経だから 割合に助かった。
　　　　　　　　　　　　　　　　　　　　　　　　　(黒い雨)
(19) 外は雨だった。一週間前から降ったりやんだりの 天気だったが 、夜になるとひとしきり本降りになる日がこれで三日つづいていた。
　　　　　　　　　　　　　　　　　　　　　　　　　(冬の旅)
(20) 私も将来、いつまでも面倒を見るつもりだったが、向うにしてみれば、来たり来なかったりの 私の態度に 、さぞ不安もあったろうと今になってみれば思うけれどね。　　　　　(新源氏物語)

②-1-1-2　内容補充連体節

真性連体節には、さらに「内容補充の連体節」、あるいは「外の関係(寺村

秀夫の用語)」とよばれているものがある。以下のような例である。

　(21) <u>北京の図書城で本を買った(という)</u> 事実

下線部「北京の図書城で本を買った(という)」は、後続の名詞「事実」の内容を補充する。

　このタイプの連体節は、連体節を構成する述語部分の形態論的なカテゴリーの相違によって、二分できる。

②-1-1-2-1　〈テンス〉をもち、〈肯定否定〉をもたない内容補充節

　(22) <u>秋刀魚を｛焼く／焼いた(*焼かない／*焼かなかった)｝</u> 匂い

　この例では、述語が〈テンス〉のカテゴリーをもつが、〈肯定否定〉のカテゴリーをもたない。後続の名詞に「匂い」「味」「音」などの感覚的現象がくるもので、〈実現〉を前提にしていることが指摘できる。

②-1-1-2-2　〈テンス〉も〈肯定否定〉ももつ内容補充節

　(23) <u>北京の図書城で本を｛買う／買った／買わない／買わなかった｝(という)</u> 事実

　この例では、述語動詞は、少なくとも4つの文法的な語形をとることができ、〈テンス〉と〈肯定否定〉のカテゴリーをもっている。さらに、「｛買わなかった／買わなかった<u>であろう</u>｝事実」といった推量のかたち(下線部)もあって、〈断定・推量〉の対事的ムードのカテゴリーももっていることが指摘できる。後続の名詞は、「事実」「内容」「話」「うわさ」「考え」など思考・言語活動の結果をあらわすものである。

②-1-2　擬似連体節

　わたしの提案する分類の特徴は、擬似連体節を設けたところにあることはすでに述べた。擬似連体節に後続する形式は非自立的で、連体節がその形式に対して、修飾限定するものではない。擬似連体節には、連体節がかかっていく後続の形式が名詞性のものと非名詞性のものとがある。それが名詞性のものは、擬似連体節とくみあわさって「名詞相当節」になる。また、非名詞性の形式は、形容詞性のものと副詞性のものとに分かれる。形容詞性のものは、擬似連体節とくみあわさって「形容詞相当節」となり、副詞性のものは、「副詞相当節」となる。ただし、ここでの「副詞相当節」は、文の成分として、副詞に特徴的な修飾成分ではなく、状況成分になる。

②-1-2-1　{擬似連体節＋名詞化指標}　→　名詞相当節

　非自立的な形式「こと」「もの」「の」「か」などは、先行の連体節をうけて、それを名詞化する。「こと」「の」などの形式は、先行の文相当の形式をうけて、名詞相当節をつくる（他の研究者たちのいう名詞節にあたる）形式である。これを名詞化指標と呼ぼう。これらの連体節は、形式面で連体構造ではあるが、内容面では、なんら後続の形式を限定していない。後続の形式は、実質的意味がない、あるいはそれが稀薄な、非自立的形式である。これらの擬似連体節を構成する述語は、〈ヴォイス〉〈アスペクト〉〈肯定否定〉〈テンス〉のカテゴリーをもっている（例は省略する）。しかし、擬似連体節がつくる、このような名詞相当節は、丁寧さを特徴づける「シマス」や推量を特徴づける「スルダロウ」の形式はとりにくい。名詞相当節は、名詞と同様、主語をふくむ補語として、あるいは述語として用いられる。例(24)、例(25)、例(26)は格形式をともなって補語として、例(27)はコピュラをともなって、述語として用いられたものである。

(24) 風もなく流れのほかはすべて静寂の中にその葉だけが一ついつまでもヒラヒラヒラと忙しく動く のが 見えた。　　　（城の崎にて）

(25) ある朝のこと、自分は一匹の蜂が玄関の屋根で死んでいる のを 見つけた。　　　（城の崎にて）

(26) 彼は又、不意に道端からその女の立ち上がって来る 事を 繰り返し繰り返し想像した。　　　（真鶴）

(27) 海へ流されて、今ごろはその水ぶくれのしたからだを塵芥といっしょに海岸へでも打ち上げられている 事だろう 。　（城の崎にて）

②-1-2-2-1　{擬似連体節＋形容詞化指標}　→　形容詞相当節

　非自立的な形式「よう」「そう」「みたい」「ほど」「くらい」は、先行の連体節をうけて、それを形容詞化する。「よう」「くらい」などは、先行の文相当の形式をうけて形容詞相当節をつくる形式である。これを、形容詞化指標と呼ぼう。この形容詞化指標にかかる連体節は、形式面では確かに連体構造であるが、内容面では、なんら後続の形式を限定していない。後続の形式は、実質的意味が稀薄な、非自立的形式である。これらの非自立的な形式は、様態・比喩・程度などをあらわす文法的な形式である。形容詞相当節は、全体で、形容詞と同じようにふるまう。

擬似連体節をうける「よう」には、例 (28) のような規定用法、例 (29) のような述語用法、例 (30) のような修飾用法がある。

(28) 静香が逃げ出す先を、ひとつひとつ塞いでいく ような 、意志をもった雨音だった。　　　　　　　　　　　　　　　　（彩雲の峰）

(29) ステンドグラスの遥か上空を、鳥か雲が渡っていった ようだ 。
　　　　　　　　　　　　　　　　　　　　　　　　　（彩雲の峰）

(30) 司の顔から、砂が流れ落ちる ように 表情が抜け落ちた。
　　　　　　　　　　　　　　　　　　　　　　　　　（彩雲の峰）

「よう」と同じ活用（-な／-に／-だ）をする第二形容詞のタイプに、「そう」「みたい」がある。

また、「くらい」は、規定用法で「-の」の活用語尾をとる第三形容詞のタイプの形容詞相当節をつくる形式である[5]。擬似連体節をうける「くらい」には、例 (31) のような規定用法、例 (32) のような述語用法、例 (33) のような修飾用法がある。

(31) ふたり並んで昇れない くらいの 幅の狭い階段でした。　　　（錦繡）

(32) 部屋の中はもう真暗だった。タバコの赤い火が見えなかったら、そこに人がいるのさえも、分らない くらいだった 。　　　（路傍の石）

(33) どの邸宅も鑑賞用に作ったのではないかと思われる くらいに 豪華だ。　　　　　　　　　　　　　　　　　　　　　（若き数学者）

「くらい」と同じ活用（-の／-に／-だ）をする第三形容詞のタイプに、「ほど」「ばかり」「ため」「とおり」などがある。これらの形式の修飾用法では「くらい／ぐらい(に)」「ため(に)」「とおり(に)」のように、語尾「-に」は任意的である。

② −1−2−2−2　｛擬似連体節＋従属接続詞｝　→　副詞相当節＝連用節（状況節）

もともとは名詞であった単語に文法化がおこり、名詞の特徴を喪失し、従属接続詞として機能している単語群がある。こうした従属接続詞は擬似連体節をうけ、全体で連用節（多くは状況節）として機能している。例文 (34) における「かたわら」、例文 (35) における「あまり」、例文 (36) における「ついでに」、例文 (37) における「おかげで」、例文 (38) における「くせに」、例文 (39) における「わりには」がそうした単語である。これらの単語は以下のよ

うな性質をもっている。まず、これらの単語は、連体修飾をうけるという点で名詞性をもつが、名詞にとって本命ともいうべき格機能をもたない。だから、これらはもはや名詞ではない。次に、連用的に(広義)かかる成分を構成するという点で副詞性をもってはいるものの、連体修飾をうけるという点で副詞の特徴を欠いている。このように、これらの形式は、名詞や副詞のはたらきと部分的に類似した特徴をもつが、その統語的な機能は、「先行する節を後続の節につなげる」ことである。この「先行する節を後続の節につなげる」という統語的な機能が文法上、最も重要であるとみなして、本章では、これらを「従属接続詞」として位置づける[6]。

(34) 作業場にたてこもって、注文の鳥籠や茶器などをつくる かたわら 、手ヒマをかけてつくったこの竹人形は、見事な出来栄えといえた。　　　　　　　　　　　　　　　　　　　　　（雁の寺）
(35) 内藤は激しく羽草に迫ると、またボディを狙った。しかし、ノックアウトを急ぐ あまり 、大振りになり、羽草のブロックする腕の上を殴るだけのパンチになってしまった。　　　　　（一瞬の夏）
(36) シャツをはぎとった ついでに 、バンドをゆるめて、ズボンの中にも空気を送りこんでやる。　　　　　　　　　　　　　（砂の女）
(37) しかし『私に見せるためにそうしている』と考えた おかげで 、すべてが逆転し、私は前よりも硬い心をわがものにした。　　（金閣寺）
(38) 芝っぱらに、ひっくり返っている くせに 、彼はなお、せり合う気もちでいっぱいだった。　　　　　　　　　　　　　　（路傍の石）
(39) ミルン教授はニュージーランド生まれで、のちにアメリカに移住し、ハーバードで Ph・D を得た秀才なのであるが、美的感覚に欠けているのか、私の肌に合わないのか、大道具を駆使して飛び跳ねる わりには 、あまり印象づけられなかった。　　（若き数学者）

連体節における述語部分の〈テンス〉と〈肯定否定〉の形態論的なカテゴリーに注目すると、次のような指摘ができる。

「かたわら」は、述語に過去形や否定形をとることができず、〈テンス〉〈肯定否定〉のカテゴリーをもたない。

「あまり」「ついで(に)」「とおり(に)」は、述語に過去形をとることはできるが、否定の形式をとることができない。これらの形式をもつ従属節は、

〈テンス〉のカテゴリーをもっているが、〈肯定否定〉のカテゴリーはもたない。

「くせに」「わりに」は、述語に過去形や否定形式をとることができ、〈テンス〉のカテゴリーも〈肯定否定〉のカテゴリーももっている。これを表にすると以下のようになる。

カテゴリー 単語	〈テンス〉	〈肯定否定〉
かたわら	−	−
あまり・ついでに・とおり(に)	＋	−
くせに・わりに	＋	＋

つまり、擬似連体節をうける従属接続詞が構成する連用節に、文らしさの違いを認めることができる。「かたわら」節は、文らしさが小さく、「くせに」節、「わりに」節は、相対的に文らしさが大きい。「あまり」節、「ついでに」節、「とおり(に)」節は、両者の中間の文らしさをそなえていることが指摘できる。ただし、ここでは、述語の形態論的なカテゴリーを吟味しただけで、述語がどのような成分をうけるかという統語論的な側面の吟味は保留されている。

さて、「かたわら」「あまり」といった、擬似連体節をうける従属接続詞は相当数みとめられる。後続の節に対して、どのような統語意味的な成分になるかという点で整理すると、以下のようになる。

〈時間〉をあらわす従属接続詞　とき(に)、おり(に)、際(に)、あいだ(に)、ころ(に)、ついでに、場合(に)、たび(に)、最中に、拍子に、途端(に)、はずみに、やさき(に)、かたわら、あげく(に)、そばから、しりから、……

〈条件〉をあらわす従属接続詞　とき、場合、たび(に)、まえ(に)、あかつきに(は)、……

〈原因・理由〉をあらわす従属接続詞　あと(に)は、すえ(に)は、結果、ゆえ(に)、ため(に)、おかげで、せいで、あまり(に)、手前、くせに、……

〈目的〉をあらわす従属接続詞　ため(に)

5. まとめ

　従属節の構造は、述語の統語論的な特性、すなわち、どのような成分をうけることができるかという点と、述語の形態論的なカテゴリーによってきまる。文らしさの度合いは、両者があいまって、豊かなものからそうでないものまである。

　従属節は、主節と対立するものであり、文を終止する主節に対し、なんらかの成分に接続する節のことである。節は、主節か従属節のいずれかに属する。

　従属節は、連体節と連用節に分かれる。従属節は、連体節か連用節のいずれかに属する。

　連体節は、真性連体節と擬似連体節に分かれる。真性連体節は、自立的な名詞にかかるものである。擬似連体節は、非自立的な名詞か、名詞離れをおこした単語にかかるものである。擬似連体節は、後続の形式とくみあわさって、名詞相当節・形容詞相当節・副詞相当節をつくる。副詞相当節は、擬似連体節と従属接続詞とからなるものであり、状況節をつくる。

　連用節には、用言にかかる狭義の連用節と文相当にかかる連文節とがある。

　本章の趣旨は、擬似連体節を提示して、従来、問題にされることの少なかった形容詞相当節や擬似連体節をうける従属接続詞に言い及ぶことであった。

用例
『CD-ROM 版　新潮文庫の百冊』(新潮社)／志賀直哉『小僧の神様他十編』(岩波文庫)／高樹のぶ子『彩雲の峰』(新潮社)

注
1　南は形態論的なカテゴリーという用語を使ってはいない。単に、述語部分に過去をあらわす「～タ」や否定をあらわす「～ナイ」が来るかどうかということを問題にして

いる。形態論的なカテゴリーとは、少なくとも 2 つ以上の文法的な意味や機能の点で対立する系列を抱え込んで、そうした対立の中からとりだされたものである。対立するということは、互いになんらかの共通部分をもちながら、異なる側面をもつということである（鈴木重幸(1983)）。わたしは、形態論的なカテゴリーというものを重視する立場にたつ。

2　同様の分類は、ドイツ語の文法書にもある。Hentschel, E./Weydt, H.(1990)によれば、副文(Nebensatz)の分類として、(1)主語文　(2)目的語文　(3)述語文　(4)状況語文　(5)付加語文　があがっている。「付加語文」は、高橋太郎ほか(2005)の規定語節に相当するものである。

3　これは、わたしが動詞の統語論的な諸形式を整理する際にとった立場と共通する。すなわち、断続（終止するか接続するか）を優先する立場である（村木新次郎(1983c)(1991)）。

4　つとに川端善明が動詞の「～て」の形式をめぐって、接続と修飾の関係について論じている（川端善明(1958)）。

5　わたしは、「真紅」「抜群」「汗まみれ」「黒ずくめ」「逃げ腰」「底なし」「がらあき」「指折り」「人並み」「泥んこ」といった単語を、形容詞とみることを提案してきた（村木新次郎(2000)など）。これらの単語は、名詞を特徴づける格の体系をもたず、連体修飾をうけることもないので、名詞ではない。また、その文法的なふるまいかたは、形容詞のそれと一致する。それゆえに、「赤い」「すばらしい」などの第一形容詞、「真っ赤な」「優秀な」などの第二形容詞にくわえて、「真紅の」「抜群の」などを第三形容詞とよぶわけである（「-の」は、第一形容詞における「-い」、第二形容詞における「-な」と同様、第三形容詞における活用語尾である）。

6　これらの形式をめぐっては、過去にさまざまな言及があった。佐久間鼎は「吸着語」という名称を使い、「先行する句または文を一つにまとめて、それに関係文のような地位を与え、いわば主文に接続させる、……特定の先行語をもたない一種の関係語。」と定義した（佐久間鼎(1940)(1955)）。また、三上章は「準詞」の名称で、「それ自身としては独立して使わない小形の語詞で、先行の語句をただちに受けて、その全体をあたかも一つの品詞のようにするもの。」と位置づけた（三上章(1953)(2002)）。奥津敬一郎は「形式副詞」という品詞をたて、「副詞ではあるが非自立的で、補足成分をとって副詞句をなすもの。」としている（奥津敬一郎ほか(1986)）。さらに、日野資成は、このような形式を、指示的機能をもたず、2 つの節をつなぐ「形式名詞」とみている（日野資成(2001)）。

第2章 「矢先」と「手前」
―「もの・空間」から「つなぎ」へ―

要旨

　現代日本語の「矢先」と「手前」には、後置詞や従属接続詞といった機能語としての用法がある。そうした用法での「矢先(に)」は、〈ちょうどその時〉という時間的な意味をもち、名詞や文相当の節をうけて、後続の形式につなぐ文法的なはたらきをしている。「手前」は、〈他人の存在や自分がある行為をした／しているという事実を考慮して、別の行動をおこしたり判断したりすることを予告する〉という意味をもち、後続の形式につなぐというはたらきをしている。「矢先」は時間的な意味にくわえて、逆接の因果関係をしめす用法があり、「手前」はもっぱら社会的かつ心理的な意味をおび、理由・根拠をあらわす順接の接続の機能をになう。

キーワード：「矢先」「手前」　後置詞　従属接続詞　面子

1. 文法的な品詞―後置詞と従属接続詞―

　本章は、現代日本語の「矢先」と「手前」の後置詞や従属接続詞としての用法をとりあげ、それがどのような文法的意味をもつのかを明らかにするものである。
　文の構造をとらえるときのわたしの立場は、主要な単語を中心におき、もっぱら文法的な役割をはたす機能語は、主要な単語や単語のむすびつきの文中での存在形式にくわわるものであるとみなす点に、特徴がある。本章でかかわりをもつ機能語として、後置詞と従属接続詞があり、後置詞は名詞

の、従属接続詞は文相当の形式の、それぞれ文法的な形式をあらわすものと位置づける。後置詞は、実質的な単語である名詞に後置する補助的な単語で、その名詞と後続の動詞などの実質的な単語(内容語)とを関係づけるオペレーターの役割をはたす単語(機能語)である。また、従属接続詞は、文相当(節)に後置する補助的な単語で、その節と後続の節とを関係づける役割をはたす単語(機能語)である。たとえば、「おかげで」という単語は、例文(1)では後置詞として、例文(2)では従属接続詞として使用されている。

(1) 事実、立体的な金閣は、雪の おかげで 、何事をも挑みかけない平面的な金閣、画中の金閣になっていた。　　　　　（金閣寺）

(2) しかし『私に見せるためにそうしている』と考えた おかげで 、すべてが逆転し、私は前よりも硬い心をわがものにした。　（金閣寺）

こうした「おかげで」のような形式は、研究者によっては、形式名詞や複合辞などといった名称で呼ばれることがある。わたしは、そのいずれにも賛成しない。後置詞については、松下大三郎(1928)(1930)や鈴木重幸(1972)にしたがうものであり、わたしも後置詞に言及したことがある(村木新次郎(1983a)(1983b))。従属接続詞については、高橋太郎ほか(2005)に詳細な説明がある。わたしも日本語の従属節の諸タイプにふれ(村木新次郎(2002))、従属接続詞の存在と必要性を指摘した(村木新次郎(2005a)(2005b))。後置詞や従属接続詞の多くは、名詞や動詞などの単語が文法化することによってうまれたものである。すなわち、語彙的意味を稀薄化させ、語形の固定化・統語的機能の変質をともなうことによって、中心的な品詞である名詞や動詞であった単語が、名詞ばなれ(脱名詞化)や動詞ばなれ(脱動詞化)をおこし、周辺的な品詞である後置詞や従属接続詞へと移行した結果である。このことを、「かたわら」と「そば」という単語で確認しておこう。「かたわら」も「そば」も〈空間的に近いところ〉を意味する名詞が基本である。しかし、例文(3)(4)(5)では、時間的な意味でもちいられている。

(3) 現在は鉄鋼部門の係長の かたわら 、ラグビー部の運営に携わる。

（毎日 04.03.20）

(4) 作業場にたてこもって、注文の鳥籠や茶器をつくる かたわら 、手ヒマをかけてつくったこの竹人形は、見事な出来栄えといえた。

（雁の寺）

(5) 彼はなんども後悔していた。しかし後悔する そばから 、その男の帰れないでいるようすが、ありありと目の前に浮かんでくるのだ。

(路傍の石)

　これらの「かたわら」と「そばから」は、文法的にも特徴がある。例文(3)(4)では「かたわら」という語形に、例文(5)では「そばから」という語形に、それぞれ固定化し、名詞の格機能をうしなっている。名詞の特徴をうしなうかわりに、前置される形式と後続の形式をつなぐという文法的な機能を獲得している。例文(3)では後置詞として、例文(4)(5)では従属接続詞としてもちいられている。

　本章では、「矢先」と「手前」をとりあげ、これらの単語が名詞としての使用のほか、名詞ばなれ(脱名詞化)をおこし、文法的な品詞としての後置詞や従属接続詞としての用法があること、さらに「矢先」には助動詞としての用法があることを指摘する。本来ものや空間をあらわす単語が、時間や因果関係をあらわす用法をもつことをしめすものである。

2.「矢先」について

　さきごろ、時間に関係したつなぎのことばについて考察し、発表した(村木新次郎(2005b))。「たび(に)」「途端(に)」「拍子(に)」「最中(に)」といったことばである。その対象に「矢先」もふくまれていた。

　「矢先」は、もともとは文字通り〈矢の先〉を意味したであろう。これが〈矢の飛んでいく先〉あるいは〈矢が飛んでくる先＝矢面〉(「矢先にたつ」は「矢面に立つ」と接点をもつ)、さらには〈ねらう目あて／まと〉を意味することにもなる。単語の意味は、空間的に隣接したものに転移していくという一般法則があるので、そうした派生的な意味が生ずるのはきわめて自然である。ガイドが「右手をご覧ください。」というときの「右手」は、〈(ガイドの)右手〉ではなく、〈右手の先方の空間〉を意味するように。つまり、「矢先」という物体の部分から、その先方にある空間や対象に意味が拡大したのである。また、「矢先」は物から行為に転じて〈弓矢をもって戦うこと〉といった意味でも使用された。例文(6)の「やさき」は、その用法である。

(6) 返事は互に やさきの 時、帰れやつとぞ仰ける。

(浄瑠璃・国姓爺後日合戦)

「筆で生計を立てる」の「筆」が「執筆活動」を意味したり、「酒を断つ」の「酒」が「飲酒」を意味したりするように、ある物をさす単語がその物を使った行為を意味するようになることも、単語の意味の派生として多くの例がある。

ところで、一般の現代人にとって、弓矢は日常の生活から縁遠いものになってしまった。今日では「矢先」は、例文(7)～(12)のように、〈ちょうどその時〉という時間的な意味でもちいられるのが普通である。

(7) パウエル長官の調停活動の 矢先に 米大統領報道官がイスラエル軍の作戦を容認する発言を行った。　　　　　（毎日 02.04.14）

(8) ネットで人材育成を──企画具体化の 矢先に 資金難
　　　　　　　　　　　　　　　　　　　　　　　（毎日 03.06.14）

(9) 03年に再びコンサート「帰って来た御三家」を開こうとした 矢先 、野坂さんが脳梗塞（こうそく）で倒れた。　　　（毎日 06.11.18）

(10) 三井容疑者は「検察の調査活動費は裏金」とマスコミや国会などで告発しようとした 矢先に 逮捕された。　　　　　（毎日 02.05.11）

(11) 森山真弓法相は会見で「(調活費疑惑は)事実無根との結論が出ている」と述べたが、逮捕は三井被告がマスコミに接触しようとした 矢先だった 。　　　　　　　　　　　　　　　（毎日 02.05.30）

(12)「武部(勤)農相に雪印のような事件が他にもあるかないか検査する必要があるんじゃないかと言っていた 矢先だ 。…」（毎日 02.02.28）

これらの「矢先」の用法は、いずれも文法的な単語として使用されているのが特徴である。例文(7)(8)では、前の名詞をうけ後置詞として、例文(9)(10)では、前の節(直接には動詞述語)をうける従属接続詞として、例文(11)(12)では、動詞述語をうける助動詞として機能している。後置詞も従属接続詞も助動詞も文法的な品詞に属するものである。いずれも、〈ちょうどその時〉という時間的な意味をになっている。そして、名詞の本命である格の機能をうしなっていて、もはや名詞ではない。名詞や節や動詞をうけてそれらの文中での存在形式をつくるという文法的なはたらきをしめす単語と化している。なお、後置詞と従属接続詞としての使用は「矢先」と「矢先に」の双方の語形がある。後置詞としての使用は「～の」という名詞の連体格を、従

属接続詞としての使用は動詞の「スル」「シタ」「シテイル」「シテイタ」「シヨウトシテイル」の形式を、助動詞としての用法は動的述語の「シテイタ」「シヨウトシタ」などの形式を、それぞれうける。

では、「矢先」になぜこのような用法が生まれたのであろうか。

「矢先」の例は、時間を意味するといっても、ある事態の起こる〈瞬間〉や〈直前〉をあらわしているようである。時間の中の〈瞬間〉や〈直前〉に特化しているのは、「矢」が放たれたときの特徴〈すばやい〉という属性や、「矢先」のもつ〈点〉としての性質のためであろうか。ちなみに、「やにわに」という単語は、「ある事をしたその場ですぐに他の事をするようす」を意味するが、矢を射る場が「矢庭」であることから、その場で一気に事をおこなうようす「たちどころに」といった意味が生まれたのであろう。「矢先」にも「やにわに」との類推がはたらき、2つの事態の時間的な短さを意味したものとおもわれる。

最近の「矢先(に)」の使用例を観察してみると、単なる時間的な〈瞬間〉〈直前〉の意味だけではなく、他の要素も加わっているように思われる。たとえば、例文(13)(14)では、ある事態が成立する〈直前〉に、〈予想している事態とは異なる事態が起こることをあらわしている〉といえないか。

(13) 夫婦があきらめかけた 矢先 、不妊治療が成功して、ジヌォンが妊娠する。　　　　　　　　　　　　　　　　　　　（毎日 02.06.07）

(14) 結婚50年目の3月、「金婚式を」と会場を予約し、楽しみにしていた 矢先 、入院して4月には帰らぬ人となりました。
　　　　　　　　　　　　　　　　　　　　　　　　（毎日 02.03.12）

それぞれの文を、「…あきらめたのに、…」「…楽しみにしていたのに…」と言い換えることができる、そのような接続関係なのである。つまり、「矢先(に)」は、時間性にくわえて、いわゆる逆接的な因果関係をあらわしているのである。

こうして、もともとは物をあらわす「矢先」が空間をあらわすようになり、それが時間的な意味にスライドして、さらに因果関係の意味をあらわす用法をもつにいたったといえるのである。

3.「手前」について

　次に「手前」という単語をとりあげる。「手前」のもっとも基本的な用法は、〈自分の目の前〉を意味する空間的な使用であろう。例文(15)(16)はそのような例である。

(15) 畑は闌れたダリヤと薔薇の 手前に 里芋が逞しい葉を拡げていた。
　　　　　　　　　　　　　　　　　　　　　　　　　　　　　　　　(雪国)

(16) 第一建物の店で、トラックの心配が出来るというのも、明石の 手前が 通れないというのなら現実性のないことである。　(播州平野)

「手前」にはそうした空間上の意味にくわえて、〈自称〉〈対称〉〈自分(自身)〉を意味する代名詞的な用法をはじめ、種々の名詞としての用法がある。
　例文(17)は〈自称〉の、例文(18)は〈対称〉の、例文(19)は〈自分(自身)〉を意味するものである。今日よく使われる「手前ども」は〈自称〉の複数形であり、「手前勝手」や「手前味噌」という合成語では、「手前-」に〈自分〉の意味が読みとれる。

(17) 「いや、手前は 開けて見たわけでは御座りませぬが、こう、手に持ちました手応えが、何も、お訊ねの茶壺などとは思えませぬので。」
　　　　　　　　　　　　　　　　　　　　　　　　　　　　　　　　(丹下左膳)

(18) 「ふうむ。そりゃアまあそうかも知れねえが、何だって 手前は 、そいつを肝心の源十郎へ持って往かねえで、そうやっておれに報らせるんだ？」
　　　　　　　　　　　　　　　　　　　　　　　　　　　　　　　　(丹下左膳)

(19) 「やいっ、汝ァもう死んでるんだぞ。手前の 斬られたのを知らなけりゃ世話ァねえや。」
　　　　　　　　　　　　　　　　　　　　　　　　　　　　　　　　(丹下左膳)

こうした「手前」の用法では、物理的な空間から言語場を構成する人称への移行をみてとることができる。2人称をしめす「あなた」や「おまえ」がもともと空間をあらわす単語であったことを想起すれば、「手前」のこうした人称代名詞としての用法も容易に納得できることである。日本語の人称には、語彙的な側面がつよいとはいえ、文法的な側面がまったくないわけではない。「手前」の人称代名詞的な用法は、「手前」の文法化の萌芽といえよう。
　「手前」には、例文(20)(21)のように、時間的な意味でもちいられることもある。例文(20)の「診療をうける」や例文(21)の「像が結ばれる」といっ

た運動をしめす動詞句をうけている点が特徴である。こうした用法では、「手前」は〈ある動作の直前〉を意味している。ここでは、「手前」の空間から時間への移行をみてとることができる。

(20)「患者さんが内科に行けばいいのか、耳鼻科に行くべきかわからない、というケースはたくさんある。一度内科にかかっても、別の科に回されることもある。そういう診療を受ける 手前の 部分にも、見直せる点はあります」　　　　　　　　　　　　（毎日 01.01.18）

(21) 後者では、像が結ばれる 手前で 激しい解体にさらされる赤塚に対して、中村と吉川は線や色彩のダイナミックなせめぎ合いの中から、スケール豊かな空間を構築していく。　　（毎日 01.11.28）

さらに、「手前」には、例文(22)のような〈数量〉に関する用法や、例文(23)(24)のような〈動作〉に関わる用法もある。〈動作〉とは、〈身につけた技術・能力〉を意味し、この「手前」は「腕前」に通じる。「手前」の「手-」が、身体の部分である「手-」から、〈手を使った動作〉にスライドしたのである。この意味での用法には、相手の動作をうやまって「おてまえ」の形式でもちいられることもある。例文(24)では、〈茶の湯の作法〉の意に特化している。

(22) 十三の黒だった。それが 00 の二つ 手前の 数字だったことが私を嬉しくさせた。　　　　　　　　　　　　　　　　　　　（一瞬の夏）

(23)「コレハコレハ、よく来られた。無論 お手前は 未だ、御存じではあるまいが、此の度びの日光造営奉行たるわが藩に於いては、このお山止めの関所開きに、はじめて関所に差しかかった母と娘の二人連れを、縁起祝いとして大いに持てなすことになって居るのじゃ。」
　　　　　　　　　　　　　　　　　　　　　　　　　　　　（丹下左膳）

(24) 老主人の濃茶の 手前が あって、私と娘は一つ茶碗を手から手に享けて飲み分った。　　　　　　　　　　　　　　　　　（巴里祭河）

ところで、名詞としての用法のひとつに、「(ヒトの)手前も」という形式で、〈ある人の存在を意識したうえでの、みずからの面目や体裁〉を意味する、例文(25)(26)のような用法がある。

(25) あの時分だって自分が間違っているのを承知していたんだけれど、友達の 手前も あったし、何しろ若いから、ずるずるになっていた

んで……　　　　　　　　　　　　　　　　　　　　　　　（帰郷）
(26) ロメリーノは、ついてもしかたのないため息を、周囲の者の 手前 も かまわず、もう一度深深とくり返すのだった。　　　（コンスタ）

こうした「手前」の用法には、物理的な空間の意味にくわえて、あるいは、物理的な空間の意味にとってかわって、「友達」や「周囲の者」つまり、〈他人や世間の存在を配慮する〉という意味合いがふくまれている。「手前も」という語形をとるのが特徴である。「-も」は、しばしば言語主体の主観的な意味、モーダルな要素を付加する形式である。なお、この用法には、「手前もわきまえず」「手前もはばからず」といった形式で慣用句化しているものがある。一種の陳述的な成分といえるであろう。

これらの延長上にあるとおもわれるのが、名詞離れ（脱名詞化）をおこし、文法的な品詞である後置詞や従属接続詞に移行した用例である。

後置詞化したものは、語形が「(～の)手前」に、従属接続詞化したものは語形が「(～した／している)手前」に固定化し（まれに「(～する)手前」も）、いずれも名詞のもつ格の体系を喪失している。名詞の本命である格のシステムをもたないゆえに、これらはもはや名詞ではない。名詞の性質をうしなうかわりに、先行する名詞や文相当の節を後続の述語や主節につなぐという文法的な機能をはたしているのである。

以下の例文(27)(28)(29)は、「手前」が後置詞として用いられたものである。

(27) そうして私は彼女の 手前 、それ等のものを今でも愛しているように見せかけるのに一種の努力をさえしなければならなかった。
　　　　　　　　　　　　　　　　　　　　　　　　　　　（風立ちぬ）
(28) 「今夜はお客様の 手前 勘弁してやるが、ほんとなら生かしちゃおかんぞ」　　　　　　　　　　　　　　　　　　　　（人生劇場風）
(29) 隣近所の 手前 、庭木を生え放題にしておくわけにはいかない。

このような後置詞句をつくる「手前」は、「彼女」「お客様」というひとをあらわす単語やその延長上に位置する「隣近所」といった単語をうけ、〈動作者が他人の存在を考慮したうえで、ある行動をおこすことを予告する〉という意味をもつ。いずれも「彼女が／お客様が いる｜隣近所の目がある ので、それを考慮した結果、……」と言い換えることができ、〈後続の事態に

対する必然的な(偶然でない)理由や根拠〉をあらわしている。そこでは、〈他人〉を意識した動作者の主体的な気持ちが関わっている。〈他人〉の存在が関わることによって社会的な意味がくわわり、その他人に対する〈配慮〉があるという点で、心理的でもある。もともと物理的な空間を意味する「手前」が、ひととのかかわりの中で、社会的かつ心理的な意味をもつにいたったものとおもわれる。

　また、以下の例文(30)(31)(32)は、「手前」が従属接続詞として用いられたものである。
(30) 父や母と衝突して飛び出した 手前 、そこへ行くのは屈辱でしかなかった。　　　　　　　　　　　　　　　　　　　　　(二十歳の)
(31) 伊藤治太夫は大言を吐いた 手前 、もういちど警備を確かめるつもりで出て行きました。　　　　　　　　　　　　　(珠玉百選8)
(32) 「職員に『笑顔』と言っている 手前 、私が率先しないと」と笑顔で話す〇〇〇〇・日光駅長＝JR日光駅で　　(朝日 05.04.23)

このような「手前」は、〈動作者がある行為を した／している という事実が根拠となって、動作者のある思いから、別の行動や判断をすることを予告する〉を意味する。いずれも、「飛び出した／大言を吐いた／職員に『笑顔』と言っている　ので、……」と言い換えることができ、後続の事態に対して、必然的な理由節を構成している。動作者のある思いとは、〈世間体〉や〈面子〉といった〈他人や世間を意識したところからくる、責任や義務や羞恥など〉である。ちなみに、「手前」をうけた後続の文では、「できない」「出られない」といった不可能をあらわす表現が多い。

　後置詞・従属接続詞の「手前」が、広義の理由をあらわす成分を構成するといっても、「ため(に)」「おかげで」「せいで」「(が)ゆえに」といった形式に比べると、その使用には強い制限がみとめられる。

　従属接続詞「手前」は、人間(あるいは組織体)の意志的な動作にかぎって使用される。従属接続詞としての「手前」がうけるのは、動詞述語にかぎられ、多くは、例文(30)(31)のように動詞「シタ」であり、例文(32)のように「シテイル」のこともある。こうした「手前」は、運動が 実現する／している ことを前提として、必然的に後続の事態にいたることをしめしているのである。対象に依拠した原因ではなく、動作主体に依拠した理由を意味

する。

　以上であきらかになったように、後置詞の「手前」は、〈他人の存在を考慮したうえで、ある行動や判断をすることを予告する〉を、従属接続詞の「手前」は、〈ある行為をしてしまったという根拠をあらわし、その責任からある行動や判断をすることを予告する〉を意味する。どちらも因果関係に関わり、〈世間体〉や〈面子〉といった他人を意識した動作者の主体的な気持ちがかかわっているところに特徴がある。他人の存在を前提にしている点で社会的であり、他人のことを配慮しているという点で心理的である。

　本来は物理的な空間をあらわした「手前」が、社会的かつ心理的な意味をおびて、因果関係をしめす単語に変化したものとみられる。

【付記】これは、2006年10月に中国の北京大学で開催された「北京大学日本学研究国際シンポジウム」の公開講演で発表した内容に加筆修正したものである。シンポジウムでは、「『手前』の一用法」という題で講演をした。「手前」の用法に〈面子〉に関わるものがあることに気づいたのと、北京での発表の機会があたえられたのが偶然にもかさなった。さらに、わたしの体験した北京での生活を通して、北京のひとたちを象徴するキーワードは「面子」ではないかと思っていたからである。なお、原稿化にあたって、「矢先」の例を補充し、題目も本題のように変更した。

出典
『CD-ROM版　新潮文庫の100冊』『朝日新聞』(朝日新聞データベース「聞蔵」)／『毎日新聞』(毎日新聞総合データベースサービス)

第3章 擬似連体節をうける従属接続詞
　—「かたわら」と「一方（で）」の用法を中心に—

要旨

　本章は、連体節につながる形式が名詞ではないという矛盾した構造をとりあげ、これらをどのような節ととらえたらよいのかを問題にする。このような連体節を、典型的な名詞につながる真性連体節に対して、擬似連体節と位置づけることを提起したい。擬似連体節には、少なくとも、形容詞化指標につながるものと、従属接続詞につながるものがみとめられる。ケーススタディとして、従属接続詞の「かたわら」と「一方（で）」をとりあげ、両者の異同を吟味し、従来、問題にされることの少なかったタイプの従属節に接近する。

キーワード：擬似連体節、従属接続詞、「かたわら」と「一方（で）」

1. はじめに

　連体節のような形をしているが、後続の形式が名詞性をうしなって、本来の意味での連体節になっていない構造が多く見られる。連体節というのは、体言すなわち名詞に接続する節のことである。ところが、連体節に接続する形式が（少なくとも典型的な）名詞ではなく、名詞以外の文法的な特性をそなえた形式であるといった構造が存在している。つまり、この構造は、連体節がかかっていくかかりさきが名詞ではなく、名詞以外の形式が連体節をうけているという矛盾した存在なのである。このような矛盾をどのようにとらえたらよいのかという問いが、この論文の出発点である。自立的な名詞に接続

する本来の意味での連体節（真性連体節）に対して、名詞以外の形式にかかっていく連体節を擬似連体節とよぶことにする（村木新次郎（2004c））。擬似連体節とは、すなわち見かけ上の連体節という意味合いである。

本章では、擬似連体節をうける形式に、少なくとも、①形容詞化指標と②従属接続詞があることを指摘し、ケーススタディとして、従属接続詞としての「かたわら」と「一方（で）」の異同に注目し、擬似連体節の一端をさぐるものである。

2. 従属節へのアプローチ

わたしが提案する擬似連体節が、節全体の中でどのような位置づけをうけるのかについて説明する。

節は、述語をそなえたひとまとまりの文らしき形式と定義される。節を「文らしき形式」というのは、きわめてあいまいな言い方である。しかし、文と単語の関係は、連続的な側面もあって、述語をそなえたひとまとまりの形式というぐらいの意味で使用せざるをえない。従属節には、文の特徴を多くそなえたものからそうでないものまでさまざまな段階のものがある。従属節の構造を、従属節における述語部分と述語以外の部分との共起関係にもとづき、文の成立を階層的にとらえられるとしたのは南不二男である（南不二男（1974）（1993））。南は、「描叙」「判断」「提出」「表出」の４つの段階を提案し、文らしさの分類を説いた。ここから得られた知見は、日本語の文構造を説明する原理として広く認められている。わたしの節への接近も基本的には南が注目した節の内部構造（述語部分と非述語部分）を吟味するという方法をとる。**5.** で、従属接続詞としての「かたわら」と「一方（で）」につながる擬似連体節の構造に言及する。

文らしさの度合いは、述語の文法的なカテゴリーのゆたかさに対応する。述語の文法的なカテゴリーには、統語論的なカテゴリーと形態論的なカテゴリーとがある。述語の統語論的なカテゴリーとは、どのような成分を述語がうけられるかということである。さまざまなタイプの成分が述語にかかっていくなら、文らしさの度合いが大きく、逆にその制限が強ければ文らしさが小さいということである。述語にかかるさまざまな成分とは、名詞の格成

分、状態副詞や程度副詞などの修飾成分、主語、主題、「実に」「とにかく」「たぶん」「まさか」といった、いわゆる陳述的な成分などのことである。一方で、述語の形態論的なカテゴリーがゆたかであるほど、文らしさの度合いが大きいということである。述語の形態論的なカテゴリーとは、〈テンス〉や〈ムード〉や〈肯定否定（みとめかた）〉などのことである。動詞を例にとれば、「する」と「した」の対立、すなわち〈非過去〉と〈過去〉の対立があれば、〈テンス〉のカテゴリーをもち、「する」と「しない」、すなわち〈肯定〉と〈否定〉の対立があれば、〈肯定否定〉のカテゴリーをもっているといったことである。よく知られているように、付帯状況をあらわす「〜ながら」（たとえば、「お父さんはビールを飲みながら、テレビで野球中継を見ている。」）における「飲みながら」は、「飲んだながら」「飲まないながら」といった形式が存在せず、〈テンス〉や〈肯定否定〉のカテゴリーがないわけである。ちなみに、「飲ませながら」や「なぐられながら」は存在することから、「〜ながら」でむすぶ節には、〈ヴォイス〉のカテゴリーが存在する[1]。

3. 節の諸タイプ

わたしの考える節の類型は、まず、それが終止するか、他の形式に接続するかによって、主節（あるいは終止節）と従属節（あるいは接続節）に分かれる。主節は、それ自体、文であるが、従属節は文ではなくて、文の中にあって文の部分である[2]。

従属節は、後続の名詞類に接続する連体節と、後続の用言もしくは文に接続する連用節に分かれる。従属節は、連体節か連用節かのいずれかに属する。

広義の連体節は、自立的な名詞に接続する真性連体節と、非自立的な形式や名詞から他品詞に移行した形式に接続する擬似連体節に分かれる。擬似連体節をもうけるところに、わたしの分類の特徴がある。真性連体節については、従来から多くの指摘がある。ここではふれない。

なお、連用節は、後続の用言に接続し、意味的な限定をくわえる修飾節（狭義の連用節）、後続の文（主節）に接続し、意味的な限定をくわえる状況節、後続の文（主節）に接続し、意味的な限定をくわえない並列節に分かれる[3]。

この分類は、統語論的な機能として文を構成する要素間の接続関係を優先

させている。

ここに述べたことをまとめると、以下のようになる。

節　　　→　①　主節(終止節)　文を終止する節
　　　　　　②　従属節(接続節)　他の形式に接続する節
従属節　→　②-1　連体節　後続の名詞に接続する節
　　　　　　②-2　連用節　後続の用言もしくは文に接続する節
連体節　→　②-1-1　真性連体節　後続の自立的な名詞に接続する節
　　　　　　②-1-2　擬似連体節　後続の名詞以外の形式に接続する節
連用節　→　②-2-1　(狭義)連用節　後続の用言に接続する節(意味的な限定をくわえる)
　　　　　　②-2-2　連文節　後続の主節に接続する節
連文節　→　②-2-2-1　状況節　主節に接続し、意味的な限定をくわえる節
　　　　　　②-2-2-2　並列節　主節に接続し、意味的な限定をくわえない節

4. 擬似連体節

わたしの提案する節の分類の特徴は、擬似連体節を設けたところにあることはすでにふれた。

そのような擬似連体節が名詞らしくない形式につながる構造に、少なくともふたつのタイプがみとめられる。

その1つは、以下のような例である。

(1)　[静香が逃げ出す先を、ひとつひとつ塞いでいく] ような、意志をもった雨音だった。　　　　　　　　　　　　　　　　　(彩雲の峰)
(2)　この道中は、負傷者の死にもの狂いの行列で、[身の毛がよだつ] ほどの光景であった。　　　　　　　　　　　　　　　　　　(黒い雨)

例文(1)の「よう」や例文(2)の「ほど」には、次のような特徴がある。

(a)　非自立的な形式である。
(b)　格の体系を欠いている。

(c) 連体節をうける。

　これらの形式は、非自立的な形式であり(a)、単語性をもたず、接辞である。この接辞をふくむ形式が格の体系をかいている(b)ということは、名詞ではないということを意味する。連体節をうけてはいるが(c)、名詞につながるものではないので、ほんとうの連体節ではなくて、見かけ上の連体節というべきである。本章で、擬似連体節とよぶ所以である。例文(1)(2)のように擬似連体節をうけ、その擬似連体節をふくんで、全体で形容詞相当のはたらきをしているのである。形容詞は、一般に、以下のような規定用法、述語用法、修飾用法をもっている。ただし、形容詞にとってのもっとも本質的な特徴は規定用法であって、ほかの２つの用法は副次的なものである。副次的な特徴については、いずれかがかけているものもある。すべての形容詞が、この３つの用法をそなえているわけではない。

　「よう」には、例文(1)のような規定用法、例文(3)のような述語用法、例文(4)のような修飾用法がある(規定用法については例文(1)を再掲する)。
　(1)　静香が逃げ出す先を、ひとつひとつ塞いでいくような、意志をもった雨音だった。　　　　　　　　　　　　　　　　　(彩雲の峰)
　(3)　ステンドグラスの遙か上空を、鳥か雲が渡っていったようだ。
　　　　　　　　　　　　　　　　　　　　　　　　　　　　(彩雲の峰)
　(4)　司の顔から、砂が流れ落ちるように表情が抜け落ちた。(彩雲の峰)
「よう」は、規定・述語・修飾用法において、「-な／-だ／-に」と活用する(述語用法は、さまざまな活用語尾をともないうるが、「-だ」で代表させる)第二形容詞のタイプである。「よう」と同じように活用する第二形容詞のタイプに、「そう」「みたい」がある。

　また、「ほど」には、例文(2)のような規定用法、例文(5)のような述語用法、例文(6)のような修飾用法がある(規定用法については例文(2)を再掲する)。
　(2)　この道中は、負傷者の死にもの狂いの行列で、身の毛がよだつほどの光景であった。　　　　　　　　　　　　　　　　(黒い雨)
　(5)　しかし、どうかするはずみに、冷んやりした空気が首筋から入って来ると、悪寒で身震いするほどだった。　　　　(死者の奢り)
　(6)　また寝ころんだ鶴川の頭へまわした腕は、外側が可成日に焦げている

のに、内側は 静脈が透けて見える ほどに白かった。　　　（金閣寺）

「ほど」は、規定・述語・修飾用法で、「-の／-だ／-に」と活用する第三形容詞のタイプである[4]。「ほど」と同じように活用する第三形容詞のタイプに「くらい／ぐらい」「ばかり」「ため」「とおり」がある。これらの形式では、修飾用法で「くらい／ぐらい(に)」「ため(に)」「とおり(に)」のように、語尾「-に」がついたりつかなかったりすることがある。

以上の「よう」や「ほど」といった非自立的な形式は、形容詞化指標とよぶことのできるもので、以下のようにあらわすことができる[5]。

　　　{擬似連体節　＋　形容詞化指標}　⇒　形容詞相当節

擬似連体節をうけるが名詞でない、もう1つのタイプは、「かたわら」「あまり」「ついでに」「おかげで」「くせに」「わりに」といった形式である。これらの形式は、もともと名詞（一部は副詞）であった形式に文法化がおこり、名詞の特徴をうしない、従属接続詞としての機能をはたしているものである。そして、このタイプでは、擬似連体節をうけた従属接続詞が全体として、後続の節に対して、〈時間〉〈条件〉〈原因・理由〉〈目的〉などをあらわす広義の連用節（多くは、状況節）として機能しているのである（村木新次郎(2002)）。次のようにあらわすことができる。

　　　{擬似連体節　＋　従属接続詞}　⇒　連用節

このタイプに属するものとして、以下のような例がある。
(7) 作業場にたてこもって、注文の鳥籠や茶器などをつくる かたわら、手ヒマをかけてつくったこの竹人形は、見事な出来栄えといえた。　　　　　　　　　　　　　　　　　　　　　　　　（雁の寺）
(8) 内藤は激しく羽草に迫ると、またボディを狙った。しかし、ノックアウトを急ぐ あまり、大振りになり、羽草のブロックする腕の上を殴るだけのパンチになってしまった。　　　　　　　（一瞬の夏）
(9) シャツをはぎとった ついでに、バンドをゆるめて、ズボンの中にも空気を送りこんでやる。　　　　　　　　　　　　　（砂の女）

(10) しかし『私に見せるためにそうしている』と考えたおかげで、すべてが逆転し、私は前よりも硬い心をわがものにした。　（金閣寺）
(11) 芝っぱらに、ひっくり返っているくせに、彼はなお、せり合う気もちでいっぱいだった。　　　　　　　　　　　　（路傍の石）
(12) ミルン教授はニュージーランド生まれで、のちにアメリカに移住し、ハーバードで Ph・D を得た秀才なのであるが、美的感覚に欠けているのか、私の肌に合わないのか、大道具を駆使して飛び跳ねるわりには、あまり印象づけられなかった。　（若き数学）

　このような擬似連体節をうける従属接続詞は、数多くみられる。その多くは、名詞から派生したものである。連体節における述語部分の（述語の典型である動詞を例にとり）〈肯定否定〉と、〈テンス〉の形態論的なカテゴリーに注目すると、次のような指摘ができる。

　「かたわら」は、述語に否定形式や過去形をとることができず、〈肯定否定〉〈テンス〉のカテゴリーをもたない。

　「あまり」「ついで（に）」「とおり（に）」は、述語に過去形をとることはできるが、否定の形式をとることができない。これらの形式をもつ従属節は、〈テンス〉のカテゴリーをもっているが、〈肯定否定〉のカテゴリーはもたない[6]。

　「くせに」「わりに」は、述語に否定形式や過去形をとることができ、〈肯定否定〉のカテゴリーも〈テンス〉のカテゴリーももっている。

　つまり、擬似連体節をうける従属接続詞が構成する連用節に、文らしさの度合いをみとめることができる。「かたわら」節は、文らしさが小さく、「くせに」節、「わりに」節は、相対的に文らしさが大きい。「あまり」節、「ついで（に）」節、「とおり（に）」節は、両者の中間の文らしさをそなえていることが指摘できる。なお、文らしさの度合いは、**2.** で指摘したように、形態論的なカテゴリーだけでなく、統語論的なカテゴリーをも吟味した上で、判断しなければならない。

5.　従属接続詞としての「かたわら」と「一方(で)」

　以下では、擬似連体節をうける従属接続詞の「かたわら」と「一方(で)」

をとりあげる。「かたわら」と「一方（で）」に文法化がおこり、従属接続詞として使用されていることを確認し、両者の異同をあきらかにすることを目的とする。

「かたわら」も「一方」も、もともとは空間を意味する単語である。「かたわら」の〈そば。わき〉や、「一方」の〈ある方向〉という意味は、空間に関与するものである。どちらも名詞に所属する単語である。それぞれの単語には、文法化がおこり、名詞離れした後置詞や（従属）接続詞としての用法がみとめられる。さらに「一方」には、助動詞としての用法もみられる。どちらの単語の意味も、空間から時間への移行がよみとれる。さらに、空間の意味をはなれ、2つの事態を併置する場合にも使用される。

まず、「かたわら」と「一方」の現代日本語の中での使用を整理してみる。用例は、新聞や小説からとった。ここでは、とくに単語の品詞性にもとづき、分類をこころみる。品詞体系は、おおむね鈴木重幸(1972)にしたがっている。

5.1 「かたわら」の用法

「かたわら」には、名詞・後置詞・従属接続詞としての使用がみられる。ごく稀に、副詞もしくは接続詞としての使用がある。

5.1.1 名詞としての使用

「かたわら」の名詞としての具体例は(13)～(17)にみることができる。これらの例文の「かたわら」は、「夕佳亭のかたわらに」「凹地に設けられたブランコに若い男女が乗っているかたわらを」「拱北楼のかたわらから」「彼の傍らへ」「イラク戦争のかたわらで」といったふうに、なんらかの連体修飾語句をうけている点、格の体系をそなえている点で、名詞としての特徴をもっている。なお、名詞にとって本質的な特徴は格の存在で、実際の言語使用で、連体修飾をうけるかどうかは任意的である。それらの意味は、〈中心になるもののそば。わき。〉と理解することができる。なお、例文(17)の「イラク戦争のかたわらで」は、典型的な空間ではなく、状況を意味する時空間といってよい使用と考えることができる。

(13) 私は箒を携えて金閣寺垣に囲まれた石段をのぼり、夕佳亭のかたわ

らに出た。　　　　　　　　　　　　　　　　　　　　（金閣寺）
(14) われわれは凹地に設けられたブランコに若い男女が乗っているかたわらを登って、小さな丘陵の頂きの唐傘なりの東屋で休んだ。
　　　　　　　　　　　　　　　　　　　　　　　　　　　　（金閣寺）
(15) おそらく私は拱北楼のかたわらから、北の裏門を出て、明王殿のそばをすぎ、笹や躑躅の山道を駈けのぼって、左大文字山の頂きまで来たのだった。　　　　　　　　　　　　　　　　　　　　　　　（金閣寺）
(16) その習慣は一種の儀式のようでもあり、不味そうなその喰べ方はひどく厭人的でもあったので、誰も彼の傍らへ寄る者はなかった。
　　　　　　　　　　　　　　　　　　　　　　　　　　　　（金閣寺）
(17) イラク戦争のかたわらでリビアが大量破壊兵器を自主放棄し、イランの核疑惑にもストップがかかった。　　　（毎日新聞 04.03.20）

「かたわら」には、(18)のような副詞もしくは接続詞とみられる具体例がある。しかし、このような例はきわめてまれな使用である。

(18) 彼はすでに慶応病院の医局にはいり、かたわら楡病院の診療をも手伝い、その人柄も医師としての腕前も高く評価されていて、桃子にしてもふだんだったら彼のことを「ちんちくりん」などと評する気持は露ほどもなかった。　　　　　　　　　　　　（楡家の人びと）

5.1.2　後置詞としての使用

　次に、(19)〜(22)の具体例にみる「かたわら」は、いずれも名詞の連体形式をうけて、「かたわら」のかたちで用いられている点に特徴がある。これらの使用例は「かたわら」が「-に」「-を」「-から」「-へ」などの格語尾をとらずに、「かたわら＋φ」の形式で使われている。つまり、「かたわら＋φ」は、この形式に固定され、もはや格変化の機能をもたない。名詞のもつ格の機能をうしなっているなら、それは名詞ではない。「(悲しみの)あまり」「(買い物の)ついでに」「(あなたの)おかげで」「(台風の)ために」などと同じように、後置詞として機能している単語である。後置詞とは、「単独では文の部分とならず、名詞の格の形(およびその他の単語の名詞相当の形式)とくみあわさってその名詞の他の単語に対する関係をあらわすために発達した補助的な単語」(鈴木重幸(1972: 499))である。そして、その意味は、名詞と

しての使用の空間的な意味ではなく、〈あることをしながら、さらに他のことをする〉という、なんらかの行為を前提とした時間的な意味であると理解される。後置詞としての「かたわら」は「あいさつ回り」「経営」のような動作性の名詞をうけるのを典型とし、くわえて「農業」「係長」といった職業に関する名詞をうけるようである。ちなみに、「農業」「係長」のような職業に関わる単語には、〈それで、生活する〉という意味が内在しているようである。「農業をする」「係長をする」のような表現が可能なのは、「農業」や「係長」という単語が動作性をやどしている結果といえよう。

(19) 姫野氏自身は あいさつ回りの かたわら、夜には支援者の自宅などで 30～10 人規模のミニ集会を連日開き、支持拡大を図っている。
(毎日新聞 04.04.04)

(20) 園芸材料店経営の かたわら、演歌づくりが趣味だった。
(毎日新聞 04.04.04)

(21) 所長就任前は 農業の かたわら数学塾を開き、仲間と町内初の手話通訳サークルを作るなど活発に活動した。 (毎日新聞 04.02.29)

(22) 現在は 鉄鋼部門の係長の かたわら、ラグビー部の運営に携わる。
(毎日新聞 04.03.20)

5.1.3 従属接続詞としての使用

「かたわら」には、後置詞と意味は共通するものの、文相当の形式(直接には述語の機能をはたす動詞)をうける、従属接続詞としての用法がある。(23)～(25)の具体例がそれである。後置詞と従属接続詞は、共通の意味をもち、ちがいは後置詞が名詞あるいは名詞相当の形式をうけるのに対して、従属接続詞は文相当の形式をうけるという点である。

(23) 作業場にたてこもって、注文の鳥籠や茶器などをつくる かたわら、手ヒマをかけてつくったこの竹人形は、見事な出来栄えといえた。 (雁の寺)

(24) 山口は 小学校の教師をする かたわら自分でも画を描いている男である。 (パニック)

(25) 多くのCMソングを作る かたわら、テレビドラマ「寺内貫太郎一家」に出演して以来、作曲、タレント両面で活躍。

（毎日新聞 95.02.19）

5.2 「一方」の用法
「一方」には、以下のように、名詞・接続詞・従属接続詞・助動詞としての使用がみられる。

5.2.1 名詞としての使用
「一方」は、〈いくつかあるうちの１つの方向〉を意味し、典型的には方向をあらわすが、具体的な空間的な用法から〈ある方面〉といった抽象的な意味にも使用される。以下の例文(26)(27)は空間的な用法、例文(28)(29)は抽象的な用法といえよう。これらの用法は、「一方が」「一方から」「一方の」「一方を」といった格語尾をしたがえる形式で、名詞として機能している。例文(27)は、「道の一方から」と規定語をうけた例である。

(26) 暫くして、それは一方が田、一方が森になっている所で、贅次郎は電柱に自転車を持たせ、その道傍の草へ小用を足した。（小僧の神様）
(27) 物音が、道の一方から進んで来た。雨であった。　　　　（野火）
(28) 一方の手の指で永遠に触れ、一方の手の指で人生に触れることは不可能である。　　　　（金閣寺）
(29) アメリカ行きと未紀と、一方を選び一方を棄てること。　（聖少女）

5.2.2 接続詞としての使用
「一方」あるいは「一方で(は)」の形式で、文頭にたち、先行する文をうけて、〈話の筋に関係のあるもう１つの側はどうかといえば〉という意味で、接続詞としての用法がある。こうした「一方(で)」の使用には、(内容のうえでは、「一方(で)」に後続する文と対比されるべき)なんらかの文相当の形式が先行していなければならない。以下のような例である。

(30) 畑には南瓜の花が雨のなかに点々としている。一方黒いつややかな畝には、先月はじめに蒔いた大豆が芽生えている。　　（黒い雨）
(31) 檻の外に群がった人々は、一郎のことを陽気な子供とおもいながら、にぎやかに笑って眺めている。一方、カンガルーの顔と向い合った一郎は、すっかり無気味な不安な気分になっていたのであった。

(32) その鈍い羽音に耳を傾け、あたたかい陽を背に受けていると、彼は次第に一種の快感さえ感じはじめてくる。<u>一方では</u>自分が遂に捕えられたのだという事が動かしがたい事実だとは理解できても、あたりはこんなにのんびりしてまるで錯覚ではなかったのかと思える。
(砂の上の)
(沈黙)

(33) 誰かここに人がいて、それでもお前はお前なりによくやったと言ってくれぬものか？ 数えきれぬ不慣れな難事に悩まされながら、自分はともかく病院を再建した。<u>一方では</u>、一開業医の身であって、こつこつと資料を蒐め、夜も寝ずに読み、整理し、纏めていった。
(楡家の人びと)

また、「一方で……、もう一方で……」という構造をとり、先行の文をうけるというより、2つの文が併置される用法がある。以下の例がそれである。

(34) 「いったい、どういうことなのでしょうか。<u>一方で</u>裁判を進めておいて、<u>もう一方で</u>家宅捜索や取調べをなさるとは。なにかのまちがいでございましょう」
(人民は弱し)

(35) しかし何より大事なことは、誠実さということよ。<u>一方で</u>内祝言をあげながら、<u>もう一方で</u>ほかの女の人とおつきあいしていたんでは、言訳はできないわね。どういうつもりなの？
(青春の蹉跌)

5.2.3 従属接続詞としての使用

「一方(で)」は、文相当の形式をうける従属接続詞としての用法がある。以下の例がそれである。

(36) 東、西、主計町など、風情のある古い廓が残っている 一方、網タイツのバニーガールのいるクラブもある。
(風に吹かれて)

(37) はじめからただこの女がほしいだけだ、それを例によって遠廻りしていたのだと、島村ははっきり知ると、自分が厭になる 一方女がよけい美しく見えて来た。
(雪国)

(38) 通仙散の成果は予想通りだったと安堵する 一方で、眼疾を訴えずに薬を飲んだ妻に対する恨みが、母親と妹に向けられていた。
(花岡青洲)

5.2.4　助動詞としての使用

「一方」には、動詞の基本形をうけ、〈ある事態のみが進行する様子をあらわす〉意味をもつ用法がある。〈その傾向ばかりが顕著にみられる〉ことを意味する。以下のような具体例がある。

(39)　火事は 拡がって行く 一方だと見えた。　　　　　　　　（黒い雨）
(40)　昼のうちにクラッカーでも買っておけばよかったと後悔したが、こんなことを考えているうちにも 腹は空く 一方だ。　（若き数学者）
(41)　「まったく文科系というのはごくつぶしだねえ、これからの日本ではねえ、文科系の肩身は 狭くなる 一方だよ」　　　（新橋烏森口）

これは、「一方」が、〈事態が時間的な進行にともない、その事態がより強化されていく〉ことをあらわしており、意味的には〈空間〉⇒〈時間〉への推移を、文法的には「名詞」⇒「助動詞」への移行例とみることができる。

5.3　従属接続詞としての「かたわら」と「一方(で)」の相違

以下では、従属接続詞として用いられている「かたわら」と「一方(で)」の異同をとりあげる。南不二男(1974)(1993)にしたがって、従属節を構成する述語以外の要素と述語の内部構造を吟味する。述語は動詞で代表させる。

従属節の述語以外の要素については、主語の存否、主語が動作主であるかどうか、固有の空間の限定をうけるかどうか、固有の時間の限定をうけるかどうかをとりあげる。

5.3.1.1　従属節の主語

「かたわら」節は、一般に、固有の主語をとることはない。「一方」節は、固有の主語をとることがある。

「PかたわらQ」では、PとQの主語は一致していなければならない。例文(42)の「矢崎さんは」と例文(43)の「川村さんは」は、PとQの共通の主語である。これらの文では、「かたわら」を「一方で」におきかえることができる。

(42)　矢崎さんは……自らユニークな版画を制作するかたわら（一方で）、〈プリント・アドベンチャー〉という大規模な展覧会を86年から立

ち上げた。　　　　　　　　　　　　　　　（朝日新聞03.09.24）
(43) 川村さんは松竹芸能所属タレントとして関西や九州のラジオ番組で活躍するかたわら（一方で）、学生時代に本格的に学んだ華道の腕を生かして創作活動にも取り組んでいる。　　　（毎日新聞03.10.02）

「P一方（で）Q」では、PとQの主語は一致する場合と一致しない場合がある。

例文(44)では、「金田陣営は」がPとQの主語として機能している。この文では、「一方で」を「かたわら」におきかえることができる。

(44) 金田陣営は労組系の組織を固める一方で（かたわら）郡部対策の力を注ぐ。　　　　　　　　　　　　　　（朝日新聞03.10.23）

これに対して、例文(45)と(46)では、PとQの主語が異なっている（二重下線の部分が主語）。これらの文では、「一方で」を「かたわら」におきかえることができない。

(45) 三重が80人減らした一方で（*かたわら）、津田学園、日生学園第一が10人ずつ増やした。　　　　　　　　（朝日新聞03.10.22）
(46) 山本が自民の公認を得た一方で（*かたわら）、武田が無所属での立候補を表明。　　　　　　　　　　　　（朝日新聞03.10.23）

しかし、まれに「かたわら」節が固有の主語をとることがある。以下の例がそれである。例文(47)では、Pの主語が「わたしが」であるのに対して、Qの主語は「合田は」である。また、例文(48)では、Pの主語は「警官が」であるのに対して、Qの主語は「各国の外国人女性グループが」である。

(47)「ガンマ線人」や「ハイドロ併談」や「ジャングル健ちゃん」などに私が没頭しているかたわら、合田はせっせと玩具屋やスーヴニール・ショップを歩いて、さまざまなガラクタを買ってきた。
　　　　　　　　　　　　　　　　　　　　　　　　　（パニック）
(48) 中国政府も慣れないNGO会議に神経を使い、市内のあちこちで警官が交通整理や警備にあたるかたわら各国の外国人女性グループが談笑する光景も。　　　　　　　　　　　（毎日新聞95.08.30）

従属接続詞「かたわら」の用例で、PとQに異なる主語があらわれる例文(47)や例文(48)のような例はきわめて稀である。このような孤例（全体の中で孤立した例）をどのように位置づけるかという問題がある（注6を参照）。

5.3.1.2　主語が動作主にかぎられるかどうか

「PかたわらQ」の主語は動作主にかぎられるが、「P一方（で）Q」は動作主であっても動作主でなくてもよい。例文(49)をはじめ、従属接続詞の「かたわら」をふくむ文の主語はつねに動作主である。しかし、従属接続詞「一方（で）」は、例文(50)のように、主語が動作者の場合もあれば、例文(51)のように、動作者でない場合もある。

(49) 絵門さんは、乳がんの体験をきっかけに執筆やカウンセリング活動を続けるかたわら（一方で）、アナウンサーで培った技術を生かして朗読会を開いている。　　　　　　　　　　（朝日新聞03.09.23）

(50) 知名度アップのため、仁木氏は民主系市町村議らと支持者回りをする一方（かたわら）、労組を丹念に訪ねている。（朝日新聞03.10.23）

(51) 春が早く訪れる一方（*かたわら）、秋が長引き、北極海の氷の解ける期間が年間10〜17日も長くなっている。　　（朝日新聞03.10.24）

5.3.1.3　固有の空間の限定をうけるかどうか

「かたわら」節「一方」節どちらも固有の空間を指定されることがある。例は多くないが、PとQで異なる場所が明示されている例がある。例文(52)は「かたわら」の、例文(53)は「一方（で）」の具体例である。

(52) 引退後は日体大で後進の指導にあたるかたわら（一方で）、全国各地で講演し、けがを克服した体験などを高校生などに語っている。

　　　　　　　　　　　　　　　　　　　　　　　（朝日新聞03.09.17）

(53) 大阪市内では梅田や阿倍野に新しい大型商業施設が誕生する一方（*かたわら）、郊外にも競合地域に大型ショッピングセンターが進出し、客足を奪われた。　　　　　　　　（朝日新聞03.10.22）

5.3.1.4　固有の時間の限定をうけるかどうか

「かたわら」節は、Pが固有の時間指定をうけることはない。ただし、Qには、特定の時間の限定があることがある。例文(54)と例文(55)は、Qにのみ時間の限定をうけた例である。

(54) 山間の閑村で絵の制作に集中するかたわら（一方で）、秋からは県内の美術愛好者との触れ合いの場をつくり、奈良市水門町の朝日カル

チャーセンターや東大寺教室で絵画教室を開く。

(朝日新聞 03.09.18)
- (55) 今は、石油会社に勤めるかたわら（一方で）、年に数回、大阪などでのライブに出演している。 (朝日新聞 03.09.13)

「一方」節はＰとＱで異なる時間を指定することがある。以下の例文(56)がその具体例である。このような文では「かたわら」を使うことができない。
- (56) 彦根市、豊郷、甲良、多賀町の１市３村の合併協議会（会長＝中島一・彦根市長）は21日、第14回の協議会を彦根市で開き、来年１月末までに新市まちづくり計画を住民に説明する一方（＊かたわら）、２月に住民意向調査を実施することなどを決めた。 (朝日新聞 03.10.22)

次に、従属節の述語の内部構造を吟味する。述語を代表する動詞をとりあげる。動詞のもつ形態論的なカテゴリーの有無を問う。形態論的なカテゴリーとは、すくなくとも２つ以上の文法的な意味や機能の点で対立する語形の系列をかかえこんでいて、そうした対立の中からとりだされるものである。対立しあうということは、たがいになんらかの共通部分をもちながら、異なった側面をもつということを意味する（鈴木重幸(1983)、村木新次郎(1991)）。従属節を構成する述語のテンス、肯定否定、ヴォイス、アスペクト、丁寧さ、ムードについてしらべる。

5.3.2.1 従属節のテンス

「かたわら」節には、テンス性がない。「一方（で）」節には、まれにＰに過去の形があらわれる。つまり、「一方（で）」節にはテンス性がみとめられる。以下の例文(57)〜(59)は「一方（で）」の従属節の述語に過去形があらわれた具体例である。これらの文では「かたわら」を使うことができない。
- (57) 昨年、県警が把握した犯罪件数は戦後最多を記録した一方（＊かたわら）、検挙率は戦後最低だった。 (朝日新聞 03.10.22)
- (58) また県の組織改正・幹部職員公募を62・5％が「望ましい」と答えた一方で、（＊かたわら）県政改革の基本におく「コモンズ」について79・0％が「意味が分からない」とした。 (毎日新聞 04.04.09)
- (59) 施設別では新宿区の中央公園が昨年の214人から316人に増えた一

方で（*かたわら）、台東区の上野公園が 564 人から 449 人に大幅に減っていた。　　　　　　　　　　　　　　　　（毎日新聞 04.04.08）

5.3.2.2　従属節の肯定否定

「P かたわら Q」の P の述語に否定の形式は存在しない。「かたわら」節には〈肯定否定〉のカテゴリーが存在しない。「P 一方（で）Q」の P の述語形には、以下のような否定形（非過去形）の述語が存在する。「一方（で）」には〈肯定否定〉のカテゴリーが存在する。これらの文では「かたわら」を使うことができない。

(60) 住民の健康被害も回復しない一方で、当初問題とされなかった井戸も飲用中止が求められる事態にもなった。　　（毎日新聞 04.03.21）

(61) 「市税の伸びが期待できない一方、扶助費や公債費などの義務的経費があり厳しい」。　　　　　　　　　　　　（毎日新聞 04.03.03）

(62) 桶川事件を追跡しているジャーナリストの鳥越俊太郎氏は「殺害行為と警察官の過失との法的な因果関係を認めない一方で、心情的には多少の慰謝料の支払いを命じざるをえないという、裁判所の本音と建前を使い分けた判決だ。」　　　　　（毎日新聞 04.02.25）

5.3.2.3　従属節のヴォイス

「かたわら」節には、〈ヴォイス〉のカテゴリーが稀薄である。「一方（で）」節には、「かたわら」にくらべて、ヴォイス性がみとめられる。

「P かたわら Q」の文で、P の述語には、受身が存在しにくい。例文 (63) のような具体例がある。ただし、この用法は受け身の典型例ではない。

(63) 当時は神戸 YMCA で予備校部門を担当しており、生徒の安否確認に追われるかたわら、救援活動の調整本部で活動した。

（毎日新聞 03.03.05）

「P 一方（で）Q」の文では、P の述語に受身が存在しうる。

(64) 医学・医療はその限界に直面し、根拠に基づく医療（EBM）の観点から見直しが進められる一方で、患者の取り違えや薬の間違いなどのミスが連日のように報じられています。　　（毎日新聞 04.03.13）

(65) 県内の中小企業を対象とした県の賃金調査で、賃金（月平均）は多少

の上昇が見られる一方で、特別給与（02年のボーナス）は平均で約6万5000円も減少するなど、手取り収入が大幅に下がっていることが分かった。　　　　　　　　　　　　　　　（毎日新聞 04.03.09）

「PかたわらQ」の文で、Pの述語に使役形がくることがある。しかし、このような例はきわめて稀である。受身の場合と同様、使役も存在しにくいということが指摘できる。

(66) ヘロデ王はローマに最大限の気遣いを見せるかたわら、土木や治水事業で大きな成果を収める。　　　　　　　　　（毎日新聞 01.10.09）

(67) オープン当日は108人の親子連れが訪れ、子供を遊ばせるかたわら母親同士で話をする姿が見られた。　　　　　（毎日新聞 00.02.20）

「P一方（で）Q」の文で、Pの述語には、使役形が存在する。

(68) しかし、ハマスなどが共同で自爆テロを敢行し、活動を活発化させる一方で、自治政府が指導力を低下させてきた。
　　　　　　　　　　　　　　　　　　　　　　　　（毎日新聞 04.03.24）

(69) 有事3法の一つ、改正自衛隊法はこの流れに沿ったものだが、有事に迅速に対応するため強力な権限を国と地方自治体に集中させる一方、不当な私権侵害が起きないよう法的手続きを明確化させる有事の「基本法」として、武力攻撃事態法が制定された。
　　　　　　　　　　　　　　　　　　　　　　　　（毎日新聞 04.03.10）

5.3.2.4　従属節のアスペクト

「かたわら」節には〈アスペクト〉のカテゴリーが稀薄である。「一方（で）」節には、〈アスペクト〉のカテゴリーがある。

「PかたわらQ」の文で、Pの述語に「〜ている」の語形をとるものが稀にある。例文(70)がその具体例である。

(70) 1982年にコンビを組んで売り出し、東京の夫婦漫才を代表する二人組だ。寄席やラジオ・テレビで活躍しているかたわら、92年から「『遊平・かほり』劇場」を年1回定期開催しており、今年で7回目になる。　　　　　　　　　　　　　　　　　（毎日新聞 99.05.21）

「P一方（で）Q」の文で、Pの述語に「〜ている」の語形をとるものが多数みられる。例文(71)〜(73)がその具体例である。

(71) ただこの試算では、合併した場合は職員数が10年間に25％削減されることが盛り込まれている一方、非合併の場合は現状の職員数を維持した場合で計算しているなど、事務局側は「大きく変動する可能性がある」としている。　　　　　　　　　　　（毎日新聞 04.04.08）

(72) シゾンには真核生物の細胞内の構成器官が一通りそろっている一方、ほとんどの器官が1個ずつしかなく、植物としては最も単純な構造だった。　　　　　　　　　　　　　　　　（毎日新聞 04.04.08）

(73) 同区長選では、既に3人が名乗りを上げている一方、現職で1期目の原田敬美区長(74)が前回推薦を受けた自民、公明、民主の支援を得られず出馬を断念していた。　　　　　　　　（毎日新聞 04.04.05）

5.3.2.5　従属節の丁寧さ
どちらもない。

5.3.2.6　従属節のムード
どちらもない。

5.4　従属節としての「かたわら」と「一方（で）」の異同

　以上、「かたわら」と「一方（で）」のさまざまな用法があることを確認し、そのうえで、両単語の従属接続詞としての用法の異同を検討した。

　「かたわら」の使用は、「一方（で）」にくらべて、強い制限がある。「かたわら」をふくむ従属節では、動詞は人間の行為にかぎられ、とりわけ、「農林業を営む〜」「ワインスクールで教える〜」「会社員として事務職に従事する〜」「医院を開業する〜」「食品販売店を経営する〜」「家業を手伝う〜」「後進の指導にあたる〜」「フリーカメラマンをする〜」など、職業を中心に、生計に関係したものに限定されている。そして、それらは持続的な性質をもっている。当然、意志動詞に属するものばかりである。以下の例では、「シルクロードを描く」は、仕事としてその行為をつづけている意であり、「専門学校に入る」は「専門学校に通う」「学生生活をつづける」という持続的な意味をあらわしている。

(74) 日本画家の平山郁夫氏はシルクロードを描くかたわら、創作の源と

して 30 年以上にわたって古美術品を収集してきました。
(朝日新聞 03.09.12)
(75) 13 歳で東京へ。<u>設計や電気の専門学校に入る</u>かたわら、喜多流を学んだ。　　　　　　　　　　　　　　　　　　(朝日新聞 03.09.19)

以上、「かたわら」と「一方(で)」を従属接続詞とする構造を吟味した結果をまとめると次のようになる。

「かたわら」を従属接続詞とする節では固有の空間的な限定をうけることはあるが、固有の主語や固有の時間的な限定をうけることはなく、テンス・肯定否定・丁寧さ・ムードのカテゴリーは存在しない。ヴォイスとアスペクトの存否については、微妙である。

一方、「一方(で)」を従属接続詞とする節では、固有の主語や固有の時空間の限定をとることがあり、ヴォイス・テンス・アスペクト・肯定否定のカテゴリーがみとめられるが、丁寧さ・ムードのカテゴリーは存在しない。

以下の表のようになる。

文法的カテゴリー 従属接続詞	統語論的カテゴリー			形態論的カテゴリー				
	主語	時間的限定	空間的限定	ヴォイス	アスペクト	テンス	肯否	丁寧さ	ムード
かたわら	−	−	＋	(＋)	(＋)	−	−	−	−
一方(で)	＋	＋	＋	＋	＋	＋	＋	−	−

用例

『CD-ROM 版　新潮文庫の 100 冊』(新潮社)
『朝日新聞』(朝日新聞データベース「聞蔵」)
『毎日新聞』(毎日新聞総合データサービス)
高樹のぶ子『彩雲の峰』(新潮社)

注

1　ただし、南は、形態論的なカテゴリーという用語や概念は使っていない。述語部分に過去をあらわす「〜タ」や否定をあらわす「〜ナイ」をもつかどうかといったことを問題にしている。形態論的なカテゴリーという用語を、日本語研究で使い出したの

は、奥田靖雄や鈴木重幸である。鈴木重幸（1983）によると、形態論的カテゴリーとは、少なくとも2つ以上の文法的な意味や機能の点で対立する語形の系列をかかえこんでいて、そうした対立のなかからとりだされるものである。対立しあうということは、たがいになんらかの共通部分をもちながら、異なった側面をもつということを意味する。わたしも、形態論的なカテゴリーを重視する立場をとる。

2　節の分類に、統語論的な形式を優先する。断続（終止するか接続するか）にもとづく分類は、わたしが、かつて動詞の統語論的な諸形式を整理したのと同じである（村木新次郎（1991））。節にどのようなタイプがあるかについては、村木新次郎（2004c）で述べた。三上章のいう遊式をどう位置づけるかについては、ここでは保留する。

3　連用節の区分については、村木新次郎（2002）で簡単にふれた。しかし、そこでは修飾節と状況節の区別には言い及んでいない。主節の事態と時を一致させ、その事態の〈様態〉をあらわす節と、主節の事態と時を異にし、その事態の〈理由〉や〈目的〉をあらわす節にふれている。前者が修飾節に、後者が状況節にあたる。

4　わたしは、「真紅」「抜群」「汗まみれ」「黒ずくめ」「逃げ腰」「底なし」「がらあき」「指折り」「人並み」「泥んこ」といった単語が形容詞であることを提案してきた（村木新次郎（2000）など）。これらの単語は、名詞を特徴付ける格の体系をもたないし、連体修飾をうけることもないので、名詞ではない。その文法的なふるまいかたは、形容詞のそれと一致する。「赤い」「すばらしい」の第一形容詞、「真っ赤な」「優秀な」の第二形容詞にくわえて、「真紅の」「抜群の」を第三形容詞とよぶわけである（「-の」は、第一形容詞における「-い」、第二形容詞における「-な」と同様、第三形容詞における活用語尾である）。

5　「まま」も、非自立的な形式で、擬似連体節をうけ、形容詞化指標の1つの形式と考えられる。実際、以下のように、規定用法・述語用法・修飾用法をそなえもつ。

規定用法：
　僕等は次第に急ぎ足になって松林の中を通り抜け、雨戸を下したままのしんとした建物の横手へ出た。　　　　　　　　　　　　　　　　　　　（草の花）

述語用法：
　その山径に沿うて、落葉松などの間にちらほらと見える幾つかのバンガロオも大概はまだ同じような紅殻板を釘づけにされたままだった。　（風立ちぬ）

修飾用法：
　岩竹さんは庄原行と聞いて、仰向けに臥たまま目蓋を指の先で明けて天井を見た。
　　　　　　　　　　　　　　　　　　　　　　　　　　　　　　　（黒い雨）

しかし、「まま」の実際の使用は、修飾用法に傾斜する。修飾用法が優勢であることを重視すれば、「まま」は擬似連体節をうける副詞化指標とすることもできよう。なお、「まま」と類似するものに「（シタ）きり」がある。これらが形容詞化指標であ

るか、副詞化指標であるかは保留しておく。

6 形態論的なカテゴリーの有無を問題にする場合、それが完全な場合と不完全な場合とがありうる。そして、両者は連続的である。不完全な場合とは、ある語形がまれにしかあらわれないケースのことである。ある語形が特殊な文体に依存することもあるし、時間的な理由（たとえば、ふるい時代の文章）や個人的な使用（方言の問題もからむ）によることもある。また、実際の言語使用が誤用である場合もありうる。誤用であるかいなかの判断も困難な場合がある。

第4章 〈とき〉をあらわす従属接続詞
―「途端(に)」「拍子に」「やさき(に)」などを例として―

1. 問題の所在

　現代日本語の中には、連体節(正確には擬似連体節)をうけ、接続詞に相当する機能をはたしている単語が少なからず存在する。たとえば、以下のような「かたわら」や「拍子に」がそれである。このような用法をもつ単語を、擬似連体節をうける従属接続詞と位置づけることにする[1]。

(1) 作業場にたてこもって、注文の鳥籠や茶器をつくる かたわら、手ヒマをかけてつくったこの竹人形は、見事な出来栄えといえた。
(雁の寺)

(2) 結願の当日岩殿の前に、二人が法施を手向けていると、山風が木々を煽った 拍子に、椿の葉が二枚こぼれて来た。　（羅生門）

「かたわら」や「拍子」は、もともと、〈そば／わき〉や〈リズム〉といった意味をもち、品詞論上は名詞に所属する単語である。しかし、例文(1)の「かたわら」や例文(2)の「拍子に」では、その意味も文中の機能も、もとの用法からかけはなれている。

　例文(1)における「かたわら」は、〈そば／わき〉という空間をさししめす意味ではなく、〈あることをしながら、(さらに他のことをする)〉といった時間的かつ文脈的な意味をになっている。また、例文(2)における「拍子に」は〈リズム〉ではなく、〈あることが成立する直後に、(それがきっかけとなって別のことがおこる)〉といった時間的かつ文脈的な意味をになっている。

　さらに、例文(1)の「かたわら」は、「かたわら＋φ」という形式、すなわち格語尾をとらないという形態上の特徴がみとめられる。例文(2)の「拍子に」も、「拍子に」という語形の固定化がみとめられる。そして、双方とも、

文相当（例文 (1)(2) における囲み部分）の形式をうけ、あとにつづく主節にかかっていくという接続の機能をはたしている。つまり、「かたわら」も「拍子に」も名詞の格機能を喪失していて、先行する節を後続の節につなぐ機能をはたしている[2]。

このように、これらの単語は、意味的には、もとの意味をうしない、文法的にはその語形が固定化し、名詞の格機能をうしなって、名詞ばなれをおこしている。名詞の性質をうしなうかわりに、先行する文相当の形式をうけ、あとに続く主節に接続するという従属接続詞としての機能を獲得しているのである[3]。一種の文法化である。「かたわら」も「拍子」も、自立的な単語であり、中心的な品詞である名詞から、非自立的な単語であり、周辺的な品詞である従属接続詞に変化した例といえる。

本章では、〈とき〉に関与する「たび」「ついで」「途端」「拍子」「はずみ」「やさき」「最中」「さなか」「おり」「際」の 10 語を対象に、現代日本語の中で、これらの単語がどのような文法的機能をはたしているかをとりあげる。これらの多くは、名詞に起源をもち、語彙的意味と機能が変質することによって、文法的な品詞である従属接続詞となったものと考えることができる[4]。これらの諸形式の文法化の度合いはさまざまで、中心的な品詞である名詞からの機能語化が完全に進んだものから、機能化の程度が不完全にしか進んでおらず、それが過渡的な段階にとどまっている、中間的なものまである。また、これらの形式にみられる重要な特徴は、副詞・接続詞、後置詞、従属接続詞、助動詞といった多品詞を兼務するという点である[5]。なお、名詞と副詞とは、語彙的な側面と文法的な側面をあわせもち、多数の構成メンバーをもつ主要な品詞であるのに対して、接続詞、後置詞、従属接続詞、助動詞は、おもに文法的な側面をになっている、少数の構成メンバーをもつ周辺的な品詞である。

本章では、まず、10 の単語の文法的な多機能性を問う。文法的機能は品詞として集約されるので、個々の単語の品詞性を問い、それを整理することにする。ただし、ある品詞と他の品詞との関係は、つねに離散的排除的な関係ではなく、連続するところもある。ある用法が 2 つの品詞の中間に位置するといったこともある。ある品詞と他の品詞との間に絶対的な壁が存在しているわけではなく、2 つの品詞の特徴をあわせもっていることもあるし、あ

る品詞から別の品詞への移行の段階にあるものもありうる。(**2.**)

次に、これらの形式が擬似連体節をうける従属接続詞としての用法について、個々の従属接続詞がになう従属節の文法的カテゴリー、とりわけ従属節を構成する述語部分の語形とそれにもとづく述語の形態論的なカテゴリーについて吟味する(**3.**)。

2. 諸形式の文法的機能―品詞性

本章でとりあげる単語の文法的な機能を記述する。単語の文法的なカテゴリーを集約させたものが品詞であるとし、個々の単語の品詞性を問う。なお、ここで問題とするのは、現代日本語であり、通時的な考察を旨とするものではない。小説と新聞に使用されたもっぱら書きことばを対象に、当該の単語の文法的な諸相を記述し、整理しようとするものである。小説の中の会話文や新聞にあらわれた引用箇所などに話しことばの用例もみられるが、それらは全体としては、あまり多くない。

本章でかかわりをもつ名詞・副詞・後置詞・従属接続詞・接続詞・助動詞の定義を記しておく。

名詞の中心的な機能は、文中で主語や目的語になることである。形態的には「－ガ」「－ヲ」の格助辞をしたがえ、格の体系をもつ。これらの名詞が実質的な意味をもたず、つねになんらかの規定語句を必要とするならば、それは形式名詞と位置づけられる。

副詞の機能は、用言(動詞・形容詞)を修飾することである。語形変化の体系をもたない。

後置詞の機能は、単独で文の成分となれず、名詞の格の形とくみあわさって、その名詞の他の単語に対する関係をあらわすことである。「(日本に)ついて」「(わたしに)とって」「(台風の)ために」「(悲しみの)あまり」「(買い物の)ついでに」などがその例である。動詞や名詞から派生したものが多く、形態的には、動詞の中止形と一致するものと、名詞の一語形と一致するものがある。もとの動詞や名詞の性質を部分的にとどめているものがある。

従属接続詞の機能は、文相当の形式をうけて、後続の(主)節に接続することである。動詞や名詞から派生したものが多く、形態的には、動詞の中止形

と一致するものと、名詞の一語形と一致するものがある。もとの動詞や名詞の性質を部分的にとどめているものがある。なお、後置詞と従属接続詞は、語形と意味が共通するものが多い。後置詞は名詞相当の形式をうけるのに対して、従属接続詞は文相当の形式をうけるという違いがある(「(買い物の)ついでに」と「(買い物に行く)ついでに」、「(あなたの)おかげで」と「(あなたが来てくれた)おかげで」)。

接続詞の機能は、独立語として、先行する文をうけて、後続の文につなげることである。

助動詞の機能は、述語になる形式をうけて、述語の文法的な意味をになうものである。「(たべる／たべた)はず／わけ／ところ／だけ／…だ」などがその例である。

なお、本章でとりあげる形式が合成語の部分となることがある。合成語には、「度重なる」「真っ最中」のような固定的な合成語と、「買い物ついでに」「復興さなか」のような臨時的な合成語とがある。ここでは、そのような臨時的な合成語は考察の対象としていない。

2.1 「たび(に)」

「たび(に)」には、後置詞としての用法(3)(4)、従属接続詞としての用法(5)(6)がある。「たび」は、「このたび」「そのたび(に)」といった形式で一語化し、副詞のように用いられることがある。ちなみに、「あのたび(に)」とはいわない。「度がかさなる」「度をかさねる」という慣用句として、化石化した名詞的用法がある。なお、口語では「たんび(に)」になることもある。

(3) その場所では、また地震が起きやすく、 地震の たびに何回も岩盤がずれます。　　　　　　　　　　　　　　　　　　(毎日 95.01.21)

(4) 福祉ひとつを取ってみても 与野党の選挙公約の たびに金額をせり上げることをやってきた。　　　　　　　　　　　　(毎日 95.01.21)

(5) 電車が通る たびに、私たちの椅子と、私たちのグラスが震えた。
　　　　　　　　　　　　　　　　　　　　　　　　　　　　(風に吹か)

(6) 車の輪が瓦のかけらに乗りあげる たびに、細引が僕の肩をぐっと後へ引き起す。　　　　　　　　　　　　　　　　　　　(黒い雨)

2.2 「ついで(に)」

　「ついで(に)」には、名詞としての用法(7)(8)、副詞あるいは接続詞としての用法(9)(10)、後置詞としての用法(11)(12)、従属接続詞としての用法(13)(14)がある。名詞としての「ついで」は「ついでがある」「ついでをもって」という形式で慣用化している。例文(9)(10)の用法は、副詞とも接続詞とも位置づけられるものである。副詞・接続詞・後置詞・従属接続詞では「ついでに」の語形でもちいられる。

(7) 父上も、この年になって不料簡を、とお思いになるかもしれませんが、何かのおついでがあればよろしくお伝え下さい。　　(新源氏物)

(8) そして「余裕がある時、気分が良い時、ついでがある時に作ること。イライラしている時に無理して作ると、うまくいかない」とアドバイスする。　　(毎日 91.09.01)

(9) 屋敷神のまわりも除草して、ついでに庄吉さんのうちの池へも参観交代に行って来た。　　(黒い雨)

(10) 亮子は、お時を夫の道具と思って割りきっており、ついでに情死の道具にもしました。　　(点と線)

(11) トイレ休憩の ついでに、販売所に寄っていく利用者が多く、特産品「佐波イチゴ」を使ったソフトクリームやチューリップなどの花が人気を集めていた。　　(毎日 05.02.20)

(12) 取材の ついでに酒田北港でハタハタ釣りをしてみた。　　(毎日 04.12.16)

(13) 公園の中の売店で煙草とマッチを買う ついでに、公衆電話から私は念のためにもう一度私の部屋に電話をかけてみた。　　(世界の終)

(14) 彼はどうしていいかわからないので、使いに出た ついでに、稲葉屋に寄ってみた。　　(路傍の石)

2.3 「途端(に)」

　「途端(に)」には、副詞あるいは接続詞としての用法(15)(16)、従属接続詞としての用法(17)(18)がある。「途端」は、現代日本語において名詞の用法をもたない。「その途端」という形式で一語化し、副詞のように用いられることがある(19)。ちなみに、「この途端」「あの途端」「どの途端」とはい

わない。
- (15)「狂いまわるような苦しみかたで、黄色い水をげぶげぶ吐きましてなあ。途端、がっくりとなったですけん」と云った。　　　　　　　（黒い雨）
- (16) 動けないとなると途端に癇癪を起こして、お手伝いの育子さんの世話の焼き方が気に入らなくなり、電話で私を呼びつけたのです。

　　　　　　　　　　　　　　　　　　　　　　　　　　　　　（錦繡）
- (17) 僕は筆記する手を休めて庭を見たが、赤いカボチャが目に映った途端に涙が湧いて来た。　　　　　　　　　　　　　　　（黒い雨）
- (18) 踏みこたえて目を上げた途端、さあと音を立てて天の河が島村のなかへ流れ落ちるようであった。　　　　　　　　　　　　（雪国）
- (19) その途端、どこかの小屋で、屋根の雪がどおっと谷じゅうに響きわたるような音を立てながら雪崩れ落ちた。　　　　　　（風立ちぬ）

2.4 「拍子」

「拍子」は〈リズム〉などの意味で名詞として用いられる。一方、そこから派生した〈機会／きっかけ〉の意味では、後置詞としての用法(20)(21)、従属接続詞としての用法(22)(23)がある。後置詞や従属接続詞での使用には、「拍子に」「拍子で」の双方の語形がある。前者は契機的なニュアンスが、後者には因果的なニュアンスがよみとれる。後置詞としての用法としたものは「何かの拍子に／で」「ものの拍子に」といった慣用的な表現である。「その拍子に」の形式で一語化し、副詞のように用いられることがある(24)。ちなみに、「この拍子に」「あの拍子に」「どの拍子に」とはいわない。

- (20) だが、何かの拍子にこの酵素がこわれたり、きずついたりしたそのときに、マラソンが入ってくると、マラソンの毒は思う存分あばれまわる。　　　　　　　　　　　　　　　　　　　　　（沈黙の春）
- (21) 何度か開け閉めしたところ、戸袋から長さ約5センチの金属棒が出てきた。傘の先端部分らしく、何かの拍子でドアの開閉を邪魔したらしい。　　　　　　　　　　　　　　　　　　　（朝日 05.03.18）
- (22) 結願の当日岩殿の前に、二人が法施を手向けていると、山風が木々を煽った拍子に、椿の葉が二枚こぼれて来た。　　　　（羅生門）
- (23) どうかすると階段を下りる拍子に、二人の肩と肩とが触合うこと

もある。　　　　　　　　　　　　　　　　　　　　　　（破戒）
(24)「今でもよく覚えていますけど、僕の右ストレートがパーンと顔面に当たったんですよ。まぐれに決まってますけど、その拍子に内藤さんのヘッドギアーがガクッと後にずれてしまったんですね。…」
　　　　　　　　　　　　　　　　　　　　　　　　　　（一瞬の夏）

2.5 「はずみ」

「はずみ」には、名詞としての用法(25)(26)、副詞としての用法(27)(28)、後置詞としての用法(29)(30)、従属接続詞としての用法(31)(32)がある。副詞・後置詞・従属接続詞としての用法には「はずみに」と「はずみで」の双方の語形がある。「はずみに」は〈とき〉の意味に限られるが、「はずみで」の形式の使用は、〈とき〉にくわえて、〈原因〉のニュアンスをそえている。後置詞としての使用は「何かのはずみに／で」「もののはずみで」という形式で慣用性が高い[6]。

(25) そして、良い習慣が身につくたびに、自信もでき、さらに良い習慣を身につけるはずみがつくでしょう。　　　　　　　（朝日 03.02.15）
(26) 今度の国際会議が手を携えて高齢化を乗り切るはずみになればいい。　　　　　　　　　　　　　　　　　　　　（朝日 04.08.29）
(27) この時、川波にゆれた舟が大きくかたむき、はずみに、下腹の胎児がぐるりと一回転して下降する気がした。　　　　　　　（雁の寺）
(28) すかさずふるった、ロープの先の鋏に、手応えがあり、犬は、うらみがましい悲鳴をあげて、ふたたび影に融ける。おかげで、ズボンの裾を食い裂かれただけですんだ。はずみで、足をとられはしたが、倒れながら一廻転して、立上るなりもう駈け出している。（砂の女）
(29) そのうち、何かのはずみに、パラリと片方のツケマツゲが丼の中に落ちた。たぶん湯気のせいかも知れない。　　　　　（風に吹か）
(30) おそらく「彼」が何かのはずみで校舎の屋上から落ちたのだろう。
　　　　　　　　　　　　　　　　　　　　　　　　　　　（エディプ）
(31) 彼らは息をつこうとして口をあけたはずみにおぼれてしまったのだ。　　　　　　　　　　　　　　　　　　　　　　（パニック）
(32) 事故は、タンクの内ぶたを固定する支柱が腐食して破断し、内ぶた

が内壁に衝突したはずみで引火し、爆発したとみられる。

(毎日 05.04.14)

2.6 「やさき」

　「やさき」は、〈矢の先／矢面〉の意味で名詞として用いられる。一方、〈ちょうどそのとき〉の意味では、後置詞としての用法(33)(34)、従属接続詞としての用法(35)(36)、助動詞としての用法(37)(38)がある。後置詞と従属接続詞としての使用は「やさき」と「やさきに」の双方の語形がある。助動詞としての用法は動的述語の「シテイタ」「ショウトシタ」などの形式をうける。

(33) パウエル長官の調停活動の矢先に米大統領報道官がイスラエル軍の作戦を容認する発言を行った。　　　　　　　(毎日 02.04.14.)

(34) 「喜ばしい日の矢先に見たのは、つらく悲しいニュースばかりだった」と振り返る。　　　　　　　　　　　　(毎日 04.04.26.)

(35) 夫婦があきらめかけた矢先、不妊治療が成功して、ジヌォンが妊娠する。　　　　　　　　　　　　　　　　(毎日 02.06.07)

(36) 三井容疑者は「検察の調査活動費は裏金」とマスコミや国会などで告発しようとした矢先に逮捕された。　　　(毎日 02.05.11.)

(37) 「武部(勤)農相に雪印のような事件が他にもあるかないか検査する必要があるんじゃないかと言っていた矢先だ。…」(毎日 02.02.28.)

(38) 森山真弓法相は会見で「(調活費疑惑は)事実無根との結論が出ている」と述べたが、逮捕は三井被告がマスコミに接触しようとした矢先だった。　　　　　　　　　　　　　　　(毎日 02.05.30)

2.7 「最中」

　「最中」には、名詞としての用法(39)(40)、後置詞としての用法(41)(42)、従属接続詞としての用法(43)(44)、助動詞としての用法(45)(46)がある[7]。名詞としての用法では、独立の用法はなく、なんらかの規定語句を義務的にとる。後置詞と従属接続詞としての使用は、「最中に」の語形である。助動詞としての用法は動的述語の「シテイル」「シテイタ」「シツツアル」「ショウトシタ」「スル」「シタ」「サレル」などの形式をうける。「シテイル」「シ

テイタ」の形式が多く、「スル」「シタ」はまれである。

(39) 平凡でのんきな私だが、句作の<u>最中だけ</u>は、もしかしたらと気になって仕方のない言葉がある。　　　　　　　　　　　　（朝日 04.12.12）

(40) 「作ってはみたけど、どうするかなア」。スポンジ製の最初の型から四年かけ、メッシュとゴムの最新型を完成したが、「売り込む余裕がない」。「作っている<u>最中</u>が楽しくて、できてしまうとそうでもないんだなア」。　　　　　　　　　　　　　　　　　（毎日 96.01.01）

(41) 何故ならこのとき、この醜悪な礼拝の 最中に、俺は自分が昂奮しているのに気づいたから。　　　　　　　　　　　　　　（金閣寺）

(42) 参加者の女性が 自己紹介の 最中に泣き出した。　（毎日 04.12.09）

(43) 泳いでいる 最中に靴が脱げたらしく、私も由加子も濡れた靴下から海水をしたたらせて立っていました。　　　　　　　　　　（錦繡）

(44) 挙世滔々としてその風潮に向っている 最中に、正宗さんという人は胸のすくようなことを書いてくれたと強い印象を受けた。

　　　　　　　　　　　　　　　　　　　　　　　　　　（黒い雨）

(45) 柱の陰で、熱烈にアベックが 愛し合っている 最中だったのである。

　　　　　　　　　　　　　　　　　　　　　　　　　（女社長に）

(46) 迎えに来た妻が居酒屋の駐車場を間違え、有料駐車場に 移動させようとした 最中だった。　　　　　　　　　　　　　（毎日 03.10.29）

2.8 「さなか」

「さなか」には、名詞としての用法 (47)(48)、後置詞としての用法 (49)(50)、従属接続詞としての用法 (51)(52)、助動詞としての用法 (53)(54) がある。後置詞や従属接続詞の場合は、「さなか」あるいは「さなかに」の双方の語形がある。助動詞としての用法は動的述語の「シテイル」「シテイタ」などの形式をうける。

(47) 1991 年に旧ソ連が崩壊し、混乱の<u>さなか</u>から来たグルジア人は、観光に連れ出してもすぐに電化製品や中古車の店に行きたがる。

　　　　　　　　　　　　　　　　　　　　　　　（毎日 01.02.27）

(48) 子供たちは毎日「交通戦争」の<u>さなか</u>を生きている。

　　　　　　　　　　　　　　　　　　　　　　　（毎日 01.11.20）

(49) 高度経済成長の さなか、冬は都会に出稼ぎに行った方がもうかる。　　　　　　　　　　　　　　　　　　　　　　（毎日 04.09.18)

(50) 日米安保闘争の さなかに大学生活を送った。　　（毎日 04.12.21)

(51) しかし 最終段階の接続テストで生じた細かな修正ポイントのやり取りを継続している さなかに、FIFAは受け付けを「見切り発車」した。　　　　　　　　　　　　　　　　　　　　　　　　（毎日 01.02.26)

(52) 車内の光景を少々疎ましく思っていた さなか、あの紳士にいやされた気がします。　　　　　　　　　　　　　　　　　（毎日 01.02.01)

(53) 独立してデイサービスなどの介護事業を始めるか、ケアマネジャー資格を取るか 悩んでいた さなかだった。　　　　（毎日 05.01.03)

(54) イスラム教徒にとって最大の宗教行事であるハッジ（大巡礼）を直前に控え、イスラムの守護者を任じる同国では武装勢力への警戒を 強めている さなかだった。　　　　　　　　　　　　　（毎日 04.01.30)

2.9 「おり」

「おり」には、名詞としての用法(55)(56)、後置詞としての用法(57)(58)、従属接続詞としての用法(59)(60)がある。後置詞や従属接続詞の場合には、「おり」「おりに」の双方の語形がある。

(55) 文太郎は父の眠った折を見計らって町のはずれの宇都野神社へでかけていった。　　　　　　　　　　　　　　　　　　　（孤高の人）

(56) 「こう教官の目が光っていたんじゃ、けりをつけるおりがねえよ。おい、やっぱ、そろそろけりをつけなくちゃいかんな」　　（冬の旅）

(57) それに、明治五年、官有地はらいさげの おり、正式に官から払いさげを受けたものであるから、村の所有に相違ないと言うのだった。　　　　　　　　　　　　　　　　　　　　　　　　　　　（路傍の石）

(58) ある日かれは、風水害の おりに取り出した、ツヅラの中をかきまわしていた。　　　　　　　　　　　　　　　　　　　（路傍の石）

(59) 朝はやくおきて、そとをあるきに出る おりに、牧場のほとりを通りかかると、それが晴れた朝ならば、きまって見る風景がある。

　　　　　　　　　　　　　　　　　　　　　　　　　　　（焼跡のイ）

(60) 「何だこら、何をぬかす。馬鹿も、休み休み云え。わしが広島から

逃げ戻ったおり、あのとき小母はんは、わしの見舞に来たのを忘れたか。わしのことを尊い犠牲者じゃと云うて、嘘泣きかどうかしらんが、小母はんは涙をこぼしたのを忘れたか」　　　　　　（黒い雨）

2.10　「際(に)」

「際」は、名詞の用法をもたない。「際(に)」には、後置詞としての用法(61)(62)と従属接続詞としての用法(63)(64)がみられる。「際」と「際に」の双方の語形がある。「際(に)」は機能語専用の形式である。ただし、「〜際の」というみずからが連体節をうけ、後続の形式に連体的にかかっていく用法がある。これについては、後述する。「この際」「その際」の形式で一語化し、副詞のように使用されることがある。

(61)　なぜ私が、離婚の際、そのことを話さなかったのかは御理解いただけるでしょう。　　　　　　　　　　　　　　　　　（錦繡）
(62)　父親の大工は西安寺住職の口ききで、本山改築の際に下働きにきたことがあった。　　　　　　　　　　　　　　　　（雁の寺）
(63)　会社からのお迎えの車が来て、マンションの前の石段を降りる際、踏み外して足首をひどく捻ってしまいました。　　（錦繡）
(64)　諸説紛々で定かではないが、一説によると、紀元前四世紀にトロイを訪れたアレクサンダー大王とその友人たちが、アキレスの墓に詣でた際、古代の風習にのっとって墓の回りを裸で走り回ったのがその起源という。　　　　　　　　　　　　　　　　　　　　　（若き数学）

以上、この章で記述したことを整理すると、表1のようになる。

なお、当該の形式が連体節をうけて、「の」を介して、後続の名詞(あるいは名詞相当)につながっていくものがある。「たび」「ついで」「途端」「拍子」「はずみ」にはそのような用法はみとめられないが、「やさき」「最中」「さなか」「おり」「際」には、以下のように、そうした用法がある(例文(65)〜(69))。こうした用法は、連用の機能を本来とする副詞が、ときに連体の用法をもつのと類似している。あるいは、「たび」〜「はずみ」の単語は、〈とき〉の意味・用法にかかわって、名詞性がないのに対して、「やさき」〜「際」の単語は、部分的に名詞性を内在させているとみることができる。

表1 〈とき〉をあらわす従属接続詞の多品詞性

語例＼品詞	名詞	副詞・接続詞	後置詞	従属接続詞	助動詞
1. たび	−	−	＋	＋	−
2. ついで	＋	＋	＋	＋	−
3. 途端	−	＋	−	＋	−
4. 拍子	＋	−	＋	＋	−
5. はずみ	＋	＋	＋	＋	−
6. やさき	＋	−	＋	＋	＋
7. 最中	＋	−	＋	＋	＋
8. さなか	＋	−	＋	＋	＋
9. おり	＋	−	＋	＋	−
10. 際	−	−	＋	＋	−

(65) 公共料金など口座振り替え処理の遅れを取り戻そうとしていた矢先の2日、衝撃的な報告が、個人・中小企業取引を主体とするみずほ銀行の担当者から、グループ首脳に伝えられた。（毎日02.04.30.）

(66) 今年2月から計12回、地域住民を招いて見学会を行うなど信頼回復に努めてきた最中の知らせに、従業員たちは大きなショックを受けていた。（毎日01.05.19）

(67) やっと光が見えたさなかの廃部決定だった。（毎日03.07.06）

(68) 巨大な武蔵が沈没する折の渦潮に巻きこまれることを恐れているにちがいなかった。（戦艦武蔵）

(69) ただ今でもはっきり覚えているのは、初めて東舞鶴の駅に降り立った際の、心が縮んでいくような烈しい寂寥感です。（錦繡）

「途端(に)」「際(に)」は、現代日本語の中では、名詞の用法をもたない。「途端(に)」は、副詞(あるいは接続詞)の用法と後置詞・従属接続詞としての機能語の用法とを兼務している。「際(に)」はもっぱら文法的な単語として定着した漢語である。「最中」は名詞の用法はもつが、つねに規定語句を必要とし、自立できる形式ではない。これももっぱら機能語として発達した単語であると考えられる。

3. 諸形式の従属接続詞としての用法

　ここでは、個々の従属接続詞がどのような擬似連体節から構成されているかを観察する。擬似連体節を構成する述語部分の文法的な諸形式に注目する[8]。とりあげるのはほとんどの場合、動詞述語である。そうした動詞述語を、「スル」「シタ」「シテイル」「シテイタ」「シナイ」といった形式であらわすことにする。使役をマークする「-サセ-」、受動をマークする「-サレ-」、丁寧をマークする「-マス-」にも注目する。さらに動詞のもつ形態論的なカテゴリーを問う。ヴォイス、アスペクト、テンス、肯定否定、スタイル（丁寧さ）、ムードをとりあげる。なお、テンスとムードは、狭義には、本来、発話の終止用法における文法概念である。ここでは、便宜的に、従属節の内部にみられる「スル／シタ」の語形上の対立のあるものを「テンス」、「スル／ショウトスル」の語形上の対立があるものを「ムード」としておく。

　形態論的なカテゴリーの有無をとりあげるとき、それが完全な場合と不完全な場合がある。両者は連続的である。完全な場合とは、当該の対立がつねに成立するものであり、不完全な場合とは、対立が成立したりしなかったりするものである。

　数多い用例の中には、一般的な使用にはみられない、孤立した具体例に出くわすことがある。このような孤立した実例を孤例とよぶことにする。ここでは、そのような孤例についても言及していく。そのような孤例は、ときには誤用であり、また地域的な使用、すなわち方言である場合もある。そのほか、個々の使用例について、さまざまな解釈と説明が可能であろう。どのような孤例が存在するかというのも、言語の現象として興味ある事実である。言語現象には、確固たる中心部分もあれば、その中心からはずれた周辺部分もあるのである。中心部分は中心部として、周辺部分は、周辺部として位置づけなくてはならない。

3.1　「たび(に)」

　「たび(に)」は、ある事態が成立すると〈いつも〉、別の事態が成立することを予告する。「たび(に)」は、事態そのものの成立時（過去・現在・未来）については関与しない。主節のときに一致する。〈いつも〉を特徴づける特

定の述語形式は存在しない。それらの意味は「たび(に)」によってになわれているためか、述語形式は、無標の「スル」が用いられる(70)(71)。述語は動的述語で、動詞の「スル」に限られる。例文(71)の「ある」は、モノの存在を意味する静的述語としての「ある」ではなく、コトの存在を意味する動的述語としての「ある」と考えられる(「死者のある」=「死者が出る」)。ヴォイスの有標形である使役の「-サセ-」や受動の「-サレ-」のこともある(72)(73)。受動の例は比較的多く、使役の例は少ない。

「たび(に)」節の述語形式には、ヴォイスとムード[9]のカテゴリーは存在するが、テンス、アスペクト、肯定否定、スタイルのカテゴリーは存在しない。

(70) 青雲堂主人が力をこめて朗々と よみあげる たびに、壇の後方の椅子に腰かけさせられている欧洲の妻千代子は、羞恥に堪えかねる思いがした。　　　　　　　　　　　　　　　　　　　　(楡家の人)

(71) 「閑間君、坊さんの代りになって、君は死者の ある たびにお経を読みたまえ」　　　　　　　　　　　　　　　　　　　(黒い雨)

(72) グループ・サウンズをどう思うか、と たずねられる たびに私の頭に浮んでくるのは、斎藤緑雨の次のような戯文である。(風に吹か)

(73) これから被害者を 帰国させる たびに首相が訪朝して、お金を払わないといけないのか。　　　　　　　　　　　(毎日 04.06.17)

「たび(に)」節の述語は、(ヴォイスの使役や受動をふくめて)動的述語の「スル」形に限られるのであるが、まれに、次のような「スル」以外の形式で使用された例がある。以下には、そうした孤例をとりあげる。

「シタたび(に)」の形は、ごくまれにしかあらわれないものである。『新潮文庫の100冊』CD-ROM 所収の日本人作家の作品中、例文(74)の1例のみであった。また、毎日新聞の過去約15年分のデータから採集できたのは、例文(75)の1例である。例文(75)は、規範的には、「…利用するたびに介助料金を支払った」と、従属節と主節でテンス形式を入れ替えて使用するものと思う。

(74) 調子のよい養父基一郎の自慢話も、徹吉の耳には決して奇異にはひびかなかった。そういえば、徹吉が一高、帝大に 入学できた たびに養父はよく言ったものだ。　　　　　　　　(楡家の人)

(75) 利用者は入会金(2000円)と年会費(3000円)を払って会員となり、通院の送迎や買い物などに 利用した たびに介助料金を支払う。
(毎日 99.01.07)

次に「シテイルたび」の形の具体例をしめす(76)(77)(78)。この例も極めてまれにしかあらわれない。(77)(78)の例は投書欄でみつかったもので、前者は中学生の、後者は小学生からのものである。ちなみに「シテイタたび」の実例はみつかっていない。

(76) イエローカード導入前は、空き缶や、いす、クリーニングの針金ハンガー、なべ、コンクリート片が 入っている たびに、搬入自治体側に、引き取ってもらう一方、てんまつ書を出してもらっていた。
(朝日 98.12.09)

(77) 今、一生懸命練習しています。今はまだ未完成だけど 練習を続けている たびにいい音が出ると思いますのでがんばりたいです。
(毎日 04.08.19)

(78) パンダたちは1回ほほぶくろに入れてもっていって、そしてほほぶくろからだして食べます。 見ている たび「好きなんだな。」と思います。
(毎日 98.08.23)

「シナイたび」の具体例もわずかながら存在する(79)(80)(81)。「うまくいかない」「意見が通らない」「思い通りに行かない」という精神・心理活動の表現ばかりである。ちなみに「シナカッタたび」の実例はみつかっていない。

(79) 私がガラスという素材に出合ってから約11年たちます。……。 うまくいかない たびにガラスという素材に向き合い、話し合いながら制作活動を続けてきました。
(毎日 03.01.30)

(80) 自分の意見が通らない たびに辞めるのなら、議員がいなくなってしまう。
(毎日 01.05.03)

(81) アリヨマリ仏国防相は23日夜、「 思い通りに行かない たびにいらついても、それは自分の責任」と長官を批判した。 (朝日 03.01.25)

なお、ここでの「たび」を「とき」や「場合」に置き換えれば、自然な表現となる。あとで、とりあげるが、「とき」や「場合」には、述語形式の制限がきわめてゆるいのである。

3.2 「ついでに」

「ついでに」は、あることを行なうことを〈好機〉として、別のことを行なうことを意味する。述語の形式は、動詞の「スル」(82)「シタ」(83)であり、ヴォイスの有標形である使役の「-サセ-」があらわれることもある(84)。述語になるのは、一般に、人間の行為をあらわすものである。

例文(85)のように、「ついでに」節に無情の主語がくることもまれにある。「ついでに」節には、例文(86)のように、丁寧を意味する「-マス-」があらわれることがある。これらは、孤立した例としてよいのかもしれない。

「シテイル／シテイタついでに」「シナイ／シナカッタついでに」といった形式は存在しない。

「ついでに」節の述語形式には、テンスのカテゴリーは存在するが、アスペクト、肯定否定、ムードのカテゴリーは存在しない。ヴォイスは部分的に、スタイルは、わずかながら存在する。

(82) 公園の中の売店で煙草とマッチを 買う ついでに、公衆電話から私は念のためにもう一度私の部屋に電話をかけてみた。　（世界の終)

(83) 彼はどうしていいかわからないので、使いに出た ついでに、稲葉屋に寄ってみた。　（路傍の石)

(84) 平たくいえば、創意工夫を凝らして世の中をアッ！といわせたついでに、経済のあり方まで変えてしまおうということです。

（毎日 00.02.01)

(85) 契約切れが迫った ついでに、電話投票を打ち切ることも考えたが、競馬は私のささやかな遊びである。　（日経 03.07.08)

(86) 朝の間に干した洗濯物の乾き具合をたしかめに 下ります ついでに庭のちらかり物などを片づけたりします　（朝日 98.06.30)

3.3 「途端(に)」

「途端(に)」は、ある事態が成立する〈直後〉に、別の事態が起こることを予告する。「途端(に)」には、動的述語の「シタ」形式につく(87)(88)。使役の「-サセタ」や受動の「-サレタ」といった形式はある(89)(90)。現在の日本語としては不自然であるが、明治時代の文献には、例文(91)(92)のように「スル」に接続した用例も多い。「シヨウトスル／シタ」があらわ

れることがある(93)(94)(95)。この形式は、ムードに関与する〈意志〉とアスペクトに関与する〈将然〉とでもいうべき意味をあわせて特徴づける。「シヨウトシタ」の例のほうが「シヨウトスル」よりも多く見られる。「シヨウトスル途端(に)」はいささか不自然な感じもする。「途端(に)」よりも「瞬間(に)」のほうが自然である。

「シナイ／シナカッタ」にはつかない。丁寧をあらわす「-マス-」はあらわれにくい。

「途端(に)」節の述語形式には、ヴォイスのカテゴリーは存在するが、アスペクト、肯定否定、スタイルのカテゴリーは存在しない。テンスとムードは微妙である。

(87) 僕は筆記する手を休めて庭を見たが、赤いカボチャが目に 映った 途端に涙が湧いて来た。　　　　　　　　　　　　　　　　　(黒い雨)

(88) 踏みこたえて 目を上げた 途端、さあと音を立てて天の河が島村のなかへ流れ落ちるようであった。　　　　　　　　　　　　　(雪国)

(89) 同局によると、着陸の後で、APU を 作動させた 途端、煙が出たらしい。　　　　　　　　　　　　　　　　　　　　　　(朝日 93.05.03)

(90) 10月初め、この計画が 報道された 途端、大騒動になった。
　　　　　　　　　　　　　　　　　　　　　　　　　(朝日 04.11.17)

(91) それが舞台へ 懸る 途端に、ふわふわと幕を落す。　　　(歌行燈)

(92) 我れながら酷く逆上て人心のないのにと覚束なく、気が狂ひはせぬかと 立どまる 途端、お力何処へ行くとて肩を打つ人あり。(にごりえ)

(93) 私は物体が二つに見える酔っ払いのように、同じ現実から二つの表象を見なければならなかったのだ。しかもその一方は理想の光に輝かされ、もう一方は暗黒の絶望を背負っていた。そしてそれらは私がはっきりと 見ようとする 途端一つに重なって、またもとの退屈な現実に帰ってしまうのだった。　　　　　　　　　　　　(檸檬)

(94) 母親の美紀さん(42)によると、頭に浮かんだ言葉が 表現しようとする 途端に消えてしまうため、音読はできるがコミュニケーションが取れないのだという。　　　　　　　　　　　　　(朝日 04.11.05)

(95) パソコン作業などの目と画面の距離、70センチ〜1メートル以内

に 焦点を合わせようとした 途端に震え出すテクノストレス眼症も増えている。　　　　　　　　　　　　　　　　　（朝日 04.12.07）

　一般に存在しないはずの「シテイタ途端」がまれにある。「途端」に続く述語形式に、例文(96)(97)のような「シテイタ」の形式が孤例としてみつかった。

(96) 買い物に行くため、通りかかった保育園前の四つ角は、ちょうど、市道のアスファルト補修工事をしていて、熱気と騒音で、見るからに厳しい仕事だなと思っていた 途端、ものすごいば声とバシッと何かをたたく音がします。　　　　　　　　　　　　（朝日 91.10.04）

(97) 一方、けがをした群馬県館林市仲町の田口憲さんら3人は「こんなに横揺れがひどくて大丈夫かなと、心配していた 途端、リフトから投げ出された。その瞬間は、何が何だかわからなかった」と、日光市内の病院で手当を受けながら、ぼう然としていた。
　　　　　　　　　　　　　　　　　　　　　　　　（朝日 90.06.21）

　これらの孤立した2例とも、動詞が「思っていた」「心配していた」という心理動詞である。このような動詞は、終止用法で「思う／心配する」と「思っている／心配している」という2つのアスペクト形式をもつが、両者の間にきわだった文法的意味の対立をしめさない。つまり、どちらを使っても差がない。こうした終止用法の特徴が、終止用法でないところにおよんだものと思われる。

3.4 「拍子に」

　「拍子に」は、ある事態が成立する〈直後〉に、（それが〈きっかけ〉となって）、別の事態が起こることを予告する。「拍子に」は、動的述語の「シタ」や「スル」につき、「シテイル／シテイタ」「シナイ／シナカッタ」などの形式にはつかない。丁寧をあらわす「-マス-」はあらわれにくい。現在では、「シタ」形式につくことが多いが(98)(99)、古くは「スル」につくことも多く（例文(23)参照）、現在でも「スル」につくことがある(100)(101)。使役の「-サセタ」や受動の「-サレタ」といった形式はありうる(102)(103)。多くは、無意志的な運動に使われるが、まれに意志的な運動に使われることもある。例文(102)の「-サセタ」や、(104)(105)の「シヨウトシタ」は、

そのような意志的な運動の例である。

「拍子に」節の述語形式には、ヴォイスとテンスは存在するが、アスペクト、肯定否定、スタイルのカテゴリーは存在しない。意志性に関するムードについては存在しうる。

(98) 結願の当日岩殿の前に、二人が法施を手向けていると、山風が木々を 煽った 拍子に、椿の葉が二枚こぼれて来た。　　　　　（羅生門）

(99) 足が 滑った 拍子に気絶しておったので、全く溺れたのではなかったと見える。　　　　　　　　　　　　　　　　　　　　　（檸檬）

(100) 辻村さんは せきをする 拍子に尿が漏れたり、トイレに行こうとしても間に合わず漏れることがたびたびあった。（毎日 04.12.22）

(101) 受け持ちの女の先生が教壇から 降りる 拍子に、プッとおならをした。　　　　　　　　　　　　　　　　　　　　　　（朝日 96.01.26）

(102) あわてた運転手がトラックを前に 移動させた 拍子に聡さんが転倒。頭を強く打ち、救急車で病院に運ばれた。　　（朝日 00.07.05）

(103) 道路を歩行中、民家から飛び出した犬に 体当たりされた 拍子に腰の骨を折った。　　　　　　　　　　　　　　　　（朝日 97.06.06）

(104) 金川さんがランドセルを つかもうとした 拍子に、薬指が金具にはさまり、2カ月入院する傷を負った。男児は金川さんの言うことを聞くようになった。　　　　　　　　　　　　　（毎日 05.06.04）

(105) ひとしきり物思いにふけった後、立ち上がろうとした 拍子に、男はバランスを崩し、後ろ向きに転んでしまう。　　（毎日 99.01.29）

3.5 「はずみに／で」

「はずみに／で」は、ある事態が成立する〈直後〉に、それが〈きっかけ〉となって、別の事態が起こることを予告する。「はずみに／で」は、動的述語の「シタ」につくことが多い(106)(107)。まれに「スル」につくこともある(108)(109)。「シテイル／シテイタ」「シナイ／シナカッタ」「シマス」などの形式にはつかない。使役の「-サセ-」の形式はとらないが、受動の「-サレ-」の形式をとることがある(110)(111)。また、「シヨウトシタ」につくこともある(112)(113)。

「はずみに／で」節の述語形式には、ヴォイスのカテゴリーは存在するが、

アスペクト、肯定否定、スタイルのカテゴリーは存在しない。テンスと意志性に関するムードについては、わずかながら存在する。

(106) 「誰。ああ、これ？　馬鹿ねえ、あんた、そんなものいちいち持って歩けやしないじゃないの。幾日も置きっ放しにしとくことがあるのよ。」と 笑った はずみに、苦しい息を吐きながら目をつぶると、褄を放して島村によろけかかった。　　　　　　　　（雪国）

(107) 事故は、タンクの内ぶたを固定する支柱が腐食して破断し、内ぶたが内壁に 衝突した はずみで引火し、爆発したとみられる。

(毎日 05.04.14)

(108) 「ええ。」と、 うなずく はずみに、葉子はあの刺すように美しい目で、島村をちらっと見た。島村はなにか狼狽した。　（雪国）

(109) 一度なぞ、林からとびだして草むらのネズミをつかんだフクロウが林へ もどる はずみにテントの支柱にぶつかったことがある。

（パニック）

(110) ……、渡辺さんは道路に 投げ出された はずみに頭を強く打ってまもなく死亡した。　　　　　　　　　　　（朝日 91.08.29）

(111) 手前の乗用車は、大型トラックに 追突された はずみで前のトラックにぶつかり大破＝午後9時40分ごろ　　（朝日 02.10.17）

(112) サービスを受ける人には、車椅子から 動こうとした はずみに骨折したり、寝返りで骨を折ったりということもあります。

(毎日 99.10.16)

(113) 女性は 避けようとした はずみで転倒し、右まぶたに切り傷を負った。　　　　　　　　　　　　　　　　　（毎日 04.05.27）

「はずみに／で」節は、一般にアスペクトのカテゴリーがかけていて「シテイル／シテイタ」を述語にとらないはずであるが、以下の孤例があった。

(114) 席で一人昼食を終え、読書をしている斜め前で、私への攻撃のリーダー格の男子が、 ふざけていた はずみで、口にふくんでいた牛乳を前の机の上に、吐き出してしまったのです。　（毎日 01.08.26）

3.6 「やさき(に)」

「やさき(に)」は、ある事態が成立する〈直前〉に、期待する事態とは異

なる別の事態が起こることを予告する。動的述語の「スル」(115)(116)、「シタ」(117)(118)、「シテイル」(119)(120)、「シテイタ」(121)(122)、「シヨウトスル」(123)、「シヨウトシタ」(124)、「シヨウトシテイル」(125)、「シヨウトシテイタ」(126) などの形式につく。使役の「-サセ-」や受動の「-サレ-」にもつく(127)(128)。「シナイ／シナカッタ」にはつかない。丁寧の「-マス-」もあらわれにくい。

「シタ／シテイタ／シヨウトシテイタ」の語形のほうが「スル／シテイル／シヨウトシテイル」の語形より多くあらわれる。また、「シテイタ／シヨウトシテイタ」が「シタ」より多くあらわれることも、この節の特徴である。

「やさき(に)」節の述語には、ヴォイス、アスペクト、テンス、ムードのカテゴリーは存在するが、肯定否定、スタイルのカテゴリーは存在しない。

(115) 得意先へ卵の 配達に出る 矢先、昼のテレビニュースが「感染の疑い」と伝えていた。　　　　　　　　　　　(朝日 04.12.24)

(116) 米国に屈して牛肉輸入を 再開する 矢先、BSE で迷走したあの武部勤氏を幹事長に起用したのである。　(週刊朝日 04.10.15)

(117) 夫婦が あきらめかけた 矢先、不妊治療が成功して、ジヌォンが妊娠する。　　　　　　　　　　　　　　　(毎日 02.06.07)

(118) あれっ、結構先手がやれるじゃないかと 結論が出かかった 矢先、森内が [後] ４六桂を示した。　　　　　(毎日 02.03.16)

(119) 上士幌町に住む知人によると、エゾヤマザクラも咲いてそろそろ花見でもしようかと 思っている 矢先にこの寒さに襲われ、一日中ストーブをつけていないといられないほどだという。

　　　　　　　　　　　　　　　　　　　　　　　　(毎日 05.05.15)

(120) １年半で離任することになった感想を学生時代からしているラグビーに例え「劣勢の後半の中、ばん回もあると思って 戦っている 矢先にノーサイドの笛が吹かれ、ぼうぜんとしている状態」と表現した。　　　　　　　　　　　　　　　　　　　(毎日 04.08.07)

(121) 夫は現在 66 歳。やっと年金がもらえる年齢を迎え、もう少し体に優しい仕事に変わろうかと 考えていた 矢先、思いがけず「末期がんの宣告」を受けた。　　　　　　　　　　　　　　(毎日 05.08.18)

(122) 結婚 50 年目の３月、「金婚式を」と会場を予約し、楽しみにして

いた 矢先、入院して4月には帰らぬ人となりました。

(毎日 02.03.12)

(123) 柳川喜郎・同町長や反対派住民らは「建設の是非を住民投票で 問おうとする 矢先に、県職員が地元で建設前提案を説明することは地方自治の本旨に反する」などと厳しく批判している。

(毎日 97.05.30)

(124) 三井容疑者は「検察の調査活動費は裏金」とマスコミや国会などで 告発しようとした 矢先に逮捕された。　(毎日 02.05.11)

(125) 古川禎久衆院議員(自民・宮崎3区)「安藤丸が港から 出ようとしている 矢先に『財政危機』『三位一体の改革』という波が来た。

(毎日 04.01.09)

(126) アジア初のベスト4入りを果たし、同日夜には、大邱での3位決定戦で 有終の美を飾ろうとしていた 矢先に、死者まで出した交戦。

(毎日 02.06.30)

(127) たまらず庁内に事務刷新検討会議を 発足させた 矢先、公然わいせつ事件も起きた。　(毎日 02.10.31)

(128) 78年、関脇に昇進し、大関候補と 目された 矢先、左ひざじん帯断裂で、幕下30枚目まで転落した。　(毎日 04.05.22)

3.7 「最中(に)」

「最中(に)」は、ある事態が進行している〈時間(帯)〉を意味し、別の事態が起こることを予告する。「最中(に)」は、述語「シテイル」(129)(130)「シテイタ」(131)(132)形式につくことが多い。〈時間(帯)〉を意味する「最中(に)」には、運動の持続相を特徴づける、これらの形式がなじむのである。しかし、「スル」(133)(134)「シタ」(135)(136)のことも、まれにある。使役や受動の形式もあらわれる(137)(138)。「シナイ／シナカッタ」にはつかない。丁寧の「-マス-」もあらわれにくい。

「最中(に)」節の述語形式には、ヴォイス、アスペクト、テンスのカテゴリーは存在するが、肯定否定、スタイル、ムードのカテゴリーは存在しない。

(129) ふたりの話は、平さんとかいう男のことなんだが、 ばくちをやっている 最中に手がはいって、その男は引っぱられて行ったのだそう

だ。　　　　　　　　　　　　　　　　　　　　（路傍の石）
(130) すると今夜も、自分がこうしてびしょ濡れになって此処を 歩いている 最中、大森の家には誰かが来ていやしないだろうか？
　　　　　　　　　　　　　　　　　　　　　　　　（痴人の愛）
(131) 家出しようとして 着替えていた 最中に妹に見られたという。
　　　　　　　　　　　　　　　　　　　　　　　　（毎日 05.07.01）
(132) 江津高1年のとき、球技大会で バスケットをしていた 最中に相手とぶつかり、脊髄(せきずい)を痛めた。　　（毎日 04.10.17）
(133) 同じ地で戦った日本人男性によると、物資を 輸送する 最中に敵機の攻撃を受けて近海で沈没する船を目撃したという。
　　　　　　　　　　　　　　　　　　　　　　　　（毎日 05.08.06）
(134) 明治から昭和20年代ごろまでは毎年のようにイカが押し寄せたといい、「明け方に 見回りする 最中に拾ったイカで、駐在さんが家を建てた」「30隻もの船でイカの大群を待ち受けた」など、さまざまな言い伝えが残っている。　　　　　　　　　　（毎日 05.06.22）
(135) ワイヤは機体が バランスを崩した 最中に外れたとの情報もある。　　　　　　　　　　　　　　　　　　　　　　（毎日 05.05.18）
(136) 動転した母親が同じアパートの別の棟に住む母親の祖父母に連絡を取るため、部屋を 出入りした 最中に外出していた女児が戻ってきたという。　　　　　　　　　　　　　　　　（毎日 02.04.06）
(137) この炭鉱は採掘が許可されておらず、炭鉱経営者が村民に 違法採掘をさせている 最中にガス爆発が起きたという。（毎日 05.02.18）
(138) また、ネットオークションで偽物の焼酎「森伊蔵」が販売されていた問題で「芋焼酎が 評価されている 最中に、特定銘柄の偽造などもってのほか」と遺憾の意を示した。　　　（毎日 04.05.11）

「最中（に）」節は、一般に否定の形式をうけないのであるが、以下のような実例がある。孤例である。

(139) 主な収入は、ファミリー企業の電気機械器具会社「日本トーター」の株式売却益で、笹川氏は「景気回復が 思うように行かない 最中に、多額の納税をすることは面はゆい気持ち」と話す。
　　　　　　　　　　　　　　　　　　　　　　　　（毎日 00.05.16）

(140) 銀行の正常部分の仕事は、決して景気が よいとはいえない 最中に、まれにみる膨大な利益を得たということだ。　（毎日 96.05.28）

(141) 同事件の余震がまだ さめない 最中に、自民党のドンである金丸氏が政治資金規正法に反する巨額の金を堂々と受け取っていたのだから、果たして政府・自民党に本気で法改正する意思があったのかどうか、疑わしい限りといえよう。　（毎日 92.08.28）

また、「シヨウトスル」という形式も、ふつうはうけないのであるが、以下のような実例がある。

(142) 野呂市長は、00 年 5 月の初当選以来、新しい行政運営の指針となる市政マネジメントシステムの構築に取り組んできたが、「さらに グレードアップしようとする 最中に市政を放り出すということは大変申し訳ない」とわびた。　（毎日 03.02.11）

(143) しかし、反対派の市民グループが 質問を続けようとする 最中、「予定時間を 45 分オーバーしている」として、午後 9 時 45 分に閉会。　（毎日 97.01.24）

3.8 「さなか（に）」

「さなか（に）」は、ある事態の〈状態〉にあることを意味し、別の事態の成立や存在を予告する。「さなか（に）」は、動的述語の「シテイル」(144)(145)「シテイタ」(146)(147)につく。受動を特徴づける「-サレテイル」につくこともある(148)。〈状態〉を意味する「さなか（に）」には、運動の持続相を特徴づける、これらの形式がなじむのである。動的述語の「スル」(149)につくこともあるが、これはまれである。静的動詞の「ある」(150)や形容詞述語(151)(152)や名詞述語(153)につくこともある。「スル／シタ」「シナイ」「シヨウトスル」といった形式には、ふつうつかない。丁寧の「-マス-」もあらわれにくい。

「さなか（に）」節の述語形式には、アスペクト、テンスのカテゴリーは存在するが、ムード、肯定否定、スタイルのカテゴリーは存在しない。ヴォイスは部分的に存在する。

(144) 芸人として ブレークしている さなか、テレビ番組と雑誌のタイアップ企画としてセミヌードになった。　（毎日 05.04.28）

(145) ちょうど彼女が本選でリストのピアノ協奏曲第1番を 弾いている さなかに、会場の東京オペラシティが激しく揺れる新潟県中越地震が起きたのだが、浮足立つ周囲をよそに「全く気づかなかった」と、彼女は集中力を一瞬たりとも切らすことがなかった。

(毎日 05.04.11)

(146) 組合員らが商店街を盛り上げようと 活動していた さなか、通りにあった大型店2店が前後して撤退。客足が次第に遠のいてしまった。

(毎日 05.04.22)

(147) 若きソリストとして 大活躍していた さなかに、文化大革命が起こり、反動分子として強制労働に追いやられる。 (毎日 05.04.21)

(148) 外では空襲警報が鳴り、『天皇陛下万歳』の旗が 振られている さなか、じっと恋人の絵を描き続けている。あのひたむきな時間は尊いと思うのです」と語りかけている。 (毎日 05.08.05)

(149) プロ野球が参入争いで 盛り上がる さなか、ベガルタの現状を象徴する「事件」もあった。

(毎日 05.01.01)

(150) 住宅建設が 厳しい状況にある さなかに始まった北九州夏の陣、軍配はどちらに？

(毎日 02.08.09)

(151) 残暑きびしい さなか、大岡昇平の「俘虜(ふりょ)記」に集中して「再読」した。

(毎日 00.09.06)

(152) クソ暑い さなかにドラマでもない、内容も硬い暗い、恥をかくのでは、と思ってたが。こなせば、記録もチームの成績も自然とついてくるはずだ。

(毎日 00.09.08)

(153) 戦前から戦後にかけて、フランス映画といえば、暗い詩情とペシミズムに彩られた深刻なムードが ある種の傾向だった さなかに、ほのぼのとした、アメリカ映画的な明るい楽天主義にも似たハッピーエンドをもたらした異色作である。

(毎日 96.09.01)

以下にあげるのは、「さなか(に)」節の孤例である。

「さなか(に)」節には、まれに「シタ」につくことがある(154)(155)。また、「シナイ」をうける「さなかに」の例も孤立したものである(156)(157)。ちなみに「シナカッタ」をうける具体例はみつかっていない。さらに、「ショウトシタ」についた例もある(158)。書き手による、それぞれの述語の中

に持続性をよみこんでの使用かとおもわれる。

(154) 彼は刑務所で陶芸の魅力を知り、備前焼の窯元で修業する。応援してくれる人もいて、鳥取県に自分の窯を開いて順調な生活を 始めた さなか、中国北宋時代の幻の窯、汝窯（じょよう）で焼かれた青磁器に出会い、魂を奪われたようにひかれる。　　（毎日 04.08.29）

(155) 男性は、東側に 800 メートルほど 移動した さなかに、ビルが崩壊するのを目撃した。　　（毎日 01.09.12）

(156) ところで、私がインターネットを始めたのは一昨年春です。その年の大震災が契機でした。電話がこみあって つながらない さなかに、パソコンを使った通信だけはなぜか通じたことがあって「何としても始めておかねば」と決心したのでした。（毎日 97.01.26）投書

(157) いち江さんが収容所で 4 男を出産し（数日後死亡）、体の動きがきかない さなかに博巳さんの姿が見えなくなったのだ。
　　（朝日 86.02.25）

(158) 政府が自衛隊のイラクへの年内派遣を 決定しようとした さなかに、派遣を想定していたイラク南部でイタリア軍警察が自爆テロの攻撃を受けて 30 人近い犠牲者が出たのだ。　　（毎日 03.11.16）

3.9 「おり(に)」

「おり(に)」節は、ある事態が成立する〈とき〉を意味し、別の事態がおこることを予告する。「おり(に)」は、「スル」(159)「シタ」(160)「シテイル」(161)「シテイタ」(162)「シヨウトスル」(163)の形式につく。使役「-サセ-」(164)や受動「-サレ-」(165)の形式もある。まれに、丁寧な語形「-マス-」があらわれることもある(166)。「シナイ」「シナカッタ」のような否定の形式はとれない。つまり、未成立の事態には使えないのである。

「おり(に)」節の述語形式には、ヴォイス、アスペクト、テンス、ムード、スタイルは存在するが、肯定否定のカテゴリーは存在しない。

(159) 朝はやくおきて、そとをあるきに 出る おりに、牧場のほとりを通りかかると、それが晴れた朝ならば、きまって見る風景がある。
　　（焼跡のイ）

(160)「何だこら、何をぬかす。馬鹿も、休み休み云え。わしが広島か

ら 逃げ戻った おり、あのとき小母はんは、わしの見舞に来たのを忘れたか。わしのことを尊い犠牲者じゃと云うて、嘘泣きかどうかしらんが、小母はんは涙をこぼしたのを忘れたか」　　（黒い雨）

(161) 改憲論もさかんに 出ている おり、まず今の平和憲法のよさを十分に知って議論してほしいという目的もある。　（朝日 03.05.01）

(162) 3日午前6時半ごろ、加茂市下土倉で地元の猟友会が 出掛けていた おりにクマがいるのを猟友会会員が発見、射殺した、
　　　　　　　　　　　　　　　　　　　　　　（朝日 01.11.04）

(163) 纏まった書物を 購おうとする 折、その度ごとに銀行へ急ぎ、カバン一杯の紙幣をかかえて書店へ駈けつけねばならなかった。
　　　　　　　　　　　　　　　　　　　　　　　　（楡家の人）

(164) 人の死はまだ体験したことはないが、昨年、飼い犬が大往生を遂げ、火葬する場まで 同行させた おり、怖い、寂しい、悲しい、仕方ないを実感したようです。　　　　　（毎日 01.07.27）

(165) 同道路は雲仙・普賢岳噴火災害で国道251号が 寸断された おり、代替道路としての役割が認識され、一九九三年道路災害防除事業として採択された。　　　　　　　　　　　（朝日 01.02.27）

(166) 今朝、後夜のお勤行に 参りました 折、西の妻戸から立派な男の方が出てこられました。　　　　　　　　　（新源氏物）

3.10 「際(に)」

「際(に)」は、ある事態が成立する〈とき〉を意味し、別の事態がおこることを予告する。「際(に)」がうける述語形式は制限がゆるく、「スル」(167)「シタ」(168)「シテイル」(169)「シテイタ」(170)「シナイ」(171)「シナカッタ」(172)「シマシタ」(173)「ショウトスル」(174)「サセタ」(175)「サレタ」(176)などがある。

「際(に)」節の述語形式には、ヴォイス、アスペクト、テンス、ムード、肯定否定、スタイルのカテゴリーが存在する。

(167) 会社からのお迎えの車が来て、マンションの前の石段を 降りる 際、踏み外して足首をひどく捩ってしまいました。　　（錦繡）

(168) 諸説紛々で定かではないが、一説によると、紀元前四世紀にトロ

イを訪れたアレクサンダー大王とその友人たちが、アキレスの墓に 詣でた 際、古代の風習にのっとって墓の回りを裸で走り回ったのがその起源という。　　　　　　　　　　　　　（若き数学）

(169) 矢羽田社長や従業員が舟のエンジンを整備して別の場所で 休憩している 際、1人が物音に気づいて見に行くと、作業場で使っていた廃油ストーブの周辺が燃え上がっていたという。（朝日 05.02.07）

(170) 和歌山東署によると西裏さんが1階の居間でストーブに灯油を 入れていた 際、火の手が上がったといい、同署が詳しい原因を調べている。　　　　　　　　　　　　　　　　　（朝日 05.03.25）

(171) 緊急時や総務部員が いない 際に現金が必要な場合の対応を考える。　　　　　　　　　　　　　　　　　　　　（朝日 04.09.12）

(172) また、玄関で靴を そろえなかった 際に「靴が泣いているよ」と孫に言われた体験談も披露し、会場の笑いを誘った。
　　　　　　　　　　　　　　　　　　　　　　　　（朝日 01.09.22）

(173) 4時ごろに1度、目を覚ました 際に、同装置を解除して再び眠ってしまったという。　　　　　　　　　　　　　（毎日 02.10.02）

(174) 取材記者には、耳で聞いた言葉を 文字にしようとする 際、語の使い方が必ずしも適切でなくとも、できるだけ発言に近い表現でという意識が働く。　　　　　　　　　　　　　（毎日 04.06.22）

(175) さらに、校長や教頭が元教諭を 退場させた 際、「おい、さわるんじゃない。何でおれが出るんだ」などと怒鳴り、式の開始を数分間遅らせて、進行を妨げたとされる。　　　　　（朝日 04.12.04）

(176) 葛さんは保管されている西北大学で墓誌を観察し、掘り出された 際に欠けた文字の復元を試みた。　　　　　　（朝日 05.03.25）

　本章でとりあげた単語の、従属接続詞としての用法の中で、連用節全体を「は」で主題化できるものとそうでないものとがある。「たび（に）」「ついでに」「途端（に）」「拍子に」「はずみに」「やさき（に）」は、「は」がつかない。それに対して、「最中（に）」「さなか（に）」「おり（に）」「際（に）」は「は」がつくことがある（例文(177)～(180)）。なかでも「おり（に）は」「際（に）は」は、多用される形式で、〈とき〉をあらわす連用節と〈条件〉をあらわす連用節とが交錯する用法といえる。うける述語形式の制限がゆるやかである

点、「-の」をしたがえて、連体の機能をはたす点で、「とき」「場合」のような、〈とき〉を特徴づけるもっとも一般的な単語に通じる。

(177) 育児をやっている 最中はとにかく大いに夢を見ましょう。小学校、中学校と上級生になっていけば、嫌でも現実が見えてきますから。　　　　　　　　　　　　　　　　　　　　　（毎日 05.03.28）

(178) お盆の 暑い さなかは、美しく幻想的なバレエ「眠れる森の美女」はいかがですか？　　　　　　　　　　　　　　　　（毎日 05.08.15）

(179) 私が数年前に若山牧水賞の取材に 訪れた 折は冬の終わりであったが、宮崎の丘に菜の花が咲き誇るのは、関東より随分早いのだろう。　　　　　　　　　　　　　　　　　　　　　　　　（毎日 05.06.12）

(180) 80年代に売上税導入の話が 持ち上がった 際は「売上税粉砕」「国会を解散せよ」ののぼりを立ててデモをし、反対集会も開いた。
　　　　　　　　　　　　　　　　　　　　　　　　（毎日 05.09.10）

「あかつき」にも以下のような従属接続詞としての用法がみられるが、もっぱら「あかつきには」の形式で使用されるのが特徴である。〈希望する事態が実現した場合〉という条件の意味合いをもつ。

(181) 治療師となった あかつきには、営業マンとして培ったノウハウを患者さんへのサービスに生かし、お客さまからも、そして私からも「ありがとうございます」と言葉を交わしたいものです。
　　　　　　　　　　　　　　　　　　　　　　　　（毎日 05.06.17）

(182) 連合茨城の石井武会長は11日、水戸市内で開かれた「新春の集い」で、9月に予定される次期知事選について「知事が（立候補を） 表明された あかつきには、きちんと受け止める考えはある」と述べ、橋本昌知事の4選を支持する意向を表明した。（毎日 05.01.12）

この章で記述したことをまとめる。

それぞれの単語の意味は、以下のとおりである。

1「たび（に）」は、ある事態が成立すると〈いつも〉、別の事態が成立することを予告する。

2「ついでに」は、あることを行なうことを〈好機〉として、別のことを行なうことを予告する。

3 「途端(に)」は、ある事態が成立する〈直後〉に、別の事態が起こることを予告する。
4 「拍子に／で」ある事態が成立する〈直後〉に、(それが〈きっかけ〉となって)、別の事態が起こることを予告する。
5 「はずみに／で」は、ある事態が成立する〈直後〉に、それが〈きっかけ〉となって、別の事態が起こることを予告する。
6 「やさき(に)」は、ある事態が成立する〈瞬間〉あるいは〈直前〉に、期待する事態とは異なる別の事態が起こることを予告する。
7 「最中(に)」は、ある事態が進行している〈時間(帯)〉を意味し、別の事態が起こることを予告する。
8 「さなか(に)」は、ある事態の〈状態〉にあることを意味し、別の事態の存在を予告する。
9 「おり(に)」は、ある事態が成立する〈とき〉を意味し、別の事態がおこることを予告する。未実現のことには使えない。
10 「際(に)」は、ある事態が成立する〈とき〉を意味し、別の事態がおこることを予告する。未実現のことにも使える。

以上の10の節をアスペクト性からみると、「たび(に)」は〈反復相〉を、「途端(に)」「拍子に／で」「はずみに／で」「やさき(に)」は〈瞬間相〉を、「最

表2　従属接続詞につながれる動詞の語形

従属接続詞 \ 述語形式	ーサレー	ーサセー	スル	シタ	シテイル	シテイタ	シナイ	シナカッタ	ーマス	ショウトスル
1. たび(に)	＋	＋	＋	－	－	－	－	－	－	＋
2. ついでに	－	＋	＋	＋	－	－	－	－	(＋)	－
3. 途端(に)	＋	＋	(＋)	＋	－	－	－	－	－	＋
4. 拍子に	＋	＋	＋	＋	－	－	－	－	－	＋
5. はずみに	＋	＋	＋	＋	－	－	－	－	－	＋
6. やさき(に)	＋	＋	＋	＋	＋	＋	－	－	－	＋
7. 最中(に)	＋	＋	＋	＋	＋	＋	－	－	－	＋
8. さなか(に)	＋	－	(－)	－	＋	＋	(－)	－	－	－
9. おり(に)	＋	＋	＋	＋	＋	＋	－	－	＋	＋
10. 際(に)	＋	＋	＋	＋	＋	＋	＋	＋	＋	＋

表3　従属接続詞につながる動詞の形態論的カテゴリー

従属接続詞＼形態論的カテゴリー	ヴォイス	アスペクト	ムード	テンス	肯定否定	スタイル
1. たび(に)	＋	−	(＋)	−	−	−
2. ついでに	(＋)	−	−	＋	−	(−)
3. 途端(に)	＋	−	＋	(−)	−	−
4. 拍子に	＋	−	(＋)	(＋)	−	−
5. はずみに	＋	−	(＋)	(＋)	−	−
6. やさき(に)	＋	＋	＋	＋	−	−
7. 最中(に)	＋	＋	−	−	−	−
8. さなか(に)	(＋)	＋	−	−	−	−
9. おり(に)	＋	＋	＋	＋	−	＋
10. 際(に)	＋	＋	＋	＋	＋	＋

中(に)」と「さなか(に)」は〈持続相〉を特徴づけていることが指摘できる。「おり(に)」と「際(に)」は無標で、特定の特徴をもたない。「ついでに」のアスペクト性については、保留。

「拍子に／で」「はずみに／で」は、〈とき〉にくわえて、原因・理由にかかわることもある。また、「おり(に)」「際(に)」は条件にかかわることもある。

それぞれの従属接続詞がうけることのできる述語形式は、表2のとおりである。「さなか(に)」は、形容詞述語や名詞述語をうけることもある(表中の＋は存在を、−は不在をあらわす。＋は特に多く存在する、(＋)は、部分的に存在する、(−)は、まれに存在することをあらわしている)。それらの述語形式を形態論的なカテゴリーでまとめたものが、表3である。

4. まとめ

本章では、〈とき〉を意味する擬似連体節をうける従属接続詞をとりあげ、それらについて次の2点をあきらかにした。
(1) いくつかの品詞を兼務すること、つまり多機能であること。
(2) 個々の従属接続詞は、固有の意味をもち、直接にうける述語形式に制限がきついものとゆるいものがあること。

日本語の品詞体系は、確立しているとはいいがたい。多くの問題をかかえている。品詞は、単語の文法的な特徴(とりわけ統語論的な特徴)にもとづく分類であり、それを徹底させた分類がなされるべきである。既存の文法書や辞書は、単語の文法性を正当に記述していない。従来から副詞が品詞論のゴミ箱とよばれてきた。しかし、品詞論のゴミ箱は、副詞にとどまらず、一般に名詞あつかいされている単語群にも、名詞らしくない単語が多く存在しているのである。本章でとりあげた 10 の単語も、従来、名詞あるいは形式名詞としてとりあつかわれてきた。しかし、それらの意味や文中での機能を考察すると、名詞とは異なる特徴をそなえていて、他の品詞に位置づけなければならない。

　本章の立場は、文の構造をとらえるときに、主要な単語を中心におくという点に特徴がある。機能語は、あくまで主要な単語の文中での存在形式にくわわるものであるとみなすのである。後置詞は名詞の、従属接続詞は文相当の形式の、助動詞は動詞に代表される述語形式の、それぞれ文法的なすがたなのである。

用例

『CD-ROM 版　新潮文庫の 100 冊』／『朝日新聞』(朝日新聞データベース「聞蔵」)／『毎日新聞』(毎日新聞総合データベースサービス)

注

1　日本語の従属節をどのように分類整理するかについてさまざまな提案がある。筆者は、断続を優先する従属節のタイプ分けを提案し、連体節の中に、真性連体節と擬似連体節があることを提示した(村木新次郎(2004c)(2005a))。さらに、擬似連体節をうけるものに、少なくとも、「よう」「みたい」「ほど」「ため」のような節全体を形容詞化する形式と、「かたわら」「あまり」「おかげで」「くせに」といった従属接続詞があることを指摘した(村木新次郎(2005a))。

2　文相当の形式を後続の節につなげていく形式としては、(1)語尾、(2)(狭義の)接尾辞、(3)助辞、(4)従属接続詞がある(村木新次郎(1991))。(1)〜(3)は、広義の接尾辞に属し、単語内部の問題である。(4)は周辺的な単語のひとつで、中心的な動詞な

どの語形について、もっぱら文法的なはたらきをする形式である。述語の形式を、動詞の「食べる」の例で示せば、以下のようになる。
　　(1)「たべ-れば」「たべ-て」
　　(2)「たべ-ながら」「たべ-つつ」
　　(3)「たべる-と」「たべた-ので」
　　(4)「たべた　ついでに」「たべるに　つれて」

3　三上章(1953)(2002)では、「トキ(ニ)」「オリ(ニ)」「タ(ン)ビ(ニ)」などを時に関する「名詞的吸着語」と位置づけている。また、日野資成(2001)では、このような「かたわら」「拍子」を、指示的機能をもたず、2つの節をつなぐ文法的機能をもつ「形式名詞」とみている。わたしは、この種の単語の多くは、語彙的意味と文法的な機能の点から、もはや名詞ではないとみる。「こと」に代表される形式名詞は(「とき」や「ところ」も)、実質的な意味をもたないが、格機能をそなえているために、名詞の一種である。それに対して、「かたわら」や「拍子に」は、語形が固定化され、名詞の本命である格の機能をうしなっているので、名詞ではない。その機能から判断すれば、それは従属接続詞である。

4　いわゆる文法化現象のひとつである。文法化は通時的に変化していく言語の現象である。本章では、考察の対象とした諸形式の歴史的な変化を扱ってはいない。もっぱら現代日本語の範囲で、共時的にどのような用法が競合しているかをみたものである。

5　本章でとりあげる形式は、多くの辞書では、名詞の中に位置づけられている。たとえば、『岩波国語辞典第六版』では、
　　【拍子】①(略)　②(略)　③(略)　④機会。はずみ。おり。とたん。「笑った―に入れ歯が抜けた」
とあり、④の用法を、名詞の中の1つの意味・用法として扱っている。他の辞書もだいたいこれと同じあつかいである。
　学校文法に従えば、後置詞や従属接続詞という品詞は存在しないし、助動詞も本章で用いるものと定義が異なる。

6　「はずみに」には、以下のような使用例がある。
　　民主党が選挙協力をはずみに社民党との合併も視野に入れるのに対し、社民党はあくまで党の生き残りを探る。　　　　　　　　　　　　　　　　　(毎日 03.08.06)
　これは、「はずみにして」の形式動詞「する」の中止形が脱落したものと考えられるが、後置詞としての性質をそなえているといえる(村木新次郎(1983b))。

7　文字列「最中」は、「サイチュウ」「さなか」の双方の可能性が考えられる。次の例は「さなか」でないかと思われる。
　　この忙しい最中に、ランプそうじのじゃまをするような、ひまな人間がどこにいる。　　　　　　　　　　　　　　　　　　　　　　　　　　　　(路傍の石)

しかし、一般に、この判定は困難なので、明らかに「さなか」である場合を除いて、「最中」を「サイチュウ」であるとみなすことにした。

8 本章では、連用節の述語部分に注目しただけである。本来ならば非述語部分の要素についての考察もしなければならない。非述語部分の考察とは、節内部における主語や主題の存否、主語が動作主であるか否か、固有の空間や時間の成分の存否といったことである（南不二男（1974）（1993））。また、さらには主節にはどのようなタイプの文があらわれるかという点にもいいおよぶことが望ましい。それらについては、ここでは保留される。主節における文のタイプを問おうとすれば、話しことばを考察の対象にしなければならないであろう。

9 脱稿後、以下のような「ショウトスル」につく例がみつかったので、例文を補充する。
私が 眠ろうとする たびに誰かがやってきて私を叩き起したのだ。　　　（世界の終）
しかし僕がもがいて外国兵の腕から のがれようとする たびに、僕の尻はひくひく動くだけなのだ。　　　　　　　　　　　　　　　　　　　　　　　　（死者の奢）

第 4 部　感動詞の問題

第1章　意味・機能にもとづく日本語の感動詞の分類

0. はじめに

　本章は、現代日本語の感動詞のさまざまな用法を意味・機能の観点から分類しようとするものである。調査資料は小説の会話文にもとめた。感動詞は、そもそも、はなしことばにあらわれる単語群である。小説に感動詞の用例をもとめたのは、資料が得やすいという便宜上の理由からである。そこには、感動詞の音声的な側面をとらえることができないという欠陥がある。しかし、本章での主たる目的は、個々の感動詞の分析にあるのではなく、感動詞に所属する単語群を、意味・機能の点から分類することである。感動詞には、どのようなタイプがあり、それぞれのタイプは、感動詞全体の中でどのように位置づけられるのかを問うものである。この目的のためには、小説の会話文からでも、ある程度まで分析が可能であるとかんがえる。一方で、小説を資料にすることの利点もある。作者自身による説明がほどこされている場合には、感動詞の意味の特定ができることである（多義語の場合）。多義性をもつ単語の意味の特定に際して、分析者の解釈にたよるのではなく、作者による意図が分析に反映されるわけである。たとえば、例文(1)の「あら！」が「おどろき」の表出であること、例文(2)の「はあ」が「困惑」の表出であることが著者の記述（波線部分）によって明らかとなる。

(1) 夫を死なせたのか、わが子を死なせたのか、いずれにしても、ごく最近のことであろう。と思った時、視界に思いがけない一団がはいってきた。「あら！」思わず驚きが声に出た。（三2）

(2) 香也子が見たのは、恵理子と容一だけなのだ。「はあ」困惑した声が返ってきた。（三2）

用例のほとんどは、8人の作家による17の作品から採集した[1]。分類の該当項目に用例がみあたらない場合には、別の作品からの実例を補充した。なお、用例は、小説の地の文と会話文、会話文とそれにつづく会話文などを改行しないで記した。限られたスペースにできるだけ多くの用例を提示したかったからである。

1. 感動詞の位置

感動詞とはなにか。感動詞は、品詞の中でどのように位置づけられるのか。感動詞についての『国語学大辞典』の記述は以下のとおりである。

> 「品詞の一つ。感嘆詞・換感動副詞・間投詞とも呼ばれる。interjectionにあたる。意義的には自分の感動・詠嘆の感情、相手に対する呼びかけ、応答の作用を表わし、職能的には単独で文を形成することがあり、形態的には自然に近い語音構造を持つ、といった点を一般的な特徴とする。」（渡辺実執筆）

感動詞の特徴として、わたしは「現場性」を指摘したい。感動詞は、原則として、発話の現場にしばられている。すなわち、〈わたし（1人称）〉〈いま（時）〉〈ここ（場所）〉に限定されるのである。どの感動詞も〈わたし〉という1人称単数に帰属する。〈わたし〉を離れて感動詞は存在しない。感動詞は、複数で発することがあっても、基本的に個人に帰属するものである。たとえば、綱引きというような集団でおこなうゲームの世界では、「よいしょ。」といったかけごえを、同じチームに属する何人かの人間が発することもあろう。あるできごとに際して、大勢の人が一斉に「万歳！」とさけぶこともある。ある特定のひとにむけて、複数のひとが、「おめでとう。」ということもある。このように複数の人間が同じ感動詞を使用する場合にも、かならず〈わたし〉をふくんでいる。感動詞は〈わたし〉に帰属する性質をもっているのである。また、どの感動詞も〈いま〉という発話時に帰属する。「ああ、なんてつまらないことをしたのだろう。」という「ああ」も、〈わたし〉の〈いま〉のおもいをあらわしていて、「つまらないことをした」過去に帰

属するものではない。「しーっ！　静かにしろ。」の「しーっ！」は、目の前にいるひと（たち）に対して、〈いま〉「静かにする」ことを要求しているのであり、〈いま〉から離れた未来に帰属するものではない。さらに、感動詞の使用は、〈わたし〉の発話している場所にかぎられていて、その空間から離れては存在しえない。すなわち、感動詞は〈ここ〉という発話の場所に帰属する。こうして、感動詞は、〈わたし〉〈いま〉〈ここ〉に帰属するのである。

このような感動詞の特徴は、はなしことばの場合に適用される。しかし、特殊な感動詞も存在する。

かきことばの場合は、「現場性」をもたない。たとえば、手紙にもちいられる「拝啓」「敬具」や、年賀状にみられる「謹賀新年」「賀正」のようなあいさつは、かきことば専用の（手紙・はがきというジャンルに限られた）感動詞といえよう。時空間をこえるというかきことばゆえの例外的な感動詞とみなしておく。かきことばでは、「現場性」をこえるという点で、はなしことばと性質を異にする。

また、現実に発話はしないものの、心の中でおこなわれる言語活動にも、感動詞にあたるものがあらわれることがある。以下の(3)〜(5)の下線部のような例である。（　　）の部分が内言語であり、下線部が感動詞に相当する。これらの感動詞は、実際に発話されていないという点で特殊である。

(3) 茶目っぽく笑って、目をくるりとさせた香也子に、(<u>ああ</u>、よくこんな顔をしたものだった)と、またしても保子は胸を揺さぶられる。(三2)

(4) が、章子の家出に腹を立てて、容一の機嫌を損うようなことをしたのは、われながら失敗だったと、章子が去ってから今日までのことを金井は思った。(<u>なに</u>、香也子を自分のものにしてしまえばいいんだ)金井の心はニヤリとした。(三2)

(5) (何が、もしそっちが受賞ということになれば、だ)鶴橋は腹の中で舌打ちをした。(そんな可能性が低いってことは、よくわかってるくせに。おいしいところだけ取ろうって魂胆だ。大体、あのヒゲおやじなんか、編集長になるまで乃木坂さんと会ったこともなかったじゃないか。<u>くそっ</u>)(東2)

本章では、感動詞の意味・機能による分類をこころみるが、はじめに、感

動詞の統語論的な特徴、形態論的な特徴、音声上の特徴について、簡単にふれておきたい。これらの諸特徴のなかで、統語論的な特徴が優位にあり、感動詞たらしめるものである。

1.1 感動詞の統語論的な特徴

　感動詞の統語論的な特徴は、独立成分であるという点にある。感動詞は、それ自体で完結した文である。ふつうの文は、意味をになう単語に分節され、それらの単語から構成される。しかし、感動詞には、そのような分節が観察されない。感動詞が文中でもちいられるときも、文の他の部分とは依存関係をもたない。例文(6)(7)(8)の、句読点の存否から、分離性の強弱がよみとれる。句点が後置する(6)の独立、読点が後置する(7)の半独立、句点も読点も後置しない(8)の非独立である。それは、おおよそ音声言語のポーズの存否とその長さにかかわるものであろう。(8)の「まあ」は、独立性の弱さから、「ひどい」にかかる、強調の意味をそえる程度副詞とみたほうがよいかもしれない。

(6)　駅を出て、「まあ！」再び章子は声をあげた。(三2)
(7)　「まあ、すばらしい」章子は思わず叫んだ。(三2)
(8)　香也子はスカートを見て、「まあひどい。どうしたの、そのスカート」と白ばくれた。(三2)

接続詞や陳述詞(いわゆる陳述副詞。わたしは、陳述詞として副詞から区別して独立させる(村木新次郎(2010)))にも、以下のような独立(遊離)した用法がみられる。例(9)の「だって」や例(10)の「でも」は、接続するものが顕在化していない。これらは接続詞の独立用法である。また、例(11)の「まさか」や例(12)の「べつに」の例は、文の述べ方をあらわすはずの述語成分を欠いている。これらは陳述詞の独立用法である。

(9)　「どうしたの、黙りこんだね」ぐっと親しみを見せた語調で、金井がふり返る。「だって……」甘えたようにいって、章子はたちどまった。(三2)
(10)　「あの人はもう結婚しているのよ」「でも」(三2)
(11)　「金井さん、残念だったでしょ、結婚できなくて」ヒーターが香也子の足にあたたかい。「まさか」車は急坂を下りはじめる。(三2)

(12)「ハ、ハイじゃありませんよ。お前今日、様子がおかしいよ。何かあったのかい」正座のまま、ツネは保子を見据えた。「べつに」(三2)

　「だって」や「でも」のような接続詞の本来の機能は、2つの文のあいだにあって、両者を、事態に即して、あるいは、言語主体(話し手)の事態に対する認識・判断にもとづいて、意味的に関係づけるやくわりをはたすものである。例(9)(10)のように、接続詞に後続する文がない場合もある。さらに、後続の文が中断されたり、省略されたりすることがある。それは、接続詞の本来の使用からはずれた例外的なものである。ちなみに、人が別れるときに発せられる「じゃ」は、接続詞「では」に由来するが、接続詞ばなれをおこし、感動詞化したものであろう。

　「まさか」や「べつに」のような陳述詞の本来の機能は、文のあらわすことがらのくみたてにかかわらないで、述語と共同して、文の述べ方をあらわす成分である。言語主体(話し手)の事態に対する認識・判断や、話し手と聞き手をとりむすぶ伝達にかかわるさまざまな関係をあらわすものであるという点では、陳述詞と感動詞に共通した性質がある。陳述詞は、述語といっしょになって、文の述べ方をあらわすのに対して、感動詞は、それ自体、文に相当し、話し手による事態へのかかわりや、話し手と聞き手とのさまざまなかかわりをあらわす。例(11)(12)のように、述語形式があらわれないのは、陳述詞にとって例外的な現象である。ちなみに、陳述詞の中で、確信をあらわす「きっと」「かならず」、蓋然性をあらわす「たぶん」「おそらく」、同意をあらわす「なるほど」「たしかに」、予想のとおりであったときの「やはり」「案の上」のような単語は、単独でもちいられることがある。しかし、願望をあらわす「いっそ」「せめて」、条件をあらわす「もし」「万一」「たとえ」、原因・理由をあらわす「なにしろ」「なにぶん」のような単語は、単独の用法をもたないか、もちにくいようである。条件や原因・理由をあらわすのは、一般に主節に対する従属節である。主節に関わる陳述的な成分が相対的に独立しやすいのに対して、従属節内部の陳述的な成分は独立しにくいのかもしれない。

　これらに対して、感動詞は、文の部分とも文全体ともかかわらない独立成分であり、この点で、接続詞や陳述詞と性質がことなる。高橋太郎ほか(2005)によれば、

「ああ、はらがへった。」という文において、「ああ」と「はらがへった」とは文脈的には無関係ではないけれども、それは、はじめに情動をぶちまけて、つぎにその内容をのべたということであって、「でも、はらがへった。」の「でも」のように「はらがへった」のあらわす内容をなにかと関係づけているわけではない。

と、感動詞の特徴を説明している。

感動詞と接続詞と陳述詞は、いずれも自立できる周辺的な品詞であるという点で共通している。しかし、接続詞や陳述詞は、文や文の部分との関係づけをもつのに対して、感動詞は、他と関係づけをもたないという点で相違する。

感動詞であるかどうかをめぐっては、さらに以下のようなことが指摘できる。

(13)「今朝新聞で、お宅の茶会があることを知りましてね」「<u>よくおいでくださいました</u>」(三2)
(14) 章子はうつむいたまま二人の話を聞いていたが、「<u>お先にごめんなさい</u>」と、近づいてきたタクシーに手をあげた。(三2)
(15)「<u>どうもごぶさたしてまして</u>」香也子に無理矢理引っ張られてきた容一は、ツネにていねいに頭をさげた。(三2)

例(13)の「よく おいでくださいました」、例(14)の「お先に ごめんなさい」、例(15)の「どうも ごぶさたしてまして」は、感動詞とされる「いらっしゃい」「ごめんなさい」「やあ／しばらく(です)」と機能のうえでは共通するものの、単語ではなく、単語のむすびついたもの、すなわち句であって、純粋な感動詞とはいえないものである。

「さようなら」と「きょうは これで おいとまします」は、別れのあいさつとして同じ機能をはたしているが、前者は1つの単語(感動詞)からなる文であるのに対して、後者は複数の単語からなる、事態を叙述した文であるというちがいがある。「こらっ。」と「そんな ことを しちゃ だめじゃないか。」とは、相手の行為をとがめているという点で、意味的に等価である。「こらっ。」は、単語すなわち文であり、非分析的に、「そんな …」は、複数の単語からなる文というかたちをとって、分析的に表現されているというちがいがある。「さようなら」や「こらっ」のような感動詞に属するもの

は、単語すなわち文であって、不可分なひとまとまりなのである。

　感動詞の成立をめぐっては、2種類ある。1つは「おや」「まあ」「おうい」のように、感動詞として自然発生的にうまれたとおもわれる単語群である。もう1つのタイプは、他の品詞に属する単語が文法化をおこし、その結果、感動詞になったものである。「こんにちは」「おのれ」「畜生」のように名詞から派生したもの、「おはよう」「ありがとう」「めでたしめでたし」のように形容詞から派生したもの、「おかえり」「すみません」「いらっしゃい」「やったー」のように動詞から派生したもの、「しばらく」「ただいま」「毎度(関西方言か)」のように副詞から派生したものなどの例がある。ここでいう文法化とは、当該の単語が、意味的にはもとの語彙的意味をうしない、文法的には、その語形が固定化し、機能がかわってしまうことである。文法化には、それがより進んだものもあれば、その過程にあるものもあり、度合いはさまざまである。その結果、ある単語が感動詞であるかどうかの判定が困難な場合もありうる。

1.2　感動詞の形態論的な特徴

　一般に感動詞に属する単語は、語形変化をしない。感動詞は、陳述詞や接続詞と同様、不変化詞に属するものである。しかし、一部の感動詞に、ていねいさのカテゴリーがあることが、高橋太郎ほか(2005)で指摘されている。あいさつにかかわる感動詞には、「おはよう―おはようございます」「ありがとう―ありがとうございます・ございました」「おめでとう―おめでとうございます」「ごめん―ごめんなさい」「すみません―すみませんでした」「お帰り―お帰りなさい」「いらっしゃい―いらっしゃいませ」のような語形上の対立があり、この対立は〈ていねいさ〉にかかわるものである。

　さらに、「ありがとう―どうもありがとう」「すみません―どうもすみません」のような対立も、〈ていねいさ〉にかかわるものとおもわれる。

　また、相手へののののしりをあらわす「ざまあみろ―ざまあみやがれ」は負のていねいさによる対立をしめす。ちなみに、「ざまあみる」「ざまあみた」といった語形は存在しない。「ざまあみろ」「ざまあみやがれ」が動詞ではなく、感動詞であるのは、独立語としてしかもちいられないことに起因する。

　うけこたえにおける「はい―うん」「いいえ―いや」のような対立も、多

少〈ていねいさ〉にかかわるように思われるが、こちらは語彙的である。

　また、「ありがとうございます―ありがとうございました」「まいる―まいった」のような語形上の変異体がみられるが、これは、〈テンス〉のカテゴリーとはいえないであろう。例(16)の「まいるなあ」は、「まいったなあ」におきかえることも可能である。すなわち、ムードにかかわるニュアンスが異なるだけで、テンス上の対立ではない。

（16）「まいるなあ、香也子さんには」金井は頭をかき、「ね、章子さん」と、章子をかえりみた。（三2）

1.3　感動詞の音声的な特徴

　言語主体（発話者）の表出である、悪夢にうなされたときに発する「うーん」というようなうめきごえや「ぜえぜえ」とあえぐような呼吸音、感動や落胆のあまりつく「ほーっ」というためいきのようなものは、生理的な性質をもち、非意図的な非言語音とみられる。咳も本来は病理的な現象とみられるが、きどりや合図などの意図性をもつ場合もありうる。非意図的・意図的のいずれにしても、咳は非言語音であろう。くしゃみも病理現象の1つであろうが、その際、「はくしょん・くしょん」という音形で発せられることがある。この音形が安定しているなら、いくらか言語音に近づいているといえようか。<ちっ>という舌打ち音（吸着音）は、言語音か否か微妙である。一般の単語にもちいられない音なので、言語音とみなさないほうがよいのかもしれない。「うわあ」「まあ」といった形式が感動のたかまりをあらわすものとして言語音とみとめられるのは、一定の意味と一定の音形の統一体として習慣づけられているからである。この一定の意味と一定の音形との統一体であるというのが、単語であることの必須条件である。しかし、うめきごえやためいきのたぐいと、「うわあ」「まあ」のような感動の表出のたぐいとの差は微妙である。すなわち、非言語音と言語音とは境目がはっきりせず、両者は連続するものといえるであろう。以下の例文の(17)～(26)は、生理的な非言語音であるか、言語音といえるか判断がむずかしいものである。各例文の二重の下線部は、それぞれの音の発生する理由にあたる。これらの多くは、引用をあらわす「と」をしたがえて、述語を修飾する成分として、もちいられている。品詞としては、副詞に所属する。

(17) ごくりと唾を飲み込む。(東2)
(18) ふっと下條さんが吐息をついた。(東1)
(19) 少しどぎまぎしたあと、ほっと溜め息をついて、彼は夢見るような表情になる。(恩2)
(20) 少しの間、沈黙があった。その後、ふうーっと息を吐く音がして、「鞠子ちゃん」と叔父は話しかけてきた。(東1)
(21) ほう、と思わず吐息がもれた。(宮2)
(22) 何かしゃべっているようだが、その声は長峰の耳には届かなかった。ひいひいと息が漏れているだけだ。(東3)
(23) ぜいぜいとあえぐような激しい呼吸音とともに、彼女は一気に吐き出した。(宮4)
(24) トカゲ男は、そばの花壇に頭をぶつけて、うんうん唸っていた。(東1)
(25) ううむ、と脇坂耕介は唸り声を洩らした。(東1)
(26) げーっ、怖いぞそれは、という恐怖に満ちた悲鳴があちこちで上がる。(恩2)

感動詞に特徴的な現象として、「おい―おーい」「ほう―ほほう」「あら―あらっ―ありゃー」「こら―こらっ―こらー」といった音形の変異体が目立つことが指摘できる。要するに、感動詞に属する一部の音声形式は、一般に不安定なのである。例文の(27)(28)の下線部がそうである。

(27) 「まあああ」小屋の女性が終わりまでいわぬうちに、太った女性は、その顔に見合った口を大きく開いた。「鞠子さんじゃないの。まああ、まああ、すっかり見違えちゃったわ」(東1)
(28) 「たいへんだっ」「わっ、わわわわわ」(東2)

また、単語によっては、いくつかの音調のちがいによって、さまざまな意味をあらわすことができるのも感動詞の特徴といえる。たとえば、「まあ」は、おどろき(「まあ、何するの」)、よろこび(「まあ、うれし」)、うたがい(「まあ、不思議」)、相手への共感(「まあ、そうですね」)などをあらわす。一部の感動詞は、「おや―おやおや」「まあ―まあまあ」「どうぞ―どうぞどうぞ」「はい―はいはい」「これは―これはこれは」のように、くりかえしの形をもつ。感動詞の中に、長音(ひき音)や促音の特殊音節がおおくみられるのも音声上

の特徴である。

　感動詞の音声形式についての特徴は、個別言語をこえて、諸言語に共通していることもある。これについては、渡辺実(1980)、高橋太郎ほか(2005)にもふれられている。しかし、この特徴は「さけび」や「よびかけ」といった、感動詞のある部分についていえるとしても、感動詞全体についてみとめられる特徴ではない。

2. 感動詞の意味的な分類

　これまでの感動詞の分類例として、山田孝雄(1908)、橋本進吉(1959)、高橋太郎ほか(2005)をとりあげる。

2.1　山田孝雄(1908)の分類

　山田にあっては、感動詞にあたるものは、「副詞」の一部であり、「感動副詞」の名称で、他の副詞と区別する。その「感動副詞」は、「意義の上より二種に分ち見ることを得べし。感動をあらわすもの、呼応をあらわすもの、これなり。」とし、そして、「呼応」には、「一思想を提起せむが為のもの」「応答の際に発する説話の前行となるもの」「他人の注意を喚起するもの」「自分の努力を予示するもの」があるとした。

2.2　橋本進吉(1959)の分類

　橋本は、感動詞を「自らいふ［感動］」と「人に対していふ［応答］［呼掛］」の二種三類に分けている。

2.3　高橋太郎ほか(2005)の分類

　高橋らによる感動詞の分類は以下のとおりである。
　　さけび
　　　ああ、かわいそうに。　あら、いやだ。　あれあれ、こんな いたずらをして。
　　　これはこれは、ごくろうさまです。
　　かけごえ

どっこいしょ。　よいしょ。　こらしょ。
よびかけ
　おうい！　もしもし！　それ、行くぞ。　あの、すぐ　来て　くれるでしょうか。
うけこたえ
　はい。　いいえ。　オーケー、ひきうけた。　うん、わかったよ。
はたらきかけ
　こら、やめなさい。　めっ！　しーっ！
あいさつ
　こんにちは。　おはよう。　さようなら。　いただきます。　ごめんなさい。
はなしことばで、(つまったときなどに)あいだにさしはさまれる語(せまい意味での「間投詞」)
　えー　これから　おはなしいたします　ことは、ああ　じつは　……
　あのね　こないだ　いってた　あのう　はなしねえ　……
自然の声や音
　わっはっは　ちゅんちゅん　ぶうぶう　からんころん

「さけび」以下、8つのタイプがしめされ、いくつかの用例があがっているものの、各タイプの明確な定義がなく、分類が体系化されていない。

2.4　本章の分類

　感動詞の意味・機能による分類の私案は以下のとおりである。
　なお、2.3にしめした高橋らの「自然の声や音」は、発話者によるものではないので(例示されたものの中で「わっはっは」だけは発話者によることもありうる)、ここでは感動詞とみない[2]。
Ⅰ　聞き手の存在を前提としない感動詞
　1　(話し手の事態に対する)感動
　1.1　感覚的な感動
　1.2　感情的な感動
　2　(みずからの動作の勢いをつけるための)かけごえ

Ⅱ 聞き手の存在を前提とする感動詞
 1 話し手から聞き手への対応
 1.1 （聞き手に対する話し手の）きもちのあらわし
 1.2 （聞き手に対する話し手からの）よびかけ
 1.3 （聞き手に対する話し手からの）はたらきかけ
 1.4 （聞き手に対する話し手からの）あいさつ
 2 聞き手からの発話に対する話し手の対応—うけこたえ
 2.1 よびかけに対するうけこたえ
 2.2 はたらきかけに対するうけこたえ
 2.3 といかけに対するうけこたえ
 2.4 のべたてに対するうけこたえ
 2.5 あいさつに対するうけこたえ
 3 いいよどみ（間投詞）

　まず、感動詞を「聞き手の存在の有無」によって分ける。聞き手をかならずしも必要としないものと、聞き手をかならず必要とするものとである。前者は、発話に際して、聞き手がいてもいなくてもよいという性質をもっている。すなわち、聞き手の存在が任意的な感動詞と、聞き手の存在が義務的な感動詞とである。なお、聞き手の存在の有無については、橋本進吉(1959)、高橋太郎ほか(2005)でも言及されている。聞き手の存在を前提としないものは、コミュニケーションに関与しない。話し手の、目の前の事態に対する、なんらかの思いの表出である。一方、聞き手を前提とするものは、なんらかの通達に関与する。その通達は、「話し手から聞き手への対応」「聞き手からの発話に対する話し手の対応—うけこたえ」「いいよどみ」に分かれる。まえの2つは、通達の機能に関わり、「いいよどみ」はフィラーともよばれるもので、通達の内容にはかかわらない。

　感動詞の意味分析にあたって、本章のとる立場は、具体的な用例から意味を抽出することである。「まあ、驚いた」の「まあ」はおどろきを、「まあ、うれしい」の「まあ」はよろこびを、「まあ、不思議」の「まあ」はうたがいをあらわしているとみる。この3つの例から、予期しない事態に接したときの感動といった共通の意味をとりだすこともできよう。しかし、「まあ」

には、「まあ、よろしくお願いします」というような聞き手にむけてはたらきかける用法、「まあ、よく来てくれたね」のような聞き手に対する共感の念をあらわす用法も存在し、「まあ」という感動詞がもつすべての用法に共通する意味がとりだせるかどうかわからない。かつて、意味論の世界で、文脈の影響をとりのぞき、発話の段階の意味が混入しない「意義素」を追及しようとする研究があった（たとえば、服部四郎（1964）、国広哲弥（1967））。意義素説では、単語は用法にさきだって意味をもち、意味が文脈を決定するという立場をとる。しかし、単語の意味のありかたがそのようにいいきれるものであろうか。ここでとる意味記述の方法は、文脈の中に意味をもとめるというものである。以下の分類は、コンテクストから判断したものである。

3. 意味・機能にもとづく感動詞の分類

I 聞き手の存在を前提としていない感動詞

　聞き手を前提としない感動詞は、「（話し手の事態に対する）感動」と「（みずからの動作に勢いをつけるための）かけごえ」に分かれる。前者がもっぱら話し手の感覚・感情のほとばしりであるのに対して、後者は、話し手のなんらかの動作に応じて発話されるものである。

1　（話し手の事態に対する）感動

　「感動」は、言語主体（話し手）が、ある事態に直面したときに表出する感覚や感情の発露である。聞き手の存在は任意的で、コミュニケーションに直接かかわるわけではない。すなわち、表出を主たる機能とし、通達を目的としない。

　「感動」を「感覚的な感動詞」と「感情的な感動詞」に分ける。「感覚的な感動詞」は、視覚・聴覚・嗅覚・味覚・触角など外部の刺激に応じて発せられるものである。一方、「感情的な感動詞」は、話し手の心の状態をあらわすものである。「感覚的な感動詞」は、ためいき・さけび・うめき・いたみ・気づき・おどろきをあらわし、「感情的な感動詞」は、よろこび・ほこり・かなしみ・うたがい・とまどい・いのり・のろい・決意をあらわす。それぞれ他とはっきり区別しにくい用例もある。「よろこびのさけび」や「かなし

みのうめき」といったさまざまな意味特徴をあわせもった用例もありうる。さらに、気恥ずかしさやうっとうしさがいりまじったといった、説明しにくい、複雑な感情をともなった感動詞もありうる。例文(29)は、そのような例である。

(29)「<u>えー</u>」慎吾が<u>驚きと歓喜の混じった顔をした</u>。(東2)

　形容詞の語幹が感動の表出としてもちいられることがある。「痛(いた)／痛っ!」「熱(あつ)／熱っ!」など痛覚・温度感覚や、「辛(つら)!」のような感情の表現である。これらは、形容詞の感動詞的な用法とみておく。こうした形容詞の語幹用法は、感覚・感情形容詞にとどまらず、属性形容詞にもおよぶことがある。たとえば、ある品を買おうとおもって、値段を聞いたときに、予想よりはるかに高価であったときに発する「高(たか)／高っ!」のような例である。

　「のろい」は、話し手の事態に対する感情の発露と位置づける。これが聞き手に向けられる場合には、「ののしり」であり、聞き手に対する話し手からのはたらきかけになる。

　これらの中には、語形に特徴がみられることがある。たとえば、「うたがい・とまどい」には、「あれっ」「あら」「ああ」のような「あ」の系列の指示詞に由来するもの、「へえ」「ほう」「ふーん」など、は行音を語頭にもつものがあるといったことである。これらについては、ここではふれる余裕がない。

　なお、「さけび」と「うめき」には、言語音として不安定なものがあろう。「ぎゃーー」「あああ」「ううううーん」など。

1.1 感覚的な感動

ためいき

・正直、意外だった。千秋が西脇融に見せたはにかんだ表情ばかりが印象に残っていたので、戸田忍の方は全く圏外にあったのだ。「<u>へえー</u>」その正直な気持ちがやはり溜息となって貴子の口から漏れると、千秋は彼女をサッと睨みつけた。(恩1)

さけび

・「いいから、高見、自分の分を取れよ」「<u>ひー</u>、手がちべたくなっちまっ

たよ。ほら、返すぜ」(恩 1)
- 「ひえー、眩しいよ」(恩 3)
- おおっ、と広岡と鶴橋が同時に吼えた。(東 2)

うめき・いたみ
- これといった道楽もなく、ただ少し酒をたしなむ程度だったその加野が、ある夏の夜、突然、「うーん」と呻いたかと思うと、そのままあっけなくこと切れた。(三 2)
- ううむ、と脇坂耕介は唸り声を洩らした。(東 1)
- 「慎重に行けよ」「うー。腹筋が痛い」筋肉痛に顔をしかめつつ、右足に力を込めた時、融はハッとした。(恩 1)
- と、痛みが走ったのか飛び上がる。「つつ」(恩 1)

気づき・おどろき
- と、足元を何かがサッと横切った。「わっ」小さく声を上げるが、よく見ると、小さな目がこちらを見上げている。猫だ。(恩 1)
- 「うわあ、お弁当、あったかくなってる」(恩 1)
- 「おっ、甲田と遊佐だ」「あの二人がいいのって、ホントに不思議だよな」(恩 1)
- どうだ、驚いたろう、といわんばかりの顔に、「まあ！　六千個も」香也子は驚いて目を見張る。(三 2)
- 夫を死なせたのか、わが子を死なせたのか、いずれにしても、ごく最近のことであろう。と思った時、視界に思いがけない一団がはいってきた。「あら！」思わず驚きが声に出た。(三 2)
- そう忍が囁くか囁かないかのうちに、思いっきり肩をはたかれて、融は一瞬呼吸が止まった。「あっらー、融クンに忍クンじゃないの！　幸せですかあ？」(恩 1)
- 「ありゃ、何だ……」ひどーい、といって女の子は胸を両手で覆った。(東 2)
- 「しかしライターはあった」「はっ？」「百円ライターです。死体のそばから見つかりました」(東 1)
- 「なんだね、その西島さんって。友だちかね」「さあ、お友だちか恋人か、そんなこと知らないけど、木工団地に勤めてる人よ」「へえー。木工団

- 「地だったら、川向かいじゃないか。じゃ、椅子やタンスを作っている人かね」(三2)
- 「そう。西高の彼女だよ。古川の従姉妹。さっき写真が回ってきてたあの子さ」「ひえー。知らなかった。おまえとなんて、全然噂にもなってなかったじゃないか」(恩1)
- 「あの…わたし、いまお茶を点てていた恵理子の妹です」「え?」青年は目を見張った。(三2)
- 「うそー。知らなかった。戸田君って、ホント、秘密にするのうまいねえ」(恩1)

1.2 感情的な感動

よろこび(納得)

- 「着いた!」「やったあ」(恩3)
- 「かんぱーい」「やれやれ」みんなでコーヒーを飲む。甘さに、目が覚めるような心地になる。(恩1)
- なんというやさしい声音だろう。香也子はそれがうれしくもあり、ねたましくもあった。「まあ、うれしい」香也子は無邪気そうに恵理子の前に立った。(三2)
- 「ねえ、金井さん。いや、今日からお兄さんと呼ぼうかしら。いい?お兄さんと呼んでも」「いいですよ」金井はくすぐったい顔をした。「わあ、うれしい。ね、お兄さんは。内地はいまごろ梅雨ですってね。北海道は梅雨がなくっていいわねえ」(三2)
- 「うん……エクレア買ってきた」ユタカはコンビニの袋を差し出した。「わっ、サンキュ。じゃ、コーヒーのほうがいいね」(東1)
- 中には一枚の招待状が入っていた。炙英社文学三賞受賞式のものだった。「おお、ついに」思わず声が出た。(東2)
- しどろもどろな説明だったが、それで彼女は「ああ」と納得した表情だった。(恩2)
- 「きゃあ、休憩所だ」「夕飯だー」(恩1)
- 「もちろん、奴は大喜び。俺も祝福したよ。心から。めでたしめでたし」(恩1)

第1章　意味・機能にもとづく日本語の感動詞の分類　359

かなしみ(失望・不満・困惑・落胆)
- 「土曜の夜はパーティーするんだぜ」「まだ金曜の夜だろ」「ちぇっ、同じこと言いやがって」「同じこと?」「さすが以心伝心だね」(恩1)
- 「あーあ、だから言ったんじゃないお姉ちゃん。もっと立派な花にすればよかった」(宮5)
- 「僕だけ。杏奈は来てない」「なんだあ。残念」(恩1)
- 「ねえ、わたしこないだ、ニュー北海ホテルで、お父さんがもとの奥さんと、娘と、三人で食事してるのを見かけたのよ」香也子が見たのは、恵理子と容一だけなのだ。「はあ」困惑した声が返ってきた。(三2)
- 「早生まれか。いかにも早生まれだな、お、あえ」「ふん。どうせチビだからって言うんだろ」(恩3)
- ハッとして二人は離れた。紺と白の縞のワンピースを着た香也子が、妖しく目を光らせていた。章子は顔をあげることができなかった。「やれやれ、邪魔者がはいった」(三2)
- 「品物までは要求しないけど」当り前よ、といいかけて、「しまった」と、あたしはカウンターテーブルを叩いた。「折詰を、あのベンチに忘れてきちゃった。せっかくお土産に買ったのに」(東1)
- 今日は午後から西島の会社の新年宴会で、西島は早めにそこを抜けだすという約束だった。「困ったわ」保子はちょっとすねたように恵理子を見た。(三2)

うたがい・とまどい
- 「やめて、膝はやめてっ。まだ怪我が完治してないんだよっ」「あれ、そうだっけ?」(恩1)
- かん高い香也子の声が聞こえてきた。「あれっ?　あの声は香也子じゃないの」(三2)
- 「……。死んだじいさんの仏壇なんか、ここ何年も手を合わせないって話だよ」「あら、どうして?」(三2)
- 「あらま」光一郎が間の抜けた声を上げる。(恩1)
- 「何これ?　怪しいわね。何か魂胆があるんじゃないの」(東1)
- 「お誕生日おめでとー、融ちゃーん!」「……ああ?」(恩1)
- 「え?　恵理子、黙ってたって、おばあちゃんは恵理子の心の動きぐら

い、よくわかるんだよ」(三2)
- 「先週よ。もう会わないって二人で決めたの」「えーっ。どうして。あんなに仲良かったのに」(恩1)
- 「そういえば、この間、杏奈から葉書が来たよ」「へえ。そうか、もう半年経つんだね。元気だった？」(恩1)
- 「そのうえね、章子さんも、このごろすごくつんけんするの。わたしに口もきいてくれないの」「ほう、章子さんがね」(三2)
- 「言わないよ。あたしの融じゃないし。彼もまんざらじゃないんじゃないの。さっきの優しい仕草といい」「うーむ」「それより、あたし、分かっちゃった。戸田君が川べりで一緒に歩いてた女の子」(恩1)
- 「ふーん、とかなんとかいって、ほかの女の子と別の日に会ってるなんてことは、ないだろうね」(三2)
- 「ゲッ、何、悦子は相手を捜してるわけ？」「そみたい」(恩1)
- 「おや、ナナカマドの実が少し黄色くなっているよ」(三2)
- 「おかげさんでねえ、元気だけが取り柄だよ。あんたと同じだよ」「おやおや、ぼくも元気だけが取り柄にされちゃった」(三2)
- 「どれどれ、いったい何が書いてあるっていうのかしらね」(宮4)

いのり

- 「お願い！」
- 「かみさま！」
- 菊が祈り終わったとき、貞行も待子と共に、「アーメン」といった。(三1)

のろい

- 「お前ナメてんのか。足が動いてないんだよ」。怒鳴る坂巻さんに「くそっ」と自分の足を殴った。(毎日 2010.08.10)
- 「くそう、あの女。俺たちの計画をめちゃくちゃにしやがって」光一郎は呟いた。(恩1)
- 「ほら、この子大学で芝居やるつもりだから」「くっそー、いいなあ、『転ぶ』予定の連中は」(恩1)
- 「ばかあ、くそったれえ」それはあれほどの歓喜と恋の中で、眠ってしまった自分への叱責だった。(曽)

- 「99年末で画廊は閉めるから」って引導渡された訳。絵を1枚も見ずにですよ(その店、今もやっとる)。畜生！(毎日 2000.03.23)
- 「ちぇっ、めんどくせえな」王子は重い腰を上げた。(東2)

決意
- 「よし、この件については保留ってことにしよう。何か手がかりが掴めたら、またその時考えるってことにしてさ」(東1)

2 （みずからの動作の勢いをつけるための）かけごえ

　かけごえは、言語主体(話し手)が、ある動作をおこすときに同時に発するもので、勢いをつけたり、拍子をとったりするものである。聞き手の存在は任意的で、コミュニケーションに直接かかわらない。つまり、通達を目的としない。波線部は動作をしめしている。

　　それっ。　よっ。　えいっ。　エイホエイホ。　えっさっさ(えっさっさ)。
　　わっしょい(わっしょい)。　いちに(いちに)。　おいっちにい。　よおし。

- 私たちに気付くと小さく手を上げる。それは記憶の中のにこやかな研吾のしぐさだった。「よっ」(恩3)
- 「どっこいしょ」かけ声をかけて、ツネはビニールの上にすわった。(三2)
- 源光寺は、周囲をちょっと見まわしたが、慈念の足音がそこいらにしないので、よっこらしょ、と声をたてて立ち上ると、廊下に出た。(雁の寺)
- 青年はビニール袋に入ったおしぼりの束をうんしょと言いながら持ち上げていた。
- 克哉は奥の書架を指差した。「ほら。奥の本棚って、こっちから見ると柱が並んでるように見えるじゃん。」(恩2)

II 聞き手の存在を前提とする感動詞

　聞き手の存在を前提とする感動詞は、以下のように分類される

1 話し手から聞き手への対応

　話し手から聞き手にむけて発信されるもの。聞き手に対する話し手の「きもちのあらわし」、聞き手に注意を喚起する「よびかけ」、聞き手にある行為

をもとめる「はたらきかけ」、聞き手との関係を成立・維持したり、修復したりするための儀礼としての「あいさつ」に分ける。このタイプの感動詞には、それぞれ目的がある。

1.1 （聞き手に対する話し手の）きもちのあらわし

「きもちのあらわし」は、話し手の聞き手にむけての、なんらかのきもちをあらわすものである。「いわい」、「はげまし」、「ねぎらい」、「ほこり」、「ののしり」のタイプがある。「いわい」は、聞き手のめでたいできごとにかかわる話し手のよろこぶきもちを、「はげまし」は、聞き手にむけて話し手の応援するきもちを、「ねぎらい」は、聞き手の苦労や尽力に対する話し手のなぐさめや感謝のきもちを、「ほこり」は、聞き手に対する話し手のほこらしさ（優越感）をあらわすきもちを、「ののしり」は、聞き手にむけられる話し手の非難のきもちを、それぞれあらわすものである。

いわい
- 光子は琢磨が区立の中学に上がった時、お祝いに」「忍者部隊月光」の絵がついたペンシル・ケースを贈った。「これ、お祝いです。おめでとう」（曽）
- 「はっぴばーすでー。凜くん、おめでとう。」

はげまし
- 「あおいちゃん、がんばれ。」
- 「ひー」「ファイトっ。」美和子の相変わらず爽やかな掛け声に泣きたくなりながらも、貴子はほとんど気絶しそうになって走った。（恩1）

ねぎらい
- 「長時間、おつかれさま。」
- 「お手伝いありがとう。御苦労さまでした。」

ほこり
- 「きれいなもんだね。誰が考えだしたことかね。整さん、あんた物知りだから、知ってやしませんか」「おお、よく聞いてくれたよ、おばあちゃん」（三2）
- 貴子は勝ち誇って顎を反らす。「へへへ、どうだ。参ったか」（恩1）
- 「へへん、俺様が途中で自販機見つけてひとっ走りしてきたのさ」（恩1）

ののしり
- 「ええい、じれったい」華子は吐き捨てた。(東2)
- 「つまり、整さんは退屈してるってことね。恋人がないってことね」「こいつ」整が殴る真似をし、香也子が椅子を立って逃げる真似をした。(三2)
- 「なによ、なにも今夜うたうことないじゃないの。いくら章子さんのおばあちゃんじゃなくても、そんな歌、うたうことないじゃないの」(三2)
- 忍が顔を覗き込んだので、貴子は「だってさ」と手を振った。「ざまあみろよ」(恩1)
- 「うん、俺もそう思う。くそー、俺も言ってやる。ざまあみやがれ」(恩1)
- 「ちぇっ、おまえ、まだマメできねえのかよ」(恩1)
- 眼鏡くんは、何を思ったのか仰向けになろうとする。「バカね、うつ伏せになるのよ」(宮3)
- 男の子の母親は、ゴミ捨て場を漁るような子供が、このマンションに住んでるわけがない、嘘つき！　と罵った。もの凄い剣幕だった。(宮4)

1.2 （聞き手に対する話し手からの）よびかけ

「よびかけ」は、話し手が聞き手に注意を喚起するという機能をもつ。「よびかけ」の感動詞の語形には、「おい」「やあ」のように「感動」と共通するもの、「ね(え)」「なあ」のように終助辞と共通するもの、「ほら」「あの(ね)」のように指示詞に由来するものなどがある。「いいかい」は語彙的か。

- 「聞いたか、おい」「ほんとかよ」「杏奈の弟だとよ。アメリカから来たんだと」(恩1)
- 「なんだよ、知ってるみたいに」「見てれば分かるじゃん。おまえと同じで、自己表現はあんまり上手じゃないけど」「おいおい。どうしてそういう話になるの」(恩1)
- お手伝いの絹子が、コーヒーを持ってテラスから芝生に降りてきた。「やあ、ありがとう。いま、台所に飲みに行こうと思ったところだよ」(三2)
- 「なあ、きみたち、こまったことができたんだけど、」(恩3)
- 「ね、みんなで、これから道路のじゃりそうじをしようか。」「うん、うん。」(壺)

- 「ねえ、あなた、どうかしら。この章子の着物?」(三2)
- 「ねえねえ、あたし、前から思ってたんだけど」(恩1)
- (…)話がはずみだしている。「ほら、モダンガールいうの、あれかもしれんな。」(壺)
- 香也子は父の手をふり払って、ふくさをつけている和服姿の中年の女にいった。「あの、わたしもお席にすわらせていただいても、いいでしょうか」(三2)
- 「あのね、違うの。順番が逆。おまえらが、くっつきたがってるように見えるんだよ」(恩1)
- 「あのさあ」神田が小声で話しかけてきた。(東2)
- 「あの、すみません」いつかの夜と同じように、おばさんは声をかけてきた。(宮3)
- 「はい、ちょっと瞬きしてくださいね! いいですか、撮りまーす」(恩1)
- 「もしもし、お父さん?」(三2)
- 「貴子、ちょっと」梨香が手招きした。(恩1)
- ところが閉ざされたシャッターを、外からしきりに叩く音がする。がしゃがしゃと揺さぶって「ごめんください、ごめんください」と、大声で呼びかける。(宮4)
- 整「いいかい、香也子。この一分間にだよ、流れ星が、実に六千個も地球に落ちてきているんだ」(三2)
- 「イエーイ、土曜の夜はパーティーするんだぜい」(恩1)
- 「ベイビー、幸せですかーっ」(恩1)

1.3 (聞き手に対する話し手からの)はたらきかけ

「はたらきかけ」は、話し手が聞き手にむけて、ある行為を要求するものである。聞き手にむけられる要求がつよい「命令」、それがよわい「すすめ」、さらに、もっとやわらかい要求に「たしなめ」とよんでよい例もある。話し手と同じ行為を要求する「さそいかけ」もある。なお、「命令」には、聞き手にある行為をしないことを要求する禁止もふくまれる。「起立!」「集合!」は、一般に多人数にむけて発せられる「命令」のはたらきをするものである。なお、はたらきかける相手が動物の場合もありうる[3]。

命令
- 「こら、いいかげんにしないか。」と云いながらやめました。(銀河鉄道)
- 「しーっ、静かにしろ。」

すすめ
- 恵理子は素早く冷えたサイダーを二つのコップに注ぎ、盆にのせて運んできた。「どうぞ。いま、電話がきてたわね」(三2)
- 「まさか。章子が心配しているから、調べ方をいったまでよ」「ま、どうぞ調べてちょうだい」「調べてみるわ、わたし」章子の声は緊張していた。「どうぞどうぞ」(三2)
- 「さあ、これを飲んで。三十分もたったら眠たくなってくるはずですよ」(藤)
- 少し離れて、香也子はピントを合わせた。「さ、チーズよ」(三2)
- 「さっ、ここに連絡先を書いて」(東1)
- 「オーライ、オーライ」トラックを誘導する声が、向こう岸に聞こえる。(三2)

たしなめ
- 「まあまあ、そうあんまりいがみあうなよ」(三2)
- 「これこれ、その辺でやめておいたほうがよいんじゃないの」
- 「ほらほら、そんなして波うちぎわに近づいてくと、ろくなことにならんど」(川)

さそいかけ
- 「さ、行こう行こう、香也子嬢。こちらにもご迷惑だからね」(三2)

1.4 (聞き手に対する話し手からの)あいさつ

「あいさつ」には、話し手と聞き手の関係を維持するため、あるいはそれを強化するためのものと、話し手と聞き手のあいだの関係修復をはたすためのものがある。本章では、前者を「接触」、後者を「待遇」とよぶ。「接触」には「出会い」と「別れ」が、「待遇」には「感謝」と「謝罪」がある。

1.4.1 接触

接触は、話し手と聞き手の関係を維持もしくは強化する機能をもつ。「出

会い」と「別れ」に二分する。接触のはじまりが「出会い」であり、おわりが「別れ」である。「出会い」には、絶対的な時間(帯)にかかわるものと、相対的な時間(帯)にかかわるものとがある。「別れ」には、絶対的な時間にかかわるものがない。ていねいさのカテゴリーをもつものがある。「お邪魔します ― お邪魔しました」というテンス形式の対立が、前者の「出会い」と後者の「別れ」に対応している。「失礼します ― 失礼しました」においては、「失礼します」は、出会いにも別れにももちいられるのに対して、「失礼しました」は別れの場合のみにもちいられる。これらは、「しばらく」とともに、多少語彙的か。「ようこそおいでくださいました」は、「いらっしゃいませ」に相当する感動詞にちかい表現である。

1.4.1.1 出会い

出会いのあいさつは、(a)絶対的な時間帯にかかわるものと、(b)相対的な時間帯にかかわるものとがある。

(a) 絶対的な時間帯にかかわるもの
　朝　おはよう(ございます)[4]。
　昼　こんにちは。
　夕方　こんばんは。
　正月　(あけまして)おめでとう(ございます)。

・「おはようございまーす」後ろで、貴子と忍が無邪気な声を上げる。(恩1)
・「今晩は。お姉さま」驚いてふり返ると、香也子が猫のような目を見せて立っていた。(三2)
・彼女は、真夜中の二時十四分にやって来た。…(略)…「こんばんは。それともおはようかしら」(宮1)

(b) 相対的な時間帯(はじめての出会い・再会・期間をへだてての出会い)にかかわるもの

★はじめての出会い
　はじめまして。　(どうぞ)よろしく。

★再会
　ただいま。　お帰り(なさい(ませ))。

★期間をへだてての出会い

おひさしぶり(ですね)。　ご無沙汰しました。
★その他
　いらっしゃい(ませ)。　　お邪魔します／いたします。

- 「恵理子さんだよ、貴ちゃん。こちら貴ちゃんです」「<u>はじめまして</u>」恵理子は静かに一礼した。(三2)
- 「わたし、香也子です。<u>よろしく</u>」(三2)
- 恵理子だと思って受話器を取ると、「もしもし、<u>お久しぶりね</u>」(三2)
- 「久しぶりだな、達朗くん」前崎はなつかしげに声をかけた。「<u>ごぶさたしています</u>」(川)
- 「お母さん、<u>ただいま</u>」「あら、帰ってきたの」保子はすっと手を伸ばして、テレビのスイッチを切った。(三2)
- 香也子は銀盆の上にフルーツポンチを運んできたのだ。「<u>いらっしゃいませ</u>」香也子の口もとにかわいい笑くぼができた。(三2)
- 「<u>お邪魔いたします。いつもなにかとおせわになりまして</u>」(三2)
- 「<u>しばらく。ご機嫌いかが？</u>」(三2)
- 「あらあ、みっちゃんじゃないの」「<u>ごぶさたしました。時々お訪ねしようと思いながら、ついしそびれてまして……</u>」(曽)
- 少年は興味津津という顔で、融や忍の顔を覗き込み、手を振って挨拶する。「<u>ハイ</u>」「<u>ハイ</u>」つられて、思わず返事をしてしまう。(恩1)

1.4.1.2　別れ(時間帯に無関与)

　別れのあいさつは、一般に時間帯に関与しない。ただし、「お休み(なさい)」を別れのあいさつとしてもちいる場合は、ふつう、夜に限られる。
　「さようなら(ば)」「さらば」「じゃあ　＜　では」など、接続表現に由来するものがある。「お大事に」は相手の健康を気づかっての、別れるときのあいさつ、「おつかれさま(でした)」「お世話さま(でした)」「ご苦労さま(でした)」は、相手にねぎらいのきもちをこめたあいさつで、別れる際に使用されることがおおい。
　「ご愁傷さま(でした)」は、なくなった人の身内に対するあいさつであるが、出会いのあいさつか別れのあいさつか微妙である。

　さよなら。　さらば。　じゃあね。　バイバイ。　いってきます。　いってらっしゃい。　ごきげんよう。

- 「じゃ、さいなら。……」(三2)
- 「じゃ、バイバイ」香也子はもう見向きもせず、駆けて行った。(三2)
- 「お母さん、行ってきまーす」(恩2)
- 「それじゃ、また」「またね」(恩2)
- 「あばよ。また今度夕方会おうぜ」(恩1)
- 「ありがとう。それしか言う言葉がないよ」「いいえ、どういたしまして、じゃ、お休みなさい」(曽)

1.4.2 待遇

　待遇は、話し手と聞き手の関係を修復する機能をもつ。「感謝」と「謝罪」に二分される。「感謝」は、話し手が相手(聞き手)からなんらかの恩恵を受けたことに対するお礼の表明である。「謝罪」は、話し手が相手(聞き手)に対して、なんらかの負い目を感じているときのお詫びの表明である。謝罪に由来する「すみません」は、感謝のニュアンスをおびることもある。待遇にかかわるものは、感動詞の中で、ていねいさのカテゴリーをつよくもつ。「ありがとうございます」と「ありがとうございました」は、みかけ上のテンスの対立をしめすが、ムードよりのニュアンスにかかわるものであろう。一般に、感謝は相手にむけての表現である。食事のはじまりとおわりの「いただきます」「ごちそうさま(でした)[5]」は、食事ができる・できたことに対する感謝と位置づける。もっぱら食事に関してもちいられ、使用が閉じている。非過去形式「いただきます」と過去形式「ごちそうさまでした」が対応している。聞き手がいなくても発話される場合もありうる。「いわい」のきもちをこめて、食事のはじまりに、飲み物を手に、「乾杯」といいあうあいさつもある。

1.4.2.1 感謝

　　ありがとう(ございます／ございました)。　恐縮です。
　　いただきます。　ごちそうさま(です／でした)。

- 「ほんとにお似合いよ、章子さん」…(略)…「ありがと」章子がはにかむ。(三2)
- 「……。とにかく、ぼくはいま、君に結婚を申し込みます。ずいぶん野暮ったい申しこみ方だけど」「ありがとう。うれしいわ」(三2)

- 「サンキュ。これなら大丈夫だ」(恩1)
- 「夜食代わりにどうぞ。ちらし寿司ですよ」「あっ、どうもすみません」恐縮しながらも、あたしは受け取った。(東1)
- 「お連れしました」助手が抑揚のない声でいった。「ごくろうさん、君は準備を頼む」(東1)
- 「いただきます」膳につくが早いか隆士は一番先に箸をとり、ごはんを口の中にほうるように入れた。(三1)
- 「ごちそうさんでした。じゃじゃ馬はぼくが送り届けます」(三2)
- 「どうも長いことお邪魔しました。ごちそうさまでした」(三2)
- ようやく蓋を開けて、缶をぶつけ合う。プシュ、という音とカチカチいう音が重なり合った。「かんぱーい」(恩1)

1.4.2.2 謝罪

ごめん(なさい)。 すまん／すみません(でした)。もうしわけ ない／ありません(でした)／ございません(でした)。 わるい／わるかった。失礼(しました)。

- 「ごめんなさい、遅くなって」約束の時間より十分ほど遅れて、香也子が姿を現した。(三2)
- 「ごめんなさいね、章子さん。馬子にも衣装だなんて。わたし、ちょっと怒ってたもんだから。ほんとはよく似合うわよ」(三2)
- 「だから、謝るよ。すまん。見栄張ったばかりに、言えなかった。悪かったよ」(恩1)
- 「いや、失礼。ちょっと考え事をしていたものだから」(宮1)
- 「そうです。社内LANのシステム、新築のときの入札で、うちは次点でした。僅差で負けたらしいです」「申し訳ない」私は一応、謝った。(宮5)
- ウエイトレスがやってきて、パスタの皿を下げようとした時、肘がテーブルの隅に載っていた優佳利のバッグに当たり、バサリと落ちた。「失礼いたしました」(恩3)

2 聞き手からの発話に対する話し手の対応―うけこたえ―

うけこたえには、いくつかのタイプがある。ここでは、相手(聞き手)がど

のような発話をしたかに着目し、それに対して、話し手がどのようなうけこたえをしたかによって、以下のように分類する。「よびかけに対するうけこたえ」「はたらきかけに対するうけこたえ」「といかけに対するうけこたえ」「のべたてに対するうけこたえ」「あいさつに対するうけこたえ」の5つに分ける。「のべたて」とは、断定・推量・確認などのいわゆる直説法をさす。平叙文とよばれるものである。

うけこたえには、「うけいれ」と「うけいれず」がありうる。なお、「うけいれ」「うけいれず」は、相手のはたらきかけなどに応じたものにもとづく。語られることがらの肯定・否定とは一致しない。たとえば、例(30)では、相手に確認をするような否定の文に対して、「はい」とこたえ、否定の文でむすんでいる。これは、「うけいれ」の例である。

(30) ずいぶん長い沈黙があって、刑事はぽつりといった。「煙草はお吸いになりませんでしたね」「私ですか？　はい。　吸いません」(東1)

2.1　よびかけに対するうけこたえ

よびかけに対しては、うけいれのみ。うけいれないときは無視するため、発話は生じない。もっとも、「いや」「しらない」のような発話で、拒否の反応をしめすことはあろう。

・「みっちゃん」旦那さまは呼び止めた。「はい」(曽)
・「章子、金井さんからお電話よ」テラスで扶代の呼ぶ声がした。「ハーイ」(三2)

2.2　はたらきかけに対するうけこたえ

相手からの、命令・要求・依頼・すすめ・勧誘などに対するうけこたえ。うけいれる場合(承諾)とうけいれない場合(拒否)とがある。「よしよし」は、いくらか語彙的か。「ありがとう」という感謝の意をあらわすことばをかえすこともある。さらに、恐縮の念をまじえて、「すみません」とこたえることもある。

2.2.1　うけいれ

・「そして、みんなで石そうじするの。」「はい。」(壺)
・「じゃわたし、顔を洗うから、お母さんきもの着せてね」「ハイハイ、耳

のうしろをよく洗うのよ」(三2)
- 「じゃ、とにかくこれからは、香也子をいつでもうちによこしてくださいね」「ああ、その代わり、恵理子をいつも呼び出してもいいね」(三2)
- 「あのう……ほんとうにわたしに家をくださるんですか」「おう、あげるとも。どうしてだね」(三2)
- 「ねえ、お姉さん、うちの車に乗ってらっしゃらない？」香也子は上機嫌だった。「ありがとう。でも、ちょっと寄り道になるでしょ」(三2)
- 「私はこの上で喫茶店をやってるんです！ 嵐が収まるまで、休んで行ったらいいわ！」「すみません」(曽)
- 「お電話をかけてみたら？」と、やさしくいった。「いいわ。もう少し待つわ。お姉さんに悪いけど」(三2)
- 「そんならときどき顔出してみてなあ。」「よしよし、みて、手をふってあげる。」(壺)
- 「おや、そうかい。気をつけて帰っておくれよ」「大丈夫。ぼくは安全運転だから」(三2)

2.2.2 うけいれず

- 「あら、六人乗りよ、みんなちょうどよく乗れるじゃないの」「ごめんだよ、とにかくぼくはね」(三2)
- 「でもなんだか、馬鹿にされたみたい。一緒に乗ってってやればよかったわ」「いや、ぼくはごめんだな。あんまりいい趣味じゃないよ、それは」(三2)

次の例は、「うけいれず」というより無視をあらわすものか。

- 「消えてよ」私は強く言った。「ふん」「消えてよ」「うるさいわね」(川)

また、次の例は、相手のはたらきかけに対して、反発のきもちをあらわしている。

- 「お願いだから、消えて」「なにさ、あんただってあたしの血筋の者のくせに」(川)

2.3 といかけに対するうけこたえ

疑問詞のないタイプのといかけに対するもので、うけいれる場合、うけいれない場合、そのいずれでもない場合(保留)がある。「大丈夫」「なるほど」

は、語彙的かもしれないが、感動詞化のきざしがみられる。

2.3.1 うけいれ

- 「しつけのとき、いつもこんなふうになるの？」「<u>はい</u>。」(壺)
- 「あなたはフランス文学がお好きなんですか」「<u>ええ</u>、そうよ。金井さんは？」(三2)
- 「ママに世話になったことがあるって？」「<u>まあね</u>。」(東1)
- 「ね、金井さん、橋宮は小児科医のようだって、ときどきいわれますのよ。そう見えまして？」「<u>なるほど</u>、ぼくもそう思ったところです」(三2)
- 「あの、わたしもお席にすわらせていただいても、いいでしょうか」「<u>どうぞ、どうぞ</u>。もうこの方たちがお立ちになりますから。こちらでお待ちくださいませ」(三2)
- 「家のほうは落ち着いているのか。そのう、ダンナともうまくいっているのか……」「<u>おかげさまで</u>」(藤)

2.3.2 うけいれず

- 「もちろん。何か嫌いなものある？」「<u>いいえ</u>」(恩3)
- 「何か選手をしていましたか」容一が聞いたとき、金井政夫は頭をかいて、「<u>いや</u>、それが…運動神経が鈍くて…卓球を少しやるぐらいです」(三2)
- 「ええ、それが？　帰ってこなかったの」「<u>いや</u>、一時ごろ帰ってきたんだよ。帯をぐるぐる巻きにしてな」(三2)
- 「お姉さんも、お父さんをお見送りでしょ？」「<u>ううん</u>、ちがうわ」(三2)
- 「椎名さんて、杉村さんのガールフレンドですか」と、ニヤニヤしながら訊いた。「<u>とんでもない</u>。職場の同僚だよ。というか部下だね」(宮5)

2.3.3 保留

- 「名簿か何かは残っていないんでしょうか」「<u>さあ</u>、どうだったかしら」(東1)
- 「痛むの？」思わず貴子も尋ねていた。「<u>うん</u>。<u>いや</u>」融はあやふやな返事をして、ゆっくりとその辺りを歩き出した。(恩1)[6]

2.4　のべたてに対するうけこたえ

話し手が相手から、断定・推量・確認などの表現(いわゆる直説法)で語り

かけられたときのうけこたえ。語られていることがらをうけいれる（是認する＝同意する）場合、うけいれない（否認する＝同意しない）場合、そのいずれでもなく保留し、語られていることがらに疑問を呈する場合がある。

2.4.1 うけいれ

- 「わかっちゃいないよ。それは面と向かって人にいう言葉じゃない。自分のことをいうか、あるいは陰でいう言葉さ」「ああ、じゃ陰でいうわ。」（三2）
- 「でも月に一度は行くんでしょ」「うん、二度行くこともある。あそこの婆さんが傑作でね」（三2）
- 「悦子って、半径五メートル以内に日陰なしって感じじゃない？　彼女のいるところは常に日向」「うんうん。半径五メートルね。当たっているなあ」（恩1）
- 「結婚式場みたいだな」「まあね」（東1）
- 「飛ばすぜ」「OK」（恩1）
- 「うん、そういうところはある。ふてぶてしくなるというか」「そうそう」（恩3）
- 「整さん、すべての女性は、わたしのライバルに変わり得るのよ」きっとして、香也子がいった。「なあるほど。大変なファイトだ」（三2）
- 「ほんとうよ。おばあちゃん。女三人いて、そのうち二人がほんとうの親子で、わたしだけ血がつながっていなけりゃ、他人扱いにされるのは当たり前でしょ」香也子は目に涙を浮かべた。「なるほどねえ」（三2）
- 「行くわよ、貴子」ようやく前の集団が動き出して、美和子が素早く合図した。「あいよ」（恩1）
- 「行くぜ、融」「合点」（恩1）

2.4.2 うけいれず

- 「君って忙しい人だな。すべての男性は恋人に変わり得るし、すべての女性はライバルに変わり得る。それじゃ、心の休まるときがないだろう」「いいえ、そう思うから、わたしには人生が楽しいの」（三2）
- 「ね、あなた、高砂台はあのあたりかしら」扶代の指さす彼方に、旭川の街と田園をぐるりと囲むなだらかな丘が、やわらかくかすんでいる。「いや、もっと右手だろう」（三2）

- 「千里さんのおとうさん、大工さんね」「ううん、大工さんは、おじいさん。」(壺)

2.4.3 保留・疑問の呈示

- 「ひどいわ、小母さんも章子さんも」「あら、何のこと？　香也ちゃん」(三2)
- 「そんなこといっちゃいけないわよ、香也ちゃん。人の幸せを願わなくちゃいけないと思うわ、お母さんは」冷蔵庫から苺を出してきた保子は、母親らしくたしなめた。「へえ？！　人の幸せを願わなくちゃいけないって？」(三2)
- 「どこへ行ったんだね、香也子は？」再び容一の声がした。静かにふり返って扶代が答えた。「知りませんわ」「知らない？」「ええ」(三2)

2.5　あいさつに対するうけこたえ

　相手(聞き手)からうけたあいさつに対する話し手のうけこたえ。相手とおなじあいさつをかえす場合とちがうあいさつをかえす場合とがある。前者には相互性があり、後者にはそれがない。

　おなじあいさつ

　　(「おはよう。」)「おはよう。」　(新年をむかえて「おめでとう。」)「おめでとう。」

　ちがうあいさつ

　　(「ただいま。」)「お帰りなさい。」　(試験に合格したとき、「おめでとう。」)「ありがとう。」　(「ありがとう(ございます)。」)「どういたしまして。」　(「ごちそうさま」。)「おそまつさまでした。」

- 「はっぴばーすでー」「どうもどうも」(恩1)
- 「はじめまして、どうぞよろしく」「こちらこそ」
- 「誕生日、おめでとう」いつのまにかそう言っていた。「ありがとう」静かな声が返ってくる。(恩1)
- 「ご結婚間近なのですよね。おめでとうございます」さっき梨子は、挙式は十月だと言っていた。「ありがとうございます。父は、わたしの結婚には、嬉しいというよりは安心していたみたいです」(宮5)
- 「お忙しいところをすみませんでした。どうもありがとう」いいえどう

いたしまして、といって仲居さんは去っていった。(東1)
- 「只今」ともう一度怒鳴ると、ようやく裏から「ああ、お帰り」と見慣れた顔が現れた。(曽)

3 いいよどみ(間投詞)

発話のはじめや途中で(いろんな理由から)あらわれる、内容をもたない形式。フィラーとよばれるもの。

- 「あの、あと二十分ぐらいしたら、おみえになる筈ですけど」(三2)
- 「お客さまはまだ？」香也子が尋ねる。「あのう、二十分ほど遅れるって、電話がありました」(三2)
- 「ま、保子のことは保子のこととして、恵理子も恵理子だよ」(三2)
- 「なんか、戸田君、凄くない？ 梨香より脚本家に向いているかも」(恩1)
- 「そうだね。でも、どこかで会ったことがあるな。ええと、どこだったかな」(東1)

以上、感動詞の意味・機能にもとづく分類をこころみ、それぞれの分類項目に該当する用例をしめした。分類項の個々の分析は保留されたままである。後日を期したい。

資料

恩田陸(2004)『夜のピクニック』新潮文庫 (恩1)
恩田陸(2005)『図書室の海』新潮文庫 (恩2)
恩田陸(2009)『まひるの月を追いかけて』文春文庫 (恩3)
川上弘美(2005)『竜宮』文春文庫 (川)
曽野綾子(1998)『極北の光』新潮文庫 (曽)
壺井栄(2005)『二十四の瞳』新潮文庫 (壺)
藤堂志津子(1996)『われら冷たき闇に』中公文庫 (藤)
東野圭吾(1996)『分身』集英社文庫 (東1)
東野圭吾(2008)『黒笑小説』集英社文庫 (東2)

東野圭吾(2008)『さまよう刀』角川文庫　(東 3)
三浦綾子(1973)『塩狩峠』新潮文庫　(三 1)
三浦綾子(1978)『果て遠き丘』新潮文庫　(三 2)
宮部みゆき(1995)『とり残されて』文春文庫　(宮 1)
宮部みゆき(1998)『地下街の雨』集英社文庫　(宮 2)
宮部みゆき(2001)『人質カノン』文春文庫　(宮 3)
宮部みゆき(2004)『理由』新潮文庫　(宮 4)
宮部みゆき(2007)『誰か　Somebody』文春文庫　(宮 5)

注

1　短編集の場合は、その本でおさめられている書名で代表させた。
2　感動詞は、発話者〈わたし〉に帰属するものでなければならないとかんがえる。以下の例文「ごとん」は電車が発する音であり、〈わたし〉に帰属しないし、「コツコツ」は、〈わたし〉に帰属せず、さらに過去のことであり、〈いま〉に帰属しない。
・ごとん、と電車が動き出した。(恩 2)
・バスの時間を調べていると、コツコツ、と耳元で音がした。…(略)…誰か窓ガラスをたたいているのだ。(恩 2)
しかし、「電車が動き出した。ごとん」「誰かが窓ガラスをたたいている。コツコツ」のような例は、〈わたし〉には帰属しないが「現場性」をそなえているうえ、独立語であるという点で感動詞の特徴をそなえている。
3　たとえば、馬の早駆けをうながす「ドウ(ドウ)！」のような動物への命令も感動詞の一種であろう。
4　「おはよう(ございます)」の今日の使用は、とりわけ若年層において、「朝」に限定されず、その日のはじめての出会いの挨拶としてもちいられる傾向がある。
5　「ごちそうさま」には、相手からののろけ話に対する挨拶としての使用がある。
6　ドイツ語には、ja(肯定)、nein(否定)、ほかに、jain(肯定でも否定でもない)がある。

第 5 部　単語とコロケーションをめぐる諸問題

第1章　日独両言語の単語をめぐって[1]

1. 単語とはなにか

　単語という単位は、自明のものではなく、それを過不足なく定義することはきわめてむずかしい。日本語では、単語の認定に関して共通の理解がえられていない。なにを単語とするかをめぐって、さまざまな立場がある。伝統的な国語学では、単語と形態素のレベルのちがいに注意がはらわれず、両者を区別しないでどちらも単語あつかいをしている傾向がみられる。ドイツ語では、わかちがきの習慣があることもあって、単語の認定をめぐっては日本語の場合ほど問題にならないようである。しかし、そこにも問題がないわけではない。

　ここでは、言語の基本的な単位として単語というものが存在するという前提のもとに、話をすすめることにする。そして、単語にはどのような特徴があって、日本語とドイツ語において、単語をめぐって、どのような問題があるのかを素描してみたい。

2. 単語の本質的な特徴

　単語は、談話や文章といった、われわれ人間のおこなう、話したり書いたりするという言語活動の中でくりかえしあらわれる、内容をになった言語音の連続体である。単語は、談話や文章の中で、その時その場の、ある具体的な現実の意味と対応し、かつ、数かぎりなくあらわれる言語活動の中で、現実世界の一般的な断片をあらわすという性格をたもっていなければならないものである。

われわれ人間が所有する言語は、ある事態をそのまま、ひとつの記号としてあらわしているのではなく、事態を構成する対象や運動や状態などのある側面を一般的にきりとった単語という単位をもち、その単語をくみあわせることによって文を構成し、文がその事態をあらわすというしくみをそなえている。歩いている象、走っている象、寝ている象などさまざまな事態（運動）の中にある対象を、実体として一般的にきりとったものが「象」という単語である。また、人間や犬や象などの動物が足をつかって比較的ゆっくりと陸上を進むという運動を、その対象からはなれて、一般的に名づけたのが「歩く」という単語である。そして、たとえば、ある特定の事態を、対象をあらわす単語「象」と運動をあらわす単語「歩く」をくみあわせて、「象が　歩く。」というような文で表現するわけである。単語は事態を構成する要素であり、文はある特定の事態に対応する。

　ある事態が人間の見方と目的にしたがっていくつかの特徴（＝意味）に分解され、それらの特徴に一定の音声（＝形式）が付与される。その特徴と音声の統一体が単語なのである。そのような意味と形式との統一体としての単語は、個々の人間にとっては、既存のものとしてあたえられたもので、その言語共同体に共通のもので、原則として個人が勝手につくりだせるものではない。単語は、ある特定の個人に属するものではなく、その言語をもちいる集団に共有されているものである。その場で臨時的につくりだされる合成語をのぞけば、単語はわれわれが勝手につくりだすことができない性質をもつもので、その言語の使い手の脳にあらかじめたくわえられたものである。単語の本質的な特徴として、この所与性という性質をあげることができる。所与性という特徴はたぶんに心理的な性格をおびている。

　単語という単位は、すでにふれたように、二側面的である。1つは、語彙的な単位としての単語（＝語彙素）であり、他の1つは文法的な単位としての単語（＝語形＝単語形式）である。前者の語彙的な単位としての単語は、単語が語彙的意味をそなえているという意味的な側面をにない、語彙項目として辞書に登録されるという性格をもつもので、一般的抽象的な単語である。後者の語形としての単語は、文の部分になるという文法的な側面をにない、発話にあらわれる具体的な実現形としての単語である。単語は、事態を一般的にうつしとっている語彙的な単位であると同時に、ふつう文の中にあって、

文をくみたてる材料としての文法的な単位でもある。単語は、こうして、言語体系の中で外界との関係をたもちつつ、他の単語とむすびついたり、それ自身の形をかえたりして、文法的な機能をはたすわけである。単語は、このように、辞書における単位であり、かつ、文の構成要素ともなる、言語の中心的な位置をしめる、重要な単位なのである。つまり、単語は語彙的な側面と文法的な側面をあわせもち、語彙と文法の2つの領域にまたがって、かなめの位置をしめる基本的な単位である。

　語彙的な単語すなわち語彙素は、いくつかの文法的な変種をもつことがある。活用や曲用がそれである。単語の変種は、語彙的意味を共有する単語の、文法的な意味だけが異なるものである。たとえば、「歩く」と「歩いた」、(ich) laufe、(ich) lief (「歩く」を意味する一人称単数の現在形と過去形)は、語彙的な意味が同じで文法的な意味を異にする単語である。書きことばにおいては、表記上の変種が存在することがある。たとえば、「あかるい」「明かるい」「明るい」、Photo と Foto (いずれも「写真」を意味する)は、そうした表記上の変種の例である。同じ単語ではあるが、文字のうえでは違いがみとめられるものである。

　以上に述べた単語の特徴を整理すると、次のようになる。
(1)　所与性(既存のものとしてあたえられている)
(2)　語彙的な単位(語彙的な意味をそなえている)
(3)　文法的な単位(文をくみたてる材料である)

　単語の特徴には、これらのほかにも、アクセントや休止など音声音韻的なレベルでの特徴や、わかちがきによって分離されるといった表記上の特徴など、いくつかのことが指摘できるが、ここでは(1)〜(3)の3点にしぼって言及したい。

2.1　単語の所与性

　単語は、基本的にはできあいのものとしてわれわれにあたえられている単位であり、原則として勝手につくりだすことはできない。ただし、合成語の中には、固定的な合成語と臨時的な合成語があって、臨時的な合成語の場合は、句や文とおなじように、話し手や書き手によって、その都度つくられるもので、あらかじめあたえられたものではない。日本語ドイツ語ともにこの

種の合成語は数多い。たとえば、日本語の「食べ比べる」「歩き疲れる」「読み始める」のような複合動詞は、共時的にも 2 つの語彙的意味をもった要素がくみあわさってできたものと意識され、全体の意味はそれぞれの要素からみちびきだせる。これに対して、「繰り返す」「ふりかえる」「思い出す」のような単語の場合は、要素には分割しにくいもので、全体で 1 つの意味をになっていると意識されるであろう。両者の差は連続的なものではあるが、後者の単語は辞書の見出し語として、立項されるであろうが、前者の単語は言語活動の場で、その都度つくりだされる性質の単語であるゆえに、辞書の見出し語として立項される可能性はすくない。これらが固定的な合成語である。固定的な合成語と臨時的な合成語の差は絶対的ではなく、連続するものであろう。固定的な合成語は辞書の見出し語として登録されるであろうが、臨時的な合成語は、言語活動の場でその都度つくられる性質のものであるゆえに、登録される必要がない。ドイツ語の Kanzlerworte「首相の発言」や Donaldidee「奇抜な思いつき」のような単語は、一時的な造語 (okkasionelle Bildung) と呼ばれ、固定的なむすびつき (feste Verbindung) から区別される。

　辞書の見出し語や語彙表は、単語の目録にあたるものである。これらは、その言語の使い手にあたえられている単語のリストの例と考えてよい。筆者は以前、日本語とドイツ語の基本語彙を比較したことがある (村木新次郎 (1981))。目的・語数・語彙の選定方法などの点で類似した日独両言語の 2 つの語彙表を調査対象にして、両言語の異同を報告した。日本語のリストには、丁寧の意味をそえる「御-(お-、ご-)」のような接頭辞、敬称の「様」、「さん」のような接尾辞、「られる」「たい」のような一般に助動詞とよばれているものの一部、さらに類別辞としての「-回」「-度」「-枚」などがふくまれていた。これらは、いずれも広義の合成語をつくる要素であり、それ自身は単語ではなく単語の部分である。ドイツ語にも生産的に派生語をつくる多くの接辞があるが、ドイツ語のリストにはそのような接辞がおさめられていない。むしろ、Mieterschutzgesetz「借家人保護法」、Geschwindigkeitsbeschränkung「速度制限」、Hotelvermittlung「宿泊案内所」といった多くの形態素からなる長い複合語も相当数ふくまれている。日本語では、単語よりも小さい接辞類や造語成分などが見出し項目として採択される傾向がある。逆に、「速度制限」や「宿泊案内所」などの複合語は、一般

の国語辞典には立項されにくい。立項されても、小見出しのあつかいをうけるか、用例としてしめされることの方が多い。辞書や語彙表によって多少異なるであろうが、日本語では、接辞類が立項され、合成語が立項されにくいという点が指摘できる。このことは、日本語の単語の認定に問題があるということの結果とも考えられるし、また日本語の使い手（あるいは辞書や語彙表のつくり手）が相対的に小さな形式を単語とみなしているというふうにも理解できる。おそらく、そのどちらでもあるのだろう。ドイツ語の辞書類では正当に単語が立項されていて、そのかぎりにおいて、単語という単位が安定しているようにみえる[2]。

2.2　語彙的な単位

　典型的な単語は語彙的な意味をそなえている。「象（Elefant）」「歩く（laufen）」「大きい（groß）」などはそのような単語である。しかし、単語の中には語彙的な意味を欠くものもある。機能語とか文法的な単語とよばれるもので、次のような単語のグループがそうである。接続詞は、単語や文を相互にむすびつけるという文法的なはたらきをしめす単語である。文副詞は、名づけとしての意味がなく、もっぱら話し手書き手を媒介にして現実との関係をしめす陳述的な意味をあらわしている。「せめて」「せっかく」「やはり」「あいにく」「きっと」など、この種の単語が日本語に多いことはよく知られているが、ドイツ語にもこのような単語（文副詞）はめずらしいものではない。日本語もドイツ語もこのような心態詞を発達させている点で、両言語は類似している。次の denn、ja、doch はそのようなモーダルな意味をもつ文副詞の例である。

　　denn: Wie heißt du denn?　（君はなんていう名前なの。）
　　ja: Das ist ja unerhört!（そんなこと聞いたことがないよ。）
　　doch: Komm doch bitte einmal zu mir!　（一度ぼくんちにおいでよ。）

　補助名詞、補助動詞、前置詞や後置詞などの単語は、発生的には名詞・動詞・副詞などの単語が語彙的意味を稀薄化させ、他の単語の文法的な意味をになう形式となったもので、これらも典型的な単語ではない。日本語の補助名詞の例としては、なんらかの連体修飾句を必要とする「こと」「とき」のような単語（一般に形式名詞とよばれているもの）があり、ドイツ語では、

der/die/das や welche などの関係代名詞が補助名詞にあたる。日本語の補助動詞の例としては、本動詞に後置する「(食べて)いる／しまう／おく／やる／もらう／みる」などで、相(アスペクト)、態(ヴォイス)、法(ムード)などの文法的意味をになう。ドイツ語では、können、mögen、müssen などもっぱら法にかかわる意味をになう補助動詞を発達させている。haben、sein、werden などの基本動詞も、相や態の文法的意味に関与する補助動詞としても使用される。

　ドイツ語の前置詞は数多く存在し(とりわけ書きことばで)、名詞もしくは名詞相当の語句に前置して、名詞と一緒になって文の部分を構成する。halber や zuliebe のように名詞に後置するもの、um …… willen のように名詞を前後からとりかこむものもある。副詞から派生した基本的な前置詞である、in、auf、zu などは空間・時間・因果関係といった多岐にわたる用法をもつのに対して、zwecks (名詞 Zweck「目的」から)、entsprechend (動詞 entsprechen「一致する」から)のような前置詞は、用法がかぎられていて、そこには、もとの語彙的意味をより多くとどめている。日本語の動詞から派生した「(〜に)とって」「(〜に)よって」や名詞から派生した「(〜と)ともに」「(〜の)ために」といった後置詞も単独では文の部分になれず、前におかれる名詞をささえてもっぱら文法的なはたらきをする形式として発達した単語群である。これらは後置詞とよぶべき品詞に属する。「(川に)そって」「(単語を)めぐって」のような形式は動詞としての性質をうしない、後置詞化しているものであるが、相対的にまだ語彙的意味をのこしている。

　以上にあげた文法的な単語は語彙的意味を多かれ少なかれ欠いており、典型的な単語からはずれている。

2.3　文法的な単位

　言語の文法的な単位としては、少なくとも、形態素と単語と文とがある。ともに発話という線的なながれを分節してえられる単位である。これらの3つの単位は、ある形式をもっていると同時に、その形式と直接むすびついているなんらかの意味をもっているという点で、音韻、音節、超分節的なアクセント、イントネーションなどとは異なる単位である。音韻、音節、アクセント、イントネーションといった形式は、意味をもつ単位を構成するもので

はあっても、それ自身が特定の意味と対応しているわけではない。ここで、文法的な単位としての単語と形態素の関係、および、単語と文の関係を考えてみたい。

2.3.1 形態素と単語のちがい

　形態素は、発話連鎖の中で、意味とむすびついた最小の形式であると定義される。単語は１つもしくは２つ以上の形態素から構成されるが、相対的に前後の形式から独立していて、他の単語とさまざまな関係をもって文の中にあらわれる。文の中で独立して機能する自由な形態素は単語と一致するが、合成語の部分として非独立の形態素は、単語内部の語根、語幹や接辞として単語の内部にあり、単語に従属している。単語の「げた」と「げたばこ」の「げた-」とのちがいは、前者が名詞として文法的なかたち（たとえば格の体系）をもちうるのに対して、後者はそれをもたないことである。形態素は、あたらしい単語をつくる造語成分（語彙的な形態素）として、また、文の中でのある語形をつくる語形形成の要素（文法的な形態素）としてはたらく、単語を前提として発達したものである。つまり、単語と形態素の関係は、基本と派生の関係にあり、単語は言語の単位として、形態素よりも優位な位置にあるわけである。形態素は分析の結果えられる単位であるが、単語は分析以前にあたえられている単位である。アメリカを中心に展開された構造主義言語学や生成文法による言語分析では、単語を回避して形態素を基本にあつかっている観がある。はじめにふれたように、日本の伝統的な文法研究も形態素を単語あつかいして、形態素を基本とした分析がなされてきた。

2.3.2 文と単語のちがい

　単語は、命名の単位であるのに対して、文は、言語活動の単位である。文は、命名の単位である単語から構成された、１つの完結した発話として機能する文法的単位である。単語は言語活動としての発話を成立させる単位であり、文は発話が成立したあとでの単位である。テキスト全体からみれば、多くの文はかならずしも完結しているとはいいがたいが、それでも一般に文は、相対的にとじた伝達の表現をつくる単位であることはたしかであり、このことが文の本質的な特徴だといえる。文は、特定の状況とかかわってい

る。しかし、単語のほうは、発話の状況そのものに直接関係するのではなく、さまざまな発話の中でくりかえされる一般的な意味内容をそなえた形式なのである。単語は、文の中に存在するが、それはある特定の文に固定的にむすびついているのではなくて、多くの文の中で用いられ、同じようなはたらきをするものである。このように、単語の意味内容は一般的抽象的であるという性質がある。文は単語の存在なくしては成立しないが、それは一般的抽象的なものではなくて、ある特定の状況と対応して、個別的具体的である。言語内的には陳述があり、言語外的にはある特定の場面でのある特定の現実とかかわっている。

　文は、話し手や書き手の責任において、その時その場で創造されるものである。単語をくみあわせて創造される文は、社会的にあたえられているものでもなく、また個人的にその言語の使い手の脳の中にあらかじめたくわえられているものでもない。単語は、テキストや談話の中でくりかえしあらわれる性質をもつゆえに、延べや異なりとして数えあげたり、並べあげたりするとができるが、文はその数が無限であり、目録として並べあげることができない。こうして、単語と文とは、異なる機能をもった単位なのである。

　文は、ふつうは「あしたは　雨だ。」「象が　ゆっくりと　歩いて　いる。」のように２つ以上の単語からなるが、「雨だ。」「（さがしているものが見つかって）あった。」のように、ある特定の事実をつたえる、一語からなる文も存在する。手術中の外科医が「メス。」「ガーゼ。」と発したとしたら、それらはある特定の聞き手（この場合、看護婦や助手）にあることを要求する、一語からなる完結した文である。

　単語と文の機能のちがいを音調との関係でみてみよう。単語は音調によっていくつかのタイプの異なる文をつくることがある。就職活動をしている学生たちの会話の「決まった？」「決まった。」は、しりあがりの音調をもった前者は質問文であり、しりさがりの音調をもった後者は断定叙述文（平叙文）である。「決まった（動詞「決まる」の過去形）」という単語は、どちらの文とも無関係に、独立したある一定の意味をになっている。単語として一定の意味をになった形式が異なる音調をともない、異なる機能（先の例では、質問と断定叙述）をになった文となっているのである。つまり、文と単語は、機能がちがうのである。

感動詞、間投詞とよばれる単語群は単語と文が未分化な言語形式で、単語が、それ自身、文であるという性格をもっている。これらの単語は発話される場面に依存する。「おや」「まあ」「げっ」「やったー」、pfui（こらっ）、pschschscht（しーっ）、hurra（万歳）などである。ドイツ語の音韻的でないts,ts,ts（叱責をあらわす）のような舌打ち音が発せられることがある。psst（相手を黙らせるとき）やbrrr（たまらなく寒いとき）のように母音のない間投詞もあり、言語音として不安定である。この種の形式は単語としての安定性の欠如から、辞書に登録されない傾向にある。あるいは辞書によってあつかいが不統一であり、辞書の編纂者たちが感動詞、間投詞を網羅する努力を放棄しているとみられる。従来の研究は書きことばにかたより、話しことばの研究が遅れているため、もっぱら話しことばにあらわれる感動詞の記述的な研究も遅れているといえよう。

　文の中で主要な役割をはたす名詞、動詞、形容詞、副詞などに属する単語は単独で文の要素となりうる。しかし、言語によってそれらの存在形式はさまざまである。日本語とドイツ語における名詞と動詞は以下のような形で文の中にあらわれる。

　日本語の名詞については、「犬-φ」「犬-が」「犬-を」「犬-に　とって」などの形式がありうるが、その中心は「-が」「-を」のような膠着的な付属形式をそえたものである。語彙的な要素「犬」と文法的な要素「-φ」「-が」「-を」とが遊離しているのが特徴である。「犬-φ」のような付属形式をともなわない形式は、現代日本語では話しことばという文体での使用にかぎられるが、「-が」「-を」などと並ぶ名詞の曲用のパラダイムをなすメンバーである。「犬に　とって」のような、後置詞をともなう迂言的なてつづきによる名詞の文の中での存在形式も発達しているが、これらは「-が」「-を」をそえる形式の二次的な位置にとどまる。

　一方、ドイツ語の名詞では、ein Hund, einen Hund, für einen Hundなどの形式があるが、主語や目的語になるという名詞の主要な機能は、分布（ein Buchは、その位置によって、主語にも目的語にもなる）と、文法的な単語である冠詞（たとえば、男性・単数の名詞の、主格einと対格einenとの対立）がになっている。für einen Hundやvon dem Buchのような前置詞と名詞のくみあわせは、主語や目的語の機能をはたすことはなく、それ以外の規定

語、状況語などのはたらきをするもので、その点で二次的であるといえる。
　主語と目的語についてのみいえば、日本語は形態論的に分析的であり、ドイツ語は統語論的に分析的であることが指摘できる。
　次に日本語の動詞については、「飲む」「飲んだ」「飲もう」「飲め」のような時と法による活用のパラダイムは、語幹と語尾からなる融合形である。2つの活用のタイプがある。五段動詞と一段動詞である。「食べ-させ-られ-まし-た」の「-させ-」「-られ-」「-まし-」のような派生動詞をつくる接尾辞が発達している。2.2でふれた本動詞に後置する補助動詞は、相・法・態の意味をにない、合成述語をつくる要素である。動詞の末尾にくる「ね」「よ」「わ」のような、話し手と聞き手の関係をとりむすぶモーダルな形式も発達している。
　一方、ドイツ語の動詞は、人称・数・時・法による活用のパラダイムをもつが、非分析的総合的にあらわすことが多い[3]。文法的な要素をカテゴリーごとにとりだすことが不可能で、語彙的な要素と文法的な要素の分離ができないこともある。動詞の語形には、Ablaut（母音交替）や Umlaut（変母音）など単語内部での変化による場合、文法的な接辞をつける場合、その両者をくみあわせる場合があり、多様である。基本的な動詞には、binden, band, gebunden のように語根の母音を交替させるものがめだつ。不規則な語形変化をするものも日本語にくらべて多いのが特徴である。補助動詞の haben, sein, werden は時・相・態の分析的な語形をつくる。話法の補助動詞が発達していて、本動詞なみに単独でも述語としてつかわれることがある。
　日本語の動詞は語幹に近いところで屈折的融合的であるが、語幹から遠い部分については膠着的である。ドイツ語では屈折的な要素と膠着的な要素がまざりあっている。

3. 単語の多様性

　ひとくちに単語といっても、単語の本質的な特徴をそなえた典型的な単語のほかに、そうした特徴を部分的に欠いた例外的周辺的な単語も多く存在している。
　最後に、これまでにふれられなかった単語の認定をめぐる問題点をいくつ

か記しておきたい。

「授業開始」「全国各地」が複合名詞として一語なのか、それとも「授業」が目的語の、「全国」が規定成分の機能をはたすとみて、2つの名詞からなるむすびつきであるのかといった問題(「各地」は、接尾辞としての側面もみられる)、「故(山田先生)」「新(委員長)」は接頭辞か連体詞か、「夜の蝶」「黒い霧」「若いつばめ」は単語か単語のむすびつきかといった問題など。ドイツ語の teilnehmen のような分離動詞は、文の中ではなれて存在しうる(Er nahm am Kongreß teil.「彼は会議に出席した。」)が、一語とされる。不定詞の用法では、teilzunehmen のようにつづられ、前置詞 zu を単語の内部にとりこんでしまう。ちなみに、19 世紀のドイツ語では、Teil は名詞で、二語と意識されていた。正書法によれば、radfahren「自転車で行く」は一語で、Auto fahren「自動車を運転する」は二語である。2つの単語が融合する過程は、連続的であり 1 つの単語か、それとも 2 つの単語かをめぐって、はっきりとした線引きをすることは困難である。意味のひとまとまり性が一語書きをうながすのであろうか。

注

1　もとの論文名は、「日独両語の単語をめぐって」であったが、表題のようにあらためた。
2　ドイツ語でも、vieltausendmal, viele tausendmal, viel (e) tausend Male (いずれも「非常にしばしば」を意味する)のようにゆれているものもある。
3　ging は「行った」を意味する 1／3 人称・単数・過去・直説法の形式。

第2章　中国語の形容詞が日本語の動詞と対応する中日同形語について

1. 問題の所在

中国語母語話者の日本語使用には、しばしば以下のような誤用がみられる。
- （1）　観客はすっかり<u>興奮</u>です。
- （2）　わたしは立派な先生の前に立って、とても<u>緊張です</u>。
- （3）　あの人は、かなり<u>衰弱</u>です。
- （4）　<u>充実な</u>学生生活をおくっています。
- （5）　あそこは非常に<u>繁盛な</u>店です。
- （6）　クラブ活動で<u>活躍な</u>人。

いずれも中国語で形容詞として用いられる単語を、日本語の中で、形容詞として使用したものである。しかし、正しい日本語は、以下のようになる。
- （1'）　観客はすっかり<u>興奮しています</u>。
- （2'）　わたしは立派な先生の前に立って、とても<u>緊張しています</u>。
- （3'）　あの人は、かなり<u>衰弱しています</u>。
- （4'）　<u>充実した</u>学生生活をおくっています。
- （5'）　あそこは非常に<u>繁盛している</u>店です。
- （6'）　クラブ活動で<u>活躍している</u>人。

このような誤りは、第二言語学習における母語の干渉によるものである。

伊地智善継編『白水社　中国語辞典』からも、中国語で形容詞に所属する単語が日本語では動詞に所属する単語をみつけることができる。以下のような例である。日本語では、形容詞としてではなく、動詞として用いなければならない。

(7)　工作分得很平均。⇒　仕事の分け方が非常に平均している。
(8)　我国政策是一貫的。⇒　我が国の政策は一貫している。
(9)　沿海城市人口十分密集。⇒　沿海都市は人口がとても密集している。
(10)　她以擅長文芸而自負。⇒　彼女は文芸に秀でていると自負している。
(11)　他是我国卓越的年軽科学家。⇒　彼は我が国の卓越した若手数学者である。
(12)　路程一定，速度和時間成反比。⇒　行程が一定していれば、速度と時間は反比例を成す。

中国語で「平均」「一貫」「密集」「自負」「一定」は形容詞として用いられているのに対して、それらに対応する日本語は「平均する」「一貫する」「密集する」「自負する」「卓越する」「一定する」のように、すべて（自）動詞である。

本章はこのような中国語の形容詞（動詞と兼務するものをふくむ）が日本語の動詞（形容詞を兼務するものをふくむ）に対応する単語に関する考察である。

なお、ここでとりあげる同形語とは、中国語と日本語で、形（文字）が共通し、意味がある程度一致するもの（同形同義語・同形類義語）である。

2.　両言語における形容詞と動詞の位置

日本語においても中国語においても、形容詞と動詞には、多くの共通点がある。

日本語研究において、形容詞を独立の品詞とせず、動詞の一部とみる立場がある。日本語の形容詞は単独で述語になるという点で、動詞と共通した特徴をもつ。この特徴は、中国語とも共通し、英語をはじめとする印欧語とは異なる。日本語の形容詞を類型学的にみると、形容詞が動詞よりであるということは重要な性質である。単独で述語になるという特徴から、動詞と形容詞を、「よそい（装）」（富士谷成章（1767））、「用言」（鈴木朖（1824）など）としてまとめたり、松下大三郎（1926）のように、両者を（さらに、状態副詞をも含め）広義の「動詞」と呼んだりする立場がある。陳述の能力をそなえているという共通性を重要な特徴とみるのである。形容詞は、確かに動詞との共

通点をもつが、動詞がもっている「ヴォイス」「やりもらい」「アスペクト」「対人的なムード（意志法・勧誘法・命令法など）」などのカテゴリーをもたない。形容詞にはテンスがあるといっても、典型的な動詞のそれとは同一とはいえない。動詞が、時間軸にそって展開していく動的属性の特徴づけを典型とするのに対して、形容詞のそれは、時間とのかかわりが稀薄である静的属性を特徴づけているという違いが認められる。

　中国語においても、赵元任（1979）や Li, Ch. & Thompson, S. A.（1987）のように中国語には形容詞が存在しないとする立場がある。Li, Ch. & Thompson, S. A.（1987）によれば、性質や特性をあらわす単語は、

（ⅰ）コピュラと共起しない。
（ⅱ）動詞と同じように、否定文で"不"が用いられる。
（ⅲ）名詞を修飾するとき、動詞と同じように"的"がつく。

といった点で、動詞と共通し、形容詞をたてる必要がないという。

　一方、形容詞のもっとも重要なはたらきを、「名詞を修飾限定する機能」に認め、両言語（中国語と日本語）に形容詞をたてる立場もある。英語をはじめとする印欧語の adjective と同様のあつかいをするわけである。もっとも、日本語においても中国語においても、形容詞の述語としてのはたらきがあること、そしてそのはたらきが重要であることをみとめたうえでのことである。名詞・動詞・形容詞・副詞といった主要な品詞の区別を、主たる機能と副次的な機能とによって相対的に位置づけようとする考えである。筆者はこの立場を支持する。中国語の世界では、そもそも品詞が存在するかという論争が古くからあった。中国語の代表的な辞典である《现代汉语词典》は、最近まで個々の単語の品詞情報はなかったが、第5版（2005年以降）から品詞の情報を載せている。この章は、この辞典の品詞情報にもとづいて調査をした。

3.　日本語における漢語の文法性

　中国語から借用された日本語の漢語は、統語論的にも形態論的にも日本語の文法規則にしたがって用いられることになる。漢語が日本語の単語として定着するためには、日本語の文法的な性質をもたなければならない。一

一般に、他の言語から単語が借り入れられるとき、なんらかの色づけがなされる。漢語が日本語としてとりこまれると、「-する」「-な」といった文法的な形式をそえて、動詞や(第二)形容詞として用いられる。

　本章での問題の所在を明らかにするために、中国語の"彻底"、"比较"、"谦虚"の例をとりあげ、日本語との対応を例示してみよう。

　中国語の"彻底"は、形容詞で以下の用法がある。(13)は述語としての用法、(14)は規定用法(定語)、(15)は修飾用法(状語)である。(14)の例では、規定用法をマークする形式"-的"をしたがえている。

　(13) 这次清理图书比较彻底。(今度の図書の整理は比較的徹底している。)
　(14) 对错误做了彻底的检查。(過ちに対して徹底的な検査をした。)
　(15) 彻底改正了错误。(徹底的に過ちを改めた。)

　日本語の「徹底」は、「徹底をはかる」のような名詞の用法と「方針が徹底する」のような動詞の用法があるだけで、「*徹底な」「*徹底に」「*徹底だ」のような形容詞の用法は存在しない。「徹底」に「-的」を添えて、はじめて形容詞として使えるのである(「徹底的な調査」「徹底的に調べる」)。中国語の形容詞"彻底"は、その述語用法(13)では、日本語の動詞「徹底する」に対応し、規定用法(14)と修飾用法(15)では、日本語の形容詞「徹底的-」に対応している。

　中国語の"比较"は以下のように用いられる。(16)は動詞として、(17)は前置詞(介詞)として、(18)は副詞としての例である。それぞれの単語の文中でのはたらきが異なり、それにもとづいて、品詞が異なる。品詞は異なるが、単語の形式は同一である。

　(16) 比较下面两个句子的意思有什么不同。(下の2つの文の意味にどんな違いがあるか比較せよ。)
　(17) 他们的服务工作比较以前有很大改进。(彼らのサービスは以前に比較してたいへんな改善が見られる。)
　(18) 这个办法比较好，可以采用。(この方法は比較的よいので、採用してもよい。)

　中国語の"比较"の動詞としての用法は、日本語の動詞「比較する」に、副詞としての用法は日本語の「比較的に」に対応している。中国語の前置詞の用法は、日本語の後置詞もしくは動詞「比較して」に対応している。日本

語の後置詞は動詞から派生したものが多く、動詞の文法的な性質をある程度とどめているので、動詞との区別が微妙でもある。日本語には、(19)のように、名詞の例も存在する。

(19) 学部長の権力は日本においてとは比較にならないほど強いのである。(『若き数学者のアメリカ』)

中国語の"比較"は、同一の形式で、動詞・前置詞・副詞になるのに対して、日本語は「比較する」の形式で動詞に、「比較的」の形式で副詞に、「比較して」の形式で後置詞に、「比較-」の形式で名詞になる。それぞれの品詞は固有の形式をもち、互いに対立している（ただし、後置詞の形式は、動詞の1語形と一致する）。日本語の主要な品詞では、それぞれの品詞によって、単語の形式が異なる。

中国語の"謙虚"には、以下のように、形容詞と動詞の用法がみられる。(20)と(21)は形容詞の、(22)(23)(24)は動詞の例である。

(20) 这位同志一向谦虚(この方はかねてよりたいへん謙虚である。)

(21) 他总是谦虚地学习别人的优点。(彼はいつも謙虚に他人の長所を学んでいる。)

(22) 他谦虚了一番，终于答应了我的请求。(彼は一応謙遜したが、ついに私の頼みを聞き入れてくれた。)

(23) 谦虚是一种美德。(謙虚さは一種の美徳である。)

(24) 你就是缺少谦虚。(君はほかでもなく謙虚さを欠いている。)

中国語の形容詞としての"謙虚"の例は、日本語の形容詞「謙虚-」にそのまま対応している。(20)は述語用法、(21)は修飾用法である。(21)の例では、修飾用法をマークする"-地"が存在している。一方、日本語の「謙虚」には「*謙虚する」という動詞の用法が存在しない。それで、(22)のように「謙遜する」という、「謙虚」に意味の近い異なる動詞と対応させたり、(23)(24)のように、「謙虚さ」(謙虚であること)と名詞化して、対応させたりしている。「-さ」は、「重さ」「硬さ」などの例にみるように、形容詞を名詞化する接尾辞である。なお、「謙虚は一種の美徳である。」のような使用もありうるが、これは形容詞の臨時的な名詞使用と考えることができる。(22)は他の単語で置き換え、(23)(24)は品詞上の置き換えをおこなっている。このような現象は、日本語の中での漢語の品詞論上の不安定さ不確定さをし

めすものでもある。

　以上みたように、中日両言語の「漢語」の間には、同形語が存在し、その文法性が共通するものもあれば、相違するものもある。それぞれの言語の品詞体系が一致しないので、両者に文法的な相違がみられるのは、当然なことである。両言語にみられる相違のうち、なんらかの傾向がみとめられる可能性もあろう。「中国語の形容詞が日本語の動詞に対応する」というのは、そのような傾向のひとつといえるのであろうか。

4. 先行研究

　中国語と日本語の同形語についての研究は数多くある。この章とのかかわりで言えば、石堅/王建康(1984)と中川正之(2002)が重要である。石堅/王建康(1984)は、両言語の同形語を調査し、中国語では形容詞に属する単語に、日本語では(自)動詞に属するものがあることを指摘している。中川正之(2002)は、そうしたものの種類わけと、どうしてそのようなことがおこるのかという根拠を問うた文献である。

　石堅/王建康(1984)では、中国語の形容詞が日本語の自動詞に対応する同形語として、以下のものを指摘している。

　　緊張・腐敗・衰弱・熟練・繁栄・緊迫・興奮・混雑・老成・徹底・謙遜・一致・独立・孤立・対立・安定・充実・矛盾・憤慨・努力・固定・満足・活躍・普及

中川正之(2002)では、そうした同形語をさらに追加して、以下の4タイプに分類している。

(A)常態からの一時的逸脱
　　緊迫、緊張、興奮、憤慨、憤激、衰弱、腐敗、混雑、混濁、混乱、矛盾、憔悴、欠乏、貧乏、低迷、困惑

(B)変化・進歩
　　発達、安定、充実、固定、肥大、成熟、老成、熟練、繁栄、繁盛、繁茂、隆盛

(C)心的操作としての比較
　　孤立、一致、対立、独立、適合(中国語では反転し「合適」)

(D)動作性の読み込み

放蕩、謙遜、活動、活躍、固執、徹底、卑下、了解、肯定、否定、努力、悲観、楽観、達観

中川は、この種の同形語の日本語の特徴として、〈変化〉(A, B, C)と〈動作(性)〉(D)に注目し、〈変化〉にかかわるものを、A、B、Cの3種に分けている。この分類では、個々の単語をA～Dのうちの1種に所属させているが、複数の特徴をあわせもつものがあるのではなかろうか。〈変化〉と〈動作(性)〉は、互いに排除しあう性質のものではなく、共存してもよい。さらに、動詞に所属することをもって、〈変化〉〈動作(性)〉の特徴をもつとみてよいのかという疑問も筆者にはある。たとえば、日本語の「矛盾する」は、動詞とはいっても、〈変化〉も〈動作〉もなく、〈状態〉の意味しかもたない。

5. 調査とその結果

筆者は、HSK(漢語水平考試)の語彙表と安汝磐／趙玉玲(2003)から、中国語で形容詞として使用されるもののうち、日本語で動詞として用いられるものをひろいだし、それらの各単語が他の品詞をも兼ねるかどうかを調査した。品詞の所属については、中国語は《現代汉语词典》(第五版)(2006)に、日本語は『岩波国語辞典(第六版)』(2000)にしたがった。前者は、自動詞と他動詞の区別はしていないが、賓語(目的語)をとる用例の有無によって、自他の区別をした。なお、参考までに、とりあげた単語の朝鮮語における品詞も調査した。朝鮮語の品詞については、『新国語辞典第4版』(2003・電子版)、『延世韓国語辞典』(2001)、『韓日辞典』(1995)を参考にした。その結果は、表のようになる。番号の01～34は、HSKの語彙表にふくまれるもので、35～91は、それ以外のものである。

中国語の形容詞および形容詞が自動詞・他動詞を兼務する単語が、日本語のどの品詞に所属するかに着目し、整理すると以下のようになる。

1.1 中国語(形容詞) ─ 日本語(自動詞)

敵対　混乱　緊迫　老成　疲労　平衡　謙遜　曲折　衰弱　熟練　湾曲
一致　卓越　透徹　跋扈　錯乱　低下　煩悶　繁茂　憤怒　合格　急迫
焦燥　謹慎

開明　苦悶　苦悩　狂喜　狼狽　疲労　憔悴　勤労　外在　喜悦　一定
優越　円熟　専心
1.2 中国語（形容詞）　―　日本語（形容詞・自動詞）
簡略
1.3 中国語（形容詞）　―　日本語（自動詞・他動詞）
充足　乾燥　固執　貧窮　謙遜　一貫　憤慨　慷慨
1.4 中国語（形容詞）　―　日本語（他動詞）
誇張　特定
1.5 中国語（形容詞）　―　日本語（なし　→　名詞）
錯誤　反動　具体

2.1 中国語（形容詞・自動詞）　―　日本語（形容詞・自動詞）
安心　相当
2.2 中国語（形容詞・自動詞）　―　日本語（自動詞）
成熟　腐敗　進歩　矛盾　成功　零落　密集　迂回
2.3 中国語（形容詞・自動詞）　―　日本語（自動詞・他動詞）
閉塞
2.4 中国語（形容詞・自動詞）　―　日本語（他動詞）
自覚

3.1 中国語（形容詞・他動詞）　―　日本語（形容詞）
不便
3.2 中国語（形容詞・他動詞）　―　日本語（自動詞）
充実　発達　繁栄　孤立　興奮　安定　歓喜　拘泥　困惑
3.3 中国語（形容詞・他動詞）　―　日本語（自動詞・他動詞）
緩和　平均
3.4 中国語（形容詞・他動詞）　―　日本語（他動詞）
保守　抽象　概括

4.1 中国語（形容詞・自動詞・他動詞）　―　日本語（自動詞）
麻痺　突出　自負

4.2 中国語(形容詞・自動詞・他動詞) ― 日本語(自動詞・他動詞)
　　確定
4.3 中国語(形容詞・自動詞・他動詞) ― 日本語(他動詞)
　　公開　考究　統一　温存

　これらの調査結果から、「中国語で形容詞に所属し、日本語で自動詞に所属する日中同形語が一定数存在する」ということはいえる。しかし、漢語全体の中でこれらがどの程度をしめるものなのかは分からない。また、そのような関係をもつものの中に、両言語の単語がそれぞれに他の品詞を兼務するものがあり、それをふまえると、さまざまなタイプがあるので、単純に一般化することはできない。なお、表を見るかぎり、朝鮮語についていうと、中朝両言語で品詞が一致する場合と、中日両言語で同じような関係が成立する場合とがあり、「中国語で形容詞に、朝鮮語で動詞に所属する中朝同形語が存在する」といえる。ただし、そのような中朝同形語は、中日同形語よりは相対的に少ないといえそうである。

　本章のテーマを意味との関係でとらえるならば、中日両言語において、典型(プロトタイプ)としては、以下のような図式が考えられる。

　　形容詞　⇒　〈主体の状態〉
　　自動詞　⇒　〈主体の動作・変化〉
　　他動詞　⇒　〈主体の動作、客体の変化〉

　しかし、これらの典型からはずれていて、典型とは異なる意味特徴をもつこともある。形容詞に中には、客体をとり、〈主体の動作〉に関与するものがありうる。動詞の中にも、〈主体の状態〉をあらわすものや、〈主体の動作〉のみを含意し、〈主体の変化〉に関与しないものもありうる。さらに〈客体の変化〉についても、関与するものとしないものがある。品詞の共通性は、かならずしも意味上の共通性を保証するものではない。これらについては、さらなる吟味が必要である。

表　同形語の品詞（中国語—日本語—朝鮮語）

番号	単語	言語	形容詞	自動詞	他動詞	名詞	副詞	備考
01	閉塞	中	＋	＋	－	－	－	
		日	－	＋	＋	＋	－	
		朝	－	＋	＋	＋	－	
02	成熟	中	＋	＋	－	－	－	
		日	－	＋	－	＋	－	
		朝	－	＋	－	＋	－	
03	充実	中	＋	－	＋	－	－	
		日	－	＋	－	＋	－	
		朝	＋	－	－	＋	＋	
04	充足	中	＋	－	－	－	－	
		日	－	＋	＋	＋	－	
		朝	＋	（＋）	＋	＋	＋	
05	敵対	中	＋	－	－	－	－	
		日	－	＋	－	＋	－	
		朝	－	－	＋	＋	－	
06	発達	中	＋	－	＋	－	－	
		日	－	＋	－	＋	－	
		朝	－	＋	－	＋	－	
07	繁栄	中	＋	－	＋	－	－	
		日	－	＋	－	＋	－	
		朝	＋	＋	－	＋	－	
08	腐敗	中	＋	＋	－	－	－	
		日	－	＋	－	＋	－	
		朝	－	＋	－	＋	－	
09	乾燥	中	＋	－	－	－	－	
		日	－	＋	＋	＋	－	
		朝	＋	（＋）	＋	＋	－	
10	孤立	中	＋	－	＋	－	－	
		日	－	＋	－	＋	－	
		朝	－	＋	－	＋	－	
11	固執	中	＋	－	－	－	－	
		日	－	＋	＋	＋	－	
		朝	（＋）	（＋）	＋	＋	－	－(하다)、＋(스립다)

12	緩和	中	+	−	+	−	−	
		日	−	+	+	+	−	
		朝	−	(+)	+	+	−	
13	混乱	中	+	−	−	−	−	
		日	−	+	−	+	−	
		朝	+	+	−	+	−	하다／스럽다 形容詞
14	進歩	中	+	+	−	−	−	
		日	−	+	−	+	−	
		朝	−	+	−	+	−	
15	緊迫	中	+	−	−	−	−	
		日	−	+	−	+	−	
		朝	+	−	−	+	−	
16	老成	中	+	−	−	−	−	
		日	−	+	−	+	−	
		朝	+	−	−	−	−	老成하다の語根
17	矛盾	中	+	+	−	+	−	
		日	−	+	−	+	−	
		朝	−	+	−	+	−	
18	疲労	中	+	−	−	−	−	
		日	−	+	−	+	−	
		朝	+	−	−	+	−	
19	平衡	中	+	−	−	−	−	他動詞？ "平衡各方面的関係"
		日	−	?+	−	+	−	『岩波』名詞のみ
		朝	−	−	−	+	−	
20	平均	中	+	−	+	−	−	
		日	−	+	+	+	−	
		朝	−	−	−	+	−	
21	貧窮	中	+	−	−	−	−	
		日	?+	?+	−	+	−	『岩波』名詞のみ
		朝	−	−	−	+	+	「貧困」として使われる
22	謙遜	中	+	−	−	−	−	
		日	(+)	+	−	+	−	
		朝	+	−	−	+	+	

23	確定	中	+	+	+	−	−	
		日	−	+	+	+	−	
		朝	−	(+)	+	+	−	
24	曲折	中	+	−	−	−	−	
		日	−	+	−	+	−	
		朝	−	−	−	+	−	
25	衰弱	中	+	−	−	−	−	
		日	−	+	−	+	−	
		朝	+	−	−	+	−	
26	熟練	中	+	−	−	−	−	
		日	−	+	−	+	−	
		朝	−	+	−	+	−	
27	湾曲	中	+	−	−	−	−	辞書では「弯曲」
		日	−	+	−	+	−	
		朝	+	−	−	+	−	
28	相応	中	−	+	−	−	−	古典では「xiāng yīng」
		日	+	+	−	+	−	
		朝	−	+	−	+	−	
29	興奮	中	+	−	+	+	−	
		日	−	+	−	+	−	
		朝	−	+	−	+	−	
30	一貫	中	+	−	−	−	−	
		日	−	+	+	+	−	
		朝	−	+	+	+	−	
31	一致	中	+	−	−	−	+	
		日	−	+	−	+	−	
		朝	−	+	−	+	−	
32	卓越	中	+	−	−	−	−	
		日	−	+	−	+	−	
		朝	+	−	−	−	−	卓越하다の語根
33	自覚	中	+	+	−	−	−	
		日	−	−	+	+	−	
		朝	−	(+)	+	−	−	
34	透徹	中	+	−	−	−	−	
		日	−	+	−	+	−	
		朝	+	−	−	−	+	透徹하다の語根

35	安定	中	+	−	+	−	−	
		日	−	+	−	+	−	
		朝	−	+	−	+	−	
36	安心	中	+	+	−	−	−	形容詞、動詞で別に立項
		日	+	+	−	+	−	
		朝	−	+	−	+	−	
37	跋扈	中	+	−	−	−	−	
		日	−	+	−	+	−	
		朝	−	+	−	+	−	
38	保守	中	+	−	+	−	−	
		日	−	−	+	+	−	
		朝	−	+	+	+	−	
39	不便	中	+	−	+	−	−	動詞用法は副詞的
		日	+	−	−	+	−	
		朝	+	−	−	+	−	
40	成功	中	+	+	−	−	−	
		日	−	+	−	+	−	
		朝	−	+	−	+	−	
41	抽象	中	+	−	+	−	−	
		日	−	−	+	+	−	
		朝	−	−	+	+	−	
42	錯乱	中	+	−	−	−	−	
		日	−	+	−	+	−	
		朝	+	−	−	+	−	
43	錯誤	中	+	−	−	+	−	
		日	−	−	−	+	−	
		朝	−	−	+	+	−	
44	低下	中	+	−	−	−	−	
		日	−	+	−	+	−	
		朝	−	+	−	+	−	
45	煩悶	中	+	−	−	−	−	
		日	−	+	−	+	−	
		朝	−	+	−	+	−	
46	繁茂	中	+	−	−	−	−	
		日	−	+	−	+	−	
		朝	−	+	−	+	−	

47	繁盛	中	+	−	−	−	−	
		日	−	+	−	+	−	
		朝	−	+	−	+	−	
48	反動	中	+	−	−	+	−	
		日	−	−	−	+	−	
		朝	−	−	−	+	−	
49	憤慨	中	+	−	−	−	−	
		日	−	+	+	+	−	
		朝	−	+	−	+	−	
50	憤怒	中	+	−	−	−	−	
		日	−	+	−	+	−	
		朝	−	+	−	+	−	
51	概括	中	+	−	+	−	−	
		日	−	−	+	+	−	
		朝	−	(+)	+	+	−	−(하다)、+(되다)
52	公開	中	+	+	+	−	−	
		日	−	−	+	+	−	
		朝	−	(+)	+	+	−	−(하다)、+(되다)
53	合格	中	+	−	−	−	−	
		日	−	+	−	+	−	
		朝	−	+	−	+	−	
54	歓喜	中	+	−	+	−	−	
		日	−	+	−	+	−	
		朝	−	−	−	+	−	
55	急迫	中	+	−	−	−	−	
		日	−	+	−	+	−	
		朝	+	−	−	+	+	
56	簡略	中	+	−	−	−	−	
		日	+	+	−	−	−	
		朝	+	−	−	−	+	「簡略하다」の語根
57	焦燥	中	+	−	−	−	−	
		日	−	+	−	+	−	
		朝	+	−	−	+	−	
58	緊迫	中	+	−	−	−	−	
		日	−	+	−	+	−	
		朝	+	−	−	+	−	

59	謹慎	中 日 朝	+ − −	− + +	− − −	− + +	− − −	
60	拘泥	中 日 朝	+ − −	− + +	+ − −	− + +	− − −	
61	具体	中 日 朝	+ − −	− − −	+ − −	− + +	− − −	
62	開明	中 日 朝	+ − −	− ?+ +	− − −	− + +	− − −	『岩波』名詞のみ
63	慷慨	中 日 朝	+ − +	− + −	− + +	− + +	− − −	
64	考究	中 日 朝	+ − −	+ − −	+ + +	− + +	− − −	動詞用法に二つの見出し
65	恐怖	中 日 朝	+ − −	− + −	− − −	− + +	− − −	
66	苦悶	中 日 朝	+ − −	− + +	− − +	− + +	− − −	
67	苦悩	中 日 朝	+ − −	− + −	− − +	− + +	− − −	
68	誇張	中 日 朝	+ − −	− − (+)	− + +	+ + +	− − −	辞書では「夸张」 −(하다)、+(되다)
69	狂喜	中 日 朝	+ − −	− + +	− − −	− + +	− − −	
70	困惑	中 日 朝	+ − (+)	− + +	+ − −	− + +	− − −	−(하다)、+(스럽다)

71	狼狽	中	+	−	−	−	−	
		日	−	+	−	+	−	
		朝	−	−	−	−	−	
72	零落	中	+	+	−	−	−	
		日	−	+	−	+	−	
		朝	−	+	−	+	−	
73	麻痺	中	+	+	+	−	−	
		日	−	+	−	+	−	
		朝	−	+	−	+	−	
74	密集	中	+	+	−	−	−	
		日	−	+	−	+	−	
		朝	−	+	−	+	−	
75	疲労	中	+	−	−	−	−	
		日	−	+	−	+	−	
		朝	+	−	−	+	−	
76	憔悴	中	+	−	−	−	−	
		日	−	+	−	+	−	
		朝	+	−	−	+	−	
77	勤労	中	+	−	−	−	−	
		日	−	+	−	+	−	
		朝	−	+	−	+	−	
78	特定	中	+	−	−	−	−	
		日	−	−	+	+	−	
		朝	−	+	+	+	−	
79	統一	中	+	+	+	−	−	
		日	−	−	+	+	−	
		朝	−	(+)	+	+	−	−(하다)、+(되다)
80	突出	中	+	+	+	−	−	
		日	−	+	−	+	−	
		朝	−	+	−	+	−	
81	団結	中	+	+	+	−	−	
		日	−	+	−	+	−	
		朝	−	+	−	+	−	
82	外在	中	+	−	−	−	−	
		日	−	+	−	+	−	
		朝	−	+	−	+	−	

83	温存	中	+	+	+	−	−	
		日	−	−	+	+	−	
		朝	−	−	−	+	−	
84	喜悦	中	+	+	−	−	−	
		日	−	+	−	+	−	
		朝	−	+	−	+	−	
85	相当	中	+	+	−	−	+	
		日	+	+	−	+	+	
		朝	+	+	−	+	+	
86	一定	中	+	−	−	−	+	
		日	−	+	+	+	−	
		朝	+	(+)	−	+	+	−(하다)、+(되다)
87	優越	中	+	+	−	−	+	
		日	−	+	−	+	−	
		朝	+	−	−	+	−	
88	迂回	中	+	+	−	−	−	
		日	−	+	−	+	−	
		朝	−	+	+	+	−	
89	円熟	中	+	−	−	−	−	辞書では「圓熟」
		日	−	+	−	+	−	
		朝	+	−	−	−	−	「円熟하다」の語根
90	専心	中	+	−	−	−	−	
		日	−	+	−	+	+	『岩波』に副詞としても
		朝	−	+	−	+	−	
91	自負	中	+	+	+	−	−	見出し語は動詞と形容詞の二つ
		日	−	+	−	+	−	
		朝	−	+	+	+	−	

注）番号
　01〜34　HSK（漢語水平考試）の語彙表に含まれるもの
　35〜91　HSK（漢語水平考試）の語彙表に含まれないもの
注）品詞情報（各言語の以下の辞書にもとづく）
　中国語《现代汉语词典》(2006)商務印書館
　日本語『岩波国語辞典（第六版）』(2000)岩波書店
　朝鮮語
　　『新国語辞典第4版』(2003・電子版)東亜
　　『延世韓国語辞典』(2001)延世大学
　　『韓日辞典』(1995)小学館

【付記】調査にあたって、中国語では楊華氏の、朝鮮語では白静姫氏の協力を得た。記して感謝したい。なお、本発表に関する不備や誤りはすべて村木の責に帰すものである。

第 3 章　現代日本語の中の四字熟語

要旨

　『毎日新聞』の過去 15 年間分(1987 年 1 月～ 2003 年 2 月)を資料として、四字熟語の使用を調査した。現代の新聞紙上に、どのような四字熟語がどの程度使われているかが明らかになった。中国の故事成語に由来するものは、あまり用いられていない。よく使用されるものの多くは、日本製の四字熟語である。西洋に由来するものも結構多い。これらのほかに、仏教用語からの四字熟語もみられる。日本語の四字熟語の文法性に注目すると、中国語(漢語)の文法的特徴をひきずっていて、複数の品詞にわたるものが多い。日本語の四字熟語には、広義の形容詞や副詞に所属するものも相当みられる。修辞的な用法の 1 つである引用の形式で用いられるものも目立つ。「一長一短がある」「画竜点睛を欠く」「遠慮会釈(も)ない」「一網打尽にする」「一日千秋の(思い)」のように、もっぱら固定された用法で使われているものもある。合成語の成分になることもある。新聞の使用に特徴的とおもわれる、いわゆる体言止めや語尾(あるいはコピュラ)なしの述語用法が目立つ。

キーワード：四字熟語、使用頻度、品詞性、文体的特徴、慣用性

0.　はじめに

　日本では四字熟語に関する辞典が数多く出版されている。そうした出版物では、語源を知ることと、スピーチや文章表現に役立つといった実用性に注意がむけられている。一方、日本語の四字熟語に関する研究は

数少ない。彭広陸氏による一連の四字成語についての語形・語構造・意味・文法性などを整理した総括的な研究は注目すべきものである(彭广陆(1990;1996;1997;2003))。筆者は、4つの辞書(尚学図書・言語研究所編『四字熟語の読本』(小学館)1998年刊、三省堂編修所編『三省堂ポケット四字熟語辞典』(三省堂)2000年刊、学研辞典編集部編『新版用例でわかる四字熟語辞典』(学習研究社)2001年刊)、狩野直禎監修『すぐに役立つ四字熟語辞典』(日本文芸社)1997年刊)にあがっている用例を資料にして、日本語の四字熟語の品詞性を整理したことがある(村木新次郎(2002a))。四字熟語も、一般の単語とおなじように既成の言語形式として社会的に所与のものである。つまり、四字熟語も言語の単位としては単語に相当し、単語の文法的な特徴である品詞性をそなえている。個々の四字熟語は、なんらかの品詞に所属するのである。調査の結果、日本語の四字熟語には名詞だけではなく、動詞・形容詞・副詞などさまざまな品詞性をそなえたものが存在することが明らかになった。

　この報告は、岩波書店辞典編集部『岩波四字熟語辞典』(2002年刊)に立項されている2816語(同書には、3000語の見出し語とある)を対象にし、現代の新聞(『毎日新聞』15年分―1987年1月～2003年2月)にどのくらい使用されているか、さらにどのような用法で使用されているかを調査し、その結果を整理したものである。四字熟語の品詞性については、筆者の旧稿(村木新次郎(2002a))の正当性を、データベースによって検証するものである。新聞を対象にえらんだ理由は、(1)現代社会を生きるうえで、必要不可欠な言語情報を提供している媒体であること、(2)現代の書きことばを代表する資料と見ることができること、(3)大量のデータベースが利用できること、(4)没個性的な性格をもっていて、個人の使用のかたよりを消すことができること、などである。なお、本章では、四字熟語の内部構造、四字熟語の機能、中国語の四字熟語と日本語の四字熟語の関係などについてはふれない。

1. 四字熟語の範囲

　日本語の四字熟語をとりあげるにあたって、それがどのように定義され、どの範囲までをいうのかを明確にしておく必要がある。成語といわれるよう

な、古くから長い期間にわたって使われてきた含蓄に富む語だけをいうのか、そうしたものの中国起源のものだけをいうのか、日本でうまれた四字成語を含むのか、漢語だけに限るのか(だとすると、「中途半端」「十人十色」「青息吐息」「真一文字」「肝胆相照らす」のようなものは省かれる)、「在留邦人」「産学協同」といった最近になって使われるようになったものも含むのか、など、広義の四字熟語をめぐる解決すべきさまざまな問題がよこたわっている。漢字四文字からなる四字成語・四字漢語・四字熟語は、それぞれ独自のグループをつくっている。主に、ことわざや格言に限定される四字成語の外延がもっとも狭いことは確かである。四字漢語は、四文字からなる漢語であり、意味には関与せず、語種によって規定されるグループである。四字熟語は四文字から構成された熟語ということになるが、「熟語」の意味するところはあいまいである。「熟語」が合成語(複合語)を意味するならば、「外国映画」「基本方針」「親子関係」等々かぎりない数のそれらを四字熟語とみなすことになろう。慣用性のたかい熟語といった規定が加わるのであろうが、この規定は厳密さを欠いていることを認めざるをえない。本章では、これらの問題の整理と解決は保留されたままである。上記の『岩波四字熟語辞典』に立項されているものを四字熟語とみなしたうえでの、報告であることを断っておきたい。

2. 四字熟語の使用

①どのような四字熟語が(没個性的な)新聞紙上に使用されているか。『毎日新聞』における使用頻度の高い四字熟語は、表の通りである(上位200語とその頻度数をしめした)。

②中国の故事成語に由来するものは、新聞紙上でみるかぎり、あまり用いられていない。よく使用されるものの多くは、日本製の四字熟語である。西洋に由来するものも結構多い。これらのほかに、仏教用語からの四字熟語もみられる。ちなみに、『毎日新聞』で上位200語であった四字熟語を由来別に整理すると以下のようになる(上位100語については、(　)内に順位をしめす)。

◆漢文に典拠があるもの：(上位100語中19語、上位200語中50語)

	語	頻度		語	頻度		語	頻度		語	頻度
1	試行錯誤	3273	51	先制攻撃	622	101	人心一新	356	151	不可抗力	219
2	中途半端	2777	52	自給自足	616	102	一心不乱	351	152	感慨無量	216
3	一問一答	2191	53	一念発起	612	103	門戸開放	349	153	公明正大	216
4	二人三脚	2187	54	五穀豊穣	612	104	一朝一夕	347	154	生存競争	215
5	時期尚早	2101	55	時代錯誤	612	105	面目躍如	335	155	呉越同舟	214
6	喜怒哀楽	1767	56	大同団結	609	106	公序良俗	329	156	有言実行	214
7	全力投球	1605	57	心機一転	606	107	人海戦術	329	157	強迫観念	212
8	機会均等	1604	58	春夏秋冬	586	108	温故知新	328	158	物見遊山	211
9	無病息災	1602	59	表裏一体	576	109	異国情緒	324	159	用意周到	211
10	前代未聞	1489	60	自由自在	559	110	一心同体	324	160	自業自得	209
11	綱紀粛正	1406	61	異口同音	557	111	荒唐無稽	324	161	百戦錬磨	207
12	大義名分	1406	62	自問自答	547	112	不可思議	324	162	意気揚々	206
13	創意工夫	1402	63	汚名返上	531	113	和洋折衷	324	163	武者修行	206
14	正々堂々	1321	64	古今東西	528	114	一目瞭然	323	164	暗中模索	204
15	悪戦苦闘	1293	65	自画自賛	518	115	単純明快	322	165	絶体絶命	203
16	一喜一憂	1217	66	自作自演	513	116	責任転嫁	320	166	不偏不党	200
17	満場一致	1185	67	順風満帆	512	117	大所高所	320	167	三々五々	194
18	不協和音	1177	68	奇想天外	504	118	善隣友好	319	168	大胆不敵	194
19	四苦八苦	1162	69	一件落着	499	119	挙国一致	315	169	質実剛健	192
20	一石二鳥	1148	70	自由奔放	497	120	台風一過	314	170	真一文字	192
21	事実無根	1118	71	花鳥風月	482	121	独断専行	308	171	富国強兵	190
22	冠婚葬祭	1011	72	変幻自在	479	122	取捨選択	305	172	緩急自在	188
23	老若男女	995	73	正当防衛	470	123	意気消沈	304	173	意味深長	186
24	一進一退	968	74	合従連衡	464	124	上意下達	284	174	青息吐息	183
25	年功序列	958	75	千差万別	463	125	日進月歩	283	175	先手必勝	183
26	真剣勝負	950	76	適材適所	459	126	傍若無人	282	176	危機一髪	182
27	旧態依然	948	77	名所旧跡	455	127	門外不出	279	177	群雄割拠	182
28	無我夢中	930	78	相互扶助	439	128	生老病死	278	178	朝令暮改	182
29	誠心誠意	925	79	三位一体	438	129	音信不通	277	179	不老長寿	180
30	内政干渉	886	80	新陳代謝	437	130	自己嫌悪	264	180	急転直下	180
31	右往左往	855	81	前人未到	437	131	女人禁制	263	181	自己矛盾	177
32	情状酌量	853	82	五分五分	432	132	無味乾燥	262	182	一網打尽	175
33	党利党略	836	83	出処進退	431	133	反面教師	261	183	一筆啓上	170
34	意気投合	831	84	私利私欲	431	134	千載一遇	254	184	極楽浄土	170
35	在留邦人	820	85	弱肉強食	427	135	孤立無援	252	185	森羅万象	170
36	疑心暗鬼	819	86	有名無実	425	136	直立不動	248	186	行雲流水	169
37	離合集散	809	87	前途多難	411	137	正真正銘	245	187	四方八方	169
38	起死回生	807	88	文武両道	403	138	二律背反	245	188	中肉中背	169
39	共存共栄	774	89	白砂青松	396	139	一球入魂	244	189	天下一品	168
40	本末転倒	738	90	一期一会	386	140	不眠不休	244	190	四面楚歌	165
41	切磋琢磨	736	91	文明開化	386	141	自暴自棄	243	191	多士済々	165
42	心神耗弱	725	92	新進気鋭	383	142	不要不急	240	192	天変地異	165
43	半信半疑	710	93	公私混同	382	143	産学協同	239	193	無理難題	159
44	臨機応変	699	94	一触即発	381	144	四六時中	239	194	勧善懲悪	158
45	心神喪失	698	95	民族自決	380	145	問答無用	234	195	薄利多売	158
46	二者択一	690	96	一部始終	376	146	一長一短	227	196	理路整然	157
47	開口一番	682	97	優柔不断	373	147	一刀両断	224	197	論功行賞	157
48	言語道断	679	98	東奔西走	371	148	威風堂々	224	198	立身出世	156
49	日常茶飯	634	99	全身全霊	359	149	十人十色	223	199	天井桟敷	155
50	興味津々	631	100	孤軍奮闘	356	150	同床異夢	219	200	権謀術数	153

一問一答(3)、喜怒哀楽(6)、正々堂々(14)、一喜一憂(16)、一進一退(24)、意気投合(34)、疑心暗鬼(36)、起死回生(38)、切磋琢磨(41)、半信半疑(43)、臨機応変(44)、五穀豊穣(54)、春夏秋冬(58)、合従連衡(74)、千差万別(75)、出処進退(83)、弱肉強食(85)、有名無実(86)、東奔西走(98)、一朝一夕、温故知新、荒唐無稽、一目瞭然、独断専行、傍若無人、千載一遇、孤立無援、自暴自棄、一刀両断、同床異夢、公明正大、呉越同舟、意気揚々、暗中模索、絶体絶命、不偏不党、三々五々、富国強兵、意味深長、危機一髪、朝令暮改、一網打尽、行雲流水、四方八方、四面楚歌、多士済々、天変地異、勧善懲悪、論功行賞、権謀術数

◆仏教に典拠のあるもの：(上位100語中7語、上位200語中14語)
四苦八苦(19)、老若男女(23)、無我夢中(28)、言語道断(48)、一念発起(53)、自由自在(60)、異口同音(61)、一心不乱、不可思議、生老病死、女人禁制、自業自得、極楽浄土、森羅万象

◆西洋に典拠のあるもの(15語)：(上位100語中15語、上位200語中23語)
試行錯誤(1)、二人三脚(4)、機会均等(8)、一石二鳥(20)、情状酌量(32)、共存共栄(39)、心神耗弱(42)、心神喪失(45)、二者択一(46)、自給自足(52)、時代錯誤(55)、正当防衛(73)、相互扶助(78)、三位一体(79)、新陳代謝(80)、門戸開放、公序良俗、自己嫌悪、二律背反、生存競争、強迫観念、自己矛盾、薄利多売

◆日本でつくられたもの：(上位100語中59語、上位200語中113語)
中途半端(2)、時期尚早(5)、全力投球(7)、無病息災(9)、前代未聞(10)、綱紀粛正(11)、大義名分(12)、創意工夫(13)、悪戦苦闘(15)、満場一致(17)、不協和音(18)、事実無根(21)、冠婚葬祭(22)、年功序列(25)、真剣勝負(26)、旧態依然(27)、誠心誠意(29)、内政干渉(30)、右往左往(31)、党利党略(33)、在留邦人(35)、離合集散(37)、本末転倒(40)、開口一番(47)、日常茶飯(49)、興味津々(50)、先制攻撃(51)、大同団結(56)、心機一転(57)、表裏一体(59)、自問自答(62)、汚名返上(63)、古今東西(64)、自画自賛(65)、自作自演(66)、順風満帆(67)、奇想天外(68)、一件落着(69)、自由奔放(70)、花鳥風月(71)、変幻自在(72)、適材適所(76)、名所旧跡(77)、前人未踏(81)、五分五分(82)、私利私欲(84)、前途多難(87)、文武両道(88)、白砂青松(89)、一期一会(90)、文明開化(91)、新進気鋭

(92)、公私混同(93)、一触即発(94)、民族自決(95)、一部始終(96)、優柔不断(97)、全身全霊(99)、孤軍奮闘(100)、人心一新、面目躍如、人海戦術、異国情緒、一心同体、和洋折衷、単純明快、責任転嫁、大所高所、善隣友好、挙国一致、台風一過、取捨選択、意気消沈、上意下達、日進月歩、門外不出、音信不通、無味乾燥、反面教師、直立不動、正真正銘、一球入魂、不眠不休、不要不急、産学協同、四六時中、問答無用、一長一短、威風堂々、十人十色、不可抗力、感慨無量、有言実行、物見遊山、用意周到、百戦錬磨、武者修行、大胆不敵、質実剛健、真一文字、緩急自在、青息吐息、先手必勝、群雄割拠、不老長寿、急転直下、一筆啓上、中肉中背、天下一品、無理難題、理路整然、立身出世、天井桟敷

③辞書には立項されているものの、新聞紙上に使用されていない四字熟語は多い。全く使用されなかったものは、「愛及屋烏」「哀鴻遍野」「阿吽之息」「悪意悪食」「悪婦破家」「悪木盗泉」など、1673語(『岩波四字熟語辞典』全見出しの59.4%)である。1例のみ使用されたものは、「意識朦朧」「韋駄天走」「一月三舟」など187語(同6.5%)、2例のみ使用されたのは、「阿諛追従」「暗雲低迷」「意気衝天」など106語(同3.8%)である。これらの四字熟語は、例示したように中国の故事成語に由来するものが多い。

④「烏合之衆」「雲泥之差」のように、中国語では四字熟語であるが、今日の日本語では「烏合の衆」「雲泥の差」のようになって、四字熟語にならないものが少なからずある。他にも、「運用之妙」「栄華之夢」「華燭之典」「漁夫之利」「苦肉之策」「蛍雪之功」「座右之銘」「焦眉之急」「他山之石」「背水之陣」「百薬之長」など。『岩波四字熟語辞典』には、こうした単語が収められているが、日本語においてこのままの使用は普通存在しない。

3. 四字熟語の品詞性

①日本語の四字熟語には、中国語(漢語)の文法的特徴をひきずっていて、複数の品詞にわたるものが多い(品詞の認定は、村木新次郎(2002a)による)。中国語は単語の語形変化をあまり発達させてはおらず、相対的に形態論が豊かではなく、単語の文法性をもっぱら統語論にゆだねている。単語間の位置関係によって文法性が発揮される傾向の強い言語である。たとえば、「比較」

は、その統語的な位置によって、動詞にも名詞にも前置詞(介詞)にも副詞にもなるといったふうに。こうした性質が、借用後の日本語の中でも発揮されることがある。

　以下にしめすのは、その具体例である。

◆　「暗中模索」：名詞／動詞／形容詞

名詞：児童や生徒が「生きる力」を身につけるにはどうすればよいのか、と教師の暗中模索が続けられる。　　　　　　（2002.08.31 地方版／愛知）

動詞：出版界の主力商品は時代とともに変わっていく。全集ブームを経て、今はコミックや文庫が中心です。次はなにかと暗中模索している。

（2002.08.30　東京夕刊　6頁　芸能）

形容詞：「バブル崩壊後、従来の考え方では対処できなくなり、暗中模索の手探りでやってきた」という官僚たちの苦悩は小泉さんには無縁か。

（2002.12.27　大阪夕刊　1頁　1面）

◆　「一意専心」：動詞／副詞

動詞：従って、当面及び今後、相当長い期間におけるわが国人民の中心任務は一意専心して経済の発展に全力を尽くすことにある。

（1992.04.07　東京夕刊　5頁　総合）

副詞：春の甲子園出場を祝う。心からお祝い致します。一意専心、学校のため頑張って下さい。　　　（2003.02.15　地方版／静岡　22頁）

◆　「終始一貫」：動詞／副詞

動詞：本山の新聞観は終始一貫していた。それは。歴史の中でも色あせることなく、現代にも通じる先見性を持っていた。

（2002.03.18　大阪朝刊　16頁　特集）

副詞：その姿勢は村を二分し、たびたび議会とも対立を繰り返したが、その強引ともいえる行政手法は終始一貫変わることはなかった。

（2001.10.23　地方版／岐阜　23頁）

◆　「千変万化」：名詞／動詞／形容詞

名詞：他方で別人のように、重ねた色彩をローラーで圧し延ばし生動感あふれる抽象を作り出すなど、その魅力は千変万化を極めた。

（2001.04.19　東京夕刊　6頁　文化）

動詞：安藤さんは「窯変は決して頭の中で描いた青写真の通りには仕上がら

ない。窯の中で千変万化する焼き物の魅力は奥深い」と話す。

(2001.08.07　地方版／岐阜　21頁)

形容詞：夜間は氷点下10度の冷気に触れた水しぶきは結晶となり、光を受けて宝石のように千変万化の輝きを見せる。

(2002.01.26　中部朝刊　1頁　1面)

◆　「粉骨砕身」：動詞／副詞

動詞：初代文部大臣、森有礼は、薩摩藩の革命第2世代だ。諸先輩に続き、明治維新の実体化に粉骨砕身した。　(2002.03.23　東京夕刊　9頁　社会)

副詞：就任のあいさつで「県民生活の安定と明日への夢をかねる美しい兵庫の実現を目指して粉骨砕身、その任にあたりたい」と述べた。

(2002.06.14　地方版／兵庫　27頁)

②日本語の四字熟語には、広義の形容詞に所属するものも多い（形容詞の範囲については、村木新次郎（2000；2002a；2002b）を参照）。形容詞に属するものの多くは、連体用法（「～な」「～の」）が優勢である。「隔靴掻痒なコミュニケーション」「隔靴掻痒の感」「軽妙洒脱な文章」「一触即発の国連査察」「一世一代の晴れ姿」「一子相伝の秘法」など。四字熟語にあっては、「多士済々な／の　人材」「多事多難な／の　時代」「天涯孤独な／の　男」「波瀾万丈な／の　ストーリー」「品行方正な／の　教師」のように「～な／～の」のゆれをしめすものが目立つ。一部、述語用法にかたよるものがある。「遺憾千万」「一目瞭然」「言語道断」「時期尚早」など。現代の新聞では「～たる」「～なる」といった文語的な使用はきわめて稀である。「威風堂々たるヴィオレッタが世に闊歩する中で」(2003.01.27)、「確かに旧態依然たる自民党的手法だ。」(2002.12.23)、「立候補者や有権者には公明正大なる選挙の実行を心からお願い申し上げます」(2003.03.03)など。

③副詞に属するものには、語尾なしのものと、語尾「-に」「-と」「-で」をとるものがある。これらの単語の中には、ときに「-の」を介して、連体的に用いられるものがある。「一切合切」「一点一画」「開口一番」「九分九厘」「再三再四」「時々刻々」「終始一貫」「徹頭徹尾」「一気呵成に」「虚心坦懐に」、「一心不乱に／で」「一朝一夕に／で」、「威風堂々と」「唯々諾々と」、「急転直下／に／で」など。

④もっぱら述語として用いられるものがある。「遺憾千万だ／です」「感慨無

量だ／です」「喜色満面だ／です」「議論百出だ／です」など。
⑤もっぱら規定成分として用いられるものがある。連体詞もしくは連体用法のみをそなえた不完全形容詞と位置づけられる。「驚天動地の(出来事)」「唯一無二の(親友)」「有形無形の(いやがらせ)」「抜山蓋世の(英雄)」など。
⑥感動詞のように、もっぱら独立語として用いられるものがある。「閑話休題。」「妄言多謝。」「一筆啓上」など。

4. 四字熟語と文体

①修辞的な用法のひとつである、引用の形式で用いられることが多い。故事成語に著しい。「「温故知新」と「知行合一」を基調に教育を行う。」"一触即発"の閣内対立の事態に……」「"一連託生"の仲間意識が、大海原の波間に揺れる。」のように。「敬天愛人」「色即是空」「受胎告知」の使用例は、ほとんどが括弧つきの引用形式であった。

②特定の分野に使用が集中する四字熟語がある。「一意専心」「快刀乱麻」「堅忍不抜」は相撲・野球などのスポーツ欄に、「隠忍自重」は囲碁・将棋欄に、用いられるというように。スポーツや囲碁・将棋欄は特定の執筆陣がいて、そういった人たちによる表現の好みや癖があらわれた結果とみることもできよう。あるいは、特定の分野で好まれる用語というものが存在する可能性もある。

5. その他の特徴

①もっぱら固定された用法で用いられるものがある。後続の単語とのむすびつきがつよく、慣用性のたかいものである。「一長一短がある」「紆余曲折がある」「紆余曲折を経て」「画竜点睛を欠く」「遠慮会釈(も)ない」「一網打尽にする」「一国一城の主」「一衣帯水の隣国」「一日千秋の思い」「乾坤一擲の勝負」「八面六臂の(大)活躍」「天地神明に誓って／かけて」など。さらに、「獅子奮迅の活躍(ぶり)」「不倶戴天の敵」「十年一日のごとく／ように」「十年一昔というが」といった形式も慣用性のたかいものである。

②合成語をつくる要素として用いられるものがある。「機会均等-法」「起死

回生-策」「旧態依然-ぶり」「言行一致-ぶり」「極悪非道-ぶり」「博覧強記-ぶり」「虚実皮膜-芸」「群雄割拠-状態」「軽薄短小-文化／化／型」「年功序列-型／主義／的」「馬耳東風-型」「一筆啓上-賞」「右顧左眄-癖」「合従連衡-劇」「冠婚葬祭-用」「二者択一-式」など。

③合成語か語結合か判断のむずかしいものがある。「異国情緒たっぷりの上海」「異国情緒あふれる写実画」など。

④固有名詞として使用されることがある。「行進曲「威風堂々」」「2枚組アルバム「一期一会」」「「一世風靡」のメンバー2人と劇団・青年座の女優など。」のように。

⑤新聞の見だし特有の用法がある。いわゆる体言止めや語尾（コピュラ）なしの述語用法。

【辞書類】尚学図書・言語研究所編『四字熟語の読本』1988年〈1200語〉／武部良明『四字漢語の用法』(角川書店) 1990年〈2200語〉／集英社辞書編集部編『スピーチに役立つ四字熟語辞典』(集英社) 1996年〈1600語〉／三省堂編修所編『新明解四字熟語辞典』(三省堂) 1998年〈5600語〉／狩野直禎『すぐに役立つ四字熟語辞典』(日本文芸社) 1998年〈1500語〉／『三省堂ポケット四字熟語辞典』(三省堂) 2000年〈1400語〉／東郷吉男『四字熟語辞典』(東京堂出版) 2000年〈1450語〉／『新版用例でわかる四字熟語辞典』(学習研究社) 2001年〈2500語〉／西岡弘『スピーチや文章に使える四字熟語新辞典』(梧桐書院) 2001年〈940語〉／村上哲見・島守哲男編『四字熟語の泉』(講談社) 2002年〈480語〉／岩波書店辞典編集部『岩波四字熟語辞典』(岩波書店) 2002年〈3000語〉

【付記】この研究は、平成14年度科学研究費補助金基盤C(一般)「中国語・朝鮮語話者の日本語漢語語彙の学習を支援するための基礎的研究」(代表者：大島中正)による成果の一部である。DBの検索には、森下訓子さんと楊華さんの協力を得た。

第4章　コロケーションとは何か

1. コロケーションとは何か

　「コロケーション (collocation)」とは、「二つ以上の語が連なって用いられるために、語の単位にまで分離することなく、まとめて学習されるべき語群 (word group) をいう」(成美堂『言語学事典』) とある。我が国の英語教育の世界で、重要な役割をはたしたとされる研究社『新英和活用大辞典』(勝俣銓吉郎編、初版 (1939年))は、このようなコロケーションに着目したものであった。この辞典の増補版 (1958年) の「まえがき」では、「語が他の語と慣習的に結合して一つの表現単位をなす姿を広く採集し、これを文法的に配列したもの」とあり、慣習的な語と語の結合を「連語」ともいっている。この辞典の最新版は市川繁治郎編集代表『新編英和活用大辞典』(英訳　The Kenkyusha Dictionary of English Collocation) で、名詞見出し、動詞見出し、形容詞見出し、統語的連結、その他、の5部門からなる。ここでは、名詞と動詞のむすびつきは、名詞が主語相当のものも目的語相当のものも、ともに名詞見出しの部門であつかわれている。この辞書には、見出し語が文の中でどのように用いられるかという使用例が数多く示されている。その結果、とりわけ表現辞典として実用に供するという点に特徴がある。個々の単語の他の単語とのむすびつきを詳細にしめした語彙的なコロケーションに注目したものといえる。

　一方、以上のような日本の英語教育の世界で展開されてきた「コロケーション」とは異なる規定をうけた「連語」や「語結合」とも呼ばれる言語の単位が存在する。ヨーロッパで、word group, Wortgruppe という術語で呼ばれた言語の単位である。最近の英語学では、word group は慣用性の高い、

いわば慣用句に相当するものに限られるようであるが、Sweet (1891) によれば、単語と文の中間に位置する単位として、word group を設定している。『研究社英語学辞典』(初版 1940 年) には、この word group が立項されている。

19 世紀は、ドイツが言語学の中心であり、19 世紀から 20 世紀前半のドイツ語文典には、山田孝雄にも影響をあたえたハイゼをはじめ、Wortgruppe についての説明がある (宮島達夫 (2005))。しかし、ドイツの言語学でも、この Wortgruppe についての統一した理解があったわけではない。旧東ドイツから刊行された "Kleine Enzyklopädie Deutsche Sprache" (ドイツ語　小百科事典) には、Wortgruppe (「連語」と訳しておく) に関する記述が比較的くわしい。

まず「統語論上の単位として、文、連語、単語、形態素がある」とあり、「統語論は、単語 (形態素) から連語をつくる規則と連語から文をつくる規則を記述しなければならない」として、連語を統語論上の単位として定位している。連語には、「つよい関係をつくるものもあれば、ゆるい関係をつくるものもある。」とし、「つよい関係にたつ単語同士は連語として複合体を構成する。」と説明する。

　　(daß) Hans vor dem Unterricht den Brief in den Kasten geworfen hat.
　　(ハンスが授業の前に手紙をポストに投函したこと)

という副文の中で、Hans (ハンス = 主格)、dem Unterricht (授業 = 与格)、den Brief (手紙 = 対格)、den Kasten (ポスト = 対格) はそれぞれ名詞連語とされている。名詞を核とする名詞連語には、名詞 1 つからなるもの (Hans)、冠詞と名詞からなるもの (dem Unterricht) がある。名詞連語のあるものは、前置詞連語をつくる (vor dem Unterricht (授業の前に))。geworfen hat (投函した) のような連語は、不定形の動詞と定形の動詞のくみあわせで述語をなしている、また、前置詞連語である in den Kasten (ポスト (の中) に) は、述語とつよいむすびつきをつくり、述語連語をつくっている、と続く。

ここでは、「冠詞 + 名詞」「前置詞 (+ 冠詞) + 名詞」も連語として位置づけられていて、連語として適用される範囲が広い。Hans が一語で連語あつかいされているのは、普通名詞 der Mann (男 = 主格) などに相当する固有名詞が、特殊な名詞とみなされたからであろうか。ここでの連語の規定は、「2 つ以上の単語からなる文の部分」といった程度のゆるやかなものである。ち

なみに、文は、「イントネーションと話し手の伝達的な意図をもって表現される」「単語の線的なならびにもとづくだけではなく、結合体のヒエラルヒーにもとづく」ものとある。

ドイツで刊行されている言語学辞典の1つである、Conrad（1975）では、Wortgruppeの項目があり、上に紹介しものとは異なる、以下のような規定がみられる。

「Syntagmaとも。互いに依存しあう複数の単語から構成される比較的安定した統語論上の単位。文よりも小さな複数の単語からなる統語論上の結合体。」とある。次のような例が挙がっている。

　名詞を核とする連語　die Stadt am Meer（湖に面した都市）、das blaue Kleid（青い服）、das Heft des Schüllers（生徒のノート）
　動詞を核とする連語　（動詞＋目的語／副詞的規定語）(Sie) trägt den Korb（かごをかつぐ）(Er) geht nach Hause（家に帰る）
　形容詞を核とする連語　(Er) ähnelt seinem Vater（父に似ている）

さらに「形容詞を核とする連語は本質的に動詞に対応する」との記述がある。記述が簡単なので、詳細はわからないが、あとでふれる奥田靖雄のいう連語論に近似しているとも考えられる。例示されたものは、主語と述語の関係がはぶかれているし、「互いに依存しあう複数の単語からなる」との規定はあるが、列挙されているのは、名詞・動詞・形容詞をそれぞれ核とする一方依存の結びつきだけである。

日本の連語研究に影響をあたえたものに、ロシア言語学に由来する連語研究がある。19世紀はじめにフォルトゥナートフによって「ひとつの（小詞ではなく）自立語が他の自立語と結合することによって形成される意味的にまとまった全体」と定義された。フォルトゥナートフは文が連語の延長上にあると考え、その結果、連語と文の関係があいまいであった。1950年代に、ヴィノグラードフが連語と文の違いをあきらかにした。彼は、連語は「名づけ（命名）」の機能をもつのに対して、文は「通達」の機能をはたす単位であることを説いた。2つ以上の自立的な単語同士の結びつきをいう点で、先の「コロケーション」とは違いがみられる。つまり、「コロケーション」を自立的な単語同士の結びつきに限定するという点で、『新編英和活用大辞典』でとりあげられている dream of や a couple of のようなくみあわせは連語の対象

外となる。aのような冠詞やofのような前置詞は機能語に属し、非自立的な単語であるから、「連語」や「語結合」の対象にならない。ロシア語の文法的な特徴を反映して、それらの結びつきには「一致」「支配」「付加」という3種の性質の異なる依存関係が区別される（三省堂『言語学大辞典　第6巻術語編』）。こうしたロシア言語学の影響をうけ、独自の連語研究が日本でも展開された。奥田靖雄をリーダーとする研究がそれで、それらの成果は言語学研究会編『日本語文法連語論（資料編）』などで知ることができる。この連語論では、「かざり（修飾語）」と「かざられ（被修飾語）」の関係だけが対象とされ、並列関係や主語と述語の結びつきは対象外とされている。この研究では、結びつきの諸タイプに、より多く関心が向けられているのである。この章で冒頭にとりあげた勝俣の『新英和活用大辞典』でのコロケーションが語彙的コロケーションであるのに対して、こちらは文法的なコロケーションである。

　このように「コロケーション」「語群」「連語」「語結合」という用語のもとに、さまざまな理解がある。どのような単語の結びつきをいうのかという範囲の問題にくわえて、個々の単語の問題に終始するのか、個々の単語の結びつきをこえて、そこに統語論的な一般的な特性を見出すという問題にふみこむのかといった点に違いがある。

2.　コロケーションの再定義

　本章では、現代日本語を対象とし、「コロケーション（語群、連語、語結合とも）」を以下のように規定したい。「コロケーション」とは、「自立的な単語のくみあわせで、命名（名づけ、現実のさししめし）の側面のみをになった文法的単位」をいう。名詞・動詞・形容詞（いわゆる形容動詞や連体詞は、形容詞の中にふくめる）・副詞のような主要な品詞に属する単語には、一般に、他の単語とむすびつくという潜在的な能力がある。主要な品詞に属する単語は、語彙的な意味と文法的な形式・機能の統一体として文の中に存在している。このような単語は、基本的には単独で文の成分になれるという特徴をそなえている。それに対して、周辺的な品詞に属する単語は、語彙的意味をもたないか、それが稀薄で、単独では文の成分となれず、主要な単語や単

語のむすびつきとくみあわさってはじめて文の成分になれるという点で、補助的な役目をになうものであるといえる。それらは、機能語として、接続詞、後置詞、助動詞として、もっぱら文法的な機能をはたすものである。

「こと」「もの」「ところ」のような形式名詞、「(〜と)なる」「(〜と)いう」のような形式動詞、「(〜て)よい」「(〜て)ほしい」のような形式形容詞は、もっぱら文法的な意味だけをもち、実質的な意味を欠くためコロケーションの対象からはずしてよいであろう。すなわち、「父の　こと」「先生の　ところ」「ピアニストと　いう　(職業)」「帰って　よい」はコロケーションではない。「咲いて　いる」「書いて　おく」などの本動詞と補助動詞のくみあわせも後者が非自立形式であるためにコロケーションの対象外である。また、「決めて　かかる」「見て　とる」「うって　でる」のようなものは見かけ上は単語をこえた形式ではあるが、意味的なまとまりと文法的な特徴(たとえば、「＊決めては　かかる」「＊見ても　とる」のように、2つの単語の間に、「は」「も」のような助辞が入らない)にもとづけば、一単語とみなさなければならないもので、これもコロケーションではない。

また、英語の前置詞に相当する日本語の後置詞も、非自立的な単語であるから、コロケーションの対象外となる。後置詞とは、「単独では文の部分とならず、名詞の格の形(およびその他の単語の名詞相当)の形式とくみあわさって、その名詞の他の単語に対する関係をあらわすために発達した補助的な単語」(鈴木重幸(1972))である。「日本に　<u>とって</u>」「将来の　<u>ための</u>」のような形式は、名詞の文中における存在形式であって、自立的な単語の組みあわせとはみない。

形式名詞や後置詞がコロケーションの対象からはずされるといっても、「父の　ことを　話す」「父に　ついて　話す」は、自立語「父」と自立語「話す」のむすびつきであるからコロケーションの対象となる。形式名詞「こと(を)」や後置詞「ついて」は、名詞「父」の文法的な存在形式をしめすものである。

さらに、「もっと　大きい」とか「とても　うれしい」のような程度副詞と形容詞のむすびつき、および「もっと　ゆっくり」のような程度副詞と情態副詞のむすびつきは、コロケーションの対象かどうかあやしい。程度表現には言語主体の主観性をともなうのが一般的だからである。

ここで、コロケーションの、単語や文との異同を整理してみよう。
　単語は名づけ（命名）の単位であり、基本的には文を構成する単位である。名づけという点で語彙的な側面をもちながら、他方で文を構成するという点で文法的な側面をもつ。単語は、語彙＝文法的な単位なのである。また、単語は、その場でつくられる臨時的な合成語を例外として、既存のものとしてその言語共同体に与えられたものである。個人に帰属するものではなく、社会的に所与のものである。単語は、その言語の使い手にあらかじめたくわえられたもので、原則として勝手につくることができないという性質をもっている。単語は、談話や文章の中でくりかえしあらわれるという性質をそなえ、延べや異なりとして数えあげたり並べあげたりでき、原理として、その数は有限である。
　一方、文は通達の単位であり、1つ以上の単語から構成され、言語主体による陳述的な側面（モダリティー・テンポラリティー・パーソナリティー）をそなえているという特徴をもつ。文はその時その場で言語主体（話し手や書き手）の責任において創造されるものである。文は、単語のように個人的にその言語の使用者の脳にあらかじめたくわえられたものではなく、その都度、あらたにつくりだされるものである。文は、単語のように目録として並べあげることができないという性質を有し、その数は無限である。
　では、コロケーションはどのような特徴をもち、言語の単位としてどのような位置をしめるのか。コロケーションは、言語の単位として単語と文の中間に位置づけられる。コロケーションが単語と共通する点は、どちらも事象を写し取っているということであり、形式と意味のうえで、全体と部分の関係をなしている。典型的なコロケーションとは、形式上は、自立的な単語がくみあわさったもので、意味上は、単語よりも詳細な現実の現象と対応しているものである。単語が現実の断片を写し取ったものであるのに対して、コロケーションは、断片のくみあわせを写し取っている。一方、両者が異なる点は、単語が社会的に与えられたものであるのに対して、コロケーションは、言語主体によって、その都度創造されるものであるということである。言語主体によって、その都度、創造されるという点で、コロケーションは、文と共通した特徴をもつ。また、コロケーションと文は、言語主体による創造的な言語活動にもとづく単語の組み合わせという点で共通するが、言語主

体の陳述的な側面をもたないコロケーションと、それをもつ文という点で、両者は区別される。以上のべたことをまとめると、表1のようになる。

表1　単語・コロケーション・文の諸特徴

単位 \ 特徴	何の単位か	陳述性	有限か無限か	帰属先
単語	名づけ(命名)	なし	有限	社会的(所与性)
コロケーション	名づけの複合体	なし	無限	個人的(創造性)
文	通達	あり	無限	個人的(創造性)

　ここで、コロケーションと合成語の関係について簡単にふれておく。「山に　のぼる」はコロケーションで、「山登り」は合成語である。「山登り」という単語の成立は「山に　登る((山を　登る)とも)」に由来するが、「山登り」は、少なくとも〈趣味として〉あるいは〈健康維持のために〉「山に登ること」といった制限がくわわっている点で、両者は意味的に等価ではない。たとえば、遭難者がでて、捜索隊が救出のために山に出向く場合には、「山登り」とはいえないであろう。また、「山登り」は「登山」と同様、できあいのものであるという性質をもっている。「山に　登る」は「丘に　登る」や「山を　歩く」と同様、できあいのものではなく、その都度、つくられるという性質をもつ。コロケーションと合成語には以上のような違いがある。

3. コロケーションの範囲

　一般に、文の中での自立的な単語間の関係には、並列関係と依存関係の二種類がある。依存関係には、主語と述語における、互いに他を前提とする相互依存と、一方を核とし他方がその核に依存するという一方依存とがある。核になるものが支配語で、その核に依存従属するものが被支配語である。日本語では、被支配語が支配語に先行するという統語法則がつらぬかれている。

```
         ┌ 並列……「山と　川」「歌ったり　踊ったり」「痛いだの　痒いだの」
         │      ┌ 相互依存……「桜が　咲く」「桜が　美しい」
         └ 依存 ┤
                └ 一方依存……「桜を　見る」「公園の　桜」「美しい　桜」「綺麗に　咲く」
```

　これらのすべてをコロケーションの対象にすることも可能であろう。しかし、並列構造はコロケーションの対象にされないのが一般的である。並列的なむすびつきは、ひとつの名づけ的な意味をあらわすというようなものではなく、無限に単語のくみあわせをふやすことができるという性質がある点で、コロケーションの対象にはなりにくい。しかし、「本音と建前」「国内および国外」や、「寝たり起きたり」「死ぬだの生きるだの」のような例は、慣用性が高く、閉じたコロケーションといえなくもない。「本を読んだり、音楽を聞いたり、映画を見たり、料理をしたり」という例は、いくつもの事象を写しとっているという点で、コロケーションとは認めにくい。

　また、主語と述語の関係は、現実を写し取っている側面ではなく、言語主体による態度的な反映(すなわち陳述)だとして、コロケーションの対象から除くべきだとする立場もある。しかし、「桜が　咲く」や「雨が　降る」といった単語の結びつきは、現実の内容(ことがら)を写し取っているという側面もあるので、コロケーションの対象とすべきであるという主張もなりたつ。主語と述語の関係は、陳述がかかわり、文論の対象であることは事実であるが、だからといって、コロケーションの対象からはずされるべきかは問題である。「桜が／桜は　咲いた。／咲くだろうか。／(まだ)咲かない。」といった文の形では、言語主体の態度的な側面をもつ主述の関係をあらわすが、そうした文から言語主体の態度の側面を捨象した事態を写し取っている「桜が　咲く」は、コロケーションの対象とみてよいだろう。動詞述語の場合は、事象と対応しているために、コロケーションとしてとらえやすい。一方、名詞述語や形容詞述語は、いわゆる主語と述語の関係に生じる言語主体の判断が前面に出ているために、それらをコロケーションであるとは考えにくい。佐久間鼎のいう「物語文」や三尾砂のいう「現象文」に、コロケーションの典型がみられそうである。事象を写しとっているという側面が強いからであろう。佐久間のいう「品定め文」や三尾のいう「判断文」は、典型的な

コロケーションから遠ざかる。事象の側面が背景にしりぞき、言語主体の態度的側面が前面に出るからであろう。コロケーションの記述対象が、事象を反映している動詞文にかたより、判断に傾斜する名詞述語文・形容詞述語文の世界では、相対的に関心がうすいということは、必然の結果であろう。

以上に見たように、並列的な関係と相互依存の関係は、典型的なコロケーションではない。典型的なコロケーションは、一方依存の単語の結びつきである。1つの核となる支配語と、その核となる支配語に依存する被支配語とからなる組み合わせである。すなわち、コロケーションとは、支配語のもつ結合能力を問うことである。先に述べたように、日本語の統語法則には、被支配語が支配語に先行するというきまりがつらぬかれている。支配語になるのは、動詞、形容詞（形容動詞をふくむ）、名詞である。以下の 見る 詳しい などが支配語である。

　　名詞と動詞　（桜を　　見る ）
　　名詞と形容詞（歴史に　　 詳しい ）
　　名詞と名詞　（公園の　　 桜 ）
　　形容詞と名詞（美しい　　 桜 ）
　　動詞(句)と名詞　（(若者が)買う　　 本 ）
　　副詞と動詞　（ゆっくり　　 歩く ）

こうした2つの自立語間にのみコロケーションをとらえる立場もあるが、支配語に支配される単語すべてのくみあわせをコロケーションとする立場もあろう。以下の例で、動詞「見る」と形容詞「詳しい」は、2つの被支配語を、動詞「紹介する」は3つの被支配語とむすびつく性質をもっている。

　　（男が　桜を　　 見る ）
　　（甲が　乙を　丙に　　 紹介する ）
　　（彼が　歴史に　　 詳しい ）

コロケーションにこのような姿をもとめるなら、それは、動詞や形容詞を述語とする文型をあつかうことになる。日本語のように名詞の格を発達させている言語では、動詞や形容詞が、どのような名詞の格を支配するかという格支配あるいは結合価を問うことが、コロケーションとかさなる。ドイツ語の世界でそのような文法理論が展開されていた。それには、ドイツ語が定動詞を核に、その周辺に空位（名詞に代表される補足語）をもつ文構造をとる言

語であることと、名詞の格が存在していることが関係しているであろう。ドイツではいくつかの結合価辞典が刊行された。Helbig (1969) らによる、旧東ドイツで出た "Wörterbuch zur Valenz und Distribution deutscher Verben" は結合価辞典の嚆矢で、動詞とむすびつく名詞句の形とどのような単語がくるかを記述したものである。それにつづいて、Sommerfeldt (1977a) (1977b) らによる形容詞や名詞の結合価辞典もあらわれた。これに遅れて旧西ドイツからも、Engel (1976) らによるもの、Schumacher (1986) らによるものが相次いで著された。後者は、意味分野ごとに個々の動詞について、意味情報と統語情報とをあわせて記述した動詞の結合価辞典で、他言語母語話者のドイツ語学習などに大きな影響をあたえた。さらに、こうした実用面とは別に、結合価をめぐる諸問題が議論された。義務的補足語と任意的補足語の区別、結合価文法と依存文法の違い、結合価の意味論的な側面、運用論的な結合能力などをめぐって、さまざまな提案がなされた。日本語にも名詞の格が存在することから、佐久間鼎や三上章は、動詞による名詞の格支配（結合価）について、つとに注目していた。情報処理振興事業協会『計算機用日本語基本動詞辞書 IPAL―辞書編―』や小泉保ほか（編）『基本動詞活用辞典』は、日本語の動詞結合価辞典であり、この分野での先駆的役割をはたした。

　単語のむすびつきには、「泡を　くう（＝驚きあわてる）」「しらを　きる（＝知らないふりをする）」のような、全体で単語並みというものがある。いわゆる慣用句で、この慣用句には、以下のような特徴があって、一般のコロケーション（これを自由なコロケーションと呼ぼう）から区別される（村木新次郎 (1985) (1991)）。

① 構成要素のむすびつきの不規則性
② 意味上の非分割性
③ 形式上の固定性
④ 単語性
⑤ 既製品性

つまり、慣用句は、単語のくみあわせという点ではコロケーションの一種であるが、できあいのものであり、意味をもった要素に分割できないという点で単語に相当するといった性質のものである。

　なお、コロケーションの固定性は慣用句の特徴ではあるけれども、慣用句

表2 慣用句と自由なコロケーション

	固定性	慣用句性	例
A	+	+	「うまが あう」「泡を くう」「しらを きる」
B	+	−	「馬が いななく」「まゆを ひそめる」
C	−	+	「納得が／得心が／合点が いく」
D	−	−	「花が 咲く」「パンを 食べる」「公園に 行く」

であることの十分条件ではない。「馬が いななく」「まゆを ひそめる」のようなコロケーションは、名詞と動詞のくみあわせが固定的である。しかし、それぞれの単語が語彙的意味をそなえている点で、慣用句とは性質を異にする。コロケーションの固定性と慣用句性については、表2のようにまとめることができる。

　Aのグループは、典型的な慣用句である。Dのグループは、コロケーションを構成する個々の単語の意味がコロケーション全体の意味をささえている。自由なコロケーションと呼んだタイプである。Bのグループは、単語のむすびつきは固定的ではあるが、コロケーションの意味を個々の単語が分担し合っている点で慣用句ではない。Cのグループは、名詞の語彙的意味がいきていて、動詞の語彙的意味が稀薄である。この構成では、名詞の語彙的意味が中心であり、動詞は語彙的意味が稀薄で形式的である。BとCは、典型的な慣用句と自由なコロケーションの中間の性質をおびている。

4. コロケーションの諸タイプ

　個々のコロケーションをまとめて体系的にとらえ、それらを諸タイプに整理するという課題がある。奥田靖雄(1976)はそうした試みのひとつであろう。そこでは、同一の形式によるコロケーションが、構成要素の意味クラスなどによってタイプわけされたり、コロケーションの核となる単語の多義性にもとづいて形式が移行したりする。

　たとえば、「豆を ひく」「粉を ひく」「臼を ひく」と「米を つく」「餅を つく」「杵を つく」は、それぞれ〈対象の起点＝材料〉〈対象の着点＝生産物〉〈道具〉という関係で対立的である。「臼で 豆を 粉に ひく」「杵

で 米を 餅に つく」といえば、名詞の動詞に対する意味役割は、異なる格形式によってあらわされているために明示的である。「大きな音で 驚く」には名詞の意味役割として〈原因〉が、「大きな音で 驚かす」には〈手段〉が読みとられる。「風邪で 仕事をやすむ」には〈原因〉が、「仮病で 仕事をやすむ」には〈理由〉が読みとられる。これらは、動詞や名詞に内在する〈意志性〉に起因するものである。コロケーションの文法について精緻な調査研究をすることがもとめられる。

文法研究は一般化を志向する。しかし、過度の一般化は慎まなければならない。例外は例外として記述するのが正当な接近である。たとえば、動作主をくわえて、3項をとる動詞は、「Bに」と「Bから」のいずれをとるか、あるいはいずれもとれるという点から、以下のように分類できる。

　　Ⅰ類：Aが　Bに　Cを　V
　　　　あげる、かす、おしえる、さずける、あたえる、あずける、うる、おくる、ゆずる、話す、いう、……
　　Ⅱ類：Aが　Bから／に　Cを　V
　　　　もらう、かりる、ならう、まなぶ、さずかる、おそわる、聞く、たまわる、……
　　Ⅲ類：Aが　Bから　Cを　V
　　　　とる、ぬすむ、うばう、うけとる、かう、しいれる、あつめる、える、相続する、……

しかし、「友人から／友人に たよりを もらう」は言えるのに、「ふるさとから／*ふるさとに たよりを もらう」のように一方が言えなくなる例がある。また、「友人から／友人に 本を かりる」は言えるのに、「図書館から／*図書館に 本を かりる」のような場合には、一方が言えなくなる。ひとと空間という名詞の意味クラスが、言える言えないに関与している。ちなみに、「銀行から／銀行に 金を かりる」は言えて、「銀行」はひと並みである。

このような考察がケーススタディーにおわらず、網羅的かつ体系的になされてこそ、あるべきコロケーションの文法的な研究といえよう。

5. 辞書におけるコロケーションの記述

　最近の国語辞典には、コロケーションに関する情報が記されるようになった。動詞の自他の区別は、動詞を目的語をとる他動詞と、それをとらない自動詞とに二分するものであるが、「だれに」「なにを」といった情報を提供することは、動詞の自他だけですませるよりははるかにゆたかな情報量をもっていることはいうまでもない。そこには、「〜を」「〜に」といった名詞の格についての情報だけでなく、「だれ」「なに」といった、ひとをあらわす単語がくるか、ものをあらわす単語がくるかといった意味の情報がくわわっている。

　たとえば、「もてなす」と「ふるまう」は〈接待する〉という類義関係をもつが、前者は「客を　手料理で　もてなす」、後者は「客に　手料理をふるまう」といったコロケーションをしめすことは必須である。これらを一般化して、「もてなす」は「(ひとを)(もので)もてなす」、「ふるまう」は「(ひとに)(ものを)ふるまう」と記述することもあろう。ちなみに、「ご馳走する」は、普通は「ふるまう」と同類のタイプとしてもちいられる。

　しかしながら、こうした情報の提供を過不足なくおこなうことは、実は困難をともなうのである。コロケーションの構成要素が典型的なものからさまざまなズレをおこすからである。たとえば、「祝う」は、〈めでたいことを喜び、それを言動にあらわす〉といった基本的な意味をもち、「〜を　祝う」というコロケーションをつくり、「〜」の位置には「優勝／合格／結婚／誕生／当選」などの動作名詞がくるのが典型である。しかし、これらの動作名詞に代わって、当該の動作に関わる動作の主体や時間が「〜」にくることがある。「(野球大会で優勝した)仲間を　祝う」は動作主体にスライドした例であり、「弟の誕生日を　祝う」は時間にスライドした例である。前者の例では、人に直接関わるために、動詞が「祝ってやる」「祝ってあげる」といった語形にもなる。さらにこれが「雑煮を　祝う」や「屠蘇を　祝う」になると、これは新年を迎えためでたさを、「雑煮をたべて、祝う」「屠蘇を飲んで、祝う」とパラフレーズできるコロケーションであり、かなり特殊なものである。このようなコロケーションの広がりは、コロケーションの総合的な記述を困難にしている。

日本語学習者用に編まれた姫野昌子ほかによる『日本語表現辞典』は、動詞と形容動詞を中心にコロケーションを提示した辞典として貴重である。この辞典には、副詞と動詞の結びつきの例が豊富にしめされているのが好ましい。ただし、意味による区分がないことと、項目による記述内容に粗密があることが惜しまれる。

　従来のコロケーション研究では、名詞を核とするものが手薄である。筆者がシソーラスを拡大するという意味で提案したものを紹介させていただく(村木新次郎(2005))。シソーラスは、本来、単語を意味によって分類したものであるが、コロケーションにまで拡大したシソーラスがあってもよいのではないかという試案である。「声」にかかる形容詞類を表3としてしめす。

表3　「声」にかかる形容詞

(**質**)大きな／高い／太い／か細い／深い／短い／重い／軽やかな／強い／明るい／硬い／／暖かい／涼しい／暑苦しい／冷ややかな／甘い／渋い／／するどい／鈍い／丸っこい／冷たい／／金属的な／力強い／弱弱しい／うつろな／／若い／幼い(**心**)心地よい／悲しい／恐ろしい／重苦しい／さわやかな(**言語**)歯切れのよい／批評がましい／よどみのない／舌足らずな(**態度**)おしつけがましい／がさつな／威厳たっぷりな／／遠慮の無い／傍若無人な／丁寧な／控えめな／……声

　これらは、一般のシソーラスが静的なシソーラスであるのに対して、動的なシソーラスといえないであろうか。さらに、形容詞類という枠をとっぱらって、名詞にかかるさまざまな成分をコロケーションの対象にすることもありうる。表4は「女性」にかかるコロケーションの試案(私案)である。

表4　「女性」にかかる語句

(**年齢**)若い／中年の／40を少し過ぎた／年上の／…(**身体的特徴**)細身の／小作りの／きゃしゃな／やせた／…(**性格**)おとなしい／控えめな／勝気な／男勝りの／ずうずうしい／……女性

　今日、各種のデータベースが拡充している。そうしたデータベースの利用は、豊かなコロケーションをそなえた辞書の可能性につながるであろう。そこには、**4.**で言及したコロケーションの諸タイプの研究成果がとりこまれ

ることが理想である。コロケーションの世界は、まさしく語彙文法の領域である。コロケーションの研究は、統語論と辞書の中味を充実させるものであろう。

第6部　日本語文法の展望

第 1 章　三上章と奥田靖雄
　　　—それぞれの軌跡—

1. ふたりの生きざま—アカデミズムとの関係—

　三上章(1903〜1971)と奥田靖雄(1919〜2002)は、20世紀後半の日本語文法界を代表する巨匠であった。三上の最初の論文は、1942年の「語法研究の一提試」であり、最後の論文は1971年の「主格の優位」である。一方、奥田の言語に関する最初の論文発表はつまびらかでないが、最後の論文は2001年の「説明(その4)—話しあいのなかでの「のだ」—」である[1]。

　ふたりは、数多い日本語の文法学者のなかでも、異色の学者であったといえるであろう。まずは、どういう点が異色なのかを問うことにしたい。ふたりにはいくつかの共通したところがある。三上は、1965年からなくなるまでの6年あまりを大谷女子大学で、奥田は71年から84年までの13年間を宮城教育大学で、それぞれ教授として大学に職を得た。三上は長い間、高等学校の数学の教師をつとめていた。一方、奥田は仙台におもむくまで、ずっと定職をもたない身であった。しかしながら、ふたりは、それぞれの環境の下で、みずからの日本語研究をおしすすめていたのである。三上章は、他言語との違いや言語一般の普遍性を考慮しながら、日本語の特殊性を追求した独創的な前衛派として。そして、奥田靖雄は、西洋の伝統的な言語研究を日本語の事実にてらして根づかせた正統派として。ふたりは、ともに日本語研究におけるアカデミズムの主流ではなかった。もっぱらアカデミズムの外で活躍した人であった。というより、いわゆるアカデミズムを超越して自分自身の文法理論を展開してみせたのである。ふたりとも在野にあって、独立自尊であった。アカデミズムへの挑戦あるいはアカデミズムへの無視は、同時にアカデミズムからの孤立でもあった。ふたりは、学界の主流から無視され

たり、異端視されたりすることもしばしばあった。アカデミズムとの関係がそうであったにもかかわらず、ふたりが残した数々の足跡は、今日、アカデミズムに大きな影響を与えている。三上の功績はくろしお出版から、奥田の仕事はむぎ書房から、それぞれ何冊もの著作となって、刊行されている。現在の日本語研究、とりわけ現代語を対象とする文法の世界で、三上と奥田はもっとも影響力のあるふたりであるといえる。そして、ふたりには多くの後継者がいる。

こうして、ふたりに共通している重要な点は、伝統的な国語学や国語教育学におけるアカデミズムに対する果敢な挑戦である。世の文法研究や文法教育の不十分さに対する不満と憤りが、学界への挑戦というかたちをとらせたのであろう。

伝統的な国語学の文法論では、なにゆえに文なのか、という問いに関心があり、多く述語部分の構造に注目したいわゆる陳述論が展開された。その議論は、ときに抽象に走り、また思弁的でもあった。山田孝雄の唱えた統覚作用や時枝誠記のいう言語主体には、主観的かつ心理的な側面が強調されている。松下大三郎のような実証性にとむ研究もあったが、それは学界の主流ではなかった。また、研究の対象はその多くが文化的所産としての古典語にむけられていて、現代語の記述的な研究が不足していた。そして、その内容はきわめて貧弱であった。そのため、現代日本語の実用的な文法という点では、多くの問題をはらんだものだった。

後年、外国人に対する日本語教育がクローズアップされ、また、コンピュータの普及にともない、言語情報処理の世界が脚光をあび、言語をあらたな視点からみつめなおす時代がおとずれた。そこでは、実用に供しうる科学的な日本語の知識がもとめられた。このような要請に対して、伝統的な国語学は、無力であった。それは、観念的で難解であるとされ、日本語教育や言語情報処理の世界で受け入れられることは少なかった。海外での日本語研究者からは、「日本の文法論は体系的でない。方法論に欠ける。」と言われ、相手にされなかった。また、ある情報工学者は日本語文法に対して、「日本における日本語学者の発表の仕方はソフィスティケートされていて、真意を知るのが困難である。」と揶揄したことがあった[2]。

国語教育の世界では、古典の解釈にはいくらかの役目ははたしたものの、

現代語にかぎっていえば、文法は役に立たないもの、学ぶ必要のないものの代表みたいなものであった。文法といえば、いたずらに規則を記憶させるための不人気な教科であった。教科文法・学校文法は、橋本進吉の文法論にもとづき、意味や機能を考慮しない形式主義で、矛盾の多い、内容のとぼしいものであった。こういう状況の中で、三上と奥田は、教科文法・学校文法のもつ非科学性とさまざまな不備を指摘し、それにかわるべき日本語文法の研究と、それにもとづく文法教育の必要性を提案しつづけたのである。ただし、ふたりの、伝統文法への批判のあり方には違いが見てとれる。

　三上の場合は、より具体的である。誰のいう、どの部分が問題であると指摘したうえで、自己の立場を表明し、解決案を提示する。三上自身が一度唱えた提案を撤回したり、用語を変えたりすることもしばしばあった。そうした改変が、理解しにくい側面をまねいたことは事実であるが、それは三上の思考の経緯をしめすものであり、三上の文法論がつねに推移と発展の途上にあったことを意味している。そこには一貫性が欠けているともいえるが、三上が試行錯誤をかさねて、より高い山をめざして登りつづけたという証拠ともいえる。三上の論文には、文法学者の固有名が登場することが少なくない。三上は批判の中にも、伝統との融和ないし、接点を意識していたことは確かである。これは三上が漸進主義を標榜するところとかさなる。たとえば、品詞分類の改編や用語の改廃はさけるべきであるととなえている（『続・現代語法序説』第一章「文法用語」、1959）。

　それに対して、奥田の場合は、先行の伝統的な国語学者への言及はほとんど見られない。連語論をあつかった論文「言語の単位としての連語」（『教育国語』45、1976）で南不二男に、アスペクトをあつかった論文「アスペクトの研究をめぐって―金田一段階―」（宮城教育大学『国語国文』8、1977）で金田一春彦に、名詞の格をあつかった論文「格助詞―渡辺実君の構文論をめぐって―」（宮城教育大学『国語国文』9、1976）で渡辺実にふれているのがあるくらいで（ほかにも、時枝誠記、服部四郎らに言及している部分はある）、ロシアをはじめ、外国の研究者への言及はあっても、日本の研究者にいいおよぶことはほとんどしていない。奥田の立場は、西洋風の伝統的な言語学から学び、それを日本語の事実にてらして展開してみせることであり、そのことに関心が集中していたからであろうか。彼にとっては、周囲の多く

の研究は顧慮するにあたいしない存在であったかのように見受けられる。伝統的な国語学の流れも、アメリカから輸入された構造主義の言語学にも、遅れて流行した生成文法も。国語学はそもそも単語の認定に失敗していたし、構造言語学は意味を無視もしくは軽視した形式主義である点に、構造言語学のアンチテーゼとして登場した生成文法は文の妥当性を話し手の判断にゆだねるという主観主義である点に、それぞれ致命的な問題をかかえていた。これらは、形式と意味とをきりはなしてはいけない、言語の研究は客観的でなければならないという、奥田の研究に対する基本理念とは相容れないものだったのである。

　ところで、三上も奥田も多才なひとであった。ふたりとも言語研究、文法研究をこえて、たぐいまれな才能を発揮している。三上が長年にわたり数学の教師をしていたことにはすでにふれたが、金田一春彦によると、「三上さんと話合う機会に恵まれると、哲学・歴史・美術・音楽・文学・数学、あらゆる部面に亘る深い造詣を知って驚かされる。」(『現代語法新説』の序)とあり、彼の博学ぶりが紹介されている。三上は若いころ、「批評は何処へ行く？」という題の芸術批評を雑誌『思想』に発表したり、『技芸は難く―諷刺―』という哲学的な随想を自費出版したり(筆名：加茂一政)しているのである。奥田は、若いとき民族学を志したことがあるようであり、また奥田をよく知る人によると、論理学・哲学・文学に深く通じていた模様である。奥田の蔵書には、内外のさまざまな分野の専門書があったと漏れ聞いている。三上は、英語・フランス語のほか西洋古典語に通じていたようであり、奥田はロシア語・ツングース諸言語に明るかったようである。

　ふたりのあいだには、次のような違いもある。三上はもっぱら個人プレーに徹していたのに対して、奥田は言語学研究会という集団の中にあって、その組織を率いるリーダーであった。三上の個人プレーには深い孤独と同時に強靭な不屈の精神を感じさせられるが、彼には、佐久間鼎、金田一春彦、川本茂雄といった斯界を代表するよき理解者がいた。もし、こうした理解者がいなかったら、三上の先駆的な業績は埋もれていたかもしれない。三上の稀なる才能による創見にみちたアイデアと考察の成果は、さいわいなことに、佐久間らの応援と支持があって、次々と公にされていったのである。三上の論文は、『国語学』『国語国文』『国語と国文学』など、この世界を代表する

学会誌に発表されている。

　ふたりの言語の研究は、三上の場合、わずかながら文字論に関するものもありはするが、もっぱら文法および文法教育の世界にかぎられている。奥田は、文法だけではなく、音韻論をはじめ、国語教育や文学教育などの世界でも大きな足跡をのこしている。晩年には、せまい意味での文法論をこえて運用論にもふみこんでいる。さらに「にっぽんごシリーズ」をはじめとする各種の教科書づくりにも参画している。こうした多岐にわたる活躍は、奥田の才能にもよるが、奥田が彼をささえる多くの仲間たちとともに行動し、彼が集団の中で、個性的かつ強力な指導力を発揮できたからであろう。個人の力ではとうていなしとげられない仕事量といえる。

2.　文法をどうとらえるか

　三上は文から出発する[3]。それに対して、奥田は文と単語を、それぞれ他を前提としてとりだされる言語の基本的な単位であるとみる。三上は文法を、文の成り立ちを中心に、そこに意味をとりこんだかたちで問題にしている。三上の中心テーマはシンタクスである。三上の代表的な著作である『現代語法序説―シンタクスの試み―』の副題が、三上の仕事を象徴している。一方、奥田は、言語は語彙と文法からなる体系であるととらえ、文法論を語彙論と並べている。さらに、語彙と文法からなる言語は、言語活動のなかから抽出されるものであるというテーゼをもっている。言語は言語活動の中にしか存在しないととらえるのである。奥田は、言語が語彙と文法からなるととらえるからこそ、両者のかなめになる単語という単位にこだわるのである。

　奥田の展開する文法は、単語を重要視するところに特徴があり、文法を西洋の伝統的な考え方である統語論と形態論からなるとするのである。ちなみに、日本のほとんどの文法論では、ほんとうの意味での形態論は欠如していて、形態論が品詞論に置き換えられてきた。従来の日本語の文法にあっては、そもそも単語の認定に大きな問題を抱えていて、それは今日にいたっても共通の理解が得られていない。伝統的な国文法の世界では、たとえば、橋本進吉や時枝誠記の場合がそうであるが、西洋の言語学でいうところの

wordではないものを単語としてきたのである。とくに動詞の活用の現象に対する伝統的な国文法でのあつかいは、合理的ではない。形態素と単語の区別があいまいである。というよりも、形態素をしばしば単語あつかいしている。その形態素が「かな」によって取り出されていることもあって、語幹が変化しない部分、語尾が変化する部分という根本のところが正当にあつかわれていない。

　国文法におけるこうした不備に関しては、三上も奥田も共通して、それに代わる正当な活用をしめしている。ただし、単語の認定をめぐっては、両者は一致をみない。三上の単語は、山田孝雄に近く、奥田のそれは松下大三郎に近い。すなわち、三上は付属的な単語として助詞と準詞（準体詞・準用詞）を認めるのに対し、奥田は、いわゆる助詞や助動詞の多くは、単語の文法的な存在形式である語形をつくる付属辞とし、単語の部分とみる。ちなみに、奥田は、後置詞とむすび（コピュラ）を補助的な単語とする。日本語には、なにをもって単語とするかという問題がいまも未解決のままである。奥田のいうように、個別言語をこえて普遍的な基本単位として単語を設定しようとする立場がある。一方、三上は日本語に即した単位として助詞や準詞を認めたほうが合理的であるとする。準詞のような単位を積極的にもうけるところに、三上の柔軟さが感じられる。いわゆる屈折的要素をもち、単語の認定が比較的容易である言語の場合と違って、単語と単語以下の形態素との区別が微妙で、中間的なものが多く見られる日本語のような言語では、三上のように、ゆるやかな姿勢をとるのがよいのかもしれない。なお、三上のいう準詞は、さまざまなものをふくんでいて、三上自身も、十分に明らかにしたとはいえず、問題点を多く残している。奥田のいう、単語 = word という単位がはたしてどの言語にもあてはまる普遍的な性質をもつ基本単位なのかという問いかけも、また存在しうるのである。

　三上の展開した日本語文法の特徴の1つに、主語廃止論・主語不要論がある。日本語をみるとき、西洋の伝統的な主語・述語の二項構造は、まったくあてはまらないとするのである。文は、動詞にいくつかの関与項が依存する構造であるととらえるのである。これはテニエールらが説く結合価理論とかさなるもので、文を、各要素間の依存関係を通して構造的に理解しようとする。三上の説く文法の特徴は、文の構造を依存関係によって解明してい

る点にある。三上の、この考えを支持する人は多い。三上の関心の中心である「ハ」は、日本語の文構造を考えるうえで根底にかかわるものである。この「ハ」の使用を、西欧語をはじめ言語一般の普遍性を考慮する中で、解き明かそうとした。「ハ」は主題をあらわし、主語ではない。「ガ」があらわす主格とももちろん違う。今日でもしばしば混同される、「主格」「主語」「主題」の違いを明瞭にしたのは三上の功績のひとつである。三上は、英語などでいわれている知見を日本語へ単純にあてはめることを拒絶する。主語不要論のほかにも、英語などで一般的な節（clause）と句（phrase）の相違についても、日本語では西欧語と事情が違うとして、独自のあつかいをするべきだと主張した。三上にあっては、日本語には主語がないので、主述にもとづく節と、それ以下の句をそもそも区別することが無意味なのである。その結果、単式・軟式・硬式などと三上が名づける区別が生み出されたのである。これはのちに、南不二男の説く複文の ABC の階層構造へと発展していった。

　三上の文法論には、「境遇性」「準詞」をはじめ、彼特有の手作りの術語が数多くある。「境遇性」とは、ダイクシスに似た概念である。すなわち、直示的な指示性のことをいい、個々の発話場面によって決定される諸要素のことである。三上はこれを品詞分類にも使っていて、いわゆる代名詞を「境遇詞」としようという提案もしている。「準詞」とは、「それ自身としては独立して使われない小形の語詞で、先行の語句をただちに受けて、その全体をあたかも一つの品詞のようにするもの」（『現代語法序説』）と定義する。

　奥田の文法に対する姿勢は、すでに 1957 年に発表した「ことばの組みたて」（『講座日本語 1　民族のことば』）に確立している。筆者は、まだ若かりしとき、この文章に触れ、伝統的な西洋流の言語学のとらえかたによって、日本語の文法現象が見事に説明されているのを知って、感銘をうけたことを想いだす。その後、奥田のなしとげた文法研究は、ここで述べられている姿勢で終始一貫している。その大事な点は、日本語の単語をどのように認めるかということ、単語の語彙的な意味と文法的な意味との関係、単語の文法的な意味と文法的なかたちと文法的なカテゴリーの関係、単語が語彙論と文法論のかなめに位置するということ、形態論の重要性、文法的カテゴリーのとりだし、…。

　たとえば、単語は「文章論的にも[4]形態論的にも、あるいはもっぱら文章

論的にかたちづけられたいちばん小さな意味の単位である」と定義される。奥田の、語彙論ときりはなさない文法論の出発点である。単語は、語彙と文法との2つの側面のかなめの位置にあり、言語にとって基本的な単位なのである。内容は形式にささえられてはじめて内容たりうるし、形式は内容をそなえてこそ形式たりうる。両者は相互に規定し合う関係にある。文法とはなにかという問いに、奥田は次のような説明をしているのである。

　　文法的な意味をきりすてて、字びき的な意味をもっているものとして、文の中から単語をぬきとってあつめると、字びきができあがります。反対に、単語の字びき的な意味をきりすてて、単語の文法的な意味とそれをいいあらわす文法的なかたちをとりだしてあつめると、文法ができあがります。したがって、文法というものは、ひとつひとつの単語の字びき的な意味にはかかわらないものであって、あらゆる単語につきまとっている文法的な意味と文法的なかたちなのです。

語彙と文法との関係をわかりやすく説いた見事な記述だとおもう。さらに、つづけて次のような説明をくわえる。

　　しかし、文法というものをこういうふうにかぎっては、いくらかせまくなります。なぜなら、単語が組みあわさって、文を組みたてるためのあたらしい単位ができてくるからです。たとえば、単語と単語の組みあわせは、単語とおなじように文を組みたてる材料になります。こうした単語の組みあわせが、ぜんたいとして、現実とのかかわりをとりむすびます。ですから、単語にとらわれないで、文法的な意味とはなにか、もう一度ここでかいておきます。
　　(1) 単語と単語のむすびつき方、あるいは文と文のむすびつき方など
　　(2) 単語あるいは単語の組みあわせでつたえられるものと現実とのかかわり方

これはヨーロッパの伝統的な文法観にもとづくものであり、奥田が語形変化を複雑に発達させたロシア語によく通じていて、ロシア語をつねに意識していたことと無縁ではなかろう。

日本語の文法研究の歴史をみるとき、もっとも影響の大きかった中国語とのかかわりの中で、シンタグマティックな見方が優勢であったことが指摘できる。中国語（とりわけ古代中国語）は、ロシア語とは対極的に、語形変化を

発達させておらず、文法的な機能をもっぱら語順と補助的な単語に依存するタイプの、いわゆる孤立語である。こうした文法的な特徴をもつ中国語との比較を通して、日本語の文法研究は、助詞・助動詞といわれる文法的な形態素に注目し、それらを抽出することに着目し、その結果として、助詞・助動詞に文法性のすべてをになわせてしまうというとらえ方が支配的であった。文法現象を見るときに、語彙的意味をになう語幹や語基からきりはなされた文法的な形態素だけを問題にしたのである。文法的な要素を語彙的な要素からきりはなしてしまっては、文法的なものが語彙的なものと相関しながら文法的なものとしてふるまうことが無視される。たとえば、格助辞の意味用法を知ろうとするなら、その格助辞をしたがえる名詞本体と、その名詞が関係する動詞などの自立する単語が何であるかという情報が欠かせない。そもそも、実体をはなれたところで、関係だけをとりだすことはできないのである。

　こうして伝統的な国文法では、文法的な形態素を語彙的な要素から分離してしまった結果、単語のパラディグマティックな側面が考慮されなかったのである。いわば、しっぽだけに注目し、しっぽをそなえた本体に目をむけることを怠ってしまったのである。単語にあっては、語幹や語基が核である。文法的な語尾や接辞は単語全体にとって補助的従属的な存在でしかない。語幹・語基を見ずに、語尾・接辞を中心にとらえるのは、まさに本末転倒というべきである。日本語の、とりわけ動詞の語形変化の体系には、基本のかたちが無標形として、いくつかの文法的な有標の語形と対立するという、システムがある。たとえば、「読む」は、「読んだ」とテンスの、「読まない」と肯定否定の、「読みます」と丁寧さの、「読め」「読もう」とムードの、といったさまざまなカテゴリーの一方の項としてふるまい、ちょうど扇のかなめのように、いくつもの有標項と対立する無標項として、文法的に重要な位置をしめているのである。

　これは、動詞の活用だけではなく、名詞における格についてもいえることである。名詞の格をとりあげるとき、1つの格をほかの格からきりはなしてしまうと、それのはたらきをあきらかにすることができない。いくつかの要素が集まって格の体系をつくっているので、相互の関係をしらべてはじめて体系化へとむかうのである。対立は体系の部分である。複雑な体系は、さまざまな対立のうえに、成り立つものである。

奥田の貢献のひとつとして、文法的なカテゴリーの概念を定着させたことを指摘できるであろう。今日、文法用語として、テンス・アスペクト・ムードなどの用語がとびかっているが、それがいったいなにをさしているのかが鮮明でないことが多い。ある人は意味論的な使い方をする、別の人は形態論的なカテゴリーにもとづくものとして使うなど。奥田は文法的な語形と文法的な意味の対立関係をみて、そこからカテゴリーをとりだしている。

奥田の研究の特徴として、実例主義についてもふれておきたい。研究者の中には、研究者個人の内省によって研究ができるとする人もいる。しかし、人の内省する能力というのは貧弱なものであって、さまざまな言語現象を内省する能力などなにびとももちあわせてはいない。というより、主観的な判断にもとづいた表現に文法の妥当性をみることになるので危険である。奥田は、実際の言語使用こそが文法の妥当性を保証するとみるのである。実例を重視して客観的な結論をみちびくという研究のあり方を主張し、みずから実践してみせたのが、彼の代表作でもある「を格の名詞と動詞のくみあわせ」をはじめとする連語の研究である。

奥田は、シンタクスの一分野として、陳述性をともなわない単語と単語のむすびつきのレベルを連語として定位し、日本語の連語論研究の基礎を確立した。現実を反映するものとして、どのような名詞のタイプとどのような動詞のタイプがむすびつくかといったことを詳細に調べ上げた。言語（語彙と文法）は言語活動の中に実在するというテーゼを、自分の連語論の研究を通して提示してみせたのである。そこでは、研究者個人の思いつきによる作例をしりぞけ、徹底した実例主義を貫くのである。奥田の連語論は、数万の事例を帰納的に分析整理することによって展開されたものである。今日のようにコンピュータの検索機能など考えられなかった時代のことである。文庫本に印をつけ、一枚一枚をカード化し、それらの手作りのカードを丹念に調べ上げた貴重な研究成果である。

実例主義のすぐれたところは、記述のもれをふせぐといった点にあるだけではなく、言語現象の中心と周辺の関係をあかるみにだすという別の積極的な側面もある。頭の中でとりくんだ研究はややもすると、めずらしい例、特殊な例、おもしろい例にのみ目が注がれがちである。そうしたものを寄せあつめただけでは、例外や周辺が過大視され、反対に中心部分が等閑視される

おそれがでてくる。例外や周辺だけでは言語の全体をとらえたことにはならない。ましてそこから体系性を導きだすことはのぞめない。数多くの実際の使用を記述する姿勢にこそ、カテゴリーの中心と周辺の相互の関係が見えてくるのである。

　三上も奥田も、日本語の文法現象をとりあげながら、日本語以外の言語をつねに意識においていたようにみえる。日本語を他言語と対峙させると、日本語を相対的かつ客観的に観察することができる。日本語だけを見ていたのでは見えにくい現象が、相対化することによって見えてくるということがある。他の言語にあるカテゴリーを日本語の中にむりやりみとめるといった、安直な方法ではもちろんない。ふたりとも、日本語のありようを直視して、そこから日本語の中に潜んでいる法則性をみちびきだしているのである。言語研究の世界では、たとえば、英語で認められ、提起された知見を、日本語に単純にひきうつし、実際にはありもしないのに、強引にふりまわす研究者が少なくない。かれらは三上や奥田の、言語現象を直視するという姿勢をみならうべきであろう。

3. むすび

　三上と奥田が独自の新しい文法論を展開しはじめてから半世紀が過ぎた。時代も変わった。コンピュータが普及して、機械による言語処理が急速に進んだ。一方で、第二言語として日本語を学習する人が増え、そのための教育の素材や方法が必要になった。このような時代の変化は、多くの人が日本語に関心をよせる契機になった。科学的で実用に供しうる日本語文法への関心が高まり、かつて抱えていた日本語文法の不備は少しずつ修正され、充実してきたようにみえる。そうした修正には、三上や奥田の功績が少なからず関与しているであろう。

　三上章は独創的な前衛派であった。他言語との普遍性を考慮しながら、日本語の特殊性を追及した。そして、奥田靖雄は伝統的な正統派であった。西洋の伝統的な言語研究を、日本語の事実にてらして根づかせた。徹底した合理主義者であった三上の文法論は創見・卓見に満ちみちていて、三上が残してくれた著作は文法研究のテーマをそなえた宝庫に思える。奥田の文法論

は、言語研究の方法論がなによりも魅力である。内容と形式をきりはなさず、全体をみるときは部分との関係を、部分をみるときは全体との関係を見失わないという視点である。(文中、敬称を省いた。)

注
1 花薗悟(2011)により、奥田靖雄の言語学関係の最初の論文が「言語過程説について(一)」(『コトバの科学』4、1951年)であることを知った((花薗悟(2011)「民主主義科学者協会言語科学部会—昭和二十年代の奥田靖雄」『国文学　解釈と鑑賞』76-1(ぎょうせい)))。
2 1994年6月、国立国語研究所で開かれた国際シンポジウム「新しい言語理論と日本語」での長尾真の発言。
3 三上は、晩年「生成文法」につよい関心をよせていた。生成文法は、文中心の文法理論であった。
4 文章論という用語は当時 syntax の意味でもちいられた。

第 2 章　日本語文法研究の展望[1]

1. はじめに

　なにをもって展望とするか、いろいろな回答があろう。この章では、わたし個人の日本語文法との関わりをまじえて、「展望」とさせていただくことをお断りしておきたい。
　文法は、どの言語にあっても、そしていつの時代も、言語研究の中心を占めてきた。文法というものをどうとらえるか、そこにはさまざまな立場がある。文法を、音と意味の世界を関連づける記号体系であるとみる人がいる。この規定では、文法は、音韻論・意味論・運用論などもそのメンバーとしてふくんでしまう広い領域を意味することになろう。一方で、文法は命名の単位である単語と通達の単位である文をつなぐ規則の体系であるという立場がある。わたしは後者の立場をとる。

2. 記述文法の萌芽

　わたしは、ことし還暦をむかえる、世間でいうところの団塊の世代に属するものである。わたしの学生時代の日本語の研究対象は、一般に文化的所産としての古典語であり、卒業論文の研究テーマに現代語をえらぶことは例外とされ、異端者のレッテルをさえはられる状況だった。言語の研究は、古典解釈のためにあり、文芸研究の補助的な役割をはたすものという考えが支配的であった。現代語の研究が盛んになり、古典語を研究対象にする学生が少数派になった今日と隔世の感がある。わたしにそのようなことをいう資格がないことを自覚しつつも、歴史的研究のみが価値をもつものでもなく、ま

た、歴史的な視点を欠いた現代語の研究がどれほどの意味をもつのか、あらためて考えさせられる。自分の学生時代をふりかえってみて、もっとも印象に残っているのは、雑誌『月刊文法』に連載された森岡健二の「日本文法体系論」である。特定の文法現象をテーマにしたものではなく、日本語全般を対象にした記述研究であり、具体的で、わたしには新鮮にうつり、魅力的であった。アメリカの構造主義言語学の影響の下に書かれたもので、現象の記述に力点がおかれているのが特徴であった。国立国語研究所に入所し、永野賢による『現代語の助詞・助動詞』や、宮地裕・南不二男・鈴木重幸らによる『話しことばの文型』を知り、地道な文法研究の方法を学んだ。その後、研究所の報告として出た宮島達夫『動詞の意味・用法の記述的研究』と西尾寅弥『形容詞の意味・用法の記述的研究』は、徹底した実例主義にもとづく語彙と文法をつなぐ実証的な研究成果として圧巻であり、のちの日本語研究に大きな役割をはたした。今日の記述文法にみられる嚆矢である。

　当時は、文法が話題になると、山田文法・松下文法・橋本文法・時枝文法といった学者の名前をかぶせた名称がとびかった。それぞれが異なる特徴をもち、文法界に座をしめていたのである。文法研究を志すものとしては、明治以降のこれらの文法にある程度通じていることは常識であった。言語に関する学会や専門誌は限られてもいた。言語に関心を寄せるひとは、それらに発表されるものを目にし、その内容をある程度共有していた。言語研究者にアイデンティティーがあったのである。今日、情報量があまりにも多いため、研究者がそうした情報を共有することはきわめて困難な状況にある。

3.　日本近代文法学小史―個人による総合文法―

　ここで、日本近代文法学の歴史をごく荒く素描する。大槻文彦による『広日本文典』『同別記』は、我が国の伝統的な国学と西洋文法の、それぞれの成果をとりこんだ和洋折衷の文法で、これが国語教育の教科書として用いられた。この教科文法を是としない代表的な学説に、山田孝雄と松下大三郎のものがある。山田は民族派ないし国学派として、松下は国際派ないし洋学派として（工藤浩「日本語学史」による）。山田は関係語と位置づけた助詞の研究や一語文の認定などに特徴をもち、松下は言語の一般法則を的確にとらえ

ていて、つとに口語文典を著すなど先駆的な仕事をなし、「格の関係」と「相の関係」を区別するという時代を先取りした視点をもっていた。このふたりの文法論は、今日の日本語文法研究者におおきな影響をあたえている。その後、言語の形式面を重視した橋本進吉の文法学説が登場し、教科文法として、日本の国語教育と中国・台湾・韓国など漢字圏の日本語教育で、支配的な役割をはたした。時枝誠記は、表現と理解の中に言語の本質をみとめようとする「言語過程説」を唱え、客体たる言語に対して言語主体の優位性を主張する独自の文法論を展開した。昨今の文法研究で、橋本文法や時枝文法が話題になることはほとんどない。

4. 伝統文法の克服

さて、70年代のはじめに、渡辺実『国語構文論』、鈴木重幸『日本語文法・形態論』が出た。渡辺の研究は、伝統を受け継ぐ個人の文法論として、鈴木のそれは、言語学研究会という集団から生まれた、伝統的な国文法と鋭く対立するあたらしいスタイルの文法論として、わたしには魅力的であった。

渡辺は文の成立を、文の内容を描く「叙述」と、その叙述内容と言語主体との関係を描く「陳述」との結合とみる。山田孝雄がとなえた「統覚作用」と「陳述」は、文成立をめぐる基本概念であるが、山田は述体の句における統覚作用を陳述とした。「陳述」については、三尾砂、時枝誠記、阪倉篤義、金田一春彦、芳賀綏といった人たちが各自の見解をしめし、いわゆる陳述論争が展開した。述語部分の構造に注目した陳述論は、伝統的な国語学の、いわばお家芸である。渡辺の文法論は、そうした日本語文法の流れの中からうまれた1つの総決算であった。

一方、鈴木重幸は、ヨーロッパの伝統文法の流れをくみ、単語という単位にこだわりをもつ。伝統的な国文法における助詞や助動詞の多くは、単語を構成する要素であって、それらを単語とはみない。その点で、松下大三郎の立場と類似する。単語が言語の中心となる単位で、単語を内容と形式の統一体であるとみる。そこには、他の文法にはみられない形態論があり、単語の形態論的なかたちのパラダイムが重視される。日本語の動詞におけるアスペクトやテンスなどが、語形のパラダイマティックな対立にもとづく形態論

的なカテゴリーとしてとりだされたのである。鈴木の著書は小学生向けの教科書の解説の体裁をとっていて、国語教育に供するという実用をめざしたものである。ここでは、文法の名のもとに理論と実践とがつながっている。そこでは、研究と教育が統一している。

　また、この頃、複文の研究にもとづく南不二男の「文の階層構造」が発表された。これは、日本語の事実から抽象された文のモデルであり、この階層構造が南自身によって文のあらゆる部分に拡大され、のちに『現代日本語文法の輪郭』によって、南の考える日本語の文法の全貌がしめされた。客体的な部分を中心に、主体的な部分がその周辺に位置するという階層モデルは、多くの研究者に承認され、共通の知見とされている。

　『シンポジウム日本語②日本語の文法』は、森岡健二・宮地裕・池上嘉彦・南不二男・渡辺実による、当時(1974年)の文法研究の動向を論じ合ったもので、文法研究の問題点を知るのに貴重であった。言語理論に精通するメンバーの参加が豊かな議論となって成功している。理論に関心をよせるものと現象をおいかけるものとの対話があり、言語学、外国語学、国語学、それに情報工学といった専門の枠をとっぱらった交流がみられた時代である。これから少し遅れ、渡辺実を代表とする副用語をテーマにした科学研究費によるプロジェクトが誕生した。関東と関西の世代をこえた研究者が親しく交流できたのは、わたしのその後の研究活動にとって貴重であった。『副用語の研究』はそのプロジェクトの成果である。研究は個人に属するとはいえ、意見や情報を交換できる場は、自分の研究の位置づけを知るうえで不可欠である。仁田義雄を中心にした当時若手の研究者から構成される文法談話会ができ、関西と東京で交互に、年一度の集まりがもたれた。この談話会が熟して、2000年に日本語文法学会がうまれた。

　この頃、アメリカで誕生した生成変形文法が、日本語研究の世界でも話題になることが多かった。久野暲、井上和子、奥津敬一郎、柴谷方良といった学者による日本語研究があり、とりわけ、ヴォイス、数量詞、敬語などの領域で貢献をした。ヴォイス、数量詞、敬語は、いずれも文中の2つの形式が相関性をもつという共通点がある。生成文法に共感をよせる研究者は、そのようなトピックにとびついた。方法論を重視し、文法規則が明示的である点、非文法的な現象をもとりあげる点がわたしには魅力的であった。しか

し、この立場からは、日本語の全体像を鳥瞰する日本語文法のテキストはうまれなかった。日本語をめぐるいくつかの現象について興味深い指摘がみられたものの、網羅的かつ体系的な文法とはなっていない。同じ時期に、フィルモアをはじめとするいくつかの格文法、テニエールらのとく結合価文法、ソビエト・ロシアでの文法研究の中の連語(語結合)論などの影響をうけた日本語研究の成果があらわれた。仁田義雄『語彙論的統語論』、益岡隆志『命題の研究』、言語研究会『日本語文法・連語論(資料編)』は、そのような状況下で発表されたもので、それぞれの独自性を主張する。連語論は、奥田靖雄らによって確立されたもので、統語論の中のひとつの分野として、陳述的な側面を捨象した単語間の結びつきをあつかう研究領域である。それは、実例にもとづく詳細な分析結果であった。

　20世紀後半の日本語文法界を語るにあたって、無視することができない異色の研究者として、三上章と奥田靖雄がいる。このふたりは教科文法とアカデミズムへの不信から、学界の外にあって、日本語文法に大きく貢献した巨匠である。三上は、他言語との普遍性を考慮しながら日本語の特殊性を追求した独創的な前衛派であり、奥田は、西洋の伝統的な言語研究を日本語の事実にてらして根づかせた正統派である。徹底した合理主義者の三上の文法論は、創見・卓見に満ち満ちていて、彼の著作は文法研究のテーマを満載した宝庫に思える。奥田の文法論は、内容と形式をきりはなさないという言語研究の方法が魅力である。ふたりが残したかずかずの足跡は、今日の研究者に大きな影響をあたえている。三上章や奥田靖雄の存在には、ローマ字論者として知られる物理学者の田丸卓郎、英語学者の宮田幸一、心理学者の佐久間鼎や三尾砂といった面々の、国語学プロパーでない人たちの貢献があった。彼らの功績も正当に評価されるべきである。

5. 実用文法の必要性

　日本語を母語としない人に対する日本語教育や、コンピュータによる言語情報処理の世界が世間に注目される時代がおとずれ、言語をみつめなおす契機となった。そうした世界では、伝統的な国語学の知識は、有効な情報を充分には提供できなかった。思弁的観念的な言語への言及は尊重されず、もっ

ぱら実用性がもとめられた。日本語教育や情報処理に関わる分野では、日本語の科学的な知識がもとめられ、日本語研究者の層が拡大した。石綿敏雄は情報処理・コンピュータ言語学の世界で貢献し、森田良行は日本語教育にたずさわった経験から、『基礎日本語』をはじめ、多くの著書を残した。寺村秀夫は、言語学に通じ、日本語教育を通して、実用文法の構築に寄与した。こうした実用文法の世界では、他方で辞書の充実が要求され、文法と語彙があいまって整備されていくという形をとった。これは言語研究の健康的な姿だというべきであろう。のちにあらわれる、参照文法やコロケーション辞典は、そうした視点からの利用価値のたかいものといえる。現代語の辞典に動詞の格支配の情報がしめされるといった事実は、そうした文法研究の成果が世間にも認められたからである。

6. 記述文法の成熟

　日本語教育や情報処理の普及は、日本語を専門にする人たちの生活の場を保障し、文法研究者がふえる結果をもたらした。実用文法がもとめられ、文の詳細な記述が進んだ。記述の対象は多岐にわたり、研究が集団によって進められる傾向がみられた。仁田義雄や益岡隆志は、若手研究者を牽引する役割をはたした。ふたりの研究の姿勢には柔軟なところがあり、成果を次々と公にした。研究にも流行があり、70年前後は「格」や「ヴォイス」が、80年前後は「アスペクト・テンス」が、90年前後は「モダリティー」が、話題に上ることが多かった。文の内部構造から言語主体の側面へと、研究者の関心がうつったことを意味する。コンピュータがパソコンとして普及し、データベースができることによって、容易に言語事実の検索が可能となった。それは、コーパス言語学をうみ、良質の記述文法へとつながった。今日の研究では、データベースを利用したものが、作例による研究をはるかにしのいでいる。用例の検索が容易になり、データベースが拡充してきたことがその傾向を助長している。大量の言語現象を記述することは、言語の核となる中心部分と周辺や例外として位置づけられる部分をきちんととらえるということであり、そのことによって、理想的な記述が約束される。

　記述文法と呼ばれる研究には、言語の単位、とくに単語をどのようにと

らえるかという点に注目すると、2つのタイプがある。助詞を単語とする三上、寺村、益岡、野田尚史らの流れと、助詞は単語以下の単位で単語に従属するものであるとする松下、奥田、鈴木、高橋太郎らの流れとの2つである。前者が「格助詞の用法」や「複合助詞」とするものを、後者は「名詞と動詞の連語」や「(名詞の格を支配する)後置詞」といったふうに、立場の違いは文法用語の相違となって顕在化する。前者には相対的に伝統的な国文法との接点が多いが、後者はそれとするどく対立する。

　古典語を研究対象とする研究者の中に、現代語研究の成果をふまえたものも現われた。近藤泰弘『日本語記述文法の理論』、鈴木泰『古代日本語動詞のテンス・アスペクト』、金水敏『日本語存在表現の歴史』などはそうした研究の代表である。近藤の研究は古典語と現代語を対照した試みで、今後このような研究がふえることが期待される。鈴木は、はだかの形式(無標形)を問題にし、文法カテゴリーを重視しているところに特徴がある。金水敏は、理論と記述、古典語と現代語のいずれにも明るく、開かれた国語学を展開している。最近のトピックのひとつである「文法化」の問題は、言語の歴史的な変化をみなおす契機にもなった。

　類型論的な視点をとりこみ、方言文法の中に標準語にない文法現象をみいだし、相対化していくという試みが工藤真由美らによって進められている。日本語の各地方言のテンス・アスペクト・ムードの体系が明るみに出されつつあることは、方言研究者のみでなく、標準語の研究や類型学にも貢献する試みといえる。

　記述研究の成果が参照文法として出現しだした。日本語には、英語の"A Grammar of Contemporary English"にあたる文法書がなかった。しいていえば、日本語の非母国語話者であるマーチンによる"Reference Grammar of Japanese"がそれに相当するものであった。「日本語記述文法研究会」による『現代日本文法4』がすでに現われ、近いうちに全7巻からなるシリーズが完結するという。また、高橋太郎ほかによる『日本語の文法』は、日本語をまんべんなく見通して説明した、すぐれた日本語の教科書である。

7. 孤高の路線

　以上の記述文法とは異質ともいえる、文法の現象よりは、その現象のよってたつ根拠・本質を問う研究者も健在である。川端善明はそうした研究者のひとりで、終始一貫して孤高の路線をいくものである。どの時期のどの論文も、わたしにはおしえられるところが大きい。尾上圭介、野村剛史、大鹿薫久といったひとたちの仕事には、その洞察力にわたしは畏敬の念をもつ。彼らに共通するのは、日本語の歴史に対する造詣の深さであり、特定の現象を取り上げる場合にも、つねに文のあり方全体を射程にいれている点である。かつて、山田文法や渡辺文法がそうであったように、個人で日本語文法を総合的にとらえようとしている姿勢を感じる。

8. 教科文法と日本語教育文法

　教科文法は国語教育や漢字文化圏での日本語教育で使用され、いまも優勢である。入学試験は学校で教えられている範囲内で出題するという制限があり、そのことが教科文法を強力に支えている。一方、文法研究の世界では、教科文法はほとんど無視されている状況である。研究者から見放されているものが、教育の現場ではしつこく守られているという事態は不幸なことといわなければならない。今日、研究の場で教科文法を擁護するには、よほどの勇気を要するであろう。これまでの教科文法にとってかわる、あるべき教科文法はなにかを問う必要がある。

　日本語教育の世界では、日本語学の成果としての文法を教育現場に持ち込む傾向が強すぎたという反省のもとで、コミュニケーション能力を重視した独自の日本語教育文法の必要性が叫ばれている。日本語を教える側からではなく、日本語を学ぶ側から日本語を見るという見直しである。

9. 現代―多様化の時代―

　最近の文法研究の状況は、「日本語学会」の展望号によると、「多角化／多様化」の時代であるという（野田尚史、井上優による）。どこに焦点があるの

かわからない。百花繚乱といったところであろうか。以下はキーワードを列挙するだけに等しい。

話しことばのコーパスもでき、話しことばや、音声と文法のかかわりを研究する領域が充実してきた。森山卓郎、定延利之らがそれに貢献している。

発話行為論・語用論的な接近も着々と地歩を固めている。山岡政紀『日本語の述語と文機能』や加藤重広『日本語修飾構造の語用論的研究』のような研究成果がある。

日本語の個別研究に加えて、諸言語との対照研究が盛んになった。古くは日英にかたよっていた対照研究であるが、最近では、日中・日朝などアジアの諸言語との研究が急増している。学習者の層の厚さが研究に反映するのは当然である。

認知言語学は意味論と深く関わるが、池上嘉彦、山梨正明、大堀壽夫らが多くの研究成果を著している。また、「語彙概念構造」の名のもとに影山太郎、由本陽子、岸本秀樹らの一連の研究がある。博士論文の数は年々ふえる一方である。

10. 日本語文法学会

日本語文法学会が設立されて、6年が経過しようとしている。現在、会員数は613人(うち、日本語が非母語話者とおもわれる会員は91人)。学会の事業として『日本語文法事典』をあむことが決まった。重要項目については、複数の執筆者が記述するという点が特色である。日本語文法に関わる研究者の総力を結集した成果が期待される。

注
1 「文法」(『國語と國文學　千号記念　国語国文界の展望』、東京大学国語国文学会、2007年)

参考文献

第1部

池上禎造(1954)「漢語の品詞性」『国語国文』23-11(京都大学国文学会)
大槻文彦(1897)『広日本文典』『同別記』(吉川平七)
奥田靖雄(1972)「語彙的なものと文法的なもの」『国語国文』3(宮城教育大学)
奥田靖雄(1978)「格助詞―渡辺実君の構文論をめぐって―」『国語国文』9(宮城教育大学)
奥津敬一郎ほか(1986)『いわゆる日本語助詞の研究』(凡人社)
工藤浩(1989)「現代日本語の文の叙法性　序章」『東京外国語大学論集』39(東京外国語大学)
工藤真由美(2002)「日本語の文の成分」『現代日本語講座　第5巻』(明治書院)
阪倉篤義(1980)「品詞」『国語学大辞典』(武蔵野書院)
佐久間鼎(1940)『日本語特質』(育英書院)
佐久間鼎(1955)『日本語のかなめ』(刀江書院)
鈴木重幸(1972)『日本語文法・形態論』(むぎ書房)
鈴木重幸(1980)「品詞をめぐって」『教育国語』62(むぎ書房)
鈴木重幸(1983)「形態論的カテゴリーについて」『教育国語』72(むぎ書房)
鈴木重幸(2008)「文法論における単語の問題」『國語と國文學』(東京大学国語国文学会)
鈴木泰(1989)「文の構成単位と品詞」『講座　日本語と日本語教育 4』(明治書院)
砂川有里子(1987)「複合助詞について」『日本語教育』62(日本語教育学会)
高橋太郎(1994)『動詞の研究』(むぎ書房)
高橋太郎ほか(2005)『日本語の文法』(ひつじ書房)
田丸卓郎(1920)『ローマ字文の研究』(日本のローマ字社)
中川陽介(2004)「「特別な思い」と「特別の思い」―〈第二形容詞〉と〈第三形容詞〉の揺れについて―」『阪大日本語研究』16(大阪大学大学院文学研究科日本語学講座)
永野賢(1953)「表現文法の問題―複合辞の認定について―」『金田一博士古稀記念言語民族論集』(三省堂)
仁田義雄(2000)「単語と単語の類別」『日本語の文法1　文の骨格』(岩波書店)
野村雅昭(1998)「現代漢語の品詞性」『東京大学国語学研究室創設百周年記念国語研究論』(汲古書院)

橋本進吉(1934)『国語法要説』(明治書院)
花井珠代(2005)『後置詞句の機能をめぐって―構文論および連語論的観点から―』お茶の水女子大学博士論文
浜田敦(1963)「漢語」『国語国文』32-7(京都大学国文学会)
日野資成(2001)『形式語の研究―文法化の理論と応用―』(九州大学出版会)
富士谷成章(1778)『脚結抄』
彭　広陸(2002)「「Nアル」をめぐって―「Nノアル」「Nガアル」との比較を兼ねて―」『日本学研究(Ⅱ)』(世界知識出版社)
彭　広陸(2003)「日本語教育における新しい文法体系の構築のために―用言の活用を中心に」『国文学解釈と鑑賞』68-7(至文堂)
彭　広陸(2006)「「連体」と「連用」について―日本語教育における新しい文法体系の構築のために―」『言語学研究会の論文集・その11　ことばの科学』(むぎ書房)
ポリワーノフ、E.D.(村山七郎訳)(1976)『日本語研究』(弘文堂)
松木正恵(1990)「複合辞の認定基準・尺度設定の試み」『早稲田大学日本語研究教育センター紀要』2
松下大三郎(1901)『日本俗語文典』(誠之堂)(1980年に勉誠社から復刊)
松下大三郎(1928)『改撰標準日本語文法』(中文館書店)(1974年に勉誠社から復刊)
松下大三郎(1930)『標準日本口語法』(中文館書店)(1977年に勉誠社から復刊))
松本泰丈(2003)「品詞と文の成分」松本編『語彙と文法の相関―比較・対照研究の視点から―　社会文化科学研究科報告書』123(千葉大学大学院社会文化科学研究科)
三尾砂(1958)『話しことばの文法(改訂版)』(法政大学出版局)
三上章(1953)『現代語法序説―シンタクスの試み―』刀江書院(1972年にくろしお出版から復刊)
三上章(2002)『構文の研究』(くろしお出版)(1959年、東洋大学に提出した学位論文)
宮地裕(1973)「現代漢語の語基について」『語文』31(大阪大学国文研究室)
宮島達夫(1987)「単語の本質と現象」『教育国語』74(むぎ書房)
宮田幸一(1948)『日本語文法の輪郭』(三省堂)
村木新次郎(1983a)「日本語の後置詞をめぐって」『日語学習与研究』1983-3(北京対外貿易学院)
村木新次郎(1983b)「「地図をたよりに人をたずねる」という言い方」渡辺実(編)『副用語の研究』(明治書院)
村木新次郎(1987)「対義語の輪郭と条件」『日本語学』6-6(明治書院)
村木新次郎(1991)『日本語動詞の諸相』(ひつじ書房)
村木新次郎(1995)「日独両語の単語をめぐって」『日本語学』14-5(明治書院)
村木新次郎(1996)「意味と品詞分類」『国文学解釈と鑑賞』61-1(至文堂)
村木新次郎(2000)「「がらあき―」「ひとかど―」は名詞か、形容詞か」『国語学研

究』(東北大学文学部)
村木新次郎(2002a)「四字熟語の品詞性を問う」『日本語学と言語学』(明治書院)
村木新次郎(2002b)「辞書の見出し語の文法情報をデータベースで検証する」『中日対訳料庫的研制与応用研究論文集』(外語教学与研究出版社)
村木新次郎(2002c)「日本語の文のタイプ・節のタイプ」『現代日本語講座　第5巻　文法』(明治書院)
村木新次郎(2002d)「第三形容詞とその形態論」『国語論究　第10集　現代日本語の文法研究』(明治書院)
村木新次郎(2003)「派生形容詞とその比況性」『国語学会春季大会予稿集』(国語学会)
村木新次郎(2004a)「現代日本語における漢語の品詞性」『日語研究』2　(商務印書館)
村木新次郎(2004b)「現代日本語の中の四字熟語」『日本語言文化論集』6(学苑出版社)
村木新次郎(2004c)「現代日本語における漢語の品詞性」『日語研究』2(商務印書館)
村木新次郎(2004d)「従属節の構造と体系」『2004 日本言語文化教育と研究国際シンポジウム　予稿集』(中国日語教学研究会)
村木新次郎(2005a)「擬似連体節をうける従属接続詞―「かたわら」と「一方(で)」の用法を中心に―」『同志社女子大学大学院文学研究科紀要』5(同志社女子大学大学院)
村木新次郎(2005b)「〈とき〉をあらわす従属接続詞―「途端(に)」「拍子に」「やさき(に)」などを例として―」『同志社女子大学学術研究年報』56(同志社女子大学)
村木新次郎(2006a)「活用は何のためにあるのか」『國文學　解釈と教材の研究』51-4(學燈社)
村木新次郎(2006b)「第三形容詞論を進めたところに何が見えるか」『國文學　解釈と教材の研究』51-4(學燈社)
村木新次郎(2007a)「日本語の節の類型」『同志社女子大学学術研究年報』58(同志社女子大学)
村木新次郎(2007b)「名詞のようで名詞でないもの」趙華敏ほか編『中国語と日本語と―その体系と運用―』(学苑出版社)
村木新次郎(2008)「日本語の品詞体系のみなおし―形式重視の文法から意味・機能重視の文法へ―」『日中言語研究と日本語教育』創刊号(好文出版)
森下訓子(2006a)「様態・量・程度を意味する和語系単語の統語的特性について」『同志社女子大学日本語日本文学』18
森下訓子(2006b)「様態・量・程度を意味する漢語語彙の統語的特性について」『対照言語学研究』16(海山文化研究所)
森岡健二(1982)「日本人の外国語受容」『講座日本語学1』(明治書院)
森岡健二(1994)『日本語文法体系論』(明治書院)

山田孝雄(1908)『日本文法論』(寶文館)
山田孝雄(1940)『國語の中に於ける漢語の研究』(寶文館)
俞　暁明(1999)『現代日本語の副詞の研究』大連理工大学出版社
渡辺実(1976)「品詞分類」『岩波講座　日本語6』(岩波書店)
Dixon, R. W. 1999, Adjectives : In Brown/Miller (ed.) Concise Encyclopedia of Grammatical Categories. Elsevier Science
Lyons, J. (1977) Semantics Vol.2. Cambridge University Press.
Sapir, E. (1921) Language: An Introduction to the Study of Speech. Harcout Brace & Co. Inc,.
Schachter, P. (1985) "Parts-of-Speech System" in Shopen, T. (ed.), 'Language Typology and Systematic Description' Cambridge University Press.

第2部

北澤尚(2001)「品詞間の連続性についての一考察─『ノ形容詞』と『ダの連体形ノ』─」『学芸国語国文学』33(東京学芸大学国語国文学会)
佐久間鼎(1951)『朝日新講座　日本語學』(朝日新聞社)
柴田武／山田進編(2002)『類語大辞典』(講談社)
鈴木重幸(1972)『日本語文法・形態論』(むぎ書房)
鈴木重幸(1980)「品詞をめぐって」『教育国語』62(むぎ書房)
鈴木重幸(1983)「形態論的なカテゴリーについて」『教育国語』72(むぎ書房)
鈴木康之(1978～1979)「ノ格の名詞と名詞のくみあわせ」『教育国語』55～59(むぎ書房)
高橋太郎(1997)「連体機能をめぐって」『日本語文法─体系と方法─』(ひつじ書房)
高橋太郎ほか(2005)『日本語の文法』(ひつじ書房)
玉村文郎(1985)「形容語の世界」『日本語学』4-3(明治書院)
寺村秀夫(1982)『日本語のシンタクスと意味　Ⅰ』(くろしお出版)
中川正之(2002)「中国語の形容詞が日本語でサ変動詞になる要因」『日本語学と言語学』(明治書院)
中野洋編(1996)『「分類語彙表」形式による語彙分類表(増補版)』(国立国語研究所)
仁田義雄(1998)「日本語文法における形容詞」『月刊言語』27-3(大修館書店)
橋本三奈子／青山文啓 (1992)「形容詞の三つの用法：終止、連体、連用」『計量国語学』18-5(計量国語学会)
林大(1964)『分類語彙表』(国立国語研究所資料集6)
彭　広陸(2003)「「Nアル」をめぐって─「Nノアル」「Nガアル」との比較を兼ねて─」『日本学研究(Ⅱ)』(世界知識出版社)
三上章(1953)『現代語法序説』(刀江書院(くろしお出版から復刊))
三上章(1955)『現代語法新説』(刀江書院(くろしお出版から復刊))
宮島達夫(1993)「形容詞の語形と用法」『計量国語学』19-2 (計量国語学会)
ミラー、R. A. (1975)『ブロック日本語論考』(研究社)

村上智美(2004「形容詞に接続するヨル形式について―熊本県下益城郡松橋町の場合―」『日本語のアスペクト・テンス・ムード体系―標準語研究を超えて―』(ひつじ書房)
村木新次郎(1981)「日本語とドイツ語の「基本語彙」をくらべる」『計量国語学』12-8(計量国語学会)
村木新次郎(1996)「意味と品詞分類」『国文学　解釈と鑑賞』61-1(至文堂)
村木新次郎(1998)「名詞と形容詞の境界」『月刊言語』27-3(大修館書店)
村木新次郎(2000)「「がらあき―」「ひとかど―」は名詞か、形容詞か」『国語学研究』39(東北大学文学研究科)
村木新次郎(2002a)「四字熟語の品詞性を問う」『日本語学と言語学』(明治書院)
村木新次郎(2002b)「辞書の見出し語の文法情報をデータベースで検証する」『中日対訳語料庫的研制与応用研究論文集』(外語教学与研究出版社)
村木新次郎(2002c)「第三形容詞とその形態論」『国語論究　10　現代日本語の文法研究』(明治書院)
村木新次郎(2003)「派生形容詞とその比況性」『国語学会春季大会予稿集』(国語学会)
村木新次郎(2004)「漢語の品詞性を再考する」『同志社女子大学日本語日本文学』16
村木新次郎(2008)「日本語の品詞体系のみなおし―形式重視の文法から意味・機能重視の文法へ―」『日中言語研究と日本語教育』創刊号(好文出版)
八亀裕美(2008)『日本語形容詞の記述的研究―類型論的視点から―』(明治書院)
山田孝雄(1908)『日本文法論』(宝文館)
渡辺実(1971)『国語構文論(塙書房)
Dixon, R. W. (1999) Adjectives : In Brown/Miller (ed.) Concise Encyclopedia of Grammatical Categories. Elsevier Science
Thompson, S. A. (1988) A Discourse Approach to the Cross-Linguistic Category 'Adjective': In John Hawkins (ed) Explanations for Language Universals. Basil Blackwell.

第3部

奥津敬一郎ほか(1986)『いわゆる日本語助詞の研究』(凡人社)
川端善明(1958)「接続と修飾―「連用」についての序説―」『国語国文』27-5(京都大学国文学会)
佐久間鼎(1940)『現代日本語法の研究』(厚生閣)
佐久間鼎(1955)『日本語のかなめ』(刀江書院)
鈴木重幸(1972)『日本語文法・形態論』(むぎ書房)
鈴木重幸(1977)「つきそい接続詞について」(私家版)
鈴木重幸(1983)「形態論的カテゴリーについて」『教育国語』72(むぎ書房)
鈴木重幸(1994)『形態論・序説』(むぎ書房)

高橋太郎ほか(2005)『日本語の文法』(ひつじ書房)
時枝誠記(1954)『日本文法　文語篇』(岩波書店)
仁田義雄(1993)「現代語の文法・文法論」『日本語要説』(ひつじ書房)
野田尚史(2002)「単文・複文とテキスト」『日本語の文法4　複文と談話』(岩波書店)
日野資成(2001)『形式語の研究―文法化の理論と応用―』(九州大学出版会)
益岡隆志(1997)『複文』(くろしお出版)
松下大三郎(1928)『改撰標準日本文法』(中文館書店)(1974年に勉誠社から復刊)
松下大三郎(1930)『標準日本口語法』(中文館書店)(1977年に勉誠社から復刊)
三上章(1953)『現代語法序説―シンタクスの試み―』(刀江書院、くろしお出版から復刊)
三上章(2002)『構文の研究』(くろしお出版)(1959年、東洋大学に提出した学位論文)
南不二男(1974)『現代日本語の構造』(大修館書店)
南不二男(1993)『現代日本語文法の輪郭』(大修館書店)
村木新次郎(1983a)「日本語の後置詞をめぐって」『日語学習与研究』1983-3　(北京対外貿易学院)
村木新次郎(1983b)「「地図をたよりに人をたずねる」という言いかた」『副用語の研究』(明治書院)
村木新次郎(1983c)「現代日本語形態論(1)」『ソフトウェア文書のための日本語処理の研究―5―計算機用レキシコンのために―』(情報処理振興事業協会)
村木新次郎(1991)『日本語動詞の諸相』(ひつじ書房)
村木新次郎(2000)「「がらあき」「ひとかど」は名詞か、形容詞か」『国語学研究』39(東北大学文学研究科)
村木新次郎(2002)「日本語の文のタイプ・節のタイプ」『現代日本語講座　第5巻　文法』(明治書院)
村木新次郎(2004a)「現代日本語における漢語の品詞性」『日語研究』2　(商務印書館)
村木新次郎(2004b)「漢語の品詞性を再考する」『同志社女子大学日本語日本文学』16(同志社女子大学日本語日本文学会)
村木新次郎(2004c)「従属節の構造と体系」『2004日本言語文化教育と研究国際シンポジウム　予稿集』(中国日語教学研究会)
村木新次郎(2005a)「擬似連体節をうける従属接続詞―「かたわら」と「一方(で)」の用法を中心に―」『同志社女子大学大学院文学研究科紀要』5(同志社女子大学大学院)
村木新次郎(2005b)「〈とき〉をあらわす従属接続詞―「途端(に)」「拍子に」「やさき(に)」などを例として―」」『同志社女子大学学術研究年報』56(同志社女子大学)
山田孝雄(1936)『日本文法学概論』(宝文館)
渡辺実(1971)『国語構文論』(塙書房)

Hentschel, E. / Weydt, H. (1990) "Handbuch der deutschen Grammatik" Walter de Gruyter

第 4 部
国広哲弥(1967)『構造的意味論』(三省堂)
高橋太郎ほか(2005)『日本語の文法』(ひつじ書房)
橋本進吉(1959)『国語体系論』(岩波書店)
服部四郎(1964)「意義素の構造と機能」『言語研究』45(日本言語学会)
村木新次郎(2010)「文の部分と品詞」『国文学　解釈と鑑賞』75-7(ぎょうせい)
山田孝雄(1908)『日本文法論』(宝文館)
渡辺実(1980)「感動詞」(『国語学大辞典』の項目)(東京堂出版)

第 5 部
第 1 章
サピア、E.(木坂千秋訳)(1943)『言語―ことばの研究序説』(刀江書院)
神保格(1936)「単語とは何か」『国語と国文学』13-10(東京大学国語国文学会)
鈴木重幸(1972)『文法と文法指導』(むぎ書房)
新田春夫(1977)「単語について」『ドイツ語教育部会会報』12(日本独文学会ドイツ語教育部会)
野入逸彦(1987)「語 Wort という単位をめぐる一考察」『人文研究』35-9(大阪市立大学)
ヘンチェル、E.／ヴァイト、H.(西本美彦／高田博行／川崎靖訳)(1994)『現代ドイツ文法の解説』(同学社)
ポリワーノフ、E. D. (村山七郎訳)(1976)『日本語研究』(弘文堂)
宮島達夫(1994)『語彙論研究』(むぎ書房)
村木新次郎(1981)「日本語とドイツ語の「基本語彙」をくらべる」『計量国語学』12-8(計量国語学会)
山田孝雄(1908)『日本文法論』(寶文館)
Gauger, H.-M. (1970) Wort und Sprache. Sprachwissenschaftliche Grundfragen. Tübingen
Heger, K. (1971) Monem, Wort und Satz. Tübingen

第 2 章
安　汝磐／趙　玉玲(2003)《新编汉语形容词词典》经济科学出版社
伊地智善継編(2002)『白水社中国語辞典』白水社
鈴木朖(1824)『言語四種論』
石　堅／王　建康(1984)「日中同形語の文法的ズレ」中川正之・荒川清秀編『日本語と中国語の対照研究別冊―日文中訳の諸問題』
中川正之(2002)「中国語の形容詞が日本語でサ変動詞になる要因」玉村文郎編『日

本語学と言語学』明治書院
富士谷成章(1767)『かざし抄』
松下大三郎(1926)『改撰標準日本語文法』中文館書店
趙　元任(1979)《汉语口语语法》商务印书馆
LI, Ch. & Thompson, S. A. (1987) "Chinese" in Comrie, B. (ed.) The world's major Languages, Croom Helm.

第 3 章

池上禎造(1954)「漢語の品詞性」『国語国文』23–11(京都大学国文学会)
鈴木重幸(1980)「品詞をめぐって」『教育国語』62(むぎ書房)
彭　広陸(1990)「中日四字成語について—構造の比較を中心として—」『北京外国語学院　大東文化大学交流協定十周年記念論文集』(北京外国語学院大東文化大学)
彭　广陆(1996)略论日语四字成语的词性《外语研究论文选》中国检察出版社
彭　广陆(1997)论日语成语与汉语成语的关系《北京大学学报・日本研究专刊》
彭　广陆(2003) 福泽谕吉著作中的四字语『日语研究』1(商务印书馆)
村木新次郎(1996)「意味と品詞分類」『国文学　解釈と鑑賞』61–1(至文堂)
村木新次郎(1998)「名詞と形容詞の境界」『月刊言語』27–3(大修館書店)
村木新次郎(2000)「「ひとかど—」「がらあき—」は名詞か形容詞か」『国語学研究』39(東北大学文学研究科)
村木新次郎(2002a)「四字熟語の品詞性を問う」『日本語学と言語学』(明治書院)
村木新次郎(2002b)「第三形容詞とその形態論」『国語論究第 10 集　現代日本語の文法研究』(明治書院)

第 4 章

奥田靖雄(1976)「言語の単位としての連語」『教育国語』45
亀井孝ほか編(1996)『言語学大辞典　第 6 巻　術語編』(三省堂)
言語学研究会(1983)『日本語文法連語論(資料編)』(むぎ書房)
小泉保ほか編(1989)『日本語基本動詞用法辞典』(大修館書店)
情報処理振興事業協会(1987)『計算機用日本語基本動詞辞書 IPAL—辞書編—』(情報処理振興事業協会)
鈴木重幸(1972)『日本語文法・形態論』(むぎ書房)
姫野昌子(2004)『日本語表現活用辞典』(研究社)
宮島達夫(2005)「連語論の位置づけ」『国文学解釈と鑑賞』70–7(至文堂)
村木新次郎(1985)「慣用句・機能動詞結合・自由な語結合」『日本語学』4–1(明治書院)
村木新次郎(1991)『日本語動詞の諸相』(ひつじ書房)
村木新次郎(2005)「シソーラスの役割」『平成 17 年度国立国語研究所公開研究発表会資料』

Conrad, R. (1975) "Kleines Wörterbuch sprachwissenschaftlicher Termini" VEB Bibliographisches Institut Leipzig

Engel, U. / Schumacher, H. (1976) "Kleines Valenzlexikon deutscher Verben" Gunter Narr Verlag

Helbig, G / Schenkel, W. (1969) "Wörterbuch zur Valenz und Distribution deutscher Verben" VEB

Schumacher, H. (1986) "Verben in Feldern Valenzwörterbuch zur Syntax und Semantik deutscher Verben" Walter de Gruter

Sommerfeldt, K.-E.Schreiber, H. (1977a) "Wörterbuch zur Valenz und Distribution deutscher Adjektive" VED

Sommerfeldt, K.-E.Schreiber, H. (1977b) "Wörterbuch zur Valenz und Distribution deutscher Substantive" VED

Sweet, H. (1891) "A New English Grammar (Part I)" Oxford University Press

あとがき

　本書は、わたしが過去に発表したものをまとめたものである。初出一覧は以下のとおりである。

　第1部　日本語の品詞体系をめぐる諸問題
　第1章　日本語文法研究の主流と傍流　―単語と品詞の問題を中心に―
（「日本語文法研究の主流と傍流―単語と単語の分類（品詞）の問題を中心に―」『同志社女子大学日本語日本文学』22、同志社女子大学日本語日本文学会、2010年）
　第2章　日本語の品詞体系のみなおし
―形式重視の文法から意味・機能重視の文法へ―
（「日本語の品詞体系のみなおし―形式重視の文法から意味・機能重視の文法へ―」『日中言語研究と日本語教育』創刊号、好文出版、2008年）
　第3章　文の部分と品詞
（「文の部分と品詞」（『国文学　解釈と鑑賞』75-7、ぎょうせい、2010年）
　第4章　意味と品詞分類
（「意味と品詞分類」『国文学　解釈と鑑賞』61-1、至文堂、1996年）
　第5章　漢語の品詞性を問う
（「漢語の品詞性を再考する」『同志社女子大学日本語日本文学』16、同志社女子大学日本語日本文学会、2004年）
　第6章　四字熟語の品詞性を問う
（「四字熟語の品詞性を問う」玉村文郎編『日本語学と言語学』、明治書院、2002年）
　第7章　日本語の名詞のみなおし

―名詞のようで名詞でないもの―
(「日本語の名詞をみなおす」『同志社女子大学大学院　文学研究科紀要』8、同志社女子大学大学院文学研究科、2008年)

第2部　形容詞をめぐる諸問題
第1章　日本語の形容詞　―その機能と範囲―
(「日本語の形容詞―その機能と範囲」『国文学　解釈と鑑賞』74-7、ぎょうせい、2009年)
第2章　名詞と形容詞の境界
(「名詞と形容詞の境界」『月刊言語』27-3、大修館書店、1998年)
第3章　「がらあき-」「ひとかど-」は名詞か、形容詞か
(「「がらあき―」「ひとかど―」は名詞か、形容詞か」『国語学研究』39、東北大学文学部、2000年)
第4章　第三形容詞とその語構成
(「第三形容詞とその形態論」佐藤喜代治編『国語研究10　現代日本語の文法研究』、明治書院、2002年)
第5章　第三形容詞とその意味分類
(「第三形容詞とその意味分類」『同志社女子大学日本語日本文学』15、同志社女子大学日本語日本文学会、2003年)
第6章　単語内部の並立構造と属性化
(「単語内部の並立構造と属性化」譚晶華編『日本語学研究　2007年上海外国語大学日本語学国際研討会論文集』、上海外語教育出版会、2007年)
第7章　「神戸な人」という言い方とその周辺
(「神戸な人」という言い方とその周辺」中村明ほか編『表現と文体』、明治書院、2005年)

第3部　従属接続詞をめぐる諸問題
第1章　日本語の節の類型
(「日本語の節の類型」『同志社女子大学　学術研究年報』58、同志社女子大学、2007年)

第 2 章「矢先」と「手前」 ―「もの・空間」から「つなぎ」へ―
(「「矢先」と「手前」 ―「もの・空間」から「つなぎ」へ―」北京大学日本語言文化系／北京大学日本文化研究所(編)『日本語言文化研究』8、学苑出版社、2008 年)
第 3 章　擬似連体節をうける従属接続詞
　―「かたわら」と「一方(で)」の用法を中心に―
(「擬似連体節をうける従属接続詞―「かたわら」と「一方(で)」の用法を中心に―」『同志社女子大学大学院　文学研究科紀要』5、同志社女子大学大学院、2005 年)
第 4 章　〈とき〉をあらわす従属接続詞
　―「途端(に)」「拍子に」「やさき(に)」などを例として―
(「〈とき〉をあらわす従属接続詞―「途端(に)」「拍子に」「やさき(に)」などを例として―」『同志社女子大学　学術年報』56、同志社女子大学、2005 年)

第 4 部　感動詞の問題
第 1 章　意味・機能にもとづく日本語の感動詞の分類
(「意味・機能にもとづく日本語の感動詞の分類」『対照言語学研究』20、海山文化研究所、2010 年)

第 5 部　単語とコロケーションをめぐる諸問題
第 1 章　日独両言語の単語をめぐって
(「日独両語の単語をめぐって」『日本語学』14-5、明治書院、1995 年)
第 2 章　中国語の形容詞が日本語の(自)動詞に対応する中日同形語
(「中国語の形容詞が日本語の(自)動詞に対応する中日同形語」張威／山岡政紀(編)『日語動詞及相関研究』、外語教学与研究出版社、2009 年)
第 3 章　現代日本語の中の四字熟語
(「現代日本語の中の四字熟語」北京大学日本文化研究所／北京大学日本語言文化系(編)『日本語言文化研究』5、学苑出版社、2004 年)
第 4 章　コロケーションとはなにか
(「コロケーションとは何か」『日本語学』26-10、明治書院、2007 年)

第 6 部　日本語文法の展望
第 1 章　三上章と奥田靖雄　―それぞれの軌跡―
(「三上章と奥田靖雄　―それぞれの軌跡―」『国文学　解釈と鑑賞』69-1、至文堂、2004)
第 2 章　文法(展望)
(「文法(国語国文学会の展望)」『國語と國文學(千号記念号)』)、東京大学国語国文学会、2007 年)

　原稿を整理する段階で、森下訓子さん、劉志偉さん、万礼さんの協力をえた。記して、感謝したい。また、妻の広子は、すべての原稿に目をとおし、内容と表現のチェックをしてくれた。ありがたいことである。ひつじ書房の松本功さんと海老澤絵莉さんにも、さまざまなかたちで、お世話になった。ありがとうございました。

事項索引

い
因果関係　279, 284

う
迂言的なてつづき　387

か
格語尾　37
活用　16, 17, 32, 35, 58, 81, 86, 144, 150, 388
活用語尾　37
関係規定　25, 82, 83, 129, 130, 150, 151, 158, 253
漢語　75, 76, 77, 79
陳述詞　24
感動　355, 358
感動詞　24, 59, 101, 138, 343, 344, 346, 347, 348, 349, 350, 351, 352, 353, 354, 355, 361, 387
慣用句　115, 428, 429

き
擬似語基　79, 106
擬似連体節　27, 28, 44, 45, 135, 264, 266, 268, 269, 270, 272, 273, 285, 286, 287, 288, 290, 291, 307, 319, 337
擬似連用節　27
規定成分　55, 190, 213, 214, 215

規定用法　145, 146, 149, 150, 188, 253, 270, 289
規定用法専用の形容詞　26
規定用法のみの形容詞　96
機能語　39, 124, 275, 276, 318, 383, 423
吸着語　21, 28, 45
狭義性連体節　267
共起的　7, 11, 32, 34, 35
曲用　24, 35, 58, 81, 85, 86, 144, 150, 387

く
句　112

け
継起的　7, 11, 35
形式副詞　22, 28, 45
形式名詞　126
形態素　3, 7, 9, 11, 12, 25, 32, 33, 49, 79, 124, 187, 188, 189, 379, 384, 385, 420
形態論　34, 35
形態論的な特徴　52
形態論的なカテゴリー　12, 157, 274, 286, 287, 291, 300, 304, 305, 306, 319
形容詞　24, 25, 58, 59, 68, 70, 71, 72, 73, 88, 128, 129, 143, 144, 145, 146, 147, 148, 149, 151, 161, 162, 163, 164, 166, 167, 169, 170, 171, 172, 175, 184, 185, 186, 187, 211, 237, 391, 392, 393, 399
形容詞語基　197
形容詞性語基　176
形容詞性の語基　179
形容詞相当節　265, 269, 273, 290
現場性　344, 345
兼類　76, 101

こ
語彙的なコロケーション　419
後置詞　20, 21, 24, 26, 27, 29, 34, 39, 40, 41, 42, 43, 59, 71, 100, 132, 133, 275, 276, 277, 278, 282, 283, 284, 293, 309, 310, 311, 312, 313, 314, 315, 316, 317, 384, 387, 423
語幹　9, 32, 33
語基　33, 79, 84
語尾　9, 32, 33
コロケーション　419, 421, 422, 423, 424, 425, 426, 427, 428, 429, 430, 431, 432

し
シソーラス　218, 219,

432
自動詞　399
終止節　263, 266, 288
修飾成分　54, 190, 213, 215
修飾節　265, 266
修飾用法　145, 149, 150, 188, 214, 270, 289
従属節　257, 262, 263, 266, 271, 273, 286, 287, 288
従属接続詞　21, 24, 27, 28, 29, 44, 45, 60, 101, 135, 136, 137, 270, 271, 272, 273, 275, 276, 277, 278, 282, 283, 284, 285, 286, 290, 291, 294, 296, 297, 298, 299, 303, 304, 307, 309, 310, 311, 312, 313, 314, 315, 316, 317, 319, 337
自由なコロケーション　429
周辺的な品詞　19, 23, 24, 36, 52, 57, 59, 60, 124, 143, 308, 422
主語　54
主節　263, 265, 266, 273, 287, 288
従属接続詞　43
述語　53, 145, 146, 190, 213, 215
述語専用の形容詞　38
述語用法　149, 150, 188, 214, 270, 289
主要な品詞　19, 23, 36, 52, 57, 60, 85, 86, 101, 124, 143, 184, 308, 422
準詞　21, 28, 45
状況成分　56
状況節　265, 266, 270,

288, 290
状態性　155
助辞　9, 34
助動詞　24, 29, 60, 137, 277, 279, 297, 310, 314, 315
所与性　112, 113, 380, 381
真性連体節　264, 266, 267, 273, 287, 288

せ

静的なシソーラス　432
接辞　32, 33, 64, 79, 177, 186, 192, 197, 201, 203
接続詞　59, 100, 295, 310, 311, 346, 347, 348, 349
接尾辞　9
接続成分　57
接続節　263, 266, 288
前置詞　26, 384, 423

そ

創造性　112, 113
属性概念　104, 105
属性規定　25, 82, 83, 129, 130, 150, 151, 158, 247, 253

た

対義　72
第三形容詞　25, 37, 82, 86, 88, 121, 129, 130, 149, 150, 151, 165, 169, 170, 173, 175, 176, 177, 188, 192, 206, 211, 212, 220, 237, 238
第四形容詞　152, 153

他動詞　399
多品詞性　101, 107
単語　3, 6, 8, 11, 12, 13, 32, 33, 49, 63, 76, 78, 79, 80, 81, 84, 112, 113, 123, 124, 144, 161, 162, 169, 183, 187, 188, 189, 379, 384, 385, 386, 420, 424
単語性　9, 40, 112

ち

陳述詞　24, 59, 71, 346, 347, 348, 349
陳述成分　56
陳述的な成分　282
陳述副詞　100

て

程度性　156
テニヲハ　3

と

統語的機能　170, 171, 174
統語論的機能　184
統語論的なカテゴリー　286, 291
統語論的な機能　65, 66, 67, 69, 71, 72, 74, 82, 287
統語論的な特徴　52
動詞　16, 32, 58, 68, 70, 71, 73, 87, 127, 144, 161, 167, 184, 391, 392, 393
動詞性語基　176, 177, 178, 179, 192, 193, 194

事項索引 475

側置詞　40
動的なシソーラス　432
独立成分　346

な

内容補充連体節　267

は

派生形容詞　153, 154, 155, 187, 237, 241
反義対　72

ひ

比況性　151
比喩性　217
評価性　157
品詞　23, 49, 51, 57, 60, 63, 76, 84, 111, 123, 143, 161, 162, 169, 170, 183, 184, 216, 344, 414
品詞性　51, 75, 76, 78, 82, 84, 107, 111, 112, 144, 169, 192, 292, 308, 309
品詞体系　23, 31, 85
品詞認定　146
品詞の兼務　101
品詞分類　23, 64, 65, 80, 82, 84, 85
品詞論　81, 123

ふ

不完全形容詞　26, 38, 121, 130, 208
複合辞　22, 26, 29, 34, 39, 43, 45
副詞　59, 68, 98, 131, 147, 148, 309, 310, 311, 313, 317, 350
副詞性語基　203
副詞性接辞　204
副詞相当節　265, 270, 273
複合接続詞　29
付属辞　9
不変化詞　161, 183, 349
文　384, 385, 386, 420, 424
分詞　16, 206
文の部分　49, 50, 60, 348
文副詞　383
文法化　27, 40, 132, 280, 308, 349
文法性　206, 216, 414
文法的なカテゴリー　13, 286
文法的な語形　80, 81
文法的なコロケーション　422

へ

並列節　265, 266, 288

ほ

補語　54
本詞　16

む

無活用動詞　87, 127

め

名詞　57, 58, 68, 72, 73, 86, 123, 124, 125, 162, 163, 164, 166, 167, 169, 171, 172, 174, 185, 206, 292, 295, 309, 311, 312, 313, 314, 315, 316, 317
名詞性　126
名詞性語基　176, 201
名詞相当節　265, 269, 273

よ

四字漢語　411
四字熟語　111, 112, 113, 114, 115, 121, 208, 409, 411, 414
四字成語　410, 411

る

類義　72
類別辞　186, 382

れ

連語　420
連体節　264, 266, 273, 285, 287, 288, 291
連文節　288
連用節　264, 265, 266, 272, 273, 287, 288

人名索引

A-Z

Conrad　421
Dixon　153, 159, 187
Engel　428
Helbig　428
Hentschel　274
Li　393
Schumacher　428
Sommerfeldt　428
Sweet　420
Thompson　146, 393
Weydt　274

あ

青山文啓　145, 192, 215
池上嘉彦　452, 457
伊地智善継　391
石綿敏雄　454
市川繁治郎　419
井上優　456
井上和子　452
ヴィノグラードフ　421
王建康　396
大鹿薫久　456
大槻文彦　4, 5, 6, 450
大堀壽夫　457
尾上圭介　456
奥田靖雄　5, 6, 8, 34, 35, 305, 421, 422, 429, 437, 447, 453
奥津敬一郎　22, 28, 45, 274, 452

か

影山太郎　457
勝俣銓吉郎　419
加藤広重　457
川端善明　274, 456
川本茂雄　440
岸本秀樹　457
金水敏　455
金田一春彦　34, 439, 440, 451
工藤浩　450
工藤真由美　54, 125, 455
国広哲弥　355
久野暲　452
近藤泰弘　455

さ

阪倉篤義　451
佐久間鼎　5, 21, 28, 34, 45, 159, 274, 428, 440, 453
定延利之　457
柴谷方良　452
鈴木朖　145, 392
鈴木重幸　5, 6, 8, 15, 16, 20, 23, 26, 34, 39, 40, 41, 53, 80, 85, 125, 132, 146, 149, 158, 170, 274, 276, 292, 293, 305, 450, 451
鈴木泰　455
鈴木康之　180
砂川有里子　22, 29, 34, 44

石堅　396

た

高橋太郎　21, 34, 43, 125, 147, 180, 257, 262, 274, 276, 347, 349, 352, 354, 455
玉村文郎　186
田丸卓郎　5, 8, 14, 16, 20, 25, 453
チェンバレン　34
趙玉玲　397
趙元任　393
テニエール　442, 453
寺村秀夫　5, 7, 34, 149, 454
時枝誠記　6, 34, 263, 438, 439, 441, 451

な

長尾真　448
中川正之　396
永野賢　22, 450
中山陽介　93
西尾寅弥　450
仁田義雄　34, 146, 147, 257, 260, 261, 452, 453, 454
野田尚史　34, 257, 261, 455, 456

は

浜田敦　108

野村剛史　456
野村雅昭　75, 108

は

ハイゼ　420
芳賀綏　451
橋本進吉　4, 6, 8, 31, 34, 50, 352, 354, 439, 441, 451
橋本三奈子　145, 192, 215
服部四郎　355, 439
花井珠代　40, 41, 132
花薗悟　448
日野資成　45, 274, 339
姫野昌子　432
フィルモア　453
フォルトゥナートフ　421
富士谷成章　23, 145, 392
ブロック　7, 34
彭広陸　31, 98, 410
彭广陆　410
ポリヴァーノフ　7
ポリバーノフ　34

ま

益岡隆志　34, 257, 261, 453, 454
松木正恵　22
松下大三郎　5, 7, 10, 20, 26, 34, 39, 50, 77, 87, 127, 146, 276, 392, 438, 442, 450, 451
松本泰丈　61
三尾砂　20, 25, 34, 61, 451, 453
三上章　5, 7, 21, 28, 34, 45, 149, 257, 258, 259, 274, 339, 428, 437, 447, 453
南不二男　257, 259, 286, 340, 439, 443, 450, 452
宮地裕　450, 452
宮島達夫　79, 145, 192, 216, 420, 450
宮田幸一　5, 8, 14, 16, 34, 453
宮地裕　77
ミラー　149
村上智美　159
森岡健二　77, 450, 452
森下訓子　131
森田良行　454
森山卓郎　457

や

八亀裕美　146
安汝磐　397
山岡政紀　457
山田孝雄　5, 34, 77, 145, 263, 352, 420, 438, 442, 450, 451
山梨正明　457
由本陽子　457

わ

渡辺実　7, 34, 149, 263, 344, 439, 451, 452

村木新次郎（むらき しんじろう）

　略歴

1970年、京都府立大学（国語国文学専攻）卒業。1970年～1988年、国立国語研究所員。1988年～2012年、同志社女子大学教授。2012年4月から、同志社女子大学特任教授。ドイツ語研究所（在ドイツ連邦共和国）客員研究員、北京外国語大学（在中華人民共和国）客員教授などを歴任。

　主な著書・論文

『日本語動詞の諸相』（ひつじ書房、1991年）、『文の骨格』（日本語の文法1、共著、岩波書店、2000年）、「意味の体系」（『朝倉日本語講座第4巻　語彙・意味』、朝倉書店、2002）、「第三形容詞とその形態論」（『国語論究 第10集―現代日本語の文法研究』、明治書院、2002年）、Besonderheiten des japanishen Wortshatzes (*Lexikologie*, Walter de Gruyter, 2005) など。

ひつじ研究叢書〈言語編〉第101巻
日本語の品詞体系とその周辺

発行	2012年11月20日　初版1刷
定価	5600円＋税
著者	ⓒ村木新次郎
発行者	松本功
本文フォーマット	向井裕一（glyph）
組版者	内山彰議（4 & 4, 2）
装丁者	白井敬尚形成事務所
印刷・製本所	株式会社 シナノ
発行所	株式会社 ひつじ書房

〒112-0011　東京都文京区千石2-1-2　大和ビル2階
Tel: 03-5319-4916　　Fax: 03-5319-4917
郵便振替 00120-8-142852

toiawase@hituzi.co.jp　　http://www.hituzi.co.jp
ISBN978-4-89476-602-0

造本には充分注意しておりますが、落丁・乱丁などがございましたら、小社かお買上げ書店にておとりかえいたします。
ご意見、ご感想など、小社までお寄せ下されば幸いです。

ひつじ研究叢書（言語編）第 100 巻
日本語の「主題」
堀川智也著　　定価 5,200 円＋税

　従来の研究で当然の前提とされてきた通説を次から次に打ち破り斬新な考え方を提示する、日本語の主題研究に久々に現れた待望の書。「ハ」という助詞の本性を問う「助詞論」と、日本語文法において「主題」とは何かを問う「主題論」は独立であるべきで、ハ＝主題提示の助詞、という前提に立脚せずに日本語の「主題」について論ずる。主題解説関係を格関係をベースに考えるという、三上章の「代行」「兼務」という考えを真っ向から否定し、格関係に依存せずに真正面から主題解説関係の本質の解明を目指す。

再構築した日本語文法
小島剛一著　　定価 3,400 円＋税

　日本語は、明快で論理的な表現もでき、曖昧模糊とした表現もできる素晴らしいコミュニケーション（およびコミュニケーション拒否）の手段である。すべての日本語話者にこの手段が有効に駆使できるように、他言語に由来する「人称」「数」「代名詞」「時制」「主語」などの無用な概念の呪縛を捨て去り、日本語に具わっている独自の豊かな構造に着目して再構築した新しい日本語文法を提唱する。